Beat Mazenauer · Severin Perrig

Wie Dornröschen seine Unschuld gewann

BEAT MAZENAUER
SEVERIN PERRIG

Wie Dornröschen seine Unschuld gewann

Archäologie der Märchen

Mit einem Essay von Peter Bichsel

GUSTAV KIEPENHEUER VERLAG

ISBN 3-378-01001-0

1. Auflage 1995
© Gustav Kiepenheuer Verlag GmbH, Leipzig 1995
Rechtsvermerke zu einzelnen Texten am Schluß des Bandes
Einbandgestaltung Designhaus, Wolfgang Mittwoch
Typographie Peter Friederici
Gesamtherstellung Kösel GmbH, Kempten
Printed in Germany

VORWORT

Märchen erfreuen sich heutzutage außerordentlicher Beliebtheit; sei es für psychotherapeutische Ratschläge oder mysteriöse Exkursionen in die Niederungen des menschlichen Brauchtums. Seinem Lesepublikum gelten Märchen dabei gemeinhin als ewige Erzählungen, die über Jahrhunderte hinweg mündlich überliefert worden sind und so in die Tiefe der Menschheitsgeschichte verweisen. Wie aber haben diese Märchen ursprünglich ausgesehen? Und wer hat sie wem erzählt?

Auf solche Fragen gibt die traditionelle Märchenforschung bis heute nur unzureichend Antwort. Lieber beschränkt sie sich darauf, in aller Welt Stoffe und Motive zusammenzutragen oder psychologische Lebensweisheiten in verschriftlichten Märchentexten zu entdecken. Grund genug, ein neues kulturhistorisches Verständnis für Märchen zu wecken, ihre Quellen herauszuarbeiten und die tiefer liegende Struktur ihres Erzählens zu ergründen.

Am Beispiel der klassischen Märchenstoffe *Dornröschen*, *Blaubart*, *Rotkäppchen*, *Aschenputtel* und *Dummling* versuchen wir die ursprüngliche Vitalität und Sinnlichkeit der Märchen beziehungsweise ihres Erzählens darzustellen. Der thematischen Breite unseres Vorhabens trägt die Gliederung des Buches Rechnung, indem es die Vielfalt des untersuchten und teils neu erschlossenen Materials einarbeitet, ohne die Lust an der Lektüre damit über Gebühr zu belasten. Jedes der Märchenkapitel ist entsprechend dreigeteilt: Der Abdruck der Quellentexte ermöglicht die Kontrolle der nachfolgenden Kommentierung, welche ihrerseits in den ausführlichen Anmerkungen wissenschaftlich verdichtet wird. Speziell im kommentierenden Teil haben wir uns um eine Schreibweise bemüht, die größtmögliche Exaktheit mit Anschaulichkeit zu verbinden trachtet.

Auch wenn Märchen wesentlich im kulturellen und sozialen Umfeld ihrer Erzählzeit wurzeln, blieben sie im Verlauf ihrer Überlieferung doch immer offene Texte. In dem Sinne können und wollen wir hier nicht eine endgültige, abschließende Analyse anbieten. Erklärungen und Deutungen dürfen die Märchentexte nicht verschließen, vielmehr müssen sie diese auf neue Lesarten hin öffnen und ihnen ihre angestammte Vielfalt und Lebendigkeit zurückgeben. Unser erstes Ziel ist folgedessen, zur eigenen Lektüre der Originaltexte ebenso anzuregen wie zur kritischen Auseinandersetzung mit bereits bestehenden, oftmals allzu engen Deutungsmustern.

Ohne die vielfältigen Diskussionen im Kreis unserer Freunde wäre die Arbeit in dieser Form wohl kaum zustande gekommen. Ihnen allen sei dafür gedankt. Ein spezieller Dank geht an Katharina Oechslin, Christine Stuber und Bruno Grütter für ihre Mithilfe bei den Übersetzungen aus dem Französischen, Lateinischen und Italienischen sowie an die Mitarbeiter der *British Library* in London und der *Zentralbibliothek* in Luzern, besonders an Pius Mühlebach, dessen reiches bibliographisches Wissen uns jederzeit zur Verfügung gestanden und unser umfangreiches Quellenstudium wesentlich erleichtert hat.

Nicht zuletzt danken möchten wir auch dem Märchenforscher Dr. Felix Karlinger, dem Dramaturgen Fritz Zaugg, unserem Verlagslektor Thorsten Ahrend sowie Nadine Schnyder, Pius Krummenacher und Peter Bichsel für ihre Dienste an diesem Buch.

Luzern, im April 1995

WER'S ERZÄHLT HAT,
DEM IST DER MUND NOCH WARM
Erzählkultur und der Mythos vom Märchen

Wer ein Märchen erzählt, der redet sich den Mund warm,[1] wer das Märchen aber niederschreibt, der formt sich seine Sprache auf dem Papier. Dergestalt repräsentieren Erzählen und Schreiben zwei elementare Möglichkeiten der Märchen-Überlieferung. Dem spontanen mündlichen Bericht aus dem Moment heraus widerspricht die ausschmückende schriftliche Fixierung für die Nachwelt. Ein Gegensatzpaar, das die historische Märchenforschung freilich nur allzu gerne durcheinandergebracht hat: wer's niederschreibt, der hat's stets dem Volksmund abgelauscht.

Die beliebte Gleichsetzung von erzählten und literarisierten Märchen veranschaulicht ein Text des Schweizer Hobby-Philologen Samuel Singer. 1903 kritisiert er eine *Aschenputtel*-Bearbeitung des volkskundlichen Sammlers Otto Sutermeister[2] als unvolkstümlich, wider »*den einfachsten Redestil*« überliefert; und weiter mahnt er:

>*(...) nach unserer Ansicht ist ein Märchen eben, ein kleines Kunstwerk wie ein anderes, und wenn dieses einmal in der Anlage verpfuscht ist wie dieses, wird man umsonst es zu verbessern suchen. (...) S. hat nicht nur die volkstümliche Dreizahl eingeführt, sondern auch dadurch, dass er das Männchen jedesmal freundlicher werden lässt, eine ästhetisch wohlgefällige Steigerung herbeigeführt. Aber was nützt das alles? Das Männchen steht nun einmal an unrechter Stelle (...), aber dass es die beiden ersten Male nur erscheint, um das Mädchen freundlich und freundlicher anzulächeln, ist doch gegen alle Vernunft und vor allem gegen allen Märchenstil.«*[3]

Der Volksmund spricht, wie ihn der Dichter empfindet. Deshalb wird er stilistisch dahingehend bearbeitet, daß er der langen Überlieferungsgeschichte gerecht wird und vergangene Zeiten heraufbeschwört. Worin aber das Alte, das Ursprüngliche tatsächlich besteht, vermag auch Singers Studie nicht exakt zu benennen. Was sie dennoch interessant macht, ist der Umstand, daß sich in ihr problemlos all die grundlegenden Unzulänglichkeiten traditioneller Märchenforschung auffinden lassen, die zu kritischen Einwänden sowie Fragen nach der Wechselwirkung von mündlicher und schriftlicher Überlieferung Anlaß geben. Welches sind die Charakteristika einer echten, ursprünglichen Märchenversion? Auf welchen Wegen wird sie überliefert? Was war zuerst da, das Huhn des mündlichen Berichtes oder das Ei der schriftlichen Festlegung?

Für die Märchenforschung im Sinne Singers steht die Hierarchie außer Frage: die mündliche Überlieferung weist sich kraft ihrer größeren Primitivität als älter und somit ursprünglicher aus. Daher genügt es, um das echte Märchen-Gemälde wiederherzustellen, eine Geschichte stilistisch wie materiell zu vereinfachen und sie entsprechend aufzuschreiben. Ein äußerst problematisches Vorgehen, wie sich an folgendem Märchen zeigen läßt:

Es war einmal ein Königssohn, der war ganz allein in der Welt. Auf seinem Geschlecht lastete ein böser Fluch. Sein Vater war verstorben und seine Mutter lebte in frevlerischer Ehe mit einem Onkel. Da erschien ihm der Vater eines Abends im Traum und beschwor ihn, seinen Tod zu rächen, was ihm der Königssohn versprach. Doch das Versprechen lastete so schwer auf seiner Brust, daß sich darob sein Geist verfinsterte und er sogar seine Geliebte verstieß. Verwirrt rief er daraufhin sieben Mal den toten Vater an und fragte ihn, ob er sei oder nicht, und wie er die Rache ins Werk setzen solle. Der Vater aber antwortete ihm nicht. Da verstarb vor Gram auch die Geliebte und gänzlich rasend geworden erstach der Königssohn ihren Vater. Aber das Schicksal ist gerecht. Mit vergifteten Klingen richtete es die zahlreichen Frevler am Hofe, so daß keiner von ihnen übrigblieb. Grausam erfüllte sich so der Hexen-Spruch an der königlichen Familie - und der Rest ist Schweigen.

Dieses blutige Märchen aus Zeiten, als noch Fürsten herrschten, hat uns vielleicht ein altes Ammenmütterchen aus der Gegend um den Vierwaldstättersee zugeraunt. Auf welchen Wegen nur ist es dem großen Shakespeare (1564–1616) zu Ohren gekommen, auf daß er daraus Anregungen für seine Tragödien *Hamlet* (1604) und *Macbeth* (1606) hat entnehmen können?[4] Solch eine Frage könnte die traditionelle Märchenforschung stellen. Weil die zitierte grausame Geschichte vom einsamen Dänenprinzen weitaus primitiver, einfacher erzählt wirkt als die verwickelten Dramen des Engländers, müßte sie folgedessen eben als ursprünglicher gelten.[5]

Ohne Zweifel handelt es sich bei unserem Beispiel um eine haarsträubende Flunkerei, doch weist sie auf die Schwierigkeiten hin, welche mündliche Märchenüberlieferung beziehungsweise ihre Erforschung immer wieder bereiten. Deshalb müssen heute neue, grundsätzliche Fragen gestellt werden, die nicht auf reinen Vermutungen beruhen, sondern sich danach erkundigen, wie denn diese Überlieferung überhaupt funktioniert. Kann ein Märchen über Hunderte, ja Tausende von Jahren einzig auf mündlichen Wegen unverändert im Erzählschatz bewahrt werden? Und wie erinnerten sich die Menschen einst ohne Hilfe der Schrift ihrer Geschichten?

MÜNDLICHES ERZÄHLEN

Anhand von kindlichen Zuflüster-Spielen läßt sich leicht nachvollziehen, wie unsicher, schwankend die mündliche Kommunikation sein kann. Robert Musil gibt im *Mann ohne Eigenschaften* ein Beispiel dafür:

> »*Die Eskadron reitet in Zweierreihen, und man läßt ›Befehl weitersagen‹ üben, wobei ein leise gesprochener Befehl von Mann zu Mann weitergegeben wird; befiehlt man nun vorne: ›Der Wachtmeister soll vorreiten‹, so kommt hinten heraus: ›Acht Reiter sollen sofort erschossen werden‹ oder so ähnlich.*«[6]

Der Befehl freilich könnte auf einem Zettel schriftlich fixiert und so inhaltlich gesichert durch die Reiterkolonne durchgereicht werden. Die Schrift ist es,[7] die den Menschen vom »*bildgebundenen magischen Denken*« befreit und ihm als Instrument »*ein folgerichtiges Sprechen statt des mythischen, kreiselnden Raunens*« in die Hand gibt.[8] Mit ihrem System muß der Mensch nicht mehr auswendig lernen, was behalten und nächsten Generationen überliefert werden soll, und zugleich bringt jenes einen Sachverhalt dergestalt auf die Reihe, in Ordnung, zur Klarheit, daß er später wieder nachvollziehbar ist. Dieses zeilenförmige Aneinanderreihen von Zeichen beeinflußt jedoch nachhaltig unser kollektives Gedächtnis. Zeichen und Zahlen organisieren und strukturieren die menschliche Erinnerungsfähigkeit und provozieren dadurch ein logisches Denken wie Handeln. Ja, das Schriftbewußtsein macht überhaupt erst das moderne abendländische Geschichtsbewußtsein möglich, indem es Erlebtes und Vergangenes hierarchisch organisiert und strukturiert.[9] Darüber freilich verkümmert jenes alte erinnerte Wissen, das keine schriftliche Fixierung erfahren hat. Vergleichbar mit Musils Reiterbefehl wandelt es ständig seine Form und seinen Inhalt.

Die ursprüngliche Beschaffenheit unseres Gedächtnisses in vorschriftlicher Zeit läßt sich annäherungsweise am Beispiel von schriftlosen Gesellschaften beobachten. Noch heute gibt es etwa in Afrika mündliche Bewahrer der alten Stammesgeschichten, die sogenannten *Griots*. Sie wirken gleichsam als ein »*kulturelles Gedächtnis*«[10], das die Vergangenheit mündlich von Generation zu Generation weiterträgt. Damit jedoch nichts verlorengeht, bedarf es strenger Erzählstrukturen und -rituale. Der Ethnologe Jan Vansina hat diese flüchtige Kulturüberlieferung durch erinnerte Wiedergabe näher untersucht. Dabei zeigt er, daß sich mündlich überlieferte Geschichten, also auch Märchen, jeweils stark an zeitgenössischen Lebensanschauungen und Moralvorstellungen orientieren und diese im Kontext des eigenen Erfahrungshorizontes interpretieren. Obwohl als reine »*Fiktion*« angesehen und aufgrund des Unterhaltungswertes ständig alltagssprachlichen Veränderungen der äußeren Form für ein zeitgenössisches Publikum ausgesetzt, enthalten sie dennoch wichtiges historisches Quellenmaterial und vermitteln Lebenszeugnisse aus verschiedensten Epochen. Professionelle Erzähler wie die Griots bewahren und überliefern dieses Wissen, indem sie sich auf Gedächtnis-Techniken und Erzählrituale spezialisieren. Als Hilfsmittel dienen ihnen dabei sprachliche wie außersprachliche Elemente: Einprägsame Stichworte und rhythmische Textgliederung sowie auffällige Objekte, bemerkenswerte Landschaftsformen und musikalische Untermalung.[11] Indem sie die Erzählungen sinnlich mit der »*erlebten Zeit*« und mit dem »*belebten Raum*« verknüpfen,[12] ermöglichen sie das

Bild der Vergangenheit traditionell zu konservieren und gesellschaftspolitisch zu steuern.

Für das menschliche Erzähl-Gedächtnis, das aus direktem Erleben und Hörensagen schöpft, ist die »*jüngste Vergangenheit*« maßgeblich, also der Zeitraum von drei bis vier Generationen oder achtzig bis hundert Jahren, innerhalb dessen in Schrift-Kulturen die »*biographische Erinnerung*« funktioniert. Weiter zurückliegende Ereignisse benötigen für ihre Vergegenwärtigung dagegen ein Schrift-Gedächtnis,[13] das aufgrund seiner Systematik und Sicherheit die zentrale Steuerungsfunktion der kulturellen Überlieferung übernimmt. Der mündliche Traditionsstrang wird angesichts dessen zur Folklore oder zum Aberglauben herabgestuft beziehungsweise in die Subkultur verdrängt.[14]

In diesem Zusammenhang muß auch das abendländische Märchen betrachtet werden. Mit andern Worten, die Kontinuität von mündlichen Überlieferungen über Jahrtausende hinweg ist bisher maßlos überschätzt worden.[15] Bewahrt wurden Märchen in erster Linie durch periodische schriftliche Fixierungen und Bearbeitungen, derweil sie zwischendurch mündlich nacherzählt und umgewandelt der spontanen Unterhaltung dienten. Darin besteht letztlich auch das eigentliche Wesen der Märchen: sie wollen nicht die Geschichte bewahren oder kulturelle Ursprünge mythisch verklären – sondern vor allem gefallen und Vergnügen bereiten. Daraus beziehen sie ihre Faszination, und deswegen werden sie immer wieder weitererzählt, sei es mündlich oder schriftlich.

Lust und Vergnügen an Märchen, Schwänken und andern Geschichten ließen schon frühzeitig eine Gruppe von professionellen Erzählern und Erzählerinnen entstehen, die – mit gutem Gedächtnis begabt oder des Lesens kundig – zwischen geschriebenen Texten und dem leseunkundigen Volk vermittelten. Dorforiginale, Ammen, Barbiere, aber auch Bänkelsänger, Vorleser oder Gaukler, die sich ihre Tätigkeit durchaus vergelten ließen. In einem populären französischen Fabliau bzw. Schwank aus dem 13. Jahrhundert vom *Ritter, der die Mösen zum sprechen brachte* heißt es:

Fabliaux sind jetzt sehr in Mode; manchen Heller haben jene, die sie erzählen und verbreiten, dafür eingestrichen, weil sie den vergnügten Leuten und den Müßiggängern viele Freude bringen, wenn das Publikum nicht zu laut ist; selbst denen, die sehr traurig sind, verschafft es große Erleichterung, wenn sie gute Fabliaux vorlesen hören, und es bewirkt, daß sie Schmerz und Kummer, die Bosheit der anderen und ihre trüben Gedanken vergessen. [16]

Demzufolge besitzt die Erzählkunst nebst unterhaltenden auch soziale Funktionen. Es wird erzählt, um die Leute abzulenken, ihnen Trost zu spenden oder auf ungelöste Fragen mit wunderlichen Geschichten zu antworten: Wer's erzählt und wer's hört, ist nicht allein. Ungeachtet der Form teilt, wer sich mitteilt, mit andern die Erfahrungen. Ob Märchen, Schwänke, Sagen oder wahrhaftige Begebenheiten, bis in die frühe Neuzeit wurden sie stets so vergegenwärtigt, daß sie den Geist des geläufigen Alltags spiegelten. Hauptsache war, sie wirkten gut erzählt. [17] Da konnte selbst das marktschreierische Anpreisen von Waren märchenhaft klingen. [18]

Einen markanten Aufschwung nahm dieses *Erzählgeschäft* speziell im 16. Jahrhundert, wobei sich infolge des Buchdrucks vor allem die Austauschbeziehungen zwischen mündlichem und schriftlichem Erzählen intensivierten. [19] Die Überlieferung von Geschichten vollzieht sich entsprechend auf zwei Ebenen: geschriebene Texte vermitteln zwischen Sprachen, Kulturen und Epochen, während mündliche Erzählungen sich die Geschichten aneignen und im Volk verbreiten. [20] Letzteres geschah immer verfeinerter und schneller, je stärker billige Druckerzeugnisse jene popularisierten und je zahlreicher die Lesekundigen wurden. [21] Innerhalb dieses mündlich-schriftlichen Austausches laufen die Kommunikationsströme zwar weiterhin vom Mund zum Ohr, doch werden sie mehr und mehr von der »Seh-Kultur des Lesens« direkt oder indirekt unterstützt. [22] Wer erzählt, der schöpft unwillkürlich aus dem reichen Fundus europäischer Geschichtentradition. So gesehen erweist sich die rein mündliche Überlieferung von Märchen als Fiktion, als ein eigentlicher Mythos vom Märchen. Viele der heute gut bekannten Märchen haben in Novellensammlungen des 15. und 16. Jahrhunderts, in höfischen Ritterepen oder in geistlichen Texten des Mittelalters ihre Ursprünge. Und selbst die gesellige Erzählrunde um das Herdfeuer herum ist laut dem Volkskundler Rudolf Schenda *»ein kulturhistorisch spätes Lernprodukt aus Schulunterricht, Mär-*

chenlektüren nach bürgerlichen Anthologien sowie aus Kunst-Vorstellungen und Volks-Projektionen romantischer und spätromantischer Ethnographen und Kulturkritiker«.[23]

Im Unterschied zum eigentlichen Mythos[24] jedoch sind Märchen leichter durchschaubar und ohne Deutungshilfe zu verstehen. Sie geben schneller ihre sozialen und kulturellen Bedingungen preis, so daß sie auch besser als Quellenmaterial für mentalitätsgeschichtliche Untersuchungen dienen können. Mythen haben sich demgegenüber schon vor Jahrhunderten zu »*geschlossenen Systemen*«[25], zu fast unantastbaren Texten verfestigt und damit ihre kulturhistorischen Wurzeln verhüllt.[26] Das Märchen verwirklicht und anonymisiert gleichsam, was im Mythos entwirklicht und heroisch individualisiert erscheint. Die Helden und Götter besitzen Namen und begründen herrschaftliche Geschlechter; die Figuren im Märchen dagegen sind einfache, stilisierte Typen und verkörpern die unspektakuläre Alltagswirklichkeit und deren Probleme.[27] So setzt der Mythos eine grundlegende ideologische wie kulturelle Norm, der das Märchen mit den wirklichen Dingen des täglichen Lebens gegenübersteht: schlicht, demütig – zugleich aber auch ungebärdig und subversiv.[28]

DIE GEBURT DES MÄRCHENS
AUS DEM ZEITGEIST

Weder Mythos noch Märchen sind aber unveränderlich und gleichsam archetypisch seit jeher vorgegeben beziehungsweise vorhanden. Beide unterstehen vielmehr ständig einem Prozeß der Um- und Neugestaltung, der innerhalb der Überlieferung zu *Verbesserungen* neigt, die von den Quellen her nicht zu erklären sind.[29] Allein die Wandelbarkeit wirkt beim Märchen ausgeprägter fort, und die Phantasie entzündet sich in jeder Epoche an ihnen von neuem, da sie quasi als Projektionsfolien für eigene, zeittypische Geschichten dienen.

Märchen- und Geschichtensammlungen gibt es entsprechend seit der Antike. So trug etwa Ovid (43 v.–18 n. Chr.) in seinen *Metamorphosen* die Mythen der griechischen Antike nicht zuletzt zum Zwecke der geistreichen Unterhaltung zusammen.[30] Ebenso beliebt wie modellhaft für die abendländische Literatur und die gepflegte Erzählkultur war auch *Das Dekameron* (1348) von Giovanni Boccaccio (1313–75): Zehn adlige Frauen und Männer fliehen der Pest wegen aus der Stadt Florenz auf einen Landsitz und erzählen sich dort zu ihrer Zerstreuung und Unterhaltung abwechslungsweise hundert Geschichten. Dieses erzählerische Grundmuster wurde mehrfach nachgeahmt, etwa von Geoffrey Chaucer (1340 bis 1400) in seinen *Canterbury-Erzählungen* (1387–1400), von Marguerite d'Angoulême (1492–1549) in ihrem *Heptameron* (1542–49) oder von Giovanni Francesco Straparola (um 1480 bis 1557) in den *Ergötzlichen Nächten* (1550–53).

In Kenntnis vieler dieser Meisterwerke der Erzählliteratur verfaßte der *neapolitanische Kavalier* Giambattista Basile (um 1575–1632) schließlich die erste Märchensammlung im engeren Sinne. 1634 bis 1636 erschien von ihm postum und unter dem Pseudonym Gian Alessio Abbattutis *Die Geschichte der Geschichten oder die Unterhaltung für die Kleinen,*[31] welche 1674 in *Der Pentamerone* umbenannt wurde. Hierin gelüstet es die schwangere Mohrin Lucia derart nach Abwechslung, daß ihr Gemahl, der Fürst Taddeo von Camporotondo, zehn alte Weiber an den Hof rufen läßt, damit sie ihr »*bis sie die Bürde des Leibes abgelegt*« Geschichten erzählen, »*wie die alten Weiber zur Unterhaltung der kleinen Kinder zu erzählen pflegen*«.[32] Im fürstlichen Palastgarten arrangiert er zu dem Zwecke ein Unterhaltungsprogramm mit Lustbarkeiten, Spielen, Musik und possierlichen Zwiegesprächen[33], innerhalb dessen die zehn ausnehmend häßlichen, krumm gewachsenen Weiber[34] ihre Geschichten zum besten geben. Die Herrschaft lädt also Repräsentantinnen des Stadtvolkes ein und belustigt sich an ihnen, da weder ihr Verhalten noch ihre Sprache der höfischen Etikette und Ausdrucksweise entsprechen. Gilt am neapolitanischen Hof das Spanische als fein und distinguiert – Neapel untersteht von 1503 bis 1707 der spanischen Krone –, erzählen jene in einem volkstümlichen, grobianischen Dialekt und markieren so doppelt die Differenz bezüglich Sitte und Lebensart.[35] Für die Zuhörenden sind ihre Geschichten vor allem Grund zu *verlachendem*[36] Amüsement und zugleich exotischer Anreiz für derb erotische Vorstellungen. Dergestalt richten sich Basiles literarisch raffiniert erzählte Märchen nicht wie vorgegeben an Kinder, sondern sind vielmehr dem *kindlichen*, da unzivilisierten Volk in den Mund gelegt, um den gebildeten, adligen Höflingen zu geistreichem Zeitvertreib und anzüglicher Lustbarkeit zu dienen. Basile war als weitgereister Verwaltungsbeamter und Dichter selbst einer der Ihren.[37] Wenn seine Märchen aus dem reichhaltigen Fundus der Renaissance-Novellistik schöpfen, so sind ihre Handlungsorte doch häufig in die Gegend um Neapel verlegt und mit Lokalkolorit angereichert.

Der Fürst Taddeo inszeniert hier also für die Hofgesellschaft ein volkstümliches Schauspiel und durchbricht dafür die Standesschranken. Allerdings vergißt er dabei nicht, streng auf die Unterscheidung zwischen Spiel und Ernst zu achten. Als sich zum Schluß herausstellt, daß sich die ehemalige »Mohrensklavin« die fürstliche Ehe unrechtmäßig erschlichen hat und an ihrer Statt der Prinzessin Zoza diese Gunst gebührt, wird der Verrat sogleich aufs härteste bestraft. Der Fürst befiehlt, Lucia in die Erde zu vergraben, »damit sie so eines qualvollen Todes sterbe«.[38]

Ein zwar anderes, doch ebensowenig kindliches Publikum spricht der französische Höfling und Gelehrte Charles Perrault (1628–1707) an. Vier seiner acht *Geschichten oder Märchen aus vergangener Zeit, mit einer Moral*[39] erinnern an Basiles *Pentamerone*.[40] In ihrem Erscheinungsjahr 1697 gilt der bürgerliche Perrault als einflußreicher Hofmann, Dichter, Gelehrter und Mitglied der *Académie Française*,[41] der zehn Jahre zuvor mit seinem Lobgedicht *Le siècle de Louis le Grand* auf Ludwig XIV. den bedeutenden französischen Literaturstreit zwischen den Alten und den Neuen *(Querelle des Anciens et des Modernes)* provoziert hat. Aufgrund dieser politischen wie literarischen Berühmtheit erstaunt es nicht, daß Perrault für seine Prosamärchen zum Trick einer falschen Autorschaft greift. Als Verfasser weist er seinen Sohn Pierre genannt d'Armancour (1678–1700) aus und rechtfertigt damit den schlichten Charakter der Geschichten.[42] Diese kindliche Maskierung des eigentlichen, gelehrten Autors ist ebenso verwirrend und ironisch gebrochen wie Basiles Verweis auf die »Unterhaltung für die Kleinen«. Mag damit wie auch mit dem Titelbild – es zeigt eine ältere Märchenerzählerin vor dem offenen Kamin mit Kindern und Jugendlichen – ein kindgerechter Eindruck entstehen, Perraults Märchen sind kaum für die Kleinen gedacht.[43] Dem »*gnädigen Fräulein*« Elisabeth-Charlotte d'Orléans (1676–1744) gewidmet, richten sie sich vielmehr an eine vorwiegend weibliche Zuhörerschaft in den höfischen *Salons*, die zur Zeit von Ludwig XIV. hoch in Mode waren. Allein diesen Damen, die er mit seinen Märchen geistreich unterhalten will,[44] ist geschuldet, daß Perrault nicht mehr auf die barocken Grobianismen eines Basile zurückgreift. Dessen unflätiges Lachen ersetzt er durch ein feines Schmunzeln, und dessen derbe Sexualität mildert er durch eine kultivierte Erotik, die nurmehr ihrer feinen Doppeldeutigkeiten wegen frivol anmutet. Dafür prägen alle seine Märchen ein ausgesucht fürstliches Ambiente und eine höfische Lebensart, deren Kernbegriffe *Anmut (bonne grâce)* und *gutes Betragen (civilité)* sind.

Mit den *Geschichten oder Märchen aus vergangener Zeit* löste Perrault einen eigentlichen Märchenboom aus. Speziell in den Feenmärchen im galanten, höfischen Stil von Marie-Jeanne L'Héritier de Villandon (1664–1734), Jeanne-Marie Le Prince de Beaumont (1711–80) oder Mme d'Aulnoy (um 1650–1705) fanden sie zahlreiche Nachahmung.[45] Unzählige Märchenbücher entstanden. Sammelbände wie die *Cabinets des fées*[46] und besonders billige populäre Erzeugnisse in der Art der *Blauen Bibliothek (Bibliothèque bleue)* befriedigten das enorm gestiegene Interesse und brachten vor allem Perraults und Aulnoys Märchen unters Volk.[47] Zusätzlich wurde die modische »*Märchensucht*«[48] genährt durch Antoine Gallands 1704 erschienene, erste europäische Übertragung der *Märchen aus Tausendundeiner Nacht* sowie durch häufige Opern- und Tanzbearbeitungen von Märchenstoffen. Schließlich dokumentierte 1786 bis 1789 Charles-Joseph de Mayer in dem 41bändigen *Cabinet des fées* das riesige französische Märchenschaffen.

Mitte des 18. Jahrhunderts begann die Welle auch nach Deutschland überzuschwappen.[49] Als Vermittler fungierten Frankreich-Reisende und französische Emigranten, die ihr Land aus religiösen oder politischen Gründen verließen, sowie auch Übersetzungen der erwähnten Märchenbücher, unter welchen die zwölfbändige *Blaue Bibliothek aller Nationen* herausragt, die der Weimarer Schriftsteller und Verleger Friedrich Justin Bertuch (1747–1822) zwischen 1790 und 1800

16

herausgab. Darin finden sich nebst modischen orientalischen Geschichten die Märchen von Perrault, Mme d'Aulnoy oder Antoine Hamilton wieder.

Mit Interesse verfolgten auch die Brüder Grimm dieses europäische Märchenwesen,[50] derweil sich Frankreich daranmachte, ihre deutsche Heimat zu erobern.

DIE GATTUNG GRIMM

Ab 1795 geriet das Deutsche Reich zunehmend unter Druck der Eroberungspolitik Napoleons und verlor 1806 seine politische Selbständigkeit. Zügig nahmen die französischen Besatzer eine politische Neuorganisation sowie verschiedene Gesellschafts- und Verwaltungsreformen in die Hand, welche auf einheimischer Seite indes häufig auf Ablehnung stießen. Dergestalt bündelten sich unter der Fremdbestimmung die unterschiedlichsten Vorstellungen von einer freien deutschen Nation zum gemeinsamen Ziel, dem Sturz der napoleonischen Herrschaft. Die katastrophale militärische Niederlage der französischen *Großen Armee* 1812 in Rußland ermöglichte schließlich den Kampf gegen die Franzosen auch mit militärischen Mitteln. Ein Jahr später schon führte der patriotische *Befreiungskrieg* zum völligen Zusammenbruch der napoleonischen Besatzungsherrschaft. Auch wenn Jacob (1785–1863) und Wilhelm Grimm (1786–1859) in dieser Zeit, »*wo das eintönige grau der schmach und erniedrigung schwer über Deutschlands himmel hing*«[51], nicht direkt wie zwei ihrer Brüder militärisch Widerstand leisteten, bewahrten sie als Kasseler Bibliothekare im Dienste des fremden Regimes doch »*unter dem französischen Rock*« ihr »*deutsches Herz*«,[52] indem sie völlig ungestört »*trost und labung in der geschichte der deutschen literatur und sprache*« suchten, um aus ihnen »*eine unsichtbare, schirmende waffe gegen den feindlichen übermut*« zu schmieden.[53]

Als 1813 der alte hessische Kurfürst Wilhelm I. (1785 bis 1821) wieder in seine Residenzstadt Kassel zurückkehrte, feierten die Grimms nicht nur »*mit der reinsten Freude*« mit,[54] »*noch gut angeschrieben*«[55] behielten sie auch ihre Anstellung. So blieb der akademische Forscher-Widerstand nicht allein ein persönlicher Erfolg, er gewann als nationale Ideologie darüber hinaus »*immer größeren Boden*«[56]: das romantische Unterfangen, »*altdeutsche Poesie und Sprache*« wiederzuentdecken und als Volksüberlieferung zu erhalten,[57] erwies sich im frühen 19. Jahrhundert in deutschen Landen als geradezu unentbehrlich für die politische Kultivierung von einheitsstiftendem Heimatgefühl und deutscher Vaterlandsliebe. So sind die seit 1806 gesammelten[58] und 1812 beziehungsweise 1815 erstmals publizierten *Kinder- und Hausmärchen* denn vorerst weniger der Internationalität der Gattung *Märchen* verpflichtet, als daß sie etwas »*dem ganzen Vaterlande Gemeinsames*«[59] darstellen. Sie sind deutsche Volksmärchen, die im und für das Volk entstanden und damit auch als mündlich überlieferte Zeugnisse alter deutscher beziehungsweise germanischer Mythologie wie Weltanschauung lesbar sind. Doch eben dies war und bleibt eine bloß ideelle Konstruktion, an deren wissenschaftlicher Überprüfbarkeit schon damals Zweifel aufkamen. Eher klar scheint demgegenüber die Situierung der Informanten, die auf eine ausgeprägt regionale Konzentration der Märchenquellen hindeutet – »*aus Hessen*«, »*aus Niederhessen*« oder »*aus den Maingegenden*« –, so daß im Gegensatz zur späteren Grimmschen *Sagensammlung* (1816/1818) an die nähere Umschreibung *deutsch* im Titel der *Kinder- und Hausmärchen* (KHM) gar nicht zu denken war.[60] In der Vorrede von 1819 begründen die Autoren die regionale Konzentration:

> »*Hessen hat als ein bergichtes, von großen Heerstraßen abseits liegendes und zunächst mit dem Ackerbau beschäftigtes Land den Vorteil, daß es alte Sitten und Überlieferungen besser aufbewahren kann. Ein gewisser Ernst, eine gesunde, tüchtige und tapfere Gesinnung, die von der Geschichte nicht wird unbeachtet bleiben (...). Überhaupt müssen die Hessen zu den Völkern unseres Vaterlandes gezählt werden, die am meisten wie die alten Wohnsitze so auch die Eigentümlichkeit ihres Wesens durch die Veränderung der Zeit festgehalten haben.*«[61]

Die »*stockhessische Märchenlese*«[62] ist aber nicht nur Würdigung des »*geliebten Vaterlands*« Hessen,[63] das als einziges Kurfürstentum das alte Deutsche Reich überdauerte, sondern sie bezeichnet zugleich den Herkunftsort der wichtigsten mündlichen Beiträge zur Märchensammlung. Darunter zahlreiche, die von der »*Frau Viehmännin*« herrührten, einer »*Bäuerin*«

aus der Nähe von Kassel, die den Grimms »*die meisten und schönsten Märchen*« ablieferte.[64] Nun war allerdings diese Bäuerin in Wirklichkeit nicht nur die Frau eines Schneidermeisters, sondern auch hugenottischer Abstammung; sie wurde vom französischen Prediger in Kassel zu den Grimms geschickt. Was hier die Herausgeber peinlichst verschweigen, hat durchaus Methode: ihre Quellen haben sie bewußt im dunkeln belassen.[65] Dabei kamen die meisten mündlichen Beiträge von jüngeren, unverheirateten Frauen aus ihrer nächsten Umgebung, aus Kassel: in der Regel dem gutsituierten und gebildeten Bürgertum zugehörig, mit der Familie Grimm befreundet oder verwandt und vielfach über familiäre wie kulturelle Beziehungen zu Frankreich verfügend.[66] Gerade letztere aber drohten eine nationale Lesart[67] deutscher Märchen zu gefährden. Weil ihre Verwandtschaft mit französischen Vorlagen vor allem von Charles Perrault und Mme d'Aulnoy oft nicht zu verschleiern war,[68] mußten viele der Einsendungen als allzu *zweifelhaft* dem zensurierenden Rotstift der Grimms zum Opfer fallen. Infolgedessen orientierten sich die Brüder Grimm zunehmend an schriftlichen Quellen und deren entsprechenden literarischen Bearbeitungen, da sich auf diese Weise die nationale Herkunftsfrage wenn nicht besser feststellen, so je nach Bedarf geschickter vertuschen ließ.[69]

Erstaunlicherweise gelangten die zwei Bände der Erstauflage kaum über einen Achtungserfolg[70] hinaus. Sie waren allenfalls ein »*ärgerlicher Streich*« für die Konkurrenz[71] und konnten in einer Zeit, in der neu erscheinende Märchensammlungen an der Tagesordnung waren, höchstens durch ihren »*wissenschaftlichen Zweck*«[72] auffallen. Doch gerade darauf wollten Kritiker am wenigsten eingehen: Clemens Brentano fand den Umgang mit den Märchen eher »*liederlich*« und »*sehr langweilig*«,[73] und der Schriftsteller Heinrich Voss sprach gar von »*wahrem Schund*«[74]. Hinter diesen Vorwürfen verbirgt sich vor allem das Unbehagen an der eigentlich unpädagogischen Ausrichtung der Märchensammlung, während etwa gleichzeitig die *Kindermährchen* von Christoph Wilhelm Günther (1787) oder Albert Ludwig Grimm (1808) den Märchenbüchern eine neue populäre Funktion zuzuweisen begannen: die Erziehung von Kindern und Jugendlichen in der bürgerlichen Kleinfamilie.[75] So sahen sich die Brüder

Grimm massiver Kritik ausgesetzt, die prüde das Unkind-
gemäße ihrer Sammlung tadelte. Wilhelm Grimm sollte diesen
Einwänden nur allzu schnell Rechnung tragen und sie für die
von ihm verantwortete zweite Auflage von 1819 inhaltlich wie
stilistisch verbindlich zum redaktionellen Maßstab machen.
Das hieß, die Sammlung in ein gefällig illustriertes *Er-
ziehungsbuch*«[76] und ihre Geschichten in eigentliche Kinder-
und Schulmärchen umzuformen, wobei die wissenschaftlichen Anmerkungen ausgesondert und 1822 beziehungsweise 1857 separat publiziert wurden. Wilhelm Grimm prüfte
die Texte einzeln und schied rund ein Fünftel davon als zu
grausam, erotisch, fremdländisch, unverständlich und unmo-
ralisch aus. Was übrigblieb oder neu hinzukam, wurde mehr
und mehr nach dem Vorbild der romantisch stilisierten Märchen *Von dem Machandelboom* (KHM 47) und *Von dem
Fischer un syner Fru* (KHM 119) des Malers Philipp Otto
Runge (1777–1810)[77] vereinheitlicht: der Ton geriet naiver,
volkstümlicher, der Stil flüssiger, poetischer, der Inhalt los-
gelöst von Zeit und Raum, die Herkunft wurde in alte
Epochen vordatiert, der Unterhaltungswert durch zielorien-
tiertes Erzählen wie anschauliche populäre Sprachelemente
erhöht und die Moral bieder verbürgerlicht. Was bei diesen
Weglassungen, Zufügungen und Veränderungen entstand, war
ein von Auflage zu Auflage *nachgebesserter*«, kunstvoll ge-
stalteter Märchenstil: die *Gattung Grimm*.[78] Den eigentlichen
Durchbruch – auch kommerziell – erlebten die Märchen-
brüder aber erst 1825 mit einer kleinen, preisgünstigen Ausgabe, der geschickten Auswahl von 50 Märchen,[79] die sich bis
heute als beliebter deutscher Märchenkanon gehalten haben.
Achim v. Arnim schrieb schon 1815 lobend an Wilhelm
Grimm:

> *»Du hast glücklich gesammelt, hast manchmal recht glücklich
> nachgeholfen, was Du dem Jacob freilich nicht sagst (...).«*[80]

Daß Jakob Grimm mit dieser Verschiebung vom wissenschaftlichen Editionswerk hin zur populären Leseausgabe
nicht in jedem Fall einverstanden war,[81] geriet allerdings nie
zum grundlegenden Herausgeber-Konflikt der beiden Brüder.
Jacob, durch verschiedene wissenschaftliche Arbeiten ander-
weitig beschäftigt, so daß er dem jüngeren Bruder die
Hauptredaktion anvertraute,[82] war ebenso wie dieser an einer

Veränderung der ersten Märchenausgabe interessiert.[83] Deshalb hat er auch nie von den späteren Märcheneditionen Abstand genommen, sondern »grosses behagen« bekundet, wenn er auf diese gemeinschaftliche, »mit aller lust gepflogene« Arbeit zurückblickte[84] und gerührt wie bewegt[85] das Resultat als großes »Verdienst« pries.[86] Es ist denn auch nicht weiter erstaunlich, wenn die Brüder Grimm gemeinsam ihre »mühsam und in langer Zeit zu Stand gebrachte Sammlung« als ihr »ausschließliches Eigentum«[87] betrachteten und entsprechend ihre literarischen Rechte daran anmeldeten, obgleich die Kinder- und Hausmärchen ja angeblich dem deutschen Volksmund abgelauscht waren, also anonymes Gemeingut, »Naturpoesie« hätten darstellen sollen.

PHANTASTISCHE MÄRCHENWIRKLICHKEIT

Wenn sich die Brüder Grimm der Märchen vor allem aus kulturpolitischen Überlegungen annahmen, so auch deswegen, weil sie in einer Zeit der rasant einsetzenden Industrialisierung, »wo *Geldgier und die schnurrenden Räder der Maschinen jeden andern Gedanken betäuben*«,[88] die Fähigkeit zu erzählen für gefährdet und einer vergangenen Welt zugehörig hielten. In der Vorrede zur zweiten Ausgabe der *Kinder- und Hausmärchen* von 1819 schreiben sie:

»*Es war vielleicht gerade Zeit, diese Märchen festzuhalten, da diejenigen, die sie bewahren sollen, immer seltner werden.*«[89]

Quasi noch rechtzeitig retteten die Brüder Grimm so eine vom Aussterben bedrohte Gattung und schufen dafür eine höchst effektvolle Textform, den bürgerlichen Idealtypus Märchen, der sich fortan zur maßgebenden Norm verfestigt hat. Die Märchenforscher Johannes Bolte und Georg Polívka definieren ihn wie folgt:

»*Unter einem Märchen verstehen wir seit Herder und den Brüdern Grimm eine mit dichterischer Phantasie entworfene Erzählung besonders aus der Zauberwelt, eine nicht an die Bedingungen des wirklichen Lebens geknüpfte wunderbare Geschichte, die hoch und niedrig mit Vergnügen anhören, auch wenn sie diese unglaublich finden.*«[90]

Allein die dabei angenommene Wirklichkeitsferne widerspricht dem bereits angedeuteten Realitätsbezug im Erzählvorgang an sich. Schon ältere Zeugen wie etwa der Fabliaux-Dichter Jean Bodel (um 1165–1210) haben darauf hingewiesen, daß »wer Lügen vorbringen kann«, auf keinen Fall »ein vernünftiger Erzähler« sei.[91] Derweil sich die klassische Märchenforschung jedoch im wesentlichen darauf beschränkt hat, die magische Dimension all der zauberhaften Geschichten zu erforschen und sie historisch-geographisch[92] oder tiefenpsychologisch auszudeuten, hat sie entsprechend den Aspekt der Wirklichkeitswahrnehmung im Märchen weitgehend vernachlässigt.[93] Sehr zu Unrecht, denn im Prozeß der Entstehung, Anverwandlung und Tradierung von Märchen spiegelt sich die zeitgenössische Realität nicht bloß gelegentlich und zufällig. Vielmehr erregen wirkliche Begebenheiten die Gemüter und verwandeln sich gerade deshalb in Erzählstoff. So ist es kein Märchen, wenn der burgundische Mönch und Historiker Radolphus Glaber (um 985 – um 1047) in den Fünf Büchern zur Geschichte über die verheerende Hungersnot der Jahre 1032/33 schreibt:

> *Sehr viele lockten mit einer Frucht oder einem Ei kleine Kinder an, verleiteten sie, ihnen zu abgelegenen Orten zu folgen, metzelten sie nieder und fraßen sie auf.*[94]

Märchen wie *Hänsel und Gretel* erzählen freilich ausführlicher und farbiger davon. Häufig geschehen solche Rückgriffe auf wirkliche Vorkommnisse mit einem Verweis auf Drittpersonen als Quellen.[95] Damit soll sowohl die Tatsächlichkeit des Berichteten garantiert wie auch die persönliche Verantwortung des Erzählenden eingeschränkt werden. So können derart vernommene Geschichten ohne Schaden leichter aktualisiert, ausgeschmückt und zusätzlich dramatisiert werden, wovon nicht zuletzt die Brüder Grimm profitierten.

Mit ihren *Kinder- und Hausmärchen* setzten sie eine neue Märchennorm, die im Verlaufe des 19. Jahrhunderts immer stärker an Einfluß und Verbindlichkeit gewann. Trotz anfänglicher Mißerfolge provozierten sie eine eigentliche Märchenschwemme, denn Märchen stellten eine anregende und offene Textgattung dar, die Bucherfolge geradezu garantierte.[96] Parallel dazu nahm auch die Märchenforschung ihren Aufschwung. Scharenweise schwärmten Märchensammler und -forscher aus, um, getragen vom Wunsch nach »*einer aus europäischem*

Volksgut stets neu schöpfenden Nationalkunst«,[97] ähnliche Geschichten für ihr eigenes Vaterland zu erhaschen. Kaum von Interesse schienen dabei exakte Nachweise des *Gehörten,* das heißt Fragen nach Herkunft und Inhalt der Geschichten, den Umständen ihrer Überlieferung sowie schließlich der Identität der Erzählenden.[98] Solche Nachlässigkeit förderte den *Mythos vom Märchen. Deutsche* Märchen etwa galten in der Nachfolge der Brüder Grimm wesensmäßig als Abkömmlinge germanischer Mythen und folgedessen als kulturelles Fundament einer nationalen Wesensart, die sich seit Jahrtausenden organisch von Mund zu Mund überliefert hat. Deshalb waren sie gegen undeutsche Anfechtungen und Vereinnahmungen zu verteidigen.[99] Bis hin zum Faschismus im 20. Jahrhundert ist diese Lesart immer wieder als einzig lautere hingestellt und propagiert worden.[100] Doch seit den Brüdern Grimm gelten Märchen auch definitiv als Kindergeschichten, die pädagogischen Anforderungen zu genügen haben und zudem eine bürgerliche Ideologie festschreiben. Kindheit, Elternliebe, Tüchtigkeit, Wohlanstand und das Gute im Menschen sind Kernbegriffe, die das Märchen einzulösen hat. Reine Brutalität oder freizügige Erotik dagegen bleiben geflissentlich ausgespart.[101] Dergestalt entwarfen vor allem die berühmten Märchenillustratoren des 19. Jahrhunderts wie Ludwig Emil Grimm (1790–1863), Gustav Doré (1832–83) und Ludwig Richter (1803–84) ein ausgeprägt idyllisches, der zeitgenössischen Wirklichkeit entrücktes Märchenbild,[102] das die Märchenphantasie bis heute nachhaltig geprägt hat.

ERZÄHL-LUST

Feierte die mythische Lesart im Märchen die lange Geschichte des nationalen Volkstums sowie dessen zivilisatorischen Fortschritt und entnahm ihm die Pädagogik die Regeln zur Erziehung des Menschen zum guten und braven Bürger, so ergründet heute eine vermehrt tiefenpsychologisch ausgerichtete Deutung das Allgemein-Menschliche, um dabei letztlich nur das Bild einer bürgerlichen Lebensart und Seelenverfassung zu bestätigen.[103]

Ungeachtet aller widersprüchlichen Lesarten und Deutungsweisen unterhalten Märchen ebenso, wie sie elementare Bedürfnisse des *»erzählenden Menschen« (»homo narrans«)* erfüllen.[104] Indirekt schriftlich oder in mündlicher Unmittelbarkeit stiftet das Erzählen Gemeinschaft und hilft, sich in der Welt zurechtzufinden, persönliche Erfahrungen zu verarbeiten und mit andern zu teilen. Zugleich ist es eine lustvolle Spielweise für die eigene Phantasie. Über das *»so könnte es gewesen sein«* schreibt der deutsche Schriftsteller Uwe Timm (geb. 1940):

> *»Das ist der wunderbare Konjunktiv. Wunderbar, weil er uns die Freiheit gibt, eine andere Wirklichkeit zu schaffen, und weil er das Diktat der Chronologie durchbricht.«*[105]

Ein faszinierendes Spiel mit Lebensmöglichkeiten, das beim Schweizer Schriftsteller Peter Bichsel (geb. 1935) gar utopische Qualität erlangt, indem es *»als die Frage nach dem ›Was wäre wenn‹«*[106] den konjunktivischen Entwurf einer andern, besseren Welt beinhaltet. Dem Erzählen wohnt dergestalt etwas *»Subversiv-Emanzipatorisches«*[107] inne als Ausdruck des Versuches, sich selbst zu behaupten. In dem Sinne lebt das Bedürfnis nach Geschichten, modernen Sagen und Märchen heute weiter. Als spezielle Form sind in den letzten Jahren besonders die sogenannten *Urban Legends*, Großstadtlegenden, hervorgetreten. Es handelt sich dabei um Erzählungen, die in den verschiedensten Teilen Europas in ähnlicher Form unvermittelt auftauchen,[108] weder einen nachvollziehbaren Ursprung noch einen streng festgelegten Inhalt besitzen und sich statt dessen fortwährend verändern. Oft ranken sie sich um traditionelle Erzählkerne wie etwa *Meisterdieb*-Geschichten und stellen diese in eine aktuelle, moderne Realität. Nebst spielerischer Erzähllust liegen auch den *Urban Legends* Ängste, Irritationen, Phantasien und Erfahrungen zugrunde, für welche in der durchrationalisierten modernen Welt kaum mehr Platz zu sein scheint.[109]

Märchen sind also komplexer Austausch von schriftlichen Vorlagen, gehörten Geschichten und subjektiven Hinzufügungen aus dem eigenen Erlebenshorizont. Zudem sind sie Geschichten, die erzählt werden, um die Atmosphäre der individuellen Einsamkeit und Verlassenheit aufzubrechen und mit Ängsten und Irritationen nicht allein zu bleiben – getreu dem Motto: *Mitgeteilte Ängste sind mit andern geteilte Ängste.*

Die von uns in den folgenden fünf Kapiteln untersuchten

europäischen Märchentexte, allesamt ebenso klassische wie populäre Stoffe, werden entsprechend als Zeugnisse bestimmter historischer Zeitumstände in bezug auf ihre Entstehung und Überlieferung aufgefaßt. Was dabei im einzelnen an Lebens- und Denkformen aufzufinden ist, mag in seiner Fremdheit irritieren und zugleich den eigenen Verständnishorizont erweitern helfen. Wenn eine solche mentalitätsgeschichtliche und kultursoziologische Herangehensweise bisher nur in wenigen Fällen bei Märchendeutungen hinlänglich zum Tragen gekommen ist, so kann nicht weiter erstaunen, wenn sich bei konsequenter wie kritischer Anwendung dieser Methode relativ schnell neue Zugänge und Erkenntnisse gewinnen lassen. Das daraus resultierende kulturhistorische Verständnis von Märchen öffnet die seit Jahrhunderten in Europa überlieferten Märchentexte nicht zuletzt auch für moderne zeitgenössische Fragestellungen, indem nunmehr ihre Stoffe, Motive und Erzählhaltungen im Kontext des abendländischen Zivilisationsprozesses deutlicher einzuordnen und zu diskutieren sind.

Märchen stellen nicht nur bestätigende Gebilde für unsere modernen Vorurteile dar,[110] sondern ebensosehr Äußerungen einer Vergangenheit, die durch zeitliche Distanz unser Interesse weckt und je nach Verständnis oder Unverständnis behutsam unser Urteil lenkt.

DAS
DORNRÖSCHEN-MÄRCHEN

GESCHICHTE VON TROYLUS
UND ZELLANDINE
(um 1330)

[Die Prinzessin Zellandine sticht sich beim Spinnen mit einer Flachsfaser und fällt unvermittelt in einen tiefen, todähnlichen Schlaf. Sie wird in einem unzugänglichen Schloßturm aufgebahrt, in das räuberisch der Prinz Troylus mit Hilfe Amors eindringt und in einem Schlafgemach die adlige Jungfrau findet.]

Wie Troylus so vor sich hin jammerte, ohne den Blick von der erhabenen Schönheit der Jungfrau abzuwenden, da riet ihm Amor, sie zu küssen und jener sagte zu ihr: »Jungfrau, gefiele es Euch, daß ich Euch küsse.« Alsogleich war der Ritter bereit, sie zu küssen, doch Vernunft und Weisheit kamen ihm zuvor, die da sagten: »Edler Ritter, es geziemt sich niemandem, an einem Ort einzudringen, wo eine Jungfrau allein in ihrer Abgeschiedenheit sei, wenn er dazu nicht die Erlaubnis erhalten hat und er darf sie auch nicht berühren, solange sie schläft.« Dies hörend, zog der Ritter sein Gesicht zurück, das bereits nahe bei seiner Freundin war. Aber die Sehnsucht, die ihn packte und anstachelte, sagte ihm, daß er sich aus diesem Grund nicht zurückziehen solle und daß sich die Vernunft in diesem Falle nicht einzuschleichen habe und daß die Ehre darob nicht besudelt werde, denn Küssen bringt Heilung in mehrerer Hinsicht und im besonderen erweckt sie die ins Vergessen geratenen Personen wieder zum Leben und lindert die Sorgen. Und als Troylus diese Worte erwog, gefielen sie ihm sehr und es schien ihm gut geraten, daß die Vernunft sich nicht entgegensetzen konnte und so küßte er die Jungfrau mehr denn zwanzig Mal. Beim Küssen der Jungfrau hatte Troylus Augen der Erleichterung und er sah, daß sie sich nicht bewegte, aber darob immer rosiger wurde. Er sagte zu sich selbst, daß es ein tiefer Schlaf sein müsse, daß aber, weil sie darob Farbe bekam, dies Zeichen sei, daß sie etwas fühle. Und als er sie so rosig erglüht sah, erschien sie ihm so schön, daß er sich nicht länger zurückhalten konnte, sie zu küssen und zwar so oft, daß es kaum mehr zu zählen war. Der tapfere Ritter ergötzte sich aufs wunderbarste, aber sein Vergnügen schwand immer mehr, denn sie bewegte sich überhaupt nicht, worüber er sich sehr grämte, und er sagte:

»Ach! Venus! Göttin der Liebe, man sagt von Euch, daß Ihr alle Versprechen erfüllt, die Euer Sohn, der Gott der Liebe, jenen macht, die sich in seinen Dienst stellen. Ach! Hohe Dame! Ihr selbst versprachet mir, daß, wenn ich einen Weg finden könnte, in diesen Turm zu gelangen, daß dann Amor mit einem Lichtstrahl den Ort weisen würde, wo die Frucht liegt, mit der die Jungfrau geheilt werden soll, und Ihr selbst müßt mich lehren, sie zu pflücken, denn ich weiß nicht, wo dieses Kraut wächst und deshalb, hohe Göttin, wollt Ihr bitte Euer Wort halten, denn wenn die Jungfrau nicht geheilt wird, seid gewiß, daß nichts mir so nahe sein wird als der Tod.«

Während der Ritter sich in Schmerzen verzehrte, betrachtete er die Jungfrau angestrengt, worüber es ihm widerfuhr, daß er sich nicht zurückhalten konnte, sie mehrmals zu küssen, ihrer Schönheit wegen. In dem Augenblick, als er die Küsse raubte, befand sich die Göttin Venus neben ihm, ohne daß er diese sah, und sagte ihm zur Beherzigung: »Du bist wohl feige, Ritter, da du allein bist neben einer so schönen Jungfrau, die du über alle andern liebst, wenn du nicht mit ihr schläfst.« Und wie der Ritter diese Worte vernahm mit dem guten Willen, den er wohl hatte, sie in die Tat umzusetzen dank der Ermunterung der Venus, die durch ihre Flamme sein Herz entflammte, wollte er sich entkleiden, doch der Anstand gebot ihm, durch den Rat des Liebesgottes, daß es ein großer Verrat wäre, dies zu tun, denn derjenige, der seiner Freundin Übles antut, kann keinesfalls als Freund mehr gelten. Als Troylus über diesen Rat nachgedacht hatte, nahm er Abstand von seinem schändlichen Vorhaben und wie Venus den Ritter aufgeben sah, war sie darob sehr erbost, weswegen sie ihre Fackel ergriff, mit der sie Troylus so sehr zum Erglühen gebracht, daß er ob der Hitze beinahe von Sinnen wurde, und damit trat sie vor ihn hin und machte, daß er sich niemals feige seiner Dame erfreuen würde, denn weder die Jungfrau noch er werden Schlechtes darüber denken, welchen Eindruck sie auch immer geben mag.

Deshalb erhob sich der Ritter, der sogleich entwaffnet und

entkleidet war, und schlüpfte unter die Decke zur Jungfrau, die dort ganz nackt war, weiß und zart. Sobald wie Troylus hohe Freude empfand, sagte er sich selbst, daß noch nie ein Mann so glücklich gewesen sei, wie er sei, aber möge die Jungfrau doch nur sprechen, was sie nämlich nicht tat, denn die Zeit dafür war noch nicht gekommen. Und so sehr diese Widrigkeit ihm die Freude schmälerte, konnte er unter dem Zuspruch der Venus nicht mehr an sich halten, so daß er seinem Willen so sehr nachgab, daß die schöne Zellandine mit gutem Recht den Namen Jungfrau verlor und dies geschah, während sie schlief und ohne daß sie sich im geringsten bewegte, so sehr und so lange, daß sie am Ende einen tiefen Seufzer ausstieß. Deshalb dachte Troylus, daß sie fürwahr gesprochen haben muß, und er erschrak darob so sehr, daß er kein Wort mehr zu sagen wagte, so zog er sich ein wenig von ihr zurück, um den Fall zu leugnen, wenn sie ihn hätte anklagen und ihn für unredlich halten wollen. Als er in diesem Gedanken versunken war, erschien derjenige, der ihn dahin gebracht hatte, am Fenster und sagte zu ihm: »Nun auf, edler Ritter, und verlaßt Euer Gemach, denn für dieses Mal soll es genug sein und die Frucht ist ja gepflückt, von der die Schöne geheilt werden wird.«

Als Troylus merkte, daß er gerufen wurde, sprang er sogleich auf, zog sich an und bewaffnete sich schnell, begab sich zum Fenster, wo ihn derjenige, der ihn hingebracht hatte, erwartete. Doch Troylus, der unduldsam war über den Weggang, sagte ihm:

»Ha! Diener, warum kommst du so früh zurück? Du holst mich weg von der größten Freude der Welt.«

»Reg' dich nicht auf«, sagte der Diener, »du kannst sehr wohl so lange bleiben, bis dir Unglück widerfährt, doch steig auf mich und ab geht's.«

So stieg Troylus auf den Diener und sah, daß man das Zimmer öffnete; aber damit Sie wissen, wer die Tür öffnete, tue ich Ihnen kund, daß während Troylus sich mit der Schönen verlustierte, die Fackel, die er angezündet hatte, um klar zu sehen, so viel Helligkeit verströmte, daß Zelland, der in seinem Bette lag, dessen gewahr wurde. Dieser nämlich, als er sah, daß es im Turm heller war als gewöhnlich, setzte sich in seinem Bette auf, um besser zu sehen, weil ihm etwas schwante, und auf einmal stand er auf und ging bis zu jenem Weg des geheimen Ganges, der in den Turm und bis zur Tür führte. Und wie er sie gut verschlossen fand, sprach er zu sich selbst, daß er bis jetzt einen irdischen Mann vorzufinden wähnte, jetzt aber dachte er, daß es wohl die Götter seien, die seine Tochter besuchten. Wie Zelland die Tür des Turmes verschlossen fand, war er sicher, daß die Götter in den Turm gekommen waren, um seiner Tochter irgendeine Erleichterung zu verschaffen. Da dachte er, daß er in das Zimmer gehen werde, um davon irgend etwas zu sehen. Sogleich ging er seine Schwester wecken, die in einem Zimmer neben dem seinen schlief und sprach zu ihr: »Schwester, stehen Sie auf, Sie werden mit mir in den Turm kommen, wo meine Tochter liegt, denn ich vermute, daß die Götter gekommen sind, sie zu besuchen.« Wie jene Dame nun ihren Bruder gehört hatte, stand sie so schnell sie konnte auf und sie begaben sich alle beide in den geheimen Gang und gingen unterirdisch voran bis zum Turm und stiegen empor, bis sie bei der Tür des Zimmers anlangten. Da schauten sie durch eine Ritze und sahen, daß das Licht ausgelöscht war. »Gewiß«, sprach Zelland alsdann, »die Götter sind schon gegangen«, weshalb er die Tür öffnete und als sie geöffnet war, sahen Zelland und seine Schwester, so schien es ihnen, einen Ritter in voller Rüstung, hell und glänzend im Mondesschein; er stand am Fenster des Turmes und draußen, kam es ihnen vor, war ein Vogel, wundersam groß, und dann sahen sie, daß der Ritter auf den Rücken des Vogels stieg und das eine Bein auf der einen, das andere auf der anderen Seite des Halses anlegte. Und wie der Vogel sich in die Lüfte schwang, entschwand er sogleich ihren Blicken.

Als Zelland und seine Schwester dieses Wunder gesehen hatten, waren sie darob sehr erstaunt. Da sagte Zelland: »Bei meinem Glauben, schöne Schwester, wir haben ein Wunder gesehen, doch können Sie mir gewiß glauben, daß dies Mars ist, der Gott des Krieges, aus dessen Geschlecht wir stammen, der sich auf eine so würdevolle Weise, wie wir gesehen haben, entfernt hat. Gehen wir nachschauen, wie es Zellandine geht.« »Ich will es gerne«, sagte die Dame, die eine Fackel nahm und sie an der Lampe anzündete, dann gingen sie alle beide zum Bett und fanden da das Fräulein schlafend wie die anderen Male, doch sie sahen, daß ihr Bett sehr zerwühlt war.

[*Troylus verhindert daraufhin Zellandines Heirat mit einem fremden Ritter dadurch, daß er seine Vaterschaft gesteht, mit ihr entflieht und sie ehelicht.*]

FRAYRE DE JOY E SOR DE PLASER

(um 1350)

[Während eines Festes haucht die schöne Sœur-de-plaisir ihren Lebensatem aus. Ihr Vater aber fürchtet, die so frisch erscheinende Tote zu bestatten und läßt sie auf einem unzugänglichen Schloß aufbahren. Mit Hilfe seines Ratgebers Vergil* vermag aber Frère-de-joie, der Sohn des Königs von Florianda, den Zauber zu bezwingen.]

Er überquerte mit Leichtigkeit die Brücke und stieg auf den Turm. Als er die rosige Frische und die Schönheit der Dame sah, sagte er: »Noch nie sahen Augen etwas so Schönes, nicht einmal die Natur kann so etwas geschaffen haben; es gibt weder Worte, um dies zu beschreiben, noch Vorstellungen dafür. Sie ist gar nicht tot, im Gegenteil ist sie lebendig, da eine tote Person abstoßend wirkt, derweil diese hier zu süßen Gedanken im Herzen verleitet, und den Augen große Freude bereitet. Dies könnte nicht der Fall sein, wenn sie tot wäre und sie scheint mir zuzuzwinkern, weil sie mit mir sprechen möchte.«

Er näherte sich dem Bett, kniete ehrfürchtig auf einem goldenen Sessel nieder, den er gleich daneben fand und auf dem der Vater und die Mutter saßen, wenn sie kamen, um ihr süßes und liebliches Gesicht zu bewundern.

»O edles und allerliebstes Geschöpf, das schönste, das ich je gesehen, da Ihr auf dem Gesicht die Liebe, die in den Augen leuchtet, zeigt; o wie möchte ich doch, daß Ihr mich liebet, gewiß nicht so, wie ich Euch liebe, das wäre wohl zuviel verlangt. Es wäre aber weder richtig noch vernünftig, daß Eure Liebe Euch quälen würde, so wie meine Liebe für Euch mich quält, Ihr die Ihr die Blume der Schönheit und der höfischen Tugend [Courtoisie] seid. Aber es schiene mir ein Gesetz der Liebe zu sein, daß ich Euch liebte und Ihr mich nicht liebtet, wenn Ihr nur duldetet, aus Gnade, daß ich Euch liebte so wie Tristan Isolde liebte, und daß ich für Euch aus lauter Liebe stürbe. O lieber Gott, wenn es nur schon morgen wäre! Noch nie war ein Tag so kurz wie dieser, aber wenn Ihr ihn so schufet, um mein Hiersein zu verkürzen, welches Unrecht habe ich Euch getan? Ich dachte, es sei Mai, aber die Tage sind noch kurz; so wird mir wohl die Zeit fehlen, wegen meiner

---

* Vergil wurde im Mittelalter häufig mit Zauberei und Liebesgeschichten in Verbindung gebracht.

Vergehen, um mir meine Freude zu nehmen. Wollte Gott doch nur, daß dieser Tag ewig dauerte, ein ganzes Jahr, und daß ich immer hier bliebe!«

Auf den Knien sprach er so, sie betrachtend, ihre Hände haltend und den Mund und das Gesicht berührend.

»O du edles Geschöpf, anmutig und liebreizend, allerliebst und süß, wüßt' ich nur, daß es Euch nicht leid täte, so würd' ich Euch küssen. Wenn Ihr es mir nur sagen könntet! Man wird glauben, ich sei ein Narr, wenn ich das Glück, das Gott mir schenkt, nicht nehme. Ich werde sie küssen und wenn sie nicht beleidigt ist, aus ihr noch mehr Freude schöpfen. Gott, wie werde ich wissen, ob ich ihr genehm oder unangenehm sein werde? Wenn es ihr gefällt, so werde ich das sofort an ihrem Gesichtsausdruck sehen, weil man sagt, daß wer Schmerz oder Glück empfindet, dies auf dem Gesicht zeigt: man kann das Herz nicht zwingen, ein böses Gesicht zu einem guten Dienst zu machen.« Also küßte er sie sanft und dann schaute er in ihr schönes Antlitz und es schien ihm, als ob sie zufrieden lächeln würde, glücklich wäre. Und er küßte sie noch einmal, gewiß mehr als hundert Mal, bevor er seine Lippen von dieser Süße nahm. Er hob sanft die Decke, die ganz von Gold und von großem Wert und auf ungewöhnliche Art gut gestickt war; er sah ihren schönen Leib, bedeckt von einem aus Silber- und Goldfäden gestickten Kleid, und es schien ihm, als habe sie es angezogen, um ihrem Geliebten noch mehr zu gefallen.

Wahrhaftig, ich sage Euch, noch nie sah jemand einen so schön geformten Körper, so formvollendet, so zart: er wurde mit Sorgfalt und im Ebenmaß geschaffen, noch nie schuf die Natur etwas Schöneres oder Vollendeteres. Und sie trug am Finger einen Ring, in den Worte eingraviert waren, die für die, die sie lesen konnten, sagten: ›Ich bin der Ring der *Sœur-de-plaisir*, wer mich besitzen wird, wird sie durch Liebe und wahrhaftige Freude besitzen.‹ Als er dann ihre ganze Freude ausgekostet hatte, nahm er den Ring und überließ ihr den seinen, in dem auch die Worte standen, die seinen Namen nannten: ›Ich bin der Ring von *Frère-de-joie*, wer mich besitzen wird, wird ihn lieben, nicht als Gemeinen, sondern als Sohn eines edlen Königs.‹ Und dann schied er widerstrebend, seufzend, sich häufig umdrehend von ihr; er entfernte sich, weil

Stunde und Tag der Ankunft des Kaisers gekommen waren. Aber er kam häufig, ohne zu zögern, zurück, um seine exquisite Freude zu kosten, die er weder hätte hergeben oder verkaufen wollen, noch hätte er sein Schicksal mit dem eines andern tauschen wollen. Deshalb hat recht, wer sagt: ›Das Glück liebt, das Glück begehrt, es fürchtet den Schmerz, das Glück lenkt einen.‹ Oft ging und kam er, dem Vater und der Mutter ausweichend.

Oft betrachtete die Mutter ihre Tochter, sah im dritten Monat ihren dicken Bauch und im vierten, wie er doppelt so dick war, was sie sehr erstaunte; sie zeigte sie dem Kaiser, der ebenfalls sehr erstaunt war. Nachdenklich, weinend, beobachtend gingen sie umher und sprachen häufig miteinander. Im neunten Monat, wie es Zeit war, daß es geschah, bekam die Jungfrau ohne Schmerzen und ohne irgendwelche Gefahren ein Kind.

Am Tag, als die Mutter kam, fand sie in ihren Armen das Kind, das ihre Brust hielt und sanft daran sog, so wie es die Natur gelehrt hatte, ohne irgendwelche Lehrerin. Deshalb sagen die Weisen: »Die Natur zeigt viel mehr, als daß sie lehrt. Die Natur nimmt, die Natur bringt voran und macht aus einem kleinen Geschöpf ein großes. Nichts geschieht gegen die Natur. Das ist eine der großen Gewißheiten der Welt.«

Sie schauten überall nach, sowohl Vater wie Mutter, unten und oben; die Mutter irrte im Turm herum und sprach weinend zum Kaiser: »Wie um Gottes willen konnte das geschehen? Niemand kann hier eindringen außer einem Vogel oder dem Heiligen Geist. Noch nie geschah so etwas Ungewöhnliches; das ist ohne Zweifel jenseits des Verstandes und gegen die Natur. Noch nie geschah, bei irgendwelchen Leuten, daß eine tote Frau einen Sohn empfangen würde und daß sie, tot, einen Lebendigen bekommen würde. Die lebenden Frauen geraten in Todesgefahr, wenn sie ihr Geschöpf bekommen. Ruhmreicher Gott, möge es Dir gefallen, daß diese Tote wieder lebendig werde, so wie viele Lebendige gestorben sind; es gibt Gräber ohne Tote darin, aber niemand hat sie je lebendig gesehen. Jeden Tag sieht man, wie die Lebenden sterben, aber niemand hat je die Toten lebendig gesehen. Ein derartiges Ereignis würde unsern Geist erheben. Wenn Gott unser Vater wollte, so wie er wollte daß sie als Tote ein Kind bekam, was ein großes Wunder war, und wenn sie wieder lebendig würde, wäre das Wunder noch größer und würde uns sehr erfreuen.« Sie verbrachten diesen ganzen Tag in großer Furcht, sie weinten und beteten, und sie waren so demütig und gottergeben, daß Gott sie auf diese Art belohnte: die Jungfrau hob die Hand auf die Decke, als ob sie sprechen würde, aber sie sprach nicht, »Ich bin lebendig, weinet nicht mehr«. Und ihr Schmerz verwandelte sich in Freude.

Bald verließen sie diesen Ort und als sie hinausgegangen waren, sahen sie von weitem einen Vogel herbeifliegen, einen Eichelhäher, der im Schnabel ein Kraut trug, schnell flog er herbei, wie *Frère-de-joie* ihm aufgetragen hatte. Dieser war in der ganzen Welt umhergereist, hatte Rat gesucht, Ärzte, Philosophen und Magier aufgesucht, war am Hofe von Königen und Kaisern und erzählte immer das Gleiche. Zu jener Zeit hatte Vergil einen Vogel aufgezogen, einen braven Eichelhäher; ich weiß, daß er grün und karmesinrot war, weiß, schwarz, grau, violett und azurblau, er hatte einen Kamm wie ein Pfau und den roten Schnabel wie die Pfauen der Ländereien des Priesters Johannes [in Indien], weil die von dort alle so sind. Der Eichelhäher flog überall hin, um alles zu tun, was man von ihm verlangte; er kannte alle Kräuter und ihre Heilkräfte und er überbrachte Botschaften, Grüße und Neuigkeiten besser als irgendein Bote. Und er kannte alle Sprachen und er bezauberte mehr als ein Zauberer. Und da Vergil den *Frère-de-joie* sehr mochte und ihn lieb hatte, sagte er ihm, daß er ihm von ganzem Herzen das kostbarste Geschenk, das jemals überreicht wurde, mache und er gab ihm den Vogel, dergestalt daß *Frère-de-joie* ihm dankbarer war als wenn er ihm ganz Irland geschenkt hätte. Er aber gab Vergil Florianda und das gesamte Reich nach dem Tod des Vaters. »Da Ihr ja wollt, daß ich Kaiser werde«, sagte er, »möchte ich, daß Ihr König seid.« Aus diesem Grunde sagt der Autor, daß die Dummen das Schenken kennen, aber nicht die Großzügigkeit, die guten Manieren, aber nicht die Aufrichtigkeit, die Waffen, aber nicht die Kühnheit.

Frère-de-joie, der tapfere, sagte dem Eichelhäher, nachdem er diesen erhalten hatte: »Sage mir, Eichelhäher, mit der Hilfe Gottes, könntest Du mir Rat geben über das seltenste und außergewöhnlichste Ereignis, das man je hat glauben können?« Der Eichelhäher sprach: »Mein Herr, könnt Ihr es mir erklären?«, »Ich werde es in wenigen Worten sagen«. *Frère-de-joie* erzählte die ganze Geschichte so, wie Ihr sie in vielen Ländern gehört habt.

[Um die unritterliche Schandtat zu sühnen, schickt Frère-de-joie den sprechenden Eichelhäher zu seinem Opfer und läßt durch ihn in einer langen Unterredung mit Sœur-de-plaisir seine Liebe gestehen und die Tat rechtfertigen. Die höfischen Überredungskünste des gefiederten Vermittlers überzeugen sie schließlich von seinen lauteren Absichten, so daß ein Eheversprechen abgelegt wird. Unglückliche Umstände verhindern vorerst zwar dessen Einlösung, doch vermögen auch sie nicht wahrhaft das Eheglück zu verhindern.]

Giambattista Basile
SONNE, MOND UND TALIA
(1636)

Talia wird durch eine Hanffaser getötet und in einem Schlosse zurückgelassen; ein König langt daselbst an und zeugt zwei Kinder mit ihr; sie kommt darauf in die Gewalt der eifersüchtigen Gemahlin desselben, welche befiehlt, daß die Kinder gekocht und dem Vater vorgesetzt, Talia aber verbrannt werden soll; der Koch rettet die Kinder und der König Talia, worauf er seine Frau in das für Talia angezündete Feuer werfen läßt.

(...) Da nun die Reihe des Erzählens jetzt an Popa war und diese bereits den Fuß im Steigbügel hatte, so begann sie folgendermaßen zu sprechen:

Es ist durch die Erfahrung vielfach bewiesen, daß die Grausamkeit meistenteils gerade der Henker desjenigen wird, der sie ausübt, und man hat ferner jederzeit gesehen, daß, wer andern eine Grube gräbt, selbst hineinfällt; so wie andererseits die Unschuld ein Schild von Feigenbaumholz ist, an welchem jedes Schwert der Bosheit dergestalt zerbricht oder die Spitze verliert, daß gerade in dem Augenblick, wo der Unglückliche sich schon für tot und begraben hält, er mit Fleisch und Bein wieder auflebt, wie ihr dies aus der folgenden Erzählung ersehen könnt, die ich aus dem Faß meines Gedächtnisses durch den Hahn meiner Zunge zutage fördern will.

Es war einmal ein vornehmer Herr, der bei der Geburt einer Tochter alle Weisen und Wahrsager des Königreichs zusammenkommen ließ, damit sie ihr Lebensgeschick prophezeien sollten. Nach mehrfachen Beratungen nun sagten sie aus, daß ihr durch eine Flachsfaser große Gefahr drohe; weshalb ihr Vater, um jedem Unfall vorzubeugen, ein strenges Gebot erließ, daß weder Flachs noch Hanf noch irgend etwas Ähnliches jemals in seinen Palast gebracht würde. Als jedoch Talia herangewachsen war und eines Tages am Fenster stand, sah sie eine alte Frau vorübergehen, welche spann, und da sie niemals weder Kunkel* noch Spindel zu Gesicht bekommen hatte, sie auch an dem Hin- und Herdrehen derselben großes Gefallen fand, wurde sie von so großer Neugier ergriffen, daß sie die Alte heraufkommen ließ und, den Rocken in die Hand nehmend, anfing den Faden zu drehen; unglücklicherweise jedoch stach sie sich dabei eine Hanffaser unter den Nagel eines Fingers, und sogleich fiel sie tot zur Erde. Sobald die Alte dies sah, eilte sie die Treppe hinunter, der arme Vater aber, von dem Unfall unterrichtet, bezahlte erst mit ganzen Fässern Tränen diesen Becher Wermuttrank, ließ dann die tote Tochter in dem Lustschloß, in welchem er sich eben befand, auf einen Samtsessel unter einem Thronhimmel von Brokat setzen, worauf er alle Türen verschloß und den Ort, welcher die Ursache eines solchen Unglückes gewesen war, verließ, um gänzlich und für immer das Andenken daran aus seinem Gedächtnisse zu verbannen.

Es geschah nun aber eines Tages, daß ein König auf die Jagd ging und ein Falke, der ihm von der Faust entschlüpfte, in ein Fenster jenes Schlosses flog, so daß der König, da der Vogel nicht auf die Lockpfeife hörte, an das Tor pochen ließ, indem er glaubte, daß das Gebäude bewohnt würde. Nach langem und vergeblichem Klopfen jedoch hieß der König eine Winzerleiter herbeiholen, um selbst hineinzusteigen und zu sehen, wie es inwendig aussehe, und nachdem er es ganz durchwandert hatte, war er ganz außer sich vor Staunen, keine lebende Seele darin zu finden. Endlich jedoch gelangte er in das Zimmer, in welchem die bezauberte Prinzessin sich befand, und rief sie, indem er glaubte, daß sie schliefe; da sie aber trotz

* *Kunkel*: Spinnrad, Spindel.

alles seines Schreiens und Rüttelns nicht erwachte, er aber von ihrer Schönheit durch und durch erglühte, so trug er sie in seinen Armen auf ein Lager und pflückte dort die Früchte der Liebe. Hierauf ließ er sie auf dem Bette liegen und kehrte in sein Königreich zurück, woselbst er eine lange Zeit an diesen Vorfall nicht mehr dachte.

Talia aber gebar nach neun Monaten ein Zwillingspaar, einen Knaben und ein Mädchen, welche einem zwiefachen Juwelenschmuck glichen und von zwei Feen, die in jenem Palast erschienen, an die Brust der Mutter gelegt und sonst auch aufs sorgfältigste gepflegt wurden. Da sie nun einmal wieder saugen wollten und die Brustwarzen nicht fanden, so erfaßten sie einen Finger und saugten daran so lange, bis sie die Faser herauszogen, worauf Talia wie aus einem tiefen Schlaf zu erwachen schien, den kleinen Engeln, welche sie neben sich sah, die Brust darreichte und sie liebgewann wie ihr eigenes Leben, während sie jedoch gar nicht wußte, was mit ihr vorgegangen war, da sie nämlich wahrnahm, daß sie sich mit zwei Säuglingen ganz allein in dem Palast befand und von unsichtbaren Händen Speise und Trank herbeibringen sah. Endlich jedoch geschah es, daß der König, sich Talias erinnernd, unter dem Vorwande, auf die Jagd zu gehen, zu ihr in den Palast kam, und indem er sie erwacht und außerdem zwei Engelchen an Schönheit bei ihr fand, fühlte er darüber die größte Freude. Sobald er nun Talia mitgeteilt hatte, wer er wäre und was sich zwischen ihnen zugetragen, schlossen sie ein sehr enges Freundschaftsbündnis und blieben einige Tage zusammen; worauf der König mit dem Versprechen, zurückzukehren und sie abzuholen, sich von ihr verabschiedete und sich wieder in sein Königreich begab. Dort aber dachte er jederzeit an Talia und seine Kinder, so daß, mochte er nun essen oder trinken, er zugleich auch Talia und Sonne und Mond (so hatte er nämlich seine Kinder genannt) im Munde führte, und wenn er sich zur Ruhe legte, den Namen jener sowohl als dieser ausrief. Der Gemahlin des Königs jedoch, welche durch die lange Abwesenheit desselben einigen Verdacht gefaßt hatte, wurde bei dem steten Anhören der Namen: »Talia, Sonne, Mond« immer brühheiß. Daher nahm sie einmal ihren Geheimschreiber beiseite und sprach zu ihm: »Höre, mein Freund, du befindest dich jetzt zwischen Angel und Tür, zwischen Block und Beil, zwischen Strick und

Leiter. Wenn du mir nämlich sagst, wer die Geliebte meines Mannes ist, so mache ich dich zum reichen Mann; wenn du mir dies aber verheimlichst, so ist es um dich geschehen.« Der Geheimschreiber, einerseits durch die Furcht getrieben, andererseits durch den Eigennutz gezogen, der das Scheuleder auf den Augen der Ehre, die Augenbinde der Gerechtigkeit, der graue Star der Treue ist, schenkte der Königin reinen Wein ein. Diese sandte daher ihn selbst im Namen des Königs zu Talia und ließ ihr sagen, er wolle die Kinder sehen; worauf Talia ihm diese mit großer Freude schickte, jenes Medeaherz jedoch dem Koch befahl, sie zu schlachten und aus ihnen verschiedene Suppen und Ragouts zu machen, die sie dann dem armen König zu essen geben wollte. Der Koch aber, der ein weiches Herz hatte, wurde, sobald er die beiden kleinen Engelchen erblickte, von Mitleid ergriffen, und indem er sie seiner Frau übergab, damit sie sie verstecken sollte, bereitete er statt ihrer zwei Zicklein auf hunderterlei Weisen zu und übersandte sie der Königin, welche die Speisen mit großer Freude empfing. Als nun der König kam und mit vielem Wohlbehagen zu essen begann, wobei er einmal über das andere sagte: »Das schmeckt ja herrlich, bei meiner Seele! Das schmeckt ja köstlich, so wahr ich lebe!« entgegnete seine Frau immer: »Iß, denn du issest von dem Deinen.« Der König ließ dies Gerede zwei- oder dreimal unbeachtet; da er jedoch sah, daß sie gar nicht aufhören wollte, rief er endlich aus: »Ich weiß, daß ich von dem meinigen esse; denn du hast mir nichts ins Haus gebracht!« Worauf er zornig aufsprang und sich auf ein nicht weit entferntes Landhaus begab, um dort seinen Ärger verfliegen zu lassen.

Inzwischen trug die Königin, deren Wut noch nicht durch das, was sie getan, gesättigt war, dem Geheimschreiber wiederum auf, Talia unter dem Vorwande, daß der König sie erwarte, herbeizuholen. Diese nun kam alsobald, voll Freude und Verlangen, das Licht ihrer Augen wiederzufinden, und nicht ahnend, daß sie statt dessen Feuer erwartete. Als sie daher vor der Königin erschien, sprach diese zu ihr mit einem Nero-Gesichte und giftig wie eine Natter: »Ei willkommen, willkommen, du kostbares Frauenzimmer! Du also bist die Metze, das Unkraut, das meinen Mann von mir abzieht? Du also bist die infame Hündin, die mir so viele schlaflose Nächte gemacht hat? Laß nur gut sein! Jetzt bist du in das Fegefeuer gekommen, wo du für das büßen sollst, was du mir angetan hast.« Sobald Talia diese Rede vernahm, fing sie an, sich zu entschuldigen, indem sie sagte, daß sie nichts verbrochen und der König, während sie im Schlafe dalag, von ihrem Grund und Boden Besitz genommen habe; jedoch die Königin, welche keine Entschuldigungen hören wollte, ließ im Hofe des Palastes selbst ein großes Feuer anzünden und befahl, Talia hineinzuwerfen. Da diese nun sah, wie schlecht es mit ihr stand, so fiel sie vor der Königin auf die Knie und flehte sie an, ihr wenigstens soviel Aufschub zu gestatten, bis sie ihre Kleider abgelegt habe. Die Königin, nicht sowohl aus Mitleid mit der Unglücklichen, als um sich die mit Gold und Perlen gestickten Gewänder anzueignen, erwiderte daher: »Nun denn, so ziehe dich aus«, worauf Talia sich zu entkleiden anfing und bei jedem Stück, das sie ablegte, ein lautes Geschrei ausstieß. Als sie nun nach Ablegung des Überwurfs, des Kleides und des Mieders eben auch den Unterrock herunterstreifte, wobei sie den letzten Schrei vernehmen ließ, und man sie bereits fortschleppte, um aus ihrem Körper Asche für die Lauge zu Charons Hosen zu bereiten, eilte der König herbei und wollte beim Anblick dieses Schauspiels wissen, was vorging; hierauf fragte er auch nach seinen Kindern, und da er vernahm, daß seine Frau, um sich wegen seiner Untreue zu rächen, sie hatte schlachten lassen, rief er aus: »Ich selbst also war der Wolf meiner Schäflein? Weh mir, warum erkannten meine Adern nicht, daß sie die Quelle ihres Blutes waren? O du schändliche Barbarin, was für eine Grausamkeit hast du da begangen? Aber warte nur, es wird dir nicht so hingehen, deine Strafe soll wahrhaftig nicht sehr sanft ausfallen.« So sprechend, befahl er, daß sie in das für Talia angezündete Feuer geworfen würde und zugleich mit ihr auch der Geheimschreiber, welcher der Bube in diesem Unglücksspiel und der Anzettler dieses Gewebes der Bosheit gewesen war. Indem er nun aber mit dem Koch das nämliche tun wollte, weil er glaubte, daß er die Kinder kleingehackt habe, warf dieser sich ihm zu Füßen und rief aus: »Fürwahr, Herr König, es bedürfte gar keiner andern Sinekure für den Dienst, den ich euch erwiesen, als wenn ich in eine Kalkofenglut geworfen würde, keines andern Kostenersatzes, als wenn man mir einen Pfahl in den Hintern bohrte, keiner andern Belustigung, als mich im Feuer weichzukochen und braten zu lassen, keines andern Vorteils, als daß die Asche eines Koches mit der einer Königin vermischt würde; aber dies wäre denn doch keine sonderliche Belohnung dafür, daß ich euch eure Kinder trotz jener mitleidlosen Betze, die sie töten wollte, gerettet habe, um euch einen Teil eurer selbst wiederzugeben.« Als der König diese Worte vernahm, blieb er wie versteinert stehen; denn er glaubte zu träumen und konnte nicht glauben, was seine Ohren vernahmen; endlich jedoch wandte er sich zu dem Koch und sprach: »Wenn du mir wirklich meine Kinder gerettet hast, so sei sicher, daß du nicht weiter Bratspieße drehen, sondern in der Küche meines Herzens meinen Willen drehen sollst, wie du willst, indem ich dich so belohnen werde, daß nichts zu deinem Glücke fehlen soll.« Während der König dies sprach, brachte die Frau des Koches, welche sah, wie nötig dies war, Sonne und Mond vor den König, der sogleich anfing, bald mit seiner Frau, bald mit seinen Kindern Kußmühle zu spielen, den Koch aber reich belohnte und ihn zu seinem Kammerherrn machte. Hierauf heiratete er Talia, welche nun mit ihrem Gemahl und ihren Kindern ein langes und glückliches Leben führte, nachdem sie erkannt hatte: »Wem der Himmel wohlwill, dem gibt er das Glück im Schlafe.«

(...) Unsäglich freuten sich der Prinz und seine Gemahlin, als sie das glückliche Endschicksal Talias vernahmen, da sie nimmer erwartet hatten, daß sie während eines solchen Sturmes einen so guten Hafen treffen würde (...).

Charles Perrault
DIE SCHLAFENDE SCHÖNE IM WALDE
(1695)

Es waren einmal ein König und eine Königin, die waren sehr betrübt, daß sie keine Kinder hatten, so betrübt, daß es mit Worten kaum zu sagen ist. Sie fuhren zu allen Bädern der Welt, taten Gelübde, unternahmen Wallfahrten, unterwarfen sich Andachtsübungen, doch alles war vergebens. Endlich aber wurde die Königin doch schwanger und brachte ein Mädchen zur Welt. Man richtete eine schöne Taufe aus und gab der kleinen Prinzessin alle Feen, die man im Lande finden konnte (man fand ihrer sieben) zu Patinnen, damit eine jede ihr eine Gabe verleihen konnte, wie das damals bei den Feen der Brauch war. Auf diesem Wege sollte die Prinzessin alle erdenklich hervorragenden Eigenschaften erhalten.

Nach den Tauffeierlichkeiten kehrte die ganze Gesellschaft zum Schloß des Königs zurück, wo die Feen ein großes Festmahl erwartete. Für eine jede von ihnen hatte man ein prächtiges Gedeck mit einem Besteck aus purem Gold aufgelegt, einem Löffel, einer Gabel und einem Messer aus feinstem Gold, das mit Diamanten und Rubinen besetzt war. Als sich aber alle an der Tafel niederließen, sah man eine alte Fee hereinkommen, die nicht eingeladen worden war, da sie seit mehr als fünfzig Jahren ihren Turm nicht mehr verlassen hatte und man sie für tot oder verzaubert hielt. Der König ließ ein Gedeck für sie auflegen, doch ihr ein Besteck aus purem Gold zu geben wie den anderen, war ganz unmöglich, da man lediglich sieben für die sieben Feen hatte anfertigen lassen. Die Alte glaubte, man verachte sie, und murmelte einige Drohungen zwischen den Zähnen. Eine der jungen Feen, die neben ihr saß, hörte dies und fürchtete, sie möchte der kleinen Prinzessin eine böse Gabe verleihen. So versteckte sie sich, sobald die Tafel aufgehoben wurde, hinter einem Wandteppich, damit sie als letzte sprechen, und, soweit es in ihrer Macht stünde, das Übel, das die Alte heraufbeschwören mochte, wiedergutmachen konnte. Indessen begannen die Feen, der Prinzessin ihre Gaben zu verleihen. Die Jüngste machte ihr zum Geschenk, daß sie das schönste Mädchen auf der ganzen Welt sein werde; die nächste, daß sie ein Engelsgemüt besitzen werde; die dritte, daß sie bei allem, was sie tue, eine bewundernswerte Anmut zeigen werde; die vierte, daß sie vollendet schön tanzen werde; die fünfte, daß sie wie eine Nachtigall singen werde; die sechste, daß sie jegliches Instrument mit höchster Vollkommenheit spielen werde. Nun war die Reihe an der alten Fee. Sie wackelte mit dem Kopf, mehr aus Ärger als wegen ihres Alters, und sprach, daß die Prinzessin sich mit einer Spindel in die Hand stechen und daran sterben solle.

Diese furchtbare Gabe ließ die ganze Gesellschaft erzittern, und da war keiner, der nicht geweint hätte. In diesem Augenblick trat die junge Fee hinter dem Wandteppich hervor und sprach mit erhobener Stimme folgende Worte: »Fasset Mut, mein König und meine Königin, Eure Tochter wird daran nicht sterben; ich besitze allerdings nicht die Macht, den Spruch meiner älteren Schwester ganz auszulöschen. Die Prinzessin wird sich daher mit einer Spindel in die Hand stechen, doch anstatt daran zu sterben, wird sie lediglich in einen tiefen Schlaf fallen, der hundert Jahre dauern wird. Wenn sie abgelaufen sind, wird der Sohn eines Königs sie erwecken.«

Der König wollte versuchen, das Unglück, das die Alte prophezeit hatte, abzuwenden und erließ einen Befehl, der jedermann das Spinnen mit einer Spindel oder auch nur den Besitz einer Spindel bei Todesstrafe untersagte.

Fünfzehn oder sechzehn Jahre waren verflossen, der König und die Königin waren auf eines ihrer Lustschlösser gereist, da begab es sich, daß die junge Prinzessin eines Tages, als sie durch das Schloß lief und von Zimmer zu Zimmer hoch hinauf bis in einen Turm stieg, in eine kleine Dachkammer gelangte, in der eine freundliche Alte an ihrem Spinnrocken saß. Der guten Frau war noch nichts von dem königlichen Verbot der Spindeln zu Ohren gekommen. »Was macht Ihr da, gute Frau?« sprach die Prinzessin. »Ich spinne, mein schönes Kind«, entgegnete die Alte, die sie nicht kannte. »Oh, wie hübsch ist das«, versetzte die Prinzessin, »wie macht Ihr das? Gebt her, ich will sehen, ob ich es ebenso gut kann.« Kaum hatte sie die Spindel angefaßt, als sie sich, lebhaft und ein wenig rasch wie sie war, und da es im übrigen nun einmal der Spruch der Feen so wollte, damit in die Hand stach und ohnmächtig zu Boden sank.

Die gute Alte ruft ganz bestürzt um Hilfe, und von allen Seiten eilt man herbei, man schüttet der Prinzessin Wasser ins Gesicht, öffnet ihre Kleider, klatscht in die Hände, reibt ihr die Schläfen mit allerlei Rosmarin-Wässerchen ein, doch nichts vermag sie ins Leben zurückzurufen.

Der König aber, der auf den Lärm hin heraufgestiegen kam, entsann sich der Prophezeiung der Feen, und da er bedachte, daß dies so kommen mußte, weil die Feen es geweissagt hatten, ließ er die Prinzessin in das schönste Zimmer des Palastes bringen und auf ein Bett mit Stickereien aus Gold und Silber legen. Man hätte sie für einen Engel halten können, so schön war sie; denn die Ohnmacht hatte nicht die leuchtenden Farben von ihrem Gesicht genommen: ihre Wangen waren strahlend rot und ihre Lippen wie Korallen; lediglich die Augen waren geschlossen, doch ihr sanftes Atmen zeigte, daß sie nicht tot war.

Der König ordnete an, daß man sie in Frieden schlafen lassen sollte, bis die Stunde gekommen sei, zu der sie aufgeweckt werden würde. Die gute Fee, die ihr das Leben gerettet hatte, indem sie sie dazu verurteilte, hundert Jahre zu schlafen, befand sich zwölftausend Meilen entfernt im Königreich Mataquin, als das Mißgeschick die Prinzessin ereilte; doch sie wurde augenblicklich durch einen kleinen Zwerg in Kenntnis gesetzt, der im Besitz von Siebenmeilenstiefeln war (das waren Stiefel, mit denen man sieben Meilen mit einem einzigen Schritt zurücklegt). Die Fee brach sogleich auf, und eine Stunde später sah man sie in einem feurigen Wagen mit einem Drachengespann vorfahren. Der König bot ihr die Hand am Schlag des Wagens. Sie billigte alles, was er angeordnet hatte, doch da sie stets weit vorausschaute, bedachte sie, daß sich die Prinzessin, wenn sie so allein in dem alten Schloß erwachte, ängstigen könnte: hört, was sie tat.

Sie berührte mit ihrem Stab alles, was sich im Schloß aufhielt (den König und die Königin ausgenommen): Gouvernanten, Ehrendamen, Kammerjungfern, Edelleute, Leibwachen, Haushofmeister, Köche, Küchenjungen, Laufburschen, Wächter, Diener, Pagen, Lakaien; sie berührte alle Pferde, die in den Ställen standen, ebenso die Reitknechte, die großen Hofhunde und die kleine Pouffe, das Hündchen der Prinzessin, das neben ihr auf dem Bett lag. Kaum hatte sie sie berührt, da schliefen sie alle ein, um erst wieder zusammen mit ihrer Herrin zu erwachen, damit sie ihr alle zu Diensten sein konnten, wenn sie gebraucht würden. Selbst die Bratspieße, die sich gespickt mit Rebhühnern und Fasanen über dem Feuer drehten, schliefen ein, und das Feuer desgleichen. All dies war die Sache eines Augenblicks; Feen brauchen nicht lange für ihre Taten.

Dann küßten der König und die Königin ihr geliebtes Kind, ohne daß es erwachte, verließen das Schloß und ließen bekanntmachen, daß es jedermann verboten sei, das Schloß zu betreten. Das war indes nicht nötig, denn im Zeitraum von einer Viertelstunde wuchsen rings um den Park solche Mengen von großen und kleinen Bäumen, von Brombeersträuchern und Dornengestrüpp, die ineinander verschlungen waren, daß weder Mensch noch Tier hätten hindurchdringen können; so hoch wuchsen sie, daß man nicht mehr die höchsten Turmspitzen des Schlosses sehen konnte, es sei denn aus weiter Entfernung. Es bestand kein Zweifel, daß die Fee auch hier noch ihren Zauber hatte walten lassen, damit die Prinzessin während ihres Schlafes nichts von der Neugierde anderer zu befürchten habe.

Hundert Jahre waren vergangen, als der Sohn des Königs, der nunmehr regierte und der einer anderen Familie entstammte als die schlafende Prinzessin, in dieser Gegend auf die Jagd ging. Er fragte, was es denn mit den Türmen auf sich habe, die man aus einem großen, dichten Wald herausragen sähe. Jeder antwortete ihm, was er so gehört hatte: die einen sagten, daß es ein altes Schloß sei, das von Geistern heimgesucht werde, die andern, daß alle Zauberer aus der Gegend dort ihren Sabbat abhielten, die meisten glaubten aber, daß dort ein Menschenfresser hause und daß er alle Kinder, deren er habhaft werden könne, dorthin bringe, um sie in aller Ruhe zu verspeisen, ohne daß man ihm folgen könne, denn nur er habe die Macht, sich einen Weg durch den Wald zu bahnen.

Der Prinz wußte nicht, was er davon halten sollte; da ergriff ein alter Bauer das Wort und sagte: »Mein Prinz, es ist nun schon mehr als fünfzig Jahre her, daß ich meinen Vater habe sagen hören, daß in diesem Schloß eine Prinzessin wohne, die schönste, die man sich nur denken könne; daß sie dort hundert Jahre schlafen müsse und von dem Sohn eines Königs aufgeweckt werde, für den sie bestimmt sei.«

Bei dieser Rede fühlte sich der Prinz wie von einem Feuer erfaßt; er glaubte, ohne auch nur zu überlegen, daß er eine so wunderbare Geschichte zu Ende führen müsse, und, von Liebe und Siegesfeuer getrieben, beschloß er, auf der Stelle zu erforschen, was es damit auf sich habe. Kaum hatte er sich dem Wald genähert, als all die großen Bäume, die Brombeersträucher und das Dornengestrüpp von selbst Platz machten, um ihn hindurchzulassen. Er schritt auf das Schloß zu, das er am Ende der großen Allee liegen sah, in die er eintrat. Es erstaunte ihn ein wenig, daß keiner seiner Leute ihm hatte folgen können, denn die Bäume hatten sich sogleich wieder zusammengeschlossen, nachdem sie ihn vorbeigelassen hatten. Dennoch setzte er seinen Weg fort: ein junger und verliebter Prinz ist stets tapfer. Er betrat einen großen Vorhof, wo alles, was er zunächst sah, ihn vor Furcht fast erstarren ließ. Da herrschte ein schreckliches Schweigen; überall bot sich ihm das Bild des Todes: allenthalben lagen ausgestreckte Körper von Menschen und Tieren, die tot zu sein schienen. Er schloß indessen aus der Schnapsnase und dem roten Gesicht der Wächter, daß sie lediglich eingeschlafen waren; und ihre Becher, in denen sich noch ein wenig Wein befand, zeigten deutlich, daß sie beim Trinken eingeschlafen waren.

Er durchquert einen großen, mit Marmor gepflasterten Hof, steigt die Treppe hinauf, betritt die Wachstube, und die Wachen stehen Spalier, das Gewehr geschultert, und schnarchen gewaltig. Er kommt durch mehrere Zimmer voller Edelleute und Damen, die alle schlafen, teils im Stehen, teils im Sitzen. Er betritt ein ganz und gar mit Gold ausgekleidetes Gemach, wo sich ihm auf einem Bett, dessen Vorhänge nach allen Seiten hin geöffnet sind, der allerschönste Anblick bietet: eine Prinzessin, die wohl fünfzehn oder sechzehn Jahre alt sein mochte und deren wunderbare Erscheinung etwas Strahlendes und Göttliches besaß. Er näherte sich zitternd und voll Bewunderung und fiel neben ihr auf die Knie.

Nun aber, da das Ende des Zaubers gekommen war, erwachte die Prinzessin und betrachtete ihn mit weit zärtlicheren Augen, als dies eine erste Begegnung gestatten sollte. »Seid Ihr es, mein Prinz«, sprach sie zu ihm, »Ihr habt aber lange auf Euch warten lassen.« Der Prinz war entzückt über diese Worte und mehr noch über die Art, in der sie gesprochen wurden, und wußte nicht, wie er ihr seine Freude und Dankbarkeit kundtun sollte; er beteuerte ihr, daß er sie mehr liebe als sich selbst. Seine Sätze waren unbeholfen, doch erregten sie um so mehr Gefallen; je weniger beredt die Liebe ist, um so stärker ist sie. Er war noch verlegener als sie es war, und darüber muß man sich nicht wundern: sie hatte Zeit genug gehabt, sich zu überlegen, was sie ihm sagen könnte, denn es schien ganz so (die Geschichte sagt allerdings nichts dazu), daß die gute Fee sie während eines so langen Schlafes mit angenehmen Träumen unterhalten hatte. So sprachen sie vier Stunden miteinander und hatten sich noch nicht die Hälfte der Dinge gesagt, die sie sich sagen wollten.

Inzwischen war der ganze Palast zusammen mit der Prinzessin erwacht, und ein jeder war darauf bedacht, seine Pflicht zu tun. Da sie nun nicht alle verliebt waren, starben sie fast vor Hunger; die Ehrendame, der es wie allen anderen eilte, wurde ungeduldig und sagte mit erhobener Stimme zu der Prinzessin, daß der Fleischgang aufgetragen sei. Der Prinz half der Prinzessin beim Aufstehen: sie war völlig angekleidet, und zwar auf das prächtigste; allerdings hütete er sich wohl, ihr zu sagen, daß sie wie zu Großmutters Zeiten gekleidet war und einen Stehkragen trug; sie war darum nicht weniger schön.

Sie traten in einen Spiegelsaal und speisten dort zu Abend; die Kammerdiener der Prinzessin trugen das Mahl auf. Geigen und Oboen spielten alte Stücke, die jedoch wunderbar klangen, obgleich man sie schon seit hundert Jahren nicht mehr spielte. Unverzüglich nach dem Essen traute sie der Schloßkaplan in der Kapelle des Palastes, und die Ehrendame zog den Vorhang vor ihrem Bett zu. Sie schliefen nur kurz, die Prinzessin hatte ja wenig Bedarf daran, und der Prinz verließ sie bereits am frühen Morgen, um zur Stadt zurückzukehren, wo sein Vater in Sorge um ihn sein mußte.

Der Prinz erzählte ihm, daß er sich bei der Jagd im Walde verirrt und in der Hütte eines Köhlers genächtigt habe, wo er mit Schwarzbrot und Käse bewirtet worden sei. Der König, sein Vater, war ein gutmütiger Mensch und glaubte ihm; doch seine Mutter war nicht so leicht zu überzeugen, und als sie sah, daß er fast alle Tage auf die Jagd ging und immer einen guten Grund zur Hand hatte, um sich zu entschuldigen, wenn er zwei oder drei Nächte außer Haus verbracht hatte, zweifelte sie nicht mehr daran, daß er irgendeine Liebschaft hatte. Er lebte nun bereits mehr als zwei volle Jahre mit der Prinzessin zusammen; sie hatte ihm zwei Kinder geboren, das erste war ein Mädchen und wurde »Morgenröte« gerufen, das zweite ein Junge, der wurde »Tageslicht« genannt, da er noch schöner als seine Schwester zu sein schien.

Die Königin wollte ihren Sohn dazu bringen, sich zu erklären, und sagte mehrfach zu ihm, daß man sich im Leben einrichten müsse, doch er wagte niemals, ihr sein Geheimnis anzuvertrauen. Er fürchtete sie, obgleich er sie liebte, denn sie entstammte einer Familie von Menschenfressern, und der König hatte sie nur um ihrer großen Reichtümer willen geheiratet. Man munkelte sogar bei Hofe, daß sie selbst den Hang zum Menschenfressen habe und daß es sie jedes Mal, wenn sie kleine Kinder vorbeigehen sehe, alle Mühen der Welt koste, sich nicht auf sie zu stürzen. So wollte der Prinz nie sprechen.

Als aber der König nach Ablauf von zwei Jahren starb und er zum Herrscher wurde, ließ er seine Heirat öffentlich bekanntmachen und holte mit großer Pracht seine Frau in sein Schloß. Man bereitete ihr in der Hauptstadt einen wunderbaren Empfang, als sie inmitten ihrer beiden Kinder ihren Einzug hielt.

Wenig später zog der König in den Krieg gegen seinen Nachbarn, den Kaiser Cantalabutte. Er überließ der Königin, seiner Mutter, die Regierungsgeschäfte und legte ihr seine Frau und seine Kinder ans Herz, denn der Krieg würde ihn den ganzen Sommer in Anspruch nehmen. Sobald er abgereist war, schickte die Königinmutter ihre Schwiegertochter und ihre Kinder in ein Landhaus im Wald, um sich ihren schrecklichen Gelüsten ungestörter hingeben zu können. Sie selbst reiste wenige Tage später nach und sagte eines Abends zu ihrem Haushofmeister: »Ich will morgen die kleine Morgenröte zum Mittagsmahl essen.« »Oh, Majestät«, sagte der Haushofmeister ... »Ich will es«, sprach die Königin (und sprach es wie eine Menschenfresserin, die Lust auf frisches Fleisch hat), »ich will sie in einer Senfsoße mit Essig und Zwiebeln verspeisen.«

Der arme Mann erkannte wohl, daß mit einer Menschenfresserin nicht zu spaßen ist, nahm sein großes Messer und stieg zu dem Zimmer der kleinen Morgenröte hinauf: sie war nun vier Jahre alt, sprang ihm lachend entgegen, warf sich ihm um den Hals und bat ihn um ein Bonbon. Da begann er zu weinen, das Messer fiel ihm aus der Hand, und er ging in den Viehhof hinunter. Dort schnitt er einem Lämmchen die Kehle durch und bereitete es in einer so guten Soße, daß seine Herrin ihm versicherte, sie habe niemals etwas so Gutes gegessen. Zugleich hatte er die kleine Morgenröte fortgeschafft und seiner Frau gegeben, damit sie sie in ihrer Wohnung hinten auf dem Viehhof versteckte.

Acht Tage später sprach die böse Königin zu ihrem Haushofmeister: »Ich will den kleinen Tageslicht zum Abendessen verspeisen.« Er sagte nichts darauf, denn er war entschlossen, sie zu täuschen wie beim ersten Mal; er machte sich auf die Suche nach dem kleinen Tageslicht und fand ihn mit einem kleinen Florett in der Hand, wie er gerade mit einem großen Affen kämpfte. Dabei war er erst drei Jahre alt. Er trug ihn zu seiner Frau, die ihn zusammen mit der kleinen Morgenröte versteckte, und reichte anstelle des kleinen Tageslicht ein sehr zartes Zicklein, das die Menschenfresserin bewundernswert gut fand.

So war nun alles bisher sehr gut gegangen; doch eines Abends sprach die böse Königin zum Haushofmeister: »Ich will die Königin in der gleichen Soße wie ihre Kinder essen.« Da verzweifelte der arme Haushofmeister, denn er glaubte nicht, daß er sie abermals täuschen könnte. Die junge Königin hatte bereits ihren zwanzigsten Geburtstag überschritten, ohne die hundert Jahre zu rechnen, die sie geschlafen hatte: ihre Haut war ein wenig zäh, obgleich sie schön und weiß war. Wie sollte man nun unter all den Tieren eines finden, das eine vergleichbar zähe Haut besaß? Um aber sein Leben zu retten, faßte er den Entschluß, der Königin die Kehle durchzuschneiden, und stieg zu ihrem Zimmer mit der Absicht hinauf, es kurz zu machen. Seine Erregung wuchs ins Unermeßliche, er trat, den Dolch in der Hand, in das Zimmer der jungen Königin. Er wollte sie indes nicht überfallen und teilte ihr daher in aller Ehrerbietung den Befehl mit, den er von der Königinmutter erhalten hatte. »Nur zu! Nur zu!« sprach sie und hielt ihm ihren Hals hin, »führt den Befehl aus, den man Euch gegeben hat; so werde ich meine Kinder wiedersehen, meine armen Kinder, die ich so sehr geliebt habe.« Sie glaubte nämlich, sie seien tot, nachdem man sie ihr fortgenommen hatte, ohne ihr irgend etwas zu sagen. »Nein, nein, Frau Königin«, antwortete der arme Haushofmeister ganz gerührt, »Ihr sollt nicht sterben und dennoch Eure Kinder wiedersehen; denn sie sind bei mir versteckt. Ich werde die Königin noch einmal täuschen und ihr eine junge Hirschkuh zu essen geben.«

Er führte sie sogleich in seine Wohnung, wo sie ihre Kinder umarmen und mit ihnen weinen konnte. Er selbst begab sich an die Zubereitung einer Hirschkuh, die die Königin zum Abendessen mit dem gleichen Appetit verzehrte, als ob es die junge Königin sei. Sie war ganz befriedigt in ihrer Grausamkeit und hatte vor, dem König bei seiner Rückkehr zu sagen, daß wilde Wölfe seine Frau und seine zwei Kinder gefressen hätten.

Eines Abends, als sie wie gewöhnlich durch die Höfe und Viehhöfe des Schlosses streifte, um den Duft von frischem Fleisch zu riechen, hörte sie in einem Zimmer im Erdgeschoß den kleinen Tageslicht weinen. Seine Mutter wollte ihn mit der Peitsche schlagen, da er böse gewesen war. Dazu vernahm sie die Stimme der kleinen Morgenröte, die für ihren Bruder um Gnade bat. Die Menschenfresserin erkannte die Stimmen der Königin und ihrer Kinder, und voll Wut über den Betrug, den man ihr angetan hatte, befahl sie gleich am nächsten Morgen mit einer schrecklichen Stimme, die alle Welt erzittern ließ, man solle mitten im Hof einen großen Trog aufstellen und mit Kröten, Vipern, Nattern und Schlangen füllen. Dort hinein sollten die Königin und ihre Kinder, der Haushofmeister, seine Frau und seine Dienerin geworfen werden: sie hatte befohlen, sie mit auf dem Rücken gefesselten Händen herbeizuführen.

Da standen sie, und die Henker machten sich daran, sie in den Trog zu werfen, als der König, den man nicht so bald erwartet hatte, in den Hof geritten kam; er hatte sich beeilt und fragte ganz entsetzt, was denn dieses schreckliche Schauspiel bedeutete. Niemand wagte es ihm zu sagen, da stürzte sich die Menschenfresserin in ihrer ohnmächtigen Wut kopfüber in den Trog und wurde in einem Augenblick von den häßlichen Tieren, die sie selbst hatte hineinsetzen lassen, gefressen. Der König grämte sich dennoch, schließlich war sie ja seine Mutter; doch tröstete er sich bald mit seiner schönen Frau und seinen Kindern.

Moral

Ein wenig auf einen Ehemann zu warten, der reich, schön anzusehen, von höflicher und feiner Art ist, ist ganz und gar natürlich. Doch hundert Jahre zu warten und dabei zu schlafen – dieses junge Mädchen findet man nicht mehr, das so brav schläft.

Die Geschichte will uns wohl lehren, daß der Ehe zarte Bande durch Aufschub nichts von ihrem Glück verlieren und daß das Warten niemals schadet. Aber das weibliche Geschlecht strebt so leidenschaftlich zum ehelichen Glück, daß ich nicht die Kraft noch den Mut besitze, ihm eine solche Moral anzuempfehlen.

DORNRÖSCHEN

Ölenberger Handschrift (1810)

Ein König u. eine Königin kriegten gar keine Kinder. Eines Tags war die Königin im Bad, da kroch ein Krebs aus dem Waßer ans Land u. sprach: du wirst bald eine Tochter bekommen. Und so geschah es auch und der König in der Freude hielt ein großes Fest u. im Lande waren dreizehn Feen, er hatte aber nur zwölf goldne Teller und konnte also die dreizehnte nicht einladen. Die Feen begabten sie mit allen Tugenden und Schönheiten[.] Wie nun das Fest zu Ende ging, so kam die dreizehnte Fee u. sprach: ihr habt mich nicht gebeten u. ich verkündige euch, daß eure Tochter in ihrem funfzehnten Jahr sich an einer Spindel in den Finger stechen u. daran sterben wird. Die andern Feen wollten dies so gut noch machen, als sie konnten u. sagten: sie sollte nur hundert Jahre in Schlaf fallen.

Der König ließ aber den Befehl ausgehen, daß alle Spindeln im ganzen Reich abgeschafft werden sollten, welches geschah, u. als die Königstochter nun funfzehnjährig war u. eines Tags die Eltern ausgegangen waren, so ging sie im Schloß herum u. gelangte endlich an einen alten Thurn. In den Thurn führte eine enge Treppe, da kam sie zu einer kleinen Thür, worin ein gelber Schlüßel steckte, den drehte sie um u. kam in ein Stubchen worin eine alte Frau ihren Flachs spann. Und sie scherzte mit der Frau u. wollte auch spinnen. Da stach sie sich in die Spindel u. fiel alsbald in einen tiefen Schlaf. Da auch in dem Augenblick der König u. der Hofstaat zurückgekommen war, so fing alles alles im Schloß an zu schlafen, bis auf die Fliegen an den Wänden. Und um das ganze Schloß zog sich eine Dornhecke, daß man nichts davon sah.

Nach langer langer Zeit kam ein Königssohn in das Land, dem erzählte ein alter Mann die Geschichte, die er sich erinnerte von seinem Großvater gehört zu haben, u. daß schon viele versucht hätten durch die Dornen zu gehen, aber alle hängen geblieben wären. Als sich aber dieser Prinz der Dornhecke näherte, so thaten sich alle Dornen vor ihm auf u. vor ihm schienen sie Blumen zu seyn, u. hinter ihm wurden sie wieder zu Dörnern. Wie er nun in das Schloß kam, küßte er die schlafende Princeßin und alles erwachte von dem Schlaf u. die zwei heiratheten sich und wenn sie nicht gestorben sind, so leben sie noch

Mündlich

Dies scheint gz [lies: ganz *oder* gezogen] aus Perrault's Belle au bois dormant

DORNRÖSCHEN
5. Auflage (1857)

Vorzeiten war ein König und eine Königin, die sprachen jeden Tag: »Ach, wenn wir doch ein Kind hätten!«, und kriegten immer keins. Da trug sich zu, als die Königin einmal im Bade saß, daß ein Frosch aus dem Wasser ans Land kroch und zu ihr sprach: »Dein Wunsch wird erfüllt werden, ehe ein Jahr vergeht, wirst du eine Tochter zur Welt bringen.« Was der Frosch gesagt hatte, das geschah, und die Königin gebar ein Mädchen, das war so schön, daß der König vor Freude sich nicht zu lassen wußte und ein großes Fest anstellte. Er ladete nicht bloß seine Verwandte, Freunde und Bekannte, sondern auch die weisen Frauen dazu ein, damit sie dem Kind hold und gewogen wären. Es waren ihrer dreizehn in seinem Reiche, weil er aber nur zwölf goldene Teller hatte, von welchen sie essen sollten, so mußte eine von ihnen daheim bleiben. Das Fest ward mit aller Pracht gefeiert, und als es zu Ende war, beschenkten die weisen Frauen das Kind mit ihren Wundergaben: die eine mit Tugend, die andere mit Schönheit, die dritte mit Reichtum, und so mit allem, was auf der Welt zu wünschen ist. Als elfe ihre Sprüche eben getan hatten, trat plötzlich die dreizehnte herein. Sie wollte sich dafür rächen, daß sie nicht eingeladen war, und ohne jemand zu grüßen oder nur anzusehen, rief sie mit lauter Stimme: »Die Königstochter soll sich in ihrem fünfzehnten Jahr an einer Spindel stechen und tot hinfallen.« Und ohne ein Wort weiter zu sprechen, kehrte sie sich um und verließ den Saal. Alle waren erschrocken, da trat die zwölfte hervor, die ihren Wunsch noch übrig hatte, und weil sie den bösen Spruch nicht aufheben, sondern nur ihn mildern konnte, so sagte sie: »Es soll aber kein Tod sein, sondern ein hundertjähriger tiefer Schlaf, in welchen die Königstochter fällt.«

Der König, der sein liebes Kind vor dem Unglück gern bewahren wollte, ließ den Befehl ausgehen, daß alle Spindeln im ganzen Königreiche sollten verbrannt werden. An dem Mädchen aber wurden die Gaben der weisen Frauen sämtlich erfüllt, denn es war so schön, sittsam, freundlich und verständig, daß es jedermann, der es ansah, liebhaben mußte. Es geschah, daß an dem Tage, wo es gerade funfzehn Jahr alt ward, der König und die Königin nicht zu Haus waren und das Mädchen ganz allein im Schloß zurückblieb. Da ging es allerorten herum, besah Stuben und Kammern, wie es Lust hatte, und kam endlich auch an einen alten Turm. Es stieg die enge Wendeltreppe hinauf und gelangte zu einer kleinen Türe. In dem Schloß steckte ein verrosteter Schlüssel, und als es umdrehte, sprang die Türe auf, und saß da in einem kleinen Stübchen eine alte Frau mit einer Spindel und spann emsig ihren Flachs. »Guten Tag, du altes Mütterchen«, sprach die Königstochter, »was machst du da?« »Ich spinne«, sagte die Alte und nickte mit dem Kopf. »Was ist das für ein Ding, das so lustig herumspringt?« sprach das Mädchen, nahm die Spindel und wollte auch spinnen. Kaum hatte sie aber die Spindel angerührt, so ging der Zauberspruch in Erfüllung, und sie stach sich damit in den Finger.

In dem Augenblick aber, wo sie den Stich empfand, fiel sie auf das Bett nieder, das da stand, und lag in einem tiefen Schlaf. Und dieser Schlaf verbreitete sich über das ganze Schloß: der König und die Königin, die eben heimgekommen waren und in den Saal getreten waren, fingen an einzuschlafen, und der ganze Hofstaat mit ihnen. Da schliefen auch die Pferde im Stall, die Hunde im Hofe, die Tauben auf dem Dache, die Fliegen an der Wand, ja, das Feuer, das auf dem Herde flackerte, ward still und schlief ein, und der Braten hörte auf zu brutzeln, und der Koch, der den Küchenjungen, weil er etwas versehen hatte, in den Haaren ziehen wollte, ließ ihn los und schlief. Und der Wind legte sich, und auf den Bäumen vor dem Schloß regte sich kein Blättchen mehr.

Rings um das Schloß aber begann eine Dornenhecke zu wachsen, die jedes Jahr höher ward und endlich das ganze Schloß umzog und darüber hinaus wuchs, daß gar nichts mehr davon zu sehen war, selbst nicht die Fahne auf dem Dach. Es ging aber die Sage in dem Land von dem schönen schlafenden Dornröschen, denn so ward die Königstochter genannt, also daß von Zeit zu Zeit Königssöhne kamen und durch die Hecke in das Schloß dringen wollten. Es war ihnen aber nicht möglich, denn die Dornen, als hätten sie Hände, hielten fest zusammen, und die Jünglinge blieben darin hängen, konnten sich nicht wieder losmachen und starben eines jämmerlichen Todes. Nach langen, langen Jahren kam wieder einmal ein Königssohn in das Land und hörte, wie ein alter Mann von der Dornenhecke erzählte, es sollte ein Schloß dahinter stehen, in welchem eine wunderschöne Königstochter, Dornröschen genannt, schon seit hundert Jahren schliefe, und mit ihr schliefe der König und die Königin und der ganze Hofstaat. Er wußte auch von seinem Großvater, daß schon viele Königssöhne gekommen wären und versucht hätten, durch die Dornenhecke zu dringen, aber sie wären darin hängengeblieben und eines traurigen Todes gestorben. Da sprach der Jüngling: »Ich fürchte mich nicht, ich will hinaus und das schöne Dornröschen sehen.« Der gute Alte mochte ihm abraten, wie er wollte, er hörte nicht auf seine Worte.

Nun waren aber gerade die hundert Jahre verflossen, und der Tag war gekommen, wo Dornröschen wieder erwachen sollte. Als der Königssohn sich der Dornenhecke näherte, waren es lauter große schöne Blumen, die taten sich von selbst auseinander und ließen ihn unbeschädigt hindurch, und hinter ihm taten sie sich wieder als eine Hecke zusammen. Im Schloßhof sah er die Pferde und scheckigen Jagdhunde liegen und schlafen, auf dem Dache saßen die Tauben und hatten das Köpfchen unter den Flügel gesteckt. Und als er ins Haus kam, schliefen die Fliegen an der Wand, der Koch in der Küche hielt noch die Hand, als wollte er den Jungen anpacken, und die Magd saß vor dem schwarzen Huhn, das sollte gerupft werden. Da ging er weiter und sah im Saale den ganzen Hofstaat liegen und schlafen, und oben bei dem Throne lag der König und die Königin. Da ging er noch weiter, und alles war so still, daß einer seinen Atem hören konnte, und endlich kam er zu dem Turm und öffnete die Türe zu der kleinen Stube, in welcher Dornröschen schlief. Da lag es und war so schön, daß er die Augen nicht abwenden konnte, und er bückte sich und gab ihm einen Kuß. Wie er es mit dem Kuß berührt hatte, schlug Dornröschen die Augen auf, erwachte und blickte ihn ganz freundlich an. Da gingen sie zusammen herab, und der König erwachte und die Königin und der ganze Hofstaat und sahen einander mit großen Augen an. Und die Pferde im Hof standen auf und rüttelten sich; die Jagdhunde sprangen und wedelten; die Tauben auf dem Dache zogen das Köpfchen unterm Flügel hervor, sahen umher und flogen ins Feld; die Fliegen an den Wänden krochen weiter; das Feuer in der Küche erhob sich, flackerte und kochte das Essen; der Braten fing wieder an zu brutzeln; und der Koch gab dem Jungen eine Ohrfeige, daß er schrie; und die Magd rupfte das Huhn fertig. Und da wurde die Hochzeit des Königssohns mit dem Dornröschen in aller Pracht gefeiert, und sie lebten vergnügt bis an ihr Ende.

ROSIG LIEGT SIE AUFGEBAHRT

*Märchen: das uns unmögliche Begebenheiten unter mögli-
chen oder unmöglichen Bedingungen als möglich darstellt.
(Goethe, Maximen und Reflexionen, Nr. 935)*

Es war einmal ein Königspaar, dem ein lange gehegter Kinderwunsch endlich in Erfüllung ging. Aus Dankbarkeit lädt es
zwölf Feen zum Freudenfest ein, damit sie das Kind reich be-
schenken. Allein, die dreizehnte Fee wird vergessen, worüber
sie ergrimmt einen Fluch ausstößt. Seinetwegen sticht sich
genau am fünfzehnten Geburtstag die wunderschöne Prinzessin mit einer Spindel und fällt augenblicklich mitsamt dem königlichen Hofstaat in einen hundertjährigen, todähnlichen
Schlaf, bis ein mutiger Prinz sie wachküßt und ehelicht.

Wir kennen die Geschichte vom *Dornröschen*[1] nur allzu
gut, wie sie Jacob und Wilhelm Grimm als Nummer 50 in ihre
vielgelesene Sammlung der *Kinder- und Hausmärchen* aufgenommen haben. Mit der Verschriftlichung von Märchen
beabsichtigten die beiden Literaturwissenschaftler, angeblich
mündlich überlieferte Geschichten den nach ihnen kommen-
den Generationen zu sichern und mit ihrer literarischen Bearbeitung zugleich eine neue Lesart von alten, volkstümlichen Erzählungen zu schaffen. Ein in sich widersprüchliches Unterfangen, gegen dessen maßgebenden Charakter
andere, weiter zurückliegende Märchenformen zwangsläufig
verstoßen mußten. Wie grundlegend sich ein Märchen während der Überlieferung aus historischen Quellen bis zur
idealtypischen Fassung im 19. Jahrhundert verändern und
rückbezüglich einen falschen Ursprung vorgaukeln kann,
demonstriert modellhaft die Entwicklungsgeschichte des
Dornröschen-Märchens.

Betrachten wir es unter dem Aspekt der Realitätsnähe
beziehungsweise -ferne, so lassen sich zwei einander scheinbar ausschließende Dimensionen unterscheiden. Augenfällig

findet sich in ihm eine übersinnliche, magische Sphäre, der die Motive Fee, Begabung, Fluch, Stillstand der Zeit und Erlösung zuzuordnen sind. Dieses Walten des Wunderbaren stellt die Erzählung jedoch in krassen Widerspruch zur Realität – ein Charaktermerkmal des Märchens schlechthin.[2] Unverkennbar sind auch die sozialen Wirklichkeitsbezüge, etwa in den Motiven Kinderwunsch, Scheintod, Schloßleben oder Heirat. Mit ihnen verbinden sich realistisch geschilderte Erfahrungs- und Problembereiche, die speziell die Menschen in der Frühen Neuzeit beschäftigten und ihr Lebensgefühl mitunter erheblich belasteten.

WENN DER RITTERLICHE TRIEBHAUSHALT VERSAGT

Das *Dornröschen*-Märchen läßt sich bis ins 14. Jahrhundert zurückverfolgen,[3] wo seine Überlieferung mit dem altfranzösischen *Roman de Perceforest* (um 1330) sowie der davon inspirierten[4] katalanischen Novelle *Frayre de Joy e Sor de Plaser* (um 1350)[5] einsetzt. Beide Geschichten sind um dieselben Erzählmotive herum aufgebaut: den todähnlichen Schlaf einer *Schönen*, ihre Einschließung in einem Palais, nachfolgend Vergewaltigung, Schwangerschaft und Geburt eines Kindes im Schlaf und zu guter Letzt die Erweckung beziehungsweise Wiedergutmachung der Untat durch eine Heirat mit dem Täter, einem jungen Ritter.

In seinem spätmittelalterlichen Fürstenspiegel verherrlicht der unbekannt gebliebene *Perceforest*-Verfasser in der idealisierten Person des Königs Perceforest die höfische Ordnung und die starke Monarchie. Trotz einer ungemeinen Fülle von historischen Anspielungen, traditionellen Ritterabenteuern und Einsprengseln aus der Folklore kennzeichnet den Roman eine erstaunliche inhaltliche Geschlossenheit. Zugleich ist er Ausdruck eines nostalgischen Versuchs, in einer Epoche des einsetzenden Niedergangs[6] die frühmittelalterliche Ritterswelt mittels eines in sich geschlossenen, ausgefeilten Wertesystems wiederzubeleben. Die für uns zentrale Geschichte vom Ritter Troylus und der schönen Zellandine stellt nur eine der vielen Episoden dar, in denen ritterliches Abenteurertum

58

mit märchenhaft phantastischen Elementen verwoben ist. Wie im Fluch der Schicksalsgöttin Themis[7] prophezeit, sticht sich Zellandine mit einer Flachsfaser und fällt unvermittelt in einen Schlaf, aus dem sie nicht mehr aufwacht. Räuberisch dringt daraufhin Troylus ins Schlafgemach der adligen Jungfrau ein, wo er angesichts der rosigen Frische und der erotischen Reize der nackt Daliegenden nicht länger an sich zu halten vermag.[8] Zwar zögert er zuerst, dann aber versagt die Kontrolle über seinen ritterlichen Triebhaushalt »unter dem Zuspruch der Venus«[9] doch, so daß »die schöne Zellandine mit gutem Recht den Namen Jungfrau verlor und dieses geschah, während sie schlief und ohne daß sie sich im geringsten bewegte«. Sie wird schwanger und gebiert im Schlaf einen Knaben, der sie erweckt, indem er ihr die verhängnisvolle Flachsfaser aus dem Finger lutscht. Nach etwelchen Verwirrungen gewinnt Troylus schließlich Zellandine, indem er seine Vaterschaft bezeugt.

Um denselben Erzählkern rankt sich die katalanische Versnovelle. Während eines Festes haucht die schöne Sœur-de-plaisir, Tochter des Kaisers von Gint-Senay, auf einmal ihren Lebensatem aus. Eine Lebendbestattung fürchtend, läßt ihr Vater sie nicht in die Erde legen, sondern auf ein unzugängliches Schloß bringen. Das Gerücht von der schönen Toten erreicht auch den Sohn des Königs von Floriande, Frère-de-joie, der sich eilends aufmacht und mit Hilfe von Zauberei Zugang zur schönen Sœur-de-plaisir findet. Ihre blühende Frische verwirrt seine Tugendsamkeit dermaßen, daß auch er, überwältigt, der Schönen die Jungfernschaft raubt.[10] Da solch unritterliche Schandtat aber nach Sühne verlangt, schickt er zeittypisch einen sprechenden Eichelhäher[11] zu seinem Opfer, das inzwischen als Mutter eines Kindes aufgewacht ist. In gewundenen Sätzen richtet dieser ihr die Liebe des Unholds aus, der seine Tat zu rechtfertigen sucht und sich so in ihre Hand begibt. Die höfischen Überredungskünste des gefiederten Vermittlers verfangen, das Kind wird auf den Namen Joie-de-plaisir getauft und damit die eheliche Verbindung angebahnt.

Was die beiden Dornröschen-Geschichten über die gemeinsamen Motive hinaus miteinander verbindet, ist ihr ausgeprägt höfischer Charakter.[12] Solche Texte gehörten zur beliebten Unterhaltung der feudalen Aristokratie. So spiegelt sich denn in ihnen eine höfische Kultur wider, die geprägt ist von rituellem Respekt vor dem Ranghöheren, sorgsamem Betragen und Sprechen sowie einer formal gebändigten Beziehung zwischen Dame und Ritter. Die Literatur, speziell der Minnesang, war wesentlich Ausdruck dieser Lebenskultur. Demgemäß mußte die Vergewaltigung einer ungeschützt Schlafenden durch einen Ritter schwer wiegen und nach einer angemessenen Wiedergutmachung verlangen. Wenn die Strafrechtstheorie zu jener Zeit eine abschreckende Ahndung solcher Taten vorsah (von Enthauptung und Verstümmelung bis zu Verbannung und Geldstrafe reicht der Strafenkatalog),[13] so gelangten in der Tat nur wenige der zahlreich vorkommenden Vergewaltigungen überhaupt vor einen Richter. Schuld daran waren die Angst der vergewaltigten Frauen vor familiärer und sozialer Repression, die freiwillige Entschädigung gesellschaftlich unterprivilegierter Opfer wie Dienstmädchen und Prostituierte mit Geld oder die nachträglich arrangierte Heirat von Täter und Opfer aus höhern Gesellschaftsschichten, welche die Nötigung als *einmaligen Ausrutscher* erscheinen lassen sollte.[14] In dem Sinne empfiehlt auch Montaigne in einem Essay die nachgeholte Eheschließung.[15] Heirat als Legalisierung der Vergewaltigung sowie als erbrechtliche Legitimierung unehelicher Kinder wurde allerdings gegen Ende des 16. Jahrhunderts angesichts der verstärkten kirchlichen Kontrolle zunehmend problematischer.[16] Auch wenn mit einer nachträglich geschlossenen Ehe im 14. Jahrhundert das Unrecht in der Regel gesühnt und juristisch abgegolten erschien, waren für das damalige Hör- und Lesepublikum dennoch nicht alle Fragen gelöst. Insbesondere jene nicht, wie eine Scheintote ein Kind austragen und zur Welt bringen kann.[17]

Moderne Erkenntnisse befähigen uns heute, die wesentlichen Fragen der menschlichen Zeugung und der genitalen Körperfunktionen schlüssig zu beantworten. Wir wissen, daß die Empfängnis ebensowenig vom Schlaf- oder Wachzustand der Frau abhängig ist wie die periodische Ovulation vom Beischlaf. Allein, solches Wissen gibt es erst seit gut hundert Jahren, vorher war die Art und Weise der Empfängnis ganz und gar ungewiß. Die Medizin kannte keine exakte Beschreibung der menschlichen Zeugung, so daß sie verschiedensten Spekulationen Platz ließ. Jahrhundertelang herrschte die Vorstellung von einem einzigen menschlichen Leib, als dessen vollendetste Form der männliche Körper angesehen wurde, von dem sich der weibliche nicht grundsätzlich, sondern nur graduell unterschied. Im 2. Jahrhundert beschrieb der griechische Arzt Galen diese Vorstellung:

»Wend' das [Genital] der Frau nach draußen – nach drinnen, gleichsam, und gefaltet zweimal das des Mannes, und finden wirst du gänzlich Gleiches bei den beiden.«[18]

Bis ins 19. Jahrhundert blieb ein solches Wissen im wesentlichen erhalten und prägte auch die Vorstellungen über das Geheimnis der Zeugung: Die Differenz zwischen den Geschlechtern ist demnach durch die geringere physiologische Hitze der Frau bedingt, was eine weniger starke Ausprägung ihrer Genitalien zur Folge hat, gleichwohl aber erst die Empfängnis ermöglicht. Der weibliche Orgasmus während des Geschlechtsakts signalisiert nämlich die vollzogene Empfängnis – mit andern Worten: ohne ihn kann es gar keine Empfängnis geben. Aetios von Amida, Kaiser Justinians Leibarzt und für Jahrhunderte einer der maßgeblichen Mediziner, interpretierte im 6. Jahrhundert das orgastische Beben der Frau als Zeichen, daß sie empfangen habe und schwanger sei.[19] Umgekehrt sollten dafür all jene Frauen steril sein, die gegen ihren Willen zum Geschlechtsverkehr gezwungen werden. Eine derartige Sichtweise kennzeichnete lange Zeit das Wissen über die menschliche Fortpflanzung. An ihr orientierten sich nicht zuletzt auch die therapeutischen Maßnahmen bei ausbleibenden Schwangerschaften wie etwa die Bade- und Trinkkuren.

Was aber, wenn Frauen ungeachtet von Schlaf-, Ohnmachts- oder Komazuständen schwanger wurden? Mit Sicherheit mußte solches recht häufig vorgekommen sein.[20] Der Medizin-Historiker Thomas Laqueur vermutet, daß Frauen in dem Falle wohl eher an der eigenen Erinnerung zu zweifeln begannen, als daß sie gegen die damaligen naturwissenschaftlichen Vorstellungen verstoßen wollten.[21] Eine andere Möglichkeit, mit dieser Unsicherheit fertig zu werden, bot der mündliche Austausch solcher Begebenheiten, mithin auch das Erzählen entsprechender Märchen. Derart ließe sich schließlich der Kern des *Dornröschen*-Stoffes auf Irritationen über die Differenz von medizinischen Ansichten und tatsächlichen

61

Erfahrungen zurückführen. Sie zu überbrücken, bemüht Basile später magische Hebammen in Form von Feen,[22] wogegen der Autor des *Perceforest*-Romans den medizinischen Anschauungen seiner Epoche mit der eher nebensächlich wirkenden Bemerkung, daß Zellandine »*schließlich einen tiefen Seufzer ausstieß*«,[23] Rechnung trägt. So beseitigt er die Unsicherheit einer Verknüpfung von Orgasmus und Empfängnis und rettet den Wirklichkeitsbezug.

Wie beharrlich sich das Problem im Verlauf der Jahrhunderte immer wieder stellte, zeigt unter anderem das medizinische Fallbeispiel von Jacques-Jean Bruhier, einem Arzt des 18. Jahrhunderts. Es geht darin um ein plötzlich verstorbenes Mädchen, Tochter von Gastwirtsleuten, bei der ein zufällig anwesender junger Aristokrat und Mönch die nächtliche Totenwache hält:

> »*Die Schilderungen über ihre Schönheit hatten nämlich seine Neugier angestachelt. Also zog er denn das Leichentuch fort und entdeckte, daß ihr Leib, statt ›von den Schrecken des Todes gezeichnet‹ zu sein, noch die Züge liebreizender Beseeltheit trug. Der junge Mann legte alle Hemmungen ab, vergaß seine Gelübde und ›nahm sich dieselben Freiheiten mit der Toten, die das Sakrament der Ehe ihm mit der Lebenden gestattet hätte‹. Voller Scham über sein Tun, machte sich der unglückliche nekrophile Ordensmann am Morgen eiligst auf den Weg, ohne die angesetzte Beerdigung abzuwarten.*«[24]

Für Bruhier scheint es kaum zweifelhaft, daß der Täter des Geschehens wegen unglücklich zu nennen ist – und nicht die Frau, die nach ihrer Befreiung aus der Totengruft ein Kind gebärt und ohne Wissen um die näheren Umstände ihrer Schwangerschaft in ein Kloster gesteckt wird. Wenig später allerdings kehrt der adlige Unhold an den Ort seines Vergehens zurück und wird sich seiner Schuld bewußt.

> »*Eilends begab er sich zum Stift und fand dort das Objekt seiner nekrophilen Begierde noch schöner im Leben, als es im Tode gewesen war. Er bat das Mädchen um seine Hand und legitimierte ihr gemeinsames Kind durch das Sakrament der Ehe.*«[25]

Der sachlich abgefaßte Bericht ist ein spätes Zeugnis für den Realitätsgehalt dessen, was das *Dornröschen*-Märchen in seinen frühen Versionen thematisiert: die von der Medizin für unmöglich erachtete Zeugung eines Kindes im Leib einer scheintoten Frau. Aber eigentlich wollte Bruhier hierbei ein anderes medizinisches Problem beschreiben, nämlich die unzulässigen Diagnosemethoden angesichts des Phänomens *Scheintod*. Damit ist gleich eine weitere Beunruhigung angesprochen, welche die Menschen der Frühen Neuzeit mittels Märchen auszudrücken versuchten.

VORZEITIGES BEGRÄBNIS

Im *Perceforest*-Roman wird über Zellandines ungewöhnliche Leichenfarbe spekuliert, bei Basile ist die Rede von der »toten« Talia, laut Perrault vermag kein Rosmarin-Wässerchen mehr die Schöne »*ins Leben zurückzurufen*«, und selbst noch bei den Brüdern Grimm möchte die böse Fee Dornröschen »*sterben*« lassen. In allen Fassungen des Märchens droht der Tod die Schönheit, das Objekt elterlicher wie männlicher Liebe, zu vernichten. Doch der zeitlich begrenzte Schlaf entschärft ihn, macht ihn zum Scheintod. Ein Phänomen, das die Menschen seit jeher intensiv beschäftigte. Lutz Röhrich schreibt:

> »*Erzählungen von Scheintoten haben in vergangenen Jahrhunderten eine ungleich größere Bedeutung gehabt als heutzutage. Scheintotengeschichten sind ubiquitär [überall verbreitet], und vor allem in Sagen aus der Pestzeit finden sie sich sehr häufig und völlig unabhängig voneinander, weil eben die Wirklichkeit immer wieder solche Fälle lieferte.*«[26]

Periodisch und oft regional beschränkt wüteten zwischen 1348 und 1500 in Europa zahlreiche Pestepidemien,[27] die unzählige Menschen dahinrafften. Niemand fühlte sich vor der Gefahr einer heimtückischen Ansteckung sicher, deshalb befiehlen Gefühle der Ohnmacht die meisten Menschen. Die allgemeine Gefahr und die eigene Schutzlosigkeit vor Augen, waren sie demnach bestrebt, die Pesttoten möglichst schnell und entschlossen zu beseitigen.[28] Pestinfizierte Häuser wurden versiegelt oder gar vermauert, die Opfer eingesammelt und in Massengräber geworfen; dabei konnte es allerdings geschehen, daß sich noch Lebendige unter den weggeschafften Körpern befanden.[29]

Die Furcht vor einer irrtümlichen Bestattung war indes

auch grundsätzlicher Natur infolge der bis ins 19. Jahrhundert eher unzulänglichen medizinischen Diagnostik. Fehlendes Wissen oder falsche Vorstellungen konnten selbst außerhalb der Seuchenzeiten Ärzte wie Laien dazu verleiten, einen bewußtlosen Menschen voreilig für tot zu erklären. Die Medizin tat sich ohnehin schwer damit, tiefe Schlaf-, Ohnmachts- und Komazustände vom eigentlichen Tod zu unterscheiden.[30] Zudem erschwerte das kulturelle Bewußtsein, welches den Tod seit der Antike mit einem langen, endlosen Schlaf assoziierte, eine strenge Grenzziehung. In den mittelalterlichen Ritterepen werden sogar gestandene Recken ohnmächtig, ohne sich damit in irgendeiner Weise der Lächerlichkeit preiszugeben. Im Unterschied zu den gesellschaftlich kultivierten Ohnmachtszuständen des 18. und 19. Jahrhunderts ist dieses Darniedersinken dramatisches Anzeichen einer Verletzung des Helden, der entkräftet den Vorschein des Todes spürt.[31]

Aus der allgemeinen Unsicherheit bezüglich einer zweifelsfreien Abgrenzung von Leben und Tod erwuchs die Angst des Individuums, lebendig begraben zu werden. Noch im Jahre 1844 gibt ihr Edgar Allan Poe Ausdruck in seiner Erzählung *Vorzeitiges Begräbnis*:

»*Bei lebendigem Leibe begraben zu werden ist ohne Zweifel die entsetzlichste jener äußersten Möglichkeiten, die jemals Sterblichen widerfahren sind.*«[32]

Gerade an diese schrecklichen Vorstellungen des 19. Jahrhunderts knüpft der französische Historiker Philippe Ariès an, wenn er schreibt:

»*Denn bis dahin, wage ich zu sagen, haben die Menschen, wie wir sie in der Geschichte ausmachen, niemals wirklich Angst vor dem Tod gehabt. Sicherlich fürchteten sie ihn, empfanden sie etwas Angst vor ihm und sagten es auch ruhig. Aber gerade diese Angst überschritt niemals die Schwelle des Unsagbaren, des Unausdrückbaren. Sie wurde in befriedigende Worte übersetzt und in vertrauten Riten kanalisiert.*«[33]

Ariès beobachtet hier die moderne existentielle Angst vor dem Tod, speziell dem Scheintod, welche für ihn erstmals in den Testamenten gegen Mitte des 18. Jahrhunderts manifest wird und bisweilen geradezu panikartige Zustände bewirkt.[34] Wenn seine Wahrnehmungen dabei von der Vorstellung des Todes als Schlaf- und Ruhezustand, meist in einem stillen, blühenden Garten lokalisiert,[35] ausgeht, so unterschätzt er offensichtlich die Intensität der Auseinandersetzung mit dem Scheintod schon vor dem 18. Jahrhundert. Eine Intensität, deren Ausdruck die gehäuften Scheintotengeschichten sind.

Nebst den irrtümlich vorgenommenen Bestattungen finden sich darunter auch Beispiele für den bewußt gesteuerten Scheintod mit Hilfe von Schlaf- und Betäubungsmitteln. Wir kennen letzteren z. B. vom *Romeo und Julia*-Stoff des 15. Jahrhunderts her, wo Julia aufgrund eines Zaubertrankes entschläft und für tot gehalten aufgebahrt wird, was Romeo vor Verzweiflung in den Selbstmord treibt. Speziell für eine auf Spannung und Tragik zielende Literatur erwiesen sich solche Geschichten als besonders attraktiv. In ihrer Gesamtheit lassen sie sich zwei unterschiedlichen Erzählmustern zuordnen: einem *einfacheren ohne erotischen Charakter*[36] und einem *romantisch gefärbten*,[37] welche beide bis in die Spätantike zurückzuverfolgen sind.[38] In unserem Zusammenhang ist von besonderem Interesse, daß die romantische Linie in der *Dornröschen*-Geschichte zu einem eigentlichen Märchen-Komplex verdichtet wird, indem aus verschiedensten Quellen Motive zu einem relativ festgefügten Erzählkern vereint und unter einer dominant männlich erotischen Perspektive[39] weiterentwickelt werden.

SONNE, MOND UND EIFERSUCHT

Zu eigentlicher Blüte bringt diesen Stoff im frühen 17. Jahrhundert Giambattista Basile, indem er die Motivkette Schlaf, Vergewaltigung, Erlösung und eheliche Legitimation in seinem Märchen *Sonne, Mond und Talia*[40] aufgreift und in einer konsequent männlichen Sichtweise *ausschmückt*. Die inhaltlichen Entsprechungen erlauben, von einer mehr oder minder direkten Beeinflussung durch den *Perceforest*-Roman und möglicherweise auch durch die katalanische Versnovelle auszugehen.[41] Für letzteres sprechen vor allem die engen gesellschaftspolitischen und kulturellen Bande Neapels mit dem spanischen Großreich. Nachdem Ferdinand II. von Aragonien 1504 die süditalienische Stadt als Vizekönigreich dem spanischen Imperium einverleibt hatte, blieb Neapel bis zum

Spanischen Erbfolgekrieg 1707 in dessen Einflußbereich. Entsprechend figuriert Katalonien in der italienischen Renaissance-Novellistik immer wieder als Handlungsort. Die Tatsache, daß vom *Perceforest*-Roman seit 1558 eine italienische Übersetzung existierte, die Basile als gebildetem und weitgereistem Vertreter des Bildungshumanismus durchaus bekannt gewesen sein mußte, macht eine Übernahme des Verfluchungsmotivs glaubhaft, das in der katalanischen Fassung fehlt. Strukturell lose eingebettet in eine Rahmenerzählung, verleiht Basile dem Stoff eine literarisch ausgearbeitete, knappe Form, die mit einem zusätzlichen Handlungsstrang angereichert wird.

An den Anfang stellt er dabei drei Sprichworte, die als moralische wie biblische (Prediger 10, 8) Leitmotive den ganzen *Pentamerone*-Zyklus durchziehen: zum Trostspruch für alle Betrogenen und Unglücklichen. Dieser erzählerische Einstieg soll Neugierde auf die nun folgende Erklärung wecken, bietet doch die hochkomplexe und abstrakte Moral wenig an konkreten Assoziationsmöglichkeiten. Darüber hinaus kommentiert er einleitend schon den nun folgenden Text, indem er das Hauptaugenmerk des Hör- beziehungsweise Lesepublikums auf den Konflikt von Unschuld und Bosheit zu lenken weiß. Das eigentliche Märchen beginnt realistisch mit der sozialen Charakterisierung von Talias Vater als »*vornehmen Herrn*«, was ihn als Adligen städtischer Herkunft erscheinen läßt, der das zukünftige Geschick seiner Tochter von Wahrsagern[42] statt Göttinnen erfahren will. Anstelle einer Verfluchung erfolgt eine ausführliche Beratschlagung derselben, die zum Ergebnis hat, daß in Talias Horoskop Gefahr durch eine schicksalshafte Flachsfaser drohe. Ihr Spruch geht in Erfüllung. Analog zur katalanischen Fassung läßt der Vater die Tote nicht begraben, sondern auf ein Lustschloß bringen, ein idealer Ort für amouröse Stelldichein. Dort setzt er sie auf einen Prunksessel[43], als würde er ihren Tod doch eigentlich nur für vorübergehend, eine Art Schlaf halten, über dessen Ende nichts auszumachen ist. Dann nimmt er Abschied von der Eingeschlossenen und überläßt sie ohne weiteren Schutz sich selbst.[44]

Wo eine Jungfrau verlassen weilt, findet sich nur allzu schnell ein Mann ein. Im Unterschied zu den früheren Bearbeitungen präsentiert sich der Retter/Täter jetzt aber als reife Persönlichkeit und verheirateter Mann, der bei Gelegenheit die Jagd, eine der wichtigsten Beschäftigungen der Hocharistokratie in den Märchen Basiles, mit dem erotischen Abenteuer aufs angelegentlichste zu verbinden weiß. Haben die jugendlichen Helden im *Perceforest* und selbst bei Perrault und den Brüdern Grimm einen dornenvollen Widerstand zu überwinden, so braucht der erfahrene Lebemann nur über eine Winzerleiter ins ihm offenstehende Lustschloß zur »bezauberten Prinzessin« einzusteigen, um genußvoll *die Rose der Liebe zu pflücken* und anschließend ohne Skrupel zu seiner Ehefrau zurückzukehren und die ganze Affäre zu vergessen. Für ihn bedeutet eine solche Episode keine entscheidende Wegmarke im Leben, während die jugendlichen Sucher darin eine Art Initiation erfahren.

Von hier aus lassen sich Rückschlüsse auf den leichtherzigen Erzähler und die überwiegend männlichen Zuhörer ziehen. In der Renaissance-Literatur treten gehäuft erotische Phantasien auf, in denen sich Männer im Zweifel darüber befinden, ob sie den Schlaf einer Frau sexuell mißbrauchen sollen.[45] Wenn Troylus im *Perceforest*-Roman in eine ähnliche Situation gerät, läßt sich darin zugleich die Differenz zu Basile ermessen. Ist jener zwischen den Einflüsterungen der Venus und den Einwänden der gesellschaftlichen Moral hin und her gezogen, so hat Basiles König kaum mehr mit inneren Widerständen zu kämpfen. Infolgedessen zwingt er seinen Autor auch nicht zu den feinen Psychologisierungen des *Perceforest*-Verfassers.

Wäre der König so vergeßlich wie Talias Vater geblieben, so fände das Märchen bereits hier sein Ende. Die Geschichte gliche eher einem erotischen Schwank, einer Männerphantasie, und da schließlich auch das Opfer den Täter nicht kennt, wäre ein Happy-End kaum mehr zu erwarten. Allein, dies ergäbe keine Geschichte, weshalb der König sich seines Abenteuers erinnern und an den Ort des Geschehens zurückkehren muß, wo er seine *Geliebte* mit zwei Kindern wiederfindet. Er nennt sie *Sonne* und *Mond* und verspricht mit gleich tatkräftigem Mut eine Bereinigung der heiklen gesellschaftlichen Situation. Die Namensgebung bezieht sich augenscheinlich auf den klassischen, in Sizilien beheimateten Mythos von Thaleia, der Tochter des Schmiedegottes Hephaistos: Zeus entrückt seine schwangere Geliebte vor der eifersüchtigen Gattin Hera in eine tiefe Höhle, wo sie Zwillinge, die Paliken, zur Welt bringt. Diese mythologische Anspielung[46] verhilft Basiles Märchenhandlung zu größerer Tiefe, was die Brüder Grimm zum Widerspruch reizte. Obwohl sie selber den *Dornröschen*-Stoff vom nordischen Mythos der schlafenden Brunhild abzuleiten suchten,[47] wollten sie in Basiles Vorgehen einen Verstoß gegen ihre Märchendefinition entdecken.[48]

Ein Ortswechsel leitet schließlich in *Sonne, Mond und Talia* zu einem neuen Handlungsstrang über, der Rache der gekränkten Ehefrau.[49] Neuerlich wird auf einen Mythenstoff angespielt, die Medea-Geschichte, in dem sich die Zauberin Medea für den Verrat ihres Gatten Jason durch den Mord an ihren zwei Kindern und Jasons neuer Braut zu rächen sucht. Der Konflikt innerhalb der königlichen Ehe spitzt sich für Basiles Publikum durchaus nachvollziehbar zu: die Frau hat dem Mann nichts ins Haus gebracht, weder Vermögen noch Kinder. Angesichts eines solchen Umstands erscheint die Medea-Tat der Gattin eine konsequente Folge aus ihrer Eheunwürdigkeit, was ihr auch jegliche Berechtigung auf Gefühle von Eifersucht abspricht. Diese Charakterisierung bekräftigt vollends ihr Plan, Talia zu töten, wofür sie mit Nero verglichen wird, der im damaligen Volksglauben nicht nur für antichristliche Brutalität bis hin zum Muttermord steht, sondern auch für sexuelle Perversionen, deren Folge eine Schwangerschaft mit einem teuflischen Frosch gewesen sein soll.[50] Entsprechend blasphemisch führt jene sich in ihrer rächenden Richterrolle auf, wenn sie Talia als »*Ehebrecherin*«[51] das *Fegefeuer* androht und zugleich mitleidslos deren Rechtfertigung überhört, der König habe im Schlaf »*von ihrem Grund und Boden Besitz genommen*«. Der Show-down zwischen den beiden Frauen ist zugleich ein sprachlicher, zwischen gedrechselter, absichtsvoller Rhetorik und sachlich entschuldigender indirekter Rede schwankend. Nicht von ungefähr wird die Spannung durch einen Striptease Talias noch lasziv erhöht, der zugleich die Vergewaltigung im Lustschloß kontrastiert, da sie dort mit einer harmlosen erotischen Wendung übergangen worden ist. Die Königin erscheint als eigentliche brutale Vergewaltigerin. Damit ist die Identifikation für die Zuhörerschaft leicht gemacht: die betrogene und gekränkte Ehefrau geht eindeutig zu weit. Die Sympathien schlagen für Talia und schließlich sogar für den Retter ex machina, den König, der seine Geliebte nicht zu Waschseife für die Hosen des mythischen Totenschiffers Charon werden läßt und das *Gewebe der Bosheit* auflöst. Er gewinnt nicht bloß Klarheit über die Machenschaften seiner Frau und ihres Geheimsekretärs, sondern auch über die dienstfertige List des Kochs, der in einer geradezu erstaunlichen rhetorischen Versiertheit die Errettung der Kinder beschreibt. Gänzlich unerwartet löst sich damit für den Ehemann eine heikle Bewährungsprobe, die er ohne äußeres Zutun wohl kaum dermaßen souverän bestanden hätte: die Ehefrau endet als eine Art Hexe (*»Barbarin«*) [52] auf dem Scheiterhaufen, so daß ohne lange Witwertrauer ein außereheliches Verhältnis mit Gottes Segen legalisiert werden kann. Das Glück kommt im Schlaf, wenn alles so läuft, wie es sich ein Vergewaltiger erhofft, stellt die Schlußmoral klar.

Entsprechend der männlichen Erzählperspektive [53] handelt es sich bei der eingangs erwähnten unglücklichen Person nicht so sehr um die geschändete Frau als um den Mann selber. Weniger die Vergewaltigung und ihre Folgen sollen durch die Ehe legitimiert, denn die unerquicklichen Eheverhältnisse des Gatten beseitigt werden. Das Märchen entschärft nur zum Schein den gesellschaftlichen Konflikt, wenn es aus der Perspektive des unfreiwillig zur Geliebten gewordenen Vergewaltigungsopfers von einem günstigen Ende berichtet. In dem Sinne freuen sich denn auch die adligen Zuhörer bei Basile über das Glück Talias, als hätte sie sich diesen *Sturm* selber eingebrockt. Führt sie von nun an ein langes und glückliches Leben, so hatte der königliche Eindringling in der Tat mehr als nur ein glückliches Abenteuer bestanden. *»Wem der Himmel wohlwill ...«* Ein feiner Zynismus liegt über dem adligen Freudenlächeln.

DIE SCHLAFENDE SCHÖNE IM WALDE

Wie Basile legt auch Charles Perrault besonderen Wert auf den Bildungshumanismus und den Unterhaltungswert von Märchen. Im Vergleich zu seinem neapolitanischen Vorläufer [54] unterscheidet er sich jedoch darin, daß er den *Dornröschen*-Stoff mit weiteren Motiven anreichert und zugleich einen neuen Ton anschlägt, den der höfischen Galanterie des späten 17. Jahrhunderts.

Er klingt schon im französischen Originaltitel *La Belle au bois dormant – conte* an, wo das undeklinierte Partizip aktiv *dormant* auf den von Perrault in der Académie Française geführten Diskurs, ob eine Beugung nicht doch stilistisch statthaft sei, hinweist und beim Lesen den Eindruck der geschlechtlichen Ambivalenz der Schönen im Walde hinterläßt. Bewußt dem Zivilisatorischen entrückt und dem kulturellen Kontext enthoben, scheint ihre Lokalisierung im Walde statt im Lustschloß zwar den Männerphantasien mehr Raum zu verschaffen, doch wird dies umgehend durch die Gattungsbezeichnung *Märchen* im Sinne einer an sich harmlosen Fiktion wieder relativiert.[55] Der Wald als heraufbeschworener wilder Naturschild liegt außerhalb der künstlich von Menschenhand geformten Natur,[56] der großen Allee, die auf das Schloß zuführt, und ist dergestalt eher mit Gefahr und Schutzlosigkeit assoziierbar. Allein, die Schöne schläft nicht auf dem grünen Moos des Waldbodens, sondern in einem hocharistokratisch[57] funktionalisierten Gemach, das lediglich von Naturgestrüpp[58] umflort ist. Und darin herrscht der höfische Stil Ludwig XIV., des *Grand Siècle*: persönliche Gefühle und Stimmungen werden mit kompliziert künstlichen Verhaltensweisen verhüllt.

Das seltene Ereignis einer unerwarteten Geburt verknüpft Perrault mit dem Märchenelement der Feen, die der Tochter als Patinnen zur Seite stehen sollen. Bemerkenswert ist dabei, daß der Autor das Motiv der Schwangerschaft einer vergewaltigten Jungfrau in den Kinderwunsch ihrer Eltern verschiebt. Die Beschreibung einer Vergewaltigung ist nun nicht mehr statthaft, weil der überzeugte Katholik Perrault jeden mißverständlichen Vergleich mit der Unbefleckten Empfängnis Mariae vermeiden wollte,[59] und weil sich sein Märchen gleichzeitig erzieherisch an adlige Jungmädchen richtete; der Wunsch nach einem Thronfolger war dagegen ein für jede Königsdynastie zentrales Thema. Mit einem restriktiveren Sittenkodex hat die Motiv-Verschiebung allerdings nur bedingt zu tun. Als erfahrener Hofmann wußte Perrault schließlich, daß Verstöße gegen die zeitgenössische Moral nur raffinierter verschleiert wurden als bisher.[60]

Indem von einem *damals* die Rede ist, wo Feen bei der Taufe ihren Patenkindern noch eine Gabe verliehen,[61] scheint das Märchen zunächst jeder realen Zeit entrückt. Doch die Feengeschenke entsprechen hier durchaus dem höfischen Ideal für galante Frauen: Schönheit, Engelsgemüt, Anmut, Tanz-, Gesangs- und Instrumentalfertigkeiten. Die beim Tauffest aufkommenden Unstimmigkeiten mit der achten Fee entbehren nicht einer Erzähllogik, die das beschriebene Milieu keineswegs nur fiktiv meint.[62] Die vergessene (weil tot geglaubte) und deswegen nicht eingeladene Fee muß sich in den diffizilen Hofgebräuchen zurückgesetzt fühlen und rächt sich dafür. Ihre Verwünschung sowie die anschließende Milderung durch eine jüngere Fee präzisieren den merkwürdigen todähnlichen Zustand bei Basile insofern, als jetzt ein Spindelstich[63] die schöne Königstochter in einen hundertjährigen Schlaf versetzen soll.

Trotz der väterlichen Abwehrmaßnahmen gelingt es nicht, die Tochter davor zu bewahren. Die Prinzessin verfällt in ihren langen Schlaf und wird mittels eines elterlichen Verbots, das jeden Zutritt zum Schloß untersagt, sowie mit Hilfe der guten Fee geschützt, die den ganzen Dienstbotenapparat mit einschläfert und ein riesiges Naturgestrüpp um das Schloß herum hochzieht. Diese letzte Maßnahme kennzeichnet Perraults »*ausgeprägten Märchenrealismus*«[64]. Als einzige vom Fluch betroffen, entschläft allein die Prinzessin, doch sorgt die gute Fee mit kluger Vorsicht dafür, daß sie bei ihrem späteren Erwachen nicht einsam in der Welt sei. In solchem Erzählen erkennt der Literaturwissenschaftler Friedmar Apel bereits einen Zusammenhang mit frühaufklärerischem Denken:

> »*Die wunderbaren Mächte, die im frühen Feenmärchen wirken, sind eigentlich nur ins Märchenhafte verzauberte Gestalten der Vernunft: Was sie bewirken, ist nicht mehr und nicht weniger als das Abbild dessen, was sich der aufgeklärte Mensch als geordnete Welt vorstellte und herbeiwünschte.*«[65]

Nach 100 Jahren sodann erscheint pünktlich ein Königssohn, doch erfährt er erst nach zähem Herumfragen die Mär von der schlafenden Schönen – dies ist symptomatisch für die Wechselhaftigkeit und Zufälligkeit oraler Erzähltradition, die ohne periodische Verschriftlichung ihre Stoffe zu verlieren droht. Und entsprechend wird dem Königssohn die Geschichte schließlich in einer präzisierenden und erweiterten Form hinterbracht: die schlafende Prinzessin werde von einem Prinzen erlöst und zur Frau genommen. Wiederholt läßt

Perrault ironisch durchblicken, daß er sich solcher Unwäg-
barkeiten beim Nacherzählen von Märchen durchaus bewußt
ist.

Doch trotz *Überlieferungsproblemen* dringt der Prinz »*von
Liebe und Siegesfeuer getrieben*« zur »*wunderbaren Erscheinung*« der Prinzessin vor und fällt vor ihrer beinahe göttlichen
Ausstrahlung auf die Knie, genau in dem Moment, da der
Schlafzauber ohne sein Zutun ein Ende nimmt. Die Prinzessin scheint aber keineswegs aus einem tiefen Koma zu erwachen, vielmehr aus einer mittlerweile *in Mode gekommenen*
weiblichen Ohnmacht, die es ihr erlaubt, sogleich eine unbe-
fangene Koketterie, ein preziöses Liebesgespräch mit ihrem
lange erwarteten Traumprinzen zu beginnen.[66] Die modische
Artigkeit der beiden bis zu dem Moment, wo getreu den sittlichen Regeln diskret der Bettvorhang gezogen wird, läßt
Rückschlüsse auf den Autor und seine didaktische Einschät-
zung der Bedürfnisse seines Publikums zu, insbesondere der
etwa 21jährigen Elisabeth-Charlotte d'Orléans, welcher die
Ausgabe von 1697 gewidmet ist.

Die pädagogische Absicht, die sich in wiederholten, oft ironisch anmutenden Lehrsätzen demonstriert, sowie die Präzi-
sierung des Alters der Protagonisten, im Sinne des Heiratsal-
ters im 17. Jahrhundert, läßt den zweiten von Basile ent-
wickelten Handlungsstrang mit der rachsüchtigen Gattin
vorerst nicht mehr logisch erscheinen. Spannung verheißt daher der neue Interessenkonflikt bei gleicher Ausgangslage:
zunächst hat auch hier das Verhältnis der beiden Adligen den
Anschein einer reinen heimlichen Liebschaft. Trotz Trauung
und zwei Kindern wird sie vor den Eltern des Prinzen in der
Metropole geheimgehalten.

Den eigentlichen Konflikt entfacht die Mutter. Die Ehe der
Eltern scheint eine reine Zweckheirat gewesen zu sein, wobei
die Mutter einer Menschenfresserfamilie entstammt, was Assoziationen an die Medea-Version Basiles weckt. Kannibalis-
mus ist nicht nur ein äußerst beliebtes Motiv in den Märchen
Perraults, sondern verbindet hier auch den Volksglauben von
dem im Wald hausenden bösen, unchristlichen, räuberischen
Unhold in Gestalt eines Riesen, einer Hexe oder eines Wolfs
mit exotischen *à la mode*-Vorstellungen von den Wilden in
Übersee. Letzteres, seit Montaignes Kannibalen-Essay[67] viel-

fach im Sinne eines naiven Urzustandes betrachtet, läßt sich mit allen negativen Nebenbedeutungen auch auf die Prinzenmutter beziehen, wenn sie von ihrem Sohn eine Vereinfachung und Klarlegung seiner schwierig zu verbergenden Beziehung fordert (»Man muß sich im Leben einrichten«) oder einfach nur dem frischen Fleischgeruch nachstreift, was wiederum die höfische Gerüchteküche anfacht. Erst der Tod des Vaters bewirkt eine momentane Normalisierung im Verhältnis von Mutter und Sohn, die ihn sogar ihr Menschenfressertum vergessen läßt.

Im allgemeinen bedeutet der väterliche Tod den Übergang der politischen Macht an den ältesten Sohn, den Prinzen. Ist ihm allerdings wegen seiner Jugendlichkeit die Ausübung der Macht noch nicht zuzumuten, erhält er einen zeitweiligen Vormund. Und gerade hier eröffnet sich die einzigartige Chance, daß auch legitimierte Frauen, die königlichen Mütter, in die männliche Machtpolitik einbezogen werden beziehungsweise sich einmischen: als Regentinnen. Für die französische Geschichte der frühen Neuzeit ist diese politische Frauenrolle alles andere als untypisch: Katharina von Medici regiert für ihren minderjährigen Sohn Karl IX. (1560–74), Maria von Medici für Ludwig XIII. (1610–23) und schließlich Anna von Österreich[68] für Ludwig XIV. (1643–61). Wenn der Hofchronist Saint-Simon die Regierungsambitionen der letzteren besonders herausstreicht, mit denen sie ihren Sohn *unterdrückte,*[69] so vertritt er damit mehr als nur den Mißmut vieler sich zurückgesetzt fühlender Hocharistokraten über die Regentschaftszeit. Er stellt sich auf die Seite des neuen Königs, dem die Mutter-Regentin eine Heirat aufoktroyierte und seine Mätressenwirtschaft auszutreiben suchte. Resultat war ein merkwürdig ambivalentes Mutter-Sohn-Verhältnis: beim Tod von Anna von Österreich 1666 beweinte Ludwig XIV. sie als eine der größten Königinnen,[70] obwohl er sie fünf Jahre zuvor politisch kaltgestellt hatte.[71]

Im Märchen bricht das Menschenfressertum der Mutter exakt in dem Moment wieder durch, in dem der Sohn erstmals neben der Jagd eine staatspolitische Aktion unternimmt und in den Krieg zieht.[72] Die Königin weist ihre Schwiegertochter mit den beiden Kindern vom Hof und schickt sie in den Wald. Was die Schwiegermutter mit ihnen dort vorhat, entbehrt jeder offenkundigen gefühlsmäßigen Motivation wie Rache oder Haß, es ist die reine grausame Lust am Menschenfleisch. So wird sie zur eigentlichen *bösen Königinmutter* und der arme Haushofmeister zum guten Diener des abwesenden Herrn, indem er sich vom Mitleid angesichts der naiven Kinder und der Mutterliebe der jungen Königin rühren läßt und sie alle drei versteckt (Zuckerwerk und Affenspiele sowie Großmut und Tränen üben in der sentimentalen Kultur des 17. Jahrhunderts einen unwiderstehlichen Reiz aus). Der Königinmutter setzt er entsprechend präpariertes Tierfleisch vor.[73] Diese entdeckt allerdings den Betrug und will grausame Rache nehmen, welcher jedoch der unverhofft heimkehrende König zuvorkommt, worauf sie sich in ohnmächtiger Wut selbst in ihr Schlangenfaß[74] stürzt. Der König hat offensichtlich Mühe, das ganze Geschehen zu fassen, und kommt mit seinem Familiensinn über ihren Tod nur schwer hinweg – jetzt, wo er vor ihrem Menschenfressertum nichts mehr zu fürchten hat.

Auf diesen letzten Teil der Geschichte geht die pädagogische Schlußmoral Perraults nicht ein. Ihr ironisch gehaltener Tonfall deutet ausschließlich den ersten Erzählstrang des Märchens. Die komplizierte Standesheirat mit ihren aufschiebenden Problemen, von der vertraglich auszuhandelnden Mitgift bis zur alles besiegelnden königlichen Unterschrift, soll nicht nur rein negativ gesehen werden, obwohl Perrault auch hierbei seine Vorbehalte anmeldet. Wird der, nebst der politischen Deutung, zweite Teil des Märchens diesbezüglich als Thematisierung des Problems der Schwiegertöchter aufgefaßt, die infolge standesüblicher Heiraten vorerst im Haus ihrer Schwiegereltern Wohnsitz nehmen mußten, wird zusätzlich jener Bereich der ständischen Beziehung berührt, für den es offensichtlich keine überindividuelle Lösungsmöglichkeit gab, ohne zugleich an den Fundamenten der damaligen Heiratspolitik zu rütteln. Die Mutter der Adressatin, Liselotte von der Pfalz, die Schwägerin von Ludwig XIV., mag als unglücklich Verheiratete dafür ein eindringliches Zeugnis abgeben. Perrault selber lenkt in seiner Moral aber davon ab und stellt somit einen großen Teil des Märchens als spannungsgeladenes Gebilde dem moralischen Urteil des Lesers selber anheim. Die kleine Pouffe, das Hündchen der Prinzessin, oder die sieben Hunde der Liselotte von der Pfalz wüßten hier wahrscheinlich mehr.

Der »*delikate Stilzug*«, der »*naive Ausdruck*« sowie die »*Genialität*« der Märchen Perraults[75] ließen ihr Lesepublikum am Hof in Entzücken geraten und veranlaßten vor allem adlige Frauen, selber Märchen zu schreiben, speziell Feenmärchen. Als eine der fleißigsten Märchenschriftstellerinnen ihrer Zeit erwies sich dabei die Comtesse d'Aulnoy, in deren Werk sich auch eine Version des *Dornröschen*-Märchens findet: »*Die Hirschkuh im Walde*« (»*La biche au bois*«, 1698) Sie nimmt jedoch bloß den Kinderwunsch und die Verfluchung darin auf und ergänzt sie in ihrem Sinne. Der Krebs, den wir von den Brüdern Grimm her kennen, ist z. B. eine solche Ausschmückung. Was schließlich unter ihrer Hand entsteht, ist eine von höfischer Galanterie förmlich überbordende Geschichte, die das eigentliche *Dornröschen*-Märchen zu überwuchern droht.

Entwickelt die Comtesse d'Aulnoy das magische wie das höfische Element weiter, so benutzt dagegen der Schriftsteller und Pädagoge Fénelon (1651–1715) den *Dornröschen*-Stoff, um den von Perrault gepflegten ironischen Gestus vollends ins Absurde zu übertreiben. Seine *Geschichte einer jungen Prinzessin* beginnt folgendermaßen:

»*Es war einmal ein König und eine Königin, die hatten gar keine Kinder. Sie waren darob so betrübt, so sehr betrübt, wie niemand je betrübt gewesen ist. Endlich wurde die Königin schwanger, und gebar eine Tochter, die schönste die man jemals sah. Die Feen kamen zu ihrer Geburt. Doch sie sagten alle zur Königin, daß der Ehemann ihres Kindes elf Mäuler haben müsse, oder daß sie, wenn sie sich nicht bis zum Alter von 15 Jahren verheiratete, zu einer Kröte würde (...).*«[76]

ROSE MIT DORNEN

Gegenüber den literarisch ausgefeilten Varianten von Basile und Perrault nimmt sich die Urfassung des *Dornröschen*-Märchens, wie es Jacob Grimm zwischen 1808 und 1810 in Kassel aufnotierte, wie ein sprachlich kaum ausgearbeitetes Resümee aus. Erzählt wurde es ihm von der 20jährigen Marie Hassenpflug, die mütterlicherseits einer Hugenottenfamilie aus der südostfranzösischen Dauphiné entstammte und entsprechend die

Märchen Perraults und der Comtesse d'Aulnoy kannte. Wie offensichtlich der Bezug zu Frankreich im Fall von *Dornröschen* ist, zeigt die abschließende Bemerkung Jacob Grimms in seinem Notat: »*Dies scheint g[an]z aus Perrault's Belle au bois dormant.*« Die erste Druckfassung von 1812 mag darüber allerdings wenig berichten. Die Informantin wird zur anonymen Zuträgerin »*aus Hessen*«, der Kern des Märchens mit der nordischen Heldensage in Verbindung gebracht und der zweite Teil des Perraultschen Märchens als eigenes Märchenfragment abgetrennt. Den verbliebenen Text bearbeitete speziell Wilhelm Grimm wiederholt für die nachfolgenden Buchausgaben. Zwischen deren erster von 1812, der dritten und bekanntesten von 1837 sowie der Ausgabe letzter Hand von 1857 entwickelte sich das ursprüngliche Notat nach und nach zu einem literarischen Text[77], und parallel dazu kristallisierte sich jener eigentliche Märchenstil[78] heraus, der fortan die literarische Gattung normieren sollte. Der Widerspruch im Grimmschen Schreibprozeß besteht darin, daß ihm das Streben nach einer ursprünglich deutschen Überlieferung zugrunde liegt und die beiden Autoren gleichzeitig auf die literarischen Märchen Basiles, Perraults, Aulnoys oder Hamiltons zurückgriffen. Letzterem ist der veränderte neue Titel *Dornröschen*[79] geschuldet, der im Grimmschen Märchen allerdings ohne direkten inhaltlichen Bezug bleibt. Im Vergleich mit Perraults Überschrift *Die schlafende Schöne im Walde* wirkt der naiv und assoziativ gesetzte Übername für die junge Prinzessin harmlos – ohne offenkundige Erotik.[80] Ihre literarischen Vorgaben arbeiteten die Brüder Grimm eigenwillig zu deutschen Volksmärchen um. Sie übernahmen Stoffe und Motive und veränderten diese im Sinne deutscher Volkskultur.[81]

Vor allem aber haben die derart vorgenommenen Bearbeitungen den Hang, das Märchen verstärkt in einen bürgerlichen Kontext zu stellen.[82] So entspricht die Zahl der zwölf Gedecke der damaligen bürgerlichen Aussteuer[83] und ist in ihrer überschaubaren Bescheidenheit für die dargestellte höfische Welt höchst untypisch. Entsprechend orientieren sich die Gaben der Feen auch nicht mehr am höfischen Frauenideal, sondern mit Betonung von Reichtum und realistischer Weltsicht nebst Tugend und Schönheit vielmehr an den Erwartungen einer frühkapitalistischen Bürgerswelt. Der Verfluchung durch die dreizehnte, wahrhaft unglücksschwangere Fee begegnet der König mit wirtschaftspolitischer Strenge, wobei die Verbrennung sämtlicher Spindeln nicht nur der Uhlandschen *Märchen*-Ballade (1811)[84] entnommen, sondern auch den Napoleonischen Kontinentalsperre-Erlassen seit 1806 nachempfunden ist.[85] Ebensowenig wie die Verbrennung der beschlagnahmten englischen Handelswaren dem französischen Empire nützte, kann der königliche Befehl im Märchen verhindern, daß sich eine alte spinnende Frau, ihr kopfwackelndes Benehmen weist sie als böse Fee oder Hexe aus, im Schloßturm aufhält.

Bürgerlichkeit dominiert ebenfalls das Refugium des Adels, das Schloß. In der Grimmschen Beschreibung assoziieren wir zunächst Haus, Stübchen, Stall und Küche damit, wobei gerade letztere den Eindruck verstärkt, daß es sich hier eher um einen prosperierenden Gutshof handelt. Es ist keine Rede, wie etwa bei Perrault, von riesigen Spiegelsälen und mondänen Lüstern, von Prunk und Gepränge; eher schon von zeittypischem Biedermeier-Realismus. Der Hofstaat erinnert an Gutshofgesinde und die Fliegen an der Wand oder der flackernde Herd mit seinem brutzelnden Braten an ein Familien-Idyll. Entsprechend wird die Einschläferung des ganzen Hofes vorgenommen: Zusammengehörigkeitsgefühl, aber auch die hierarchisch aufeinander bezogenen Familien- und Arbeitsverhältnisse (Eltern-Tochter, Herr-Gesinde, Mensch-Tier) sind bis in den Schlaf hinein gewahrt. Dieser stoppt den Arbeitsalltag mit der Präzision einer Stechuhr, um ihn nach 100 Jahren wieder ebenso pünktlich beginnen zu lassen. In der Zwischenzeit arbeitet nur die Dornenhecke, ihr Leistungsausweis sind die toten Jünglinge. Zeichneten sich bei Perrault die Erwachenden durch ihre altertümliche, ganz und gar unmodisch gewordene Kleidung aus, so findet sich bei Grimms statischer Konzeption kein solches Erstaunen. Die Beschreibungen des Hofstaates vor, im und nach dem Schlaf zeigen eine deutliche Tendenz, mittels Situationskomik das Leserschmunzeln zu wecken; gleichzeitig betonen die Märchenelemente mehr die literarische Erzählgattung, als daß sie zur erzählerischen Binnenlogik wesentlich beitragen. Es scheint den Brüdern Grimm eher um eine Psychologisierung denn um die getreuliche Darstellung des Milieus zu gehen, das dergestalt den Eindruck von Zeitlosigkeit, Naturtreue und Natürlichkeit vermittelt. Damit einher geht eine drastische Redimensionierung des *Dornröschen*-Stoffes auf eine klar definierte Perspektive und einen einzigen Handlungsstrang. Das von Basile und Perrault hergeleitete Eifersuchtsmotiv bleibt ebenso ausgespart wie die Vergewaltigung, die sich auch hier in den Kinderwunsch der Eltern verschoben hat.[86]

Die inhaltliche Problemkonzentration im Grimmschen Märchen erscheint also gering. Die Arbeit des Königssohnes ist minimal, er muß nur seinen *guten Alten*, den Großvater, mit den skeptischen Warnungen überhören, schon gewinnt er gemäß dem Sprichwort »*Durch die Dornen zu den Rosen*« (»*Per spinas ad rosas*«)[87] die schlafende Prinzessin. Schließlich sind ja auch die Standesunterschiede zu vernachlässigen: Königssohn heiratet Königstochter. Und doch verbirgt sich hinter all dem die Erfolgslogik, daß erst nach erbrachter Arbeit das Vergnügen kommt. Damit ist selbst dem Prinzenkuß jeder Anschein von Erotik genommen, denn er ist hier arbeitsamer Ausdruck eines auf Leistung und Erfolg abgestimmten Belohnungsprinzips. So erhält auch der Küchenjunge nach 100 Jahren Schlaf noch für ein Versehen aus alter Zeit gerechterweise seine Ohrfeige, daß er schreit. Der Traum vom adligen Glück scheint endgültig ausgeträumt und die bürgerlich-kapitalistische Leistungsgesellschaft *inthronisiert*. Die beiden Grimms lehren es die Kinder.

Wie die Rezeptionsgeschichte der *Kinder- und Hausmärchen* zeigt, verfängt ihre bewußt geförderte literarische Einfachheit beim Publikum und hat die Interpreten seit ihrer Entstehung dazu verleitet, sie als zeitlos oder überzeitlich zu deuten.[88] Indes trügt der Schein: die Brüder Grimm, vor allem Wilhelm, spielen gekonnt mit rhetorischen Figuren *volkstümlicher Schlichtheit*, ja sie inszenieren diese geradezu. Und sie tun es – es bleibe dahingestellt, wie weit das bewußt geschieht – im Kontext ihres kulturellen und politischen Umfeldes. Die Grimmschen Märchen erhöhen die bürgerliche Lebensform geradezu zum ewigen Ideal und suchen die rückwärtsgerichtete Anbindung an eine heile Welt, wo Wunder noch geglaubt wurden. Beide Elemente zusammengedacht, ergeben sie den *kapitalistischen Traum* vom Glück, das jeder für sich selbst schmiedet, und von der Gemeinschaft, die in der Verfolgung dieses Glückstraumes zusammenhält und sich gegenseitig hilft. All das ist Resultat einer pädagogischen Anstrengung, die weder mit der spielerischen Ironie Perraults noch mit der derb direkten Erotik Basiles zu leisten ist. Vielleicht präsentieren sich deshalb die Grimmschen Märchen in der für sie stellenweise typischen grimmigen Ernsthaftigkeit und Direktheit.[89] Von hier aus betrachtet, verliert das *Dornröschen*-Märchen die leichthin vorgegaukelte Klarheit einer strengen Komposition. Der Motivbestand bleibt zwar in festen Umrissen erhalten, aber die Veränderungen und Auslassungen sind unübersehbar.

Lesen wir *Dornröschen* mit unserem heutigen, modernen Bewußtsein als eine reale Geschichte, weiht sie uns in zentrale Fragen ein, welche die Menschen der frühen Neuzeit im Alltagsleben beschäftigten: nämlich Scheintod und Sexualität. Das aufgeklärte Denken vermag indes die darin waltenden Ängste nicht vollends aufzuheben, vielmehr bleibt der Geschichte ein Rest an Geheimnis, der ihre weiterwirkende Wahrhaftigkeit bezeugt. Noch immer wird täglich bewiesen, daß vergewaltigte oder sexuell belästigte Frauen nicht gefeit sind vor männlichen Anschuldigungen, daß sie dabei insgeheim einen tiefen Seufzer ausgestoßen und mithin in die Schandtat eingewilligt hätten. Solche Vorstellungen sind nicht weniger phantastisch männlich, als es die alten Märchen sind. Entzaubern wir deren Magie und deren vorgebliche Fraglosigkeit, treffen wir im Kern auf unsere wirklichen Geschichten. Die in ihnen sich manifestierende Angst mitteilen heißt noch immer, diese Angst mit andern teilen.

DAS
BLAUBART-MÄRCHEN

DIE LEGENDE VON DER HL. TRIFINA
(um 1060)

Es lebte in dieser Zeit im weiter oben gelegenen Gebiet dieser Gegend ein Tyrann namens Conomerus. Eine abwegige Gläubigkeit und teuflische Bosheit hatten es ihn zur Gewohnheit werden lassen, jede einzelne seiner Gattinnen, sobald er erfuhr, daß sie schwanger war, zu töten. Als er schon viele Frauen von edler Abstammung beseitigt hatte, begannen deren Eltern sich sehr darüber zu entrüsten und sich von ihm zu distanzieren. So wollte kein einigermaßen kluger Mann mit ihm Unterredungen führen oder in geschäftlichen Belangen mit ihm zu tun haben. Man übertrug ihm auch keine Aufträge, um nicht seine Bosheit erfahren zu müssen. Als er merkte, daß ihn alle voller Verachtung mieden, ließ er dem heiligen Gildas bestellen, er solle sich für ihn einsetzen. Der heilige Mann aber durchschaute dessen verschlagene Bosheit und gab ihm keine Anerkennung, sondern distanzierte sich völlig von ihm, damit sich nicht die Adeligen und Fürsten dieser Gegend ein falsches Bild machten, weil er mit ihm zusammengekommen war. Als der besagte Tyrann sein Ziel nicht erreichen konnte, schickte er zu einem Fürsten, der nach übereinstimmender Aussage vieler Werocus hieß, mit dem Auftrag, ihm seine Tochter zur Frau zu geben. Als Werocus, ein Vasall der Venetensier, dies hörte, antwortete er alsogleich dem Unterhändler: »Wie kann ich denn meine eigene Tochter Eurem Herrn ans Messer liefern? Als ob ich nicht vom Gemetzel wüßte, das Euer Herr unter den Frauen anrichtete, die er geschwängert hat! Es kommt nicht in Frage! Meine Tochter wird nicht in den Tod rennen, solange ich sie davor bewahren kann.«

Die Boten kehrten zurück und meldeten dem besagten Bösewicht, was ihnen Werocus gesagt hatte. Jener aber ließ nicht locker und bestellte Werocus immer wieder: »Ich werde Dir Geiseln oder Bürgen geben, die Du selber auswählen kannst, wenn Du nur meine Bitte erfüllst.« Ihm antwortete Werocus: »Dein Antrag ist vergeblich, umsonst mühst Du Dich mit Bitten ab. Wenn Du mir nämlich nicht den seligen Gildas als Bürgen stellen kannst, wirst Du Dein Ziel nie erreichen, denn ich übergebe meine Tochter nur aus der Hand des Gildas ihrem Bräutigam.« Jener aber schickte sofort Boten zum seligen Gildas mit der Forderung, möglichst schnell zu kommen und das Mädchen aus der Hand des Vaters unter seinen Schutz zu nehmen und ihm als rechtmäßige Gattin zu geben. Der heilige Mann lehnte den Antrag der Boten ab mit den Worten: »Ihr wißt, daß Euer Herr sehr schlau ist und von einer teuflischen Bosheit. Wenn ich mich einverstanden erkläre und er mich als Bürgen aufstellt, dann aber das Mädchen umbringt, mache ich mich einer schweren Sünde vor dem Herrn schuldig und trage die Verantwortung dafür, daß die Eltern den schweren und schmerzlichen Verlust ihrer Tochter erleiden müssen. Dennoch will ich mit Euch kommen und die Wünsche von beiden Seiten besprechen, die nämlich der Eltern und diejenigen des Herrn, der Euch zu mir geschickt hat.« Darauf machte er sich zusammen mit den Boten auf den Weg und stellte bei der Ankunft fest, daß auch die Fürsten sich aus dem gleichen Grund zusammengefunden hatten. Während sie darüber verhandelten, sagte der Vater des Mädchens zum heiligen Gildas: »Wenn Du meine Tochter unter Deinen Schutz nimmst, vertraue ich sie Dir an, ja ich übergebe sie Dir. Wenn Du sie aber nicht unter Deinen Schutz nimmst, wird dieser Mann hier sie nie als Frau besitzen.« Ihm antwortete der selige Gildas: »Übergib sie mir und ich will sie, geschützt durch die Kraft Gottes, gesund erhalten.« So hat der obgenannte Tyrann das Mädchen aus der Hand des heiligen Gildas zur Ehefrau empfangen. Der selige Gildas aber kehrte in sein Kloster zurück, mächtig in seinen strahlenden Tugenden.

Nach der Hochzeit behandelte der Tyrann seine Frau zunächst mit Liebe und Zärtlichkeit, sobald er aber bemerkte, daß sie schwanger war, beabsichtigte er, sie in gewohnter Art zu töten. Er fürchtete aber den Eid, mit dem er sich dem seligen Gildas verpflichtet hatte; er sagte sich, daß es ihm kaum gelingen werde, den heiligen Mann zu täuschen. Er fürchtete nämlich den Zorn Gottes auf sich zu laden, wenn er die Frau, die er aus der Hand des heiligen Mannes empfangen hatte, meuchlerisch mit dem Schwert zu töten versuchte. Der Teufel aber flüsterte ihm Gegenteiliges ein, indem er geltend machte, daß es sich für ihn nicht schicke, so sehr die Heiligkeit des seligen Mannes zu fürchten, daß er wie ein Feigling und mutloser Mensch wegen eines Mönchs von der Durchführung eines festen Planes absehe. Unterdessen erfaßte seine Frau aufgrund mehrerer Anzeichen, daß er starke Aggressionen gegen sie hege wegen ihrer Schwangerschaft, und floh heimlich voller Angst. Als ihr böser Mann die Flucht entdeckte, nahm seine Wut noch zu, und er verfolgte sie. Er fand sie nahe der Straße unter dem Laub versteckt – sie war nämlich vom Weg erschöpft –, hieb ihr mit dem Dolch den Kopf ab und kehrte in sein Haus zurück.

Ihr Vater hörte, was seiner Tochter zugestoßen war, und schickte schmerzerschüttert in höchster Eile zum seligen Gildas und ließ ihm sagen: »Gib mir meine Tochter zurück, ich habe sie aufgrund Deiner Vermittlung verloren! Du sollst nämlich wissen, daß derjenige, der sie aus Deiner Hand zur Ehefrau empfing, sie eigenhändig mit dem Schwert erstochen hat.« Darüber sehr besorgt, gelangte der heilige Mann schleunigst zur Festung, wo der besagte Tyrann wohnte, in der Absicht, von ihm zu hören, ob er wirklich seine Frau, wie das Gerücht verbreitete, getötet habe. Der Despot aber gab seinem Türhüter den Auftrag, als er vom Kommen des heiligen Gildas erfuhr, den heiligen Mann unter keinen Umständen zu ihm hereinzulassen. Er war sich nämlich bewußt, daß er mit seiner Tat gegen Gott und den heiligen Gildas gefrevelt hatte. Obwohl er das ganz genau wußte, weigerte er sich doch, den heiligen Mann darum zu bitten, bei Gott mit seinen Gebeten zu erreichen, daß er ihm ein zerknirschtes Herz und Demut gebe, damit er für das begangene Unrecht Buße tun könnte. Als nun der heilige Gildas lange an die Türe des Tyrannen geklopft hatte, ohne daß ihm geöffnet wurde, er vielmehr von denen drinnen ausgelacht wurde, da betete er zu Gott, wenn das Leben jenes Despoten nicht zum besseren zu wenden sei, solle er, Gott, seiner Bosheit ein Ende setzen. So ging er nach vollendetem Gebet um den Wohnsitz des Despoten herum, nahm eine Handvoll Erde, warf sie über das Haus, das sogleich nach dem Willen Gottes zusammenstürzte.

Darauf ging er weg bis zu jenem Ort, wo der Leichnam der

getöteten Frau lag, die ihr Ungeborenes im Leib trug, und betete folgendermaßen: »Herr und Gott, der Du den Menschen aus dem Staub der Erde geschaffen hast und zu dessen Befreiung aus der Macht des Teufels – in dessen Gewalt sich der Mensch begeben hatte in der Meinung seiner eigenen Freiheit, während er Deine Vorschrift überschritt – Du Deinen Sohn sterben lassen wolltest, den Du vor aller Zeit ewig gezeugt hattest, Dich rufe ich an, erhöre mich. Erhöre mich, oh Herr, denn ich bitte Dich im Namen Deines einzigen Sohnes unseres Herrn Jesus Christus. Dein Sohn, unser Lehrer Jesus Christus, hat es für würdig erachtet, denjenigen, die an ihn glauben, zu versprechen, wenn sie Dich in seinem Namen um etwas bitten, daß Du das Ohr Deiner Güte nicht von ihrer Bitte abwenden würdest.« Nach diesem Gebet nahm er den Kopf und fügte ihn an den verstümmelten Körper, wobei er sagte: »Im Namen unseres Herrn, Jesus Christus, Trifina, ich sage Dir, erhebe Dich und steh auf Deine Füße und sage mir, was Du gesehen hast!« Sie aber stand auf der Stelle auf, heil und unverletzt, und antwortete dem heiligen Mann: »Bald nachdem ich getötet worden war, wurde ich auf einem Engelsgefährt in die Höhe gehoben, als ob ich zum Chor der Märtyrer getragen würde, um mich ihm anzuschließen. Auf Deinen Ruf hin bin ich aber zu Dir zurückgekehrt.« Darauf führte der selige Gildas sie zu ihrem Vater und, nachdem er ihre Rechte ergriffen hatte, übergab er sie ihm mit den Worten: »Siehe hier das Pfand, das Du mir anvertraut hast; beschütze sie wie Deine Tochter, und ziehe ihr Kind, das sie unter ihrem Herzen trägt, sobald es geboren ist, sorgfältig auf, bis es erwachsen ist.« Sie aber sagte unter Eidesbeteuerungen: »Vater, ich will Dich nie verlassen!« Ihr antwortete der heilige Gildas: »Es gehört sich nicht, daß eine Frau einem Mönch folgt; bleib hier im Hause Deines Vaters bis zur Geburt, und wenn Du geboren hast, werden wir Dich in ein Frauenkloster führen, wo Du mit anderen Nonnen zusammen ein Leben in Keuschheit führen kannst.«

ULRICH UND AENNCHEN
Volkslied (1797)

Es ritt einst Ulrich spazieren aus,
Er ritt wohl vor Lieb Aennchens Haus:
»Lieb Aennchen, willst mit in grünen Wald?
Ich will dir lehren den Vogelsang.«

Sie gingen wohl mit einander fort,
Sie kamen an eine Hasel dort,
Sie kamen ein Fleckchen weiter hin,
Sie kamen auf eine Wiese grün.

Er führte sie ins grüne Gras,
Er bat, lieb Aennchen niedersaß,
Er legt seinen Kopf in ihren Schoos,
Mit heißen Thränen sie ihn begoß.

»Ach Aennchen, liebes Aennchen mein,
Warum weinst du denn so sehr um ein'n?
Weinst irgend um deines Vaters Gut?
Oder weinest um dein junges Blut?

Oder bin ich dir nicht schön genug?«
»Ich weine nicht um meines Vaters Gut,
Ich wein' auch nicht um mein junges Blut,
Und, Ulrich, bist mir auch schön genug.

Da droben auf jener Tannen,
Eilf Jungfrauen sah ich hangen.«
»Ach Aennchen, liebes Aennchen mein,
Wie bald sollst du die zwölfte seyn.«

»Soll ich denn nun die zwölfte seyn?
Ich bitt, ihr wollt mir drei Schrei verleihn.«
Den ersten Schrei und den sie that,
Sie rufte ihren Vater an,

Den andern Schrei und den sie that,
Sie ruft ihren lieben Herr Gott an,
Den dritten Schrei und den sie that,
Sie ruft ihren jüngsten Bruder an.

Ihr Bruder saß beim rothen kühlen Wein,
Der Schall der fuhr zum Fenster hinein:
»Höret ihr Brüder alle,
Meine Schwester schreit aus dem Walde.«

»Ach Ulrich, lieber Ulrich mein,
Wo hast du die jüngste Schwester mein?«
»Dort oben auf jener Linde,
Schwarzbraune Seide thut sie spinnen.«

»Warum sind deine Schuh so blutroth?
Warum sind deine Augen so todt?«
»Warum sollten sie nicht blutroth seyn?
Ich schoß ein Turteltäubelein.«

»Das Turteltäublein, das du erschoßt,
Das trug meine Mutter unter ihrer Brust,
Das trug meine Mutter in ihrem Schooß,
Und zog es mit ihrem Blute groß.«

Lieb Aennchen kam ins tiefe Grab,
Schwager Ulrich auf das hohe Rad,
Um Aennchen sungen die Engelein,
Um Ulrich schrieen die Raben allein.

Charles Perrault
BLAUBART
Ein Märchen (1695)

Es war einmal ein Mann, der besaß schöne Häuser in Stadt
und Land, Geschirr von Silber und Gold, Möbel mit bestick-
ten Polstern und Kutschen aus purem Gold, doch zu seinem
Unglück hatte der Mann einen blauen Bart: der machte ihn so

häßlich und schrecklich, daß es keine Frau und kein Mädchen gab, das nicht vor ihm davongelaufen wäre.

Eine seiner Nachbarinnen, eine Dame von Stand, hatte zwei wunderschöne Töchter. Er bat sie, ihm eine zur Frau zu geben, wobei er ihr die Wahl ließ, welche es sein sollte. Sie wollten alle beide nicht, und eine verwies ihn an die andere, da sie sich nicht dazu entschließen konnten, einen Mann zu heiraten, der einen blauen Bart hatte. Ganz besonders stieß es sie ab, daß er bereits mehrere Frauen geheiratet hatte, und daß man nicht wußte, was aus diesen Frauen geworden war.

Damit sie einander kennenlernen konnten, lud Blaubart sie zusammen mit ihrer Mutter, drei oder vier ihrer besten Freundinnen und einigen jungen Leuten aus der Nachbarschaft in eines seiner Landhäuser ein, wo sie ganze acht Tage blieben. Da folgte nun ein Ausflug dem anderen, Jagd- und Fischpartien, Tanz und Feste wurden veranstaltet, und große Gelage: sie schliefen nicht und verbrachten die ganze Nacht damit, einander lustige Streiche zu spielen. Alles ließ sich so gut an, daß die Jüngere allmählich fand, der Herr des Hauses habe gar keinen so blauen Bart und sei ein sehr ehrenwerter Mann. Sobald sie zur Stadt zurückgekehrt waren, wurde die Hochzeit gefeiert.

Als ein Monat vergangen war, sagte Blaubart zu seiner Frau, daß er wegen einer wichtigen Angelegenheit für mindestens sechs Wochen in die Provinz reisen müsse; er bäte sie, sich während seiner Abwesenheit gut zu unterhalten und ihre liebsten Freundinnen einzuladen. Sie solle, wenn sie Lust habe, mit ihnen aufs Land fahren und sie stets auf das beste bewirten. »Hier sind die Schlüssel für die beiden Möbelspeicher, hier die für das goldene und silberne Festtagsgeschirr, hier die für die Truhen, in denen ich mein Gold und mein Silber aufbewahre, hier die für meine Schatullen mit den Juwelen und hier ist der Schlüssel, der zu allen meinen Gemächern paßt. Dieser kleine Schlüssel aber ist der Schlüssel zu dem Zimmer am Ende des langen Ganges im Erdgeschoß. Öffnet nur alles, geht überall hin, aber dieses kleine Zimmer verbiete ich Euch zu betreten, und ich verbiete es Euch mit allem Nachdruck; solltet Ihr es dennoch öffnen, so hättet Ihr alle erdenklichen harten Strafen von meinem Zorn zu gewärtigen.« Sie versprach, alles was er ihr befohlen hatte, treulich zu befolgen, und so umarmte er sie, stieg in seine Kutsche und machte sich auf die Reise.

Die Nachbarinnen und guten Freundinnen warteten erst gar nicht ab, daß die junge Frau sie holen ließ, so sehr trieb sie die Ungeduld, alle Reichtümer ihres Hauses zu sehen, hatten sie doch nicht gewagt zu kommen, so lange ihr Mann da war, denn sein blauer Bart jagte ihnen Angst ein. So waren sie gleich zur Stelle, und liefen durch alle Gemächer, Zimmer und Kleiderkammern, die einander an Pracht und Schönheit übertrafen. Dann stiegen sie zu den Möbelspeichern hinauf, wo ihr Staunen über die vielen und schönen Gobelins kein Ende fand, über die Betten, Sofas, Schränkchen, Tische, Tischchen und die Spiegel, in denen man sich von Kopf bis Fuß sehen konnte, und deren Rahmen, bei den einen aus Glas, bei den anderen aus Silber oder gar aus vergoldetem Silber, die schönsten und prächtigsten waren, die sich nur denken konnte. Sie ließen nicht ab, das Glück ihrer Freundin zu rühmen und sie darum zu beneiden. Sie selbst aber empfand keine Freude beim Anblick all dieser Reichtümer, denn es drängte sie, das kleine Zimmer im Erdgeschoß aufzuschließen.

So sehr trieb sie ihre Neugierde, daß sie gar nicht daran dachte, wie ungehörig es sei, ihre Gäste stehenzulassen, sondern auf einer verborgenen Treppe hinabeilte, wobei sie sich vor lauter Hast zwei- oder dreimal beinahe den Hals gebrochen hätte. Als sie an der Tür des kleinen Zimmers angelangt war, verharrte sie einige Zeit, dachte an das Verbot ihres Mannes und daran, daß ihr aus ihrem Ungehorsam so manches Unheil erwachsen könne. Aber die Versuchung war so groß, daß sie ihrer nicht Herr wurde; so nahm sie den kleinen Schlüssel und öffnete zitternd die Tür des Gemachs.

Zunächst sah sie gar nichts, denn die Fensterläden waren geschlossen; nach wenigen Augenblicken aber konnte sie erkennen, daß der Boden mit geronnenem Blut bedeckt war, in dem sich die Körper mehrerer toter Frauen spiegelten, die an den Wänden entlang festgebunden waren. (Es waren alle die Frauen, die Blaubart geheiratet und denen er nacheinander den Hals durchgeschnitten hatte.) Sie glaubte vor Angst umzukommen, und der Schlüssel zu dem Zimmer, den sie aus dem Schloß gezogen hatte, fiel ihr aus der Hand. Als sie sich ein wenig gefaßt hatte, hob sie ihn auf, schloß die Tür wieder ab und stieg hinauf in ihr Zimmer, um sich ein wenig zu beruhigen. Aber es wollte ihr nicht gelingen, so stark war ihre Erregung.

Als sie bemerkte, daß der Schlüssel zu dem Zimmer mit Blut befleckt war, wischte sie ihn zwei- oder dreimal ab, aber das Blut ging nicht ab; sie mochte ihn waschen, ihn mit Sand und Sandstein scheuern, das Blut blieb immer haften, denn der Schlüssel war verzaubert, und es gab kein Mittel, ihn völlig zu säubern. Hatte man das Blut an einer Stelle beseitigt, so kam es an einer anderen Stelle wieder zum Vorschein.

Blaubart kehrte noch am selben Abend von seiner Reise zurück, weil er, wie er sagte, unterwegs Briefe mit der Nachricht erhalten habe, daß die Sache, um derentwillen er aufgebrochen war, bereits zu seinem Vorteil entschieden sei. Seine Frau tat ihr Bestes, um ihn von ihrer Freude über seine plötzliche Rückkehr zu überzeugen.

Am folgenden Morgen verlangte er die Schlüssel von ihr zurück, und sie gab sie ihm, doch ihre Hand zitterte so sehr, daß er mühelos erriet, was geschehen war. »Wie kommt es«, sprach er zu ihr, »daß der Schlüssel zu dem kleinen Zimmer nicht dabei ist?« »Ich muß ihn oben auf dem Tisch liegen lassen haben«, sagte sie. »Seht zu«, sagte Blaubart, »daß Ihr ihn mir alsbald zurückgebt.« Nachdem sie sich einige Male Aufschub verschafft hatte, mußte sie schließlich den Schlüssel holen. Blaubart betrachtete ihn und sagte dann zu seiner Frau: »Warum ist denn Blut an dem Schlüssel?« »Davon weiß ich nichts«, antwortete die arme Frau und wurde bleicher als der Tod. »Ihr wißt nichts davon«, entgegnete Blaubart, »aber ich weiß es nur zu gut; Ihr wolltet in das kleine Zimmer hinein! Nun gut, Madame, Ihr sollt hinein und sollt Euren Platz an der Seite der Damen einnehmen, die Ihr dort gesehen habt.« Sie warf sich vor ihrem Mann auf die Knie, bat ihn weinend um Vergebung und zeigte echte Reue über ihren Ungehorsam. Schön und verzweifelt wie sie dalag, hätte sie wohl einen Stein zum Erweichen gebracht, aber Blaubart hatte ein Herz, das härter als Stein war. »Ihr müßt sterben, Madame«, sprach er zu ihr, »und das sogleich.« »Da ich nun sterben muß«, entgegnete sie und blickte unter Tränen zu ihm auf, »so gewährt mir nur eine kurze Zeit, damit ich zu Gott beten kann.« »Ich gebe Euch die Hälfte einer Viertelstunde«, erwiderte Blaubart, »aber nicht einen Augenblick mehr.«

Als sie allein war, rief sie ihre Schwester und sprach zu ihr: »Anne, meine Schwester«, denn so hieß sie, »ich bitte dich, steig hinauf auf den Turm und sieh, ob meine Brüder noch nicht kommen; sie haben mir versprochen, mich heute zu besuchen. Und wenn du sie siehst, so gib ihnen ein Zeichen, daß sie sich beeilen.« Ihre Schwester Anne stieg hinauf auf den Turm, und die arme, verzweifelte Frau rief von Zeit zu Zeit: »Anne, meine Schwester Anne, siehst du niemanden kommen?« Und ihre Schwester Anne gab ihr zur Antwort: »Ich sehe nichts als die Sonne, die vom Himmel brennt, und das Gras, das grünt.« Indessen schrie Blaubart, einen großen Hirschfänger in der Hand, mit Donnerstimme zu seiner Frau hinauf: »Komm sofort herunter, oder ich komme hinauf.« »Noch einen Augenblick bitte«, antwortete seine Frau, und gleichzeitig rief sie leise: »Anne, meine Schwester Anne, siehst du niemanden kommen?« Und ihre Schwester Anne gab ihr zur Antwort: »Ich sehe nichts als die Sonne, die am Himmel brennt, und das Gras, das grünt.« »Kommst du wohl sofort herunter«, schrie Blaubart, »oder ich komme hinauf.« »Ich komme ja«, entgegnete seine Frau, und dann rief sie: »Anne, meine Schwester Anne, siehst du niemanden kommen?« »Ich sehe«, entgegnete ihre Schwester Anne, »eine große Staubwolke auf uns zukommen.« »Sind es meine Brüder?« »Ach nein, meine Schwester, es ist eine Schafherde.« »Willst du jetzt wohl herunterkommen?« schrie Blaubart. »Noch einen Augenblick«, antwortete die Frau, und dann rief sie: »Anne, meine Schwester Anne, siehst du niemanden kommen?« »Ich sehe zwei Reiter, die auf uns zukommen, aber sie sind noch weit weg ... Gott sei gelobt!« rief sie kurz darauf, »es sind meine Brüder; ich gebe ihnen Zeichen, so gut ich nur kann, daß sie sich beeilen.«

Blaubart begann nun so gewaltig zu brüllen, daß das ganze Haus erzitterte. Die arme Frau stieg hinunter und warf sich ihm zu Füßen, die Tränen liefen ihr herab, und ihr Haar war zerrauft. »Es hilft nichts«, sprach Blaubart, »du mußt sterben.« Dann packte er sie mit der einen Hand bei den Haaren und hob mit der anderen den Hirschfänger, um ihr den Kopf abzuschlagen. Die arme Frau wandte sich zu ihm, in ihrem Blick lag Todesangst, und bat ihn, ihr einen kleinen Augenblick zu gewähren, um sich zu sammeln. »Nein, nein«, sprach er, »befiehl dich Gott«, und damit hob er den Arm ... In diesem Augenblick schlug jemand so heftig an die Türe, daß Blaubart innehielt. Man öffnete, und sogleich stürmten zwei Reiter herein, die mit dem Degen in der Hand geradewegs auf Blaubart losstürzten.

Er erkannte in ihnen die Brüder seiner Frau, der eine war Dragoner, der andere Musketier, und so eilte er davon, um sich in Sicherheit zu bringen, doch die beiden Brüder blieben ihm so hart auf den Fersen, daß sie ihn faßten, bevor er die Treppe erreichen konnte. Sie durchbohrten ihn mit ihren Degen und ließen ihn tot liegen. Die arme Frau war nahezu ebenso tot wie ihr Mann; sie hatte nicht die Kraft, sich zu erheben und ihre Brüder zu umarmen.

Wie sich herausstellte, besaß Blaubart keine Erben, so daß seine Frau Herrin über all seine Güter wurde. Sie verwandte einen Teil davon, um ihrer Schwester Anne die Heirat mit einem jungen Edelmann, der sie seit langem liebte, zu ermöglichen, einen weiteren Teil, um für ihre beiden Brüder Hauptmannspatente zu kaufen, und den Rest, um sich selbst mit einem sehr ehrenwerten Mann zu verheiraten, der sie die böse Zeit, die sie mit Blaubart verbracht hatte, vergessen ließ.

Moral

Mag auch die Neugier noch so verlocken, so schafft sie häufig doch nur Kümmernis; ein jeder Tag liefert hierfür unzählige Beispiele. Sie gewährt, mit Verlaub, werte Damen, ein flüchtiges Vergnügen: kaum gibt man sich ihm hin, ist es auch schon vorbei, und immer ist sein Preis zu hoch.

Zweite Moral

Wer auch nur ein bißchen Vernunft besitzt und sich in der Welt auskennt, bemerkt rasch, daß dies ein Märchen aus alter Zeit ist. Heutzutage gibt es keinen Ehemann mehr, der – wäre er auch noch so mißgünstig und eifersüchtig – sich so schrecklich zeigte und so Unmögliches verlangte. Seiner Frau gegenüber ist er die Milde selbst, und welche Farbe sein Bart auch haben mag – man könnte kaum sagen, wer von den beiden der Herr ist.

Friedrich Wilhelm Gotter
BLAUBART
Romanze (1771)

Blaubart war ein reicher Mann,
Hatte Haus, und Hof, und Garten,
Schmaußte, zechte, spielte Karten,
Lebte wie der Tartarchan.

Stark wie seines Körpers Bau,
Feurig waren seine Blicke,
Aber, ach! ein Mißgeschicke!
Aber, ach! sein Bart war blau.

Doch durch seines Goldes Kraft
Trieb er jedes Herz zu Paaren,
Und schon zwanzig Weiber waren
Durch den Tod ihm weggerafft.

Er läßt, immer fort zu freyn,
Sich die Mühe nicht verdriessen,
Setzt, den Antrag zu versüssen,
Stets die Frau zur Erbinn ein.

Von zwey Schwestern der Galan,
Wird er jetzo; Schmausereyen,
Schauspiel, Ball und Mummereyen
Stellt er ihrentwegen an.

Bietet ihnen Gold, wie Heu. –
Einstens, als sie Kaffee trinket,
Spricht die Jüngste: Hum! mich dünket,
Daß sein Bart so blau nicht sey.

Frisch gewagt ist halb gethan;
Hurtig muß ihn Trulle freyen;
Schauspiel, Ball und Schmausereyen
Gehen nun von neuem an.

Drauf führt er sein Weibchen fort;
Ein Kabriolet mit Sechsen
Bringt, als könnte Blaubart hexen,
Sie an den bestimmten Ort.

Gleich der Feen=Königinn
Lebt hier Trulle, sonder Sorgen;
Vor dem Spiegel geht der Morgen,
Und beym Spiel der Abend hin.

An Tapeten, Kanapeen,
Schildereyn, Trümeaux* und Vasen
Können Tanten sich und Basen
Stundenlang nicht müde sehn.

Dann kömmt der Bewundrung Reih,
An den Schatz von Küch und Keller;
Ungekostet bleibt kein Teller,
Und kein Glas geht voll vorbey.

Ja man packt, beym Lebewohl,
Um noch unterwegs zu naschen,
Mit Konfekt und Wein die Taschen
Und die Mantelsäcke voll.

Unter manchem tiefen Knicks
Wird die ältre Schwester Aennchen,
Fromm und sittsam, wie ein Nönnchen,
Täglich Zeuginn ihres Glücks.

Da sah man kein böß Gesicht;
Täubchen! hieß es nur, und: Püppchen!
Dann und wann schlug Trull' ein Schnippchen,
Doch er that, als säh' er's nicht.

Es bewegt ihr Ehestand
Hagestolze selbst zum Neide;
Aber Leid folgt oft der Freude,
Großes Glück hat nicht Bestand!

* *Trumeau:* veraltet für Pfeilerspiegel.

»Ich verreise, sprach er einst,
Nimm die Schlüssel, liebe Trulle!
Zimmer, Kisten und Schatulle
Stehn dir offen, wenn du meinst.

Nimm dir einen Cicisbee*,
Um dich zu desennüyiren**!
Spiel' im Schachbrett, geh spatzieren,
Schaukle dich und trinke Thee!

Flieh die schwarze Kammer nur,
Sonst ist dir der Tod geschworen!« –
Noch schallt er in ihren Ohren,
So vergißt sie auch den Schwur;

Bricht vor Eile bald das Bein;
Krack! so springen alle Riegel,
Und der schwarzen Kammer Flügel
Oefnen sich; sie wischt hinein.

O, der Gräuel, die sie sah!
Blut in Strömen! todte Leiber!
Blaubarts alle zwanzig Weiber
Hingen, wie Gewehre, da.

Fliehn will sie, zurückgeschreckt;
Angst entstellt Blick und Geberde;
Als ein Schlüsselchen zur Erde
Fällt, und sich mit Blut befleckt.

Was sie sich für Mühe gab!
Zehnmal wischte sie und rieb es;
Blutig war es, blutig blieb es,
Und das Blut ging nimmer ab.

Noch vor Nacht kömmt ihr Barbar,
Fragt mit aufgeworfnem Rüssel:

* *Cicisbee:* Gesellschafter, Liebhaber.
** *se désennuyer:* frz. für sich die Zeit vertreiben.

»Weib, wo hast du meine Schlüssel?« –
  Zitternd reicht sie sie ihm dar.

»Sind es alle? – Laß doch sehn!
  Einer fehlet, schaff ihn wieder!« –
  Weinend stürzt sie vor ihm nieder
  Und bekennet ihr Vergehn.

»Gut! So weißt du dein Geschick!
  Jene dort sind dein gewärtig.
  Mache dich zur Reise fertig!
  Dein ist noch ein Augenblick! [«] –

  Schleppt sie drauf, mit eigner Hand,
  In des Hofes innre Mauer,
  Wo, in feyerlicher Trauer,
  Ein verfallner Wachtthurm stand.

  Trulle sträubt sich, zappelt, schreyt:
»Aufschub! Aufschub! Ich will sterben;
  Doch die Seele vom Verderben
  Zu erretten, laß mir Zeit!« –

  Aennchen läuft, auf ihr Geschrey,
  Athemlos zum nahen Thurme;
  Schauet, ob dem armen Wurme
  Hülfe noch zu schaffen sey.

  Er, der auf und niedergeht,
  Und den Hut ins Auge drücket,
  Spricht, da er den Säbel zücket:
»Bet ein kurzes Stoßgebet!« –

  Trullen stockt des Blutes Lauf
  Beym gezückten, scharfen Säbel;
  Schon umringt vom Todes=Nebel
  Seufzet sie zum Thurm hinauf:

»Schwester Aennchen, siehst du nichts?« –
»Stäubchen, in der Sonne drehen,

Und des Grafes Spitzen wehen;
Schwesterchen, sonst seh' ich nichts!« –

»Schwester Aennchen, siehst du nichts?« –
»Stäubchen fliegen, Gräschen wehen.« –
»Aennchen, läßt sich sonst nichts sehen?« –
»Schwesterchen, sonst seh' ich nichts.« –

Trulle fragt ohn Unterlaß.
Aennchen ruft: »Sey guter Laune!
Dort, beym Hagebuchenzaune,
Reitet man im starken Paß.

Jetzo sprengt man – langt schon an!« –
Trullens beyde Herren Brüder
Kamen von der Beitze wieder
Mit dem schönsten Auerhahn.

Blaubart kriegt den Tod zum Lohn,
Wird gekocht in heisser Lauge;
Trulle kömmt mit blauem Auge
Diesesmal noch so davon.

Weiber bleiben wie sie sind;
Ihre Neugier auszurotten,
Hilft nicht predigen, nicht spotten;
Weiber bleiben wie sie sind!

Ludwig Tieck

DIE SIEBEN WEIBER DES BLAUBART
(1797)

Achtes Kapitel: Mechthilde

Peter betrachtete seinen bleiernen Kopf genauer und konnte immer noch nicht begreifen, wie ein so kleines unscheinbares Ding guten Rath ertheilen könne. Er wußte nicht, ob ihn Bernard und die Fee um die Wette foppten, oder ob wirklich etwas an den vorgegebenen Dingen sei. Indem er den Kopf genauer betrachtete, sezte ihn der kluge Blick und der spöttische Zug um den Mund ordentlicherweise in Verlegenheit, er stellte daher den Kopf auf einen Tisch und fuhr dann in seinem Nachdenken fort.

Sollte man nicht, sagte er zu sich selber, manchmal glauben, man träume? Wahrhaftig, ich wäre jezt im Stande, alle Feen- und Geistergeschichten zu glauben; denn wenn ich die Sache nur etwas genau überlege, so gibt es im Grunde gar keinen Aberglauben. Wer darf an den alten Orakeln zweifeln, wenn ich sogar einen bleiernen Kopf vor mir sehe, der mit einer zuversichtlichen Mine da steht und im Rathertheilen vielleicht seines Gleichen sucht.

Er ließ nun ein schönes Zimmer aufpuzen, dem seinigen gegenüber, das diesem Kopfe zur Wohnung bestimmt war. Er stellte ihn hier in einen schönen Schrank, und ging zu wiederholtenmalen hin, um ihm den Schlüssel anzulegen und sich Rath ertheilen zu lassen. Der Kopf gab ihm zuerst den Rath, sich eine Haushälterin zu suchen, die seiner Wirthschaft vorstehen könnte, damit er lieber von einer Person, als von vielen Knechten betrogen würde; denn, schloß der bleierne Kopf, der Betrug, den man von einem Einzigen leidet, ist kaum noch Betrug zu nennen; nehmen sich aber im Hauswesen viele dieses nöthigen Geschäftes an, so geht darüber die gute Ordnung zu Grunde.

Peter erstaunte nicht wenig über die Weisheit des Kopfes und folgte sogleich seinem Rathe. Er reiste im Lande umher und fand endlich ein Mädchen, das ihm gefiel. Sie hieß *Mechthilde* und war nicht mehr jung, und eben deswegen traute ihr der Ritter mehr Verstand und Erfahrung zu. Außerdem gefiel ihm ihre Schönheit, denn sie hatte schwarze, sehr lebhafte Augen, ihr Betragen war sehr gefällig und munter, so daß Peter sehr von ihr eingenommen ward. Sie schlossen den Vertrag und Peter nahm Mechthilden als Haushälterin mit auf sein Schloß.

Der Ritter glaubte, man könne einen guten Rath dadurch am bequemsten noch besser machen, daß man von seiner eigenen Klugheit etwas hinzuthue, und so die fremde Weisheit mit eigener Vernunft beschlage. Aus dieser Ursache verliebte er sich sehr bald in Mechthilden, theils damit sie ihn dann um so weniger betrügen möchte, und zweitens, um eine Frau zu sparen. Auf diesem Wege dachte er am bequemsten dem geweissagten Unglücke mit den Weibern zu entgehen. Mechthilde war auch dem Ritter nicht abgeneigt, denn sie sah ein, daß er ein junger unerfahrener Mensch sei, und daher glaubte sie, würde es ihr leicht werden, ihn zu beherrschen. Peter wollte die Mechthilde nicht heirathen, damit nicht schon mit ihr sein Weiberunglück anginge; sie hatte einen eben so starken Widerwillen gegen die Ehe, weil sie gern ihre Freiheit behalten wollte; und so kamen denn beide endlich dahin überein, daß sie als seine geliebte Haushälterin oder seine haushälterische Geliebte bei ihm blieb. Peter sezte sein ganzes Vertrauen auf sie und bekümmerte sich seit der Zeit gar nicht um die Hauswirthschaft, so daß Mechthilde nach kurzer Zeit die eigentliche Gebieterin in der Burg wurde.

Ohngeachtet ihr Peter alles vertraut hatte, so hatte er ihr doch das Geheimniß mit dem bleiernen Kopfe verschwiegen, weil er gern etwas für sich behalten wollte, was er nur allein wüßte; er ging aber fleißig in die Kammer und fragte seinen Freund heimlich um Rath, und richtete nach seiner Meinung alle seine kleinen Fehden und Kriege ein. Er besiegte seine Nachbarn in allen Zweikämpfen, alle Fehden gingen ihm glücklich von der Hand, so daß er wohl einsah, sein bleierner Kopf sei nicht zu verachten.

Um die Zeit wurde ihm von einem sehr reichen und mächtigen Ritter eine Fehde angekündigt. Peter ging in seine Rathsstube und hörte, was der Kopf dazu sagen würde. Dieser prophezeite ihm alles Glück, nur schloß er seine Weissagung damit, er möchte nach geendigter Fehde schnell zurückkehren, weil er sonst in seinem eigenen Hause ein großes Unglück erleben könnte. Der Ritter versprach diesen guten Rath zu befolgen, versammelte alle seine Knechte und Reisigen und machte sich fertig, sein Schloß zu verlassen. Er hatte Mechthilden immer die Schlüssel zu allen Zimmern übergeben, ihr aber noch nie den goldenen Schlüssel anvertraut; heute aber hielt er es für unedel, gegen seine Geliebte mißtrauisch zu seyn; er übergab ihr daher auch diesen Schlüssel, verbot ihr aber bei seinem Zorn und bei seiner Ungnade, dieses Zimmer zu betreten. Mechthilde versprach es ihm feierlich, und der junge Peter reiste mit großer Zufriedenheit ab.

Indem sich Peter mit seinen Feinden herumschlug, untersuchte Mechthilde alle Zimmer der Burg, sie besann sich nicht lange, sondern ging auch in das Gemach, das zu besuchen ihr so strenge verboten war. Sie sah nichts Merkwürdiges im ganzen Zimmer und wunderte sich über die Thorheit des Ritters, der mit diesem Zimmer gerade so geheim gethan hatte. Als sie sich genauer umsah, fand sie den Schrank mit dem kleinen bleiernen Kopfe. Die Sache kam ihr bedenklich vor, und sie betrachtete den Kopf sehr genau; es war im Zimmer etwas dämmericht, und sie wußte daher nicht, ob sie ihren Augen trauen solle, als es ihr vorkam, als wenn der Kopf seine Minen verändre. Sie hielt den goldenen Schlüssel in der Hand, und legte ihn durch einen Zufall an den Kopf, indem sie fragte: Ich möchte doch wohl wissen, was der Ritter mit diesem kindischen Spielzeuge machte. – Er fragt mich um Rath, antwortete der Kopf sehr behende, denn ich weiß alles und von mir ist viel zu lernen!

Mechthilde erschrak erst ein wenig; doch begriff sie bald das ganze Geheimniß. Sie wollte diese Entdeckung nicht ohne Nutzen gemacht haben, und fragte deswegen den kleinen Wahrsager nach ihrer Familie, nach der Zukunft, ob sie heirathen sollte und dergleichen, so daß der Kopf genug zu thun hatte, um nur die passenden Antworten hervorzubringen. Mechthilde vergaß über diese unterhaltende Konversation Mittags- und Abendessen, sie schloß sich in dem Zimmer ein und schöpfte unermüdet die geheimnißreiche Weisheit. Da sie merkte, daß der Kopf sehr gründliche Kenntnisse hatte, so ließ sie sich auch am Oberflächlichen nicht genügen, sondern fragte immer weiter nach und brachte es, als es gegen Mitternacht kam, dahin, daß sie klüger war, als ihr Lehrer. Ihr ging am Ende selbst der Kopf von dem wunderlichen Zeuge herum, ihr Geist, der plötzlich so gewachsen war, fühlte sich in ihrem Körper zu beengt und wollte sich aus dem Kopfe herausdrängen, aber sie hörte doch nicht eher auf, sich zu unterrichten, bis ihr Lehrer nicht mehr zu antworten wußte und bei allen Fragen stumm blieb, so daß sie wohl merken konnte, er habe sich nun mit seiner Weisheit erschöpft. Es war diesem Lehrmeister so gegangen, wie manchem Liebhaber, der sich gegen seine Geliebte ausgesprochen hat, und kein Wort mehr zu sagen weiß, so daß Beiden nachher nothwendig die Zeit lang werden muß. Mechthilde legte sich nun schlafen und war in allen geheimen Künsten der Zauberei, so wie der Weltweisheit, wohl erfahren.

Am folgenden Tage kehrte der Ritter zurück; schon seit drei

Tagen war der Feind aus dem Felde geschlagen, und er hatte sich nur noch auf dem Schlosse eines guten Freundes verweilt, wo er ein Fräulein hatte kennen lernen, das ihn die Rückkehr fast ganz hatte vergessen machen. Jezt kam er wieder, um sich bei seinem Kopfe Raths zu erholen, ob er sie heirathen sollte, oder nicht. Er ging daher sogleich in das Zimmer, legte den Schlüssel an den Kopf und ihm die Frage vor. Er erstaunte nicht wenig, als der Kopf gar kein Zeichen des Lebens und Verstandes an sich spüren ließ, sondern ganz stumm und kaltsinnig die Frage anhörte. Er schlug mit der Wünschelruthe des Schlüssels an, aber vergebens; er wurde zornig und hielt den Kopf für tückisch und verstockt, daß er nur aus Eigensinn nicht antworten wollte, er berührte und schlug ihn daher mit dem Schlüssel ziemlich unsanft, aber alles war umsonst. Er faßte endlich den Verdacht, daß Mechthilde ihm den Kopf möchte verdorben haben, da er sich überdies erinnerte, daß ihn die unterirrdische Fee gewarnt hatte, nicht zu viel zu fragen, weil sich das Orakel sonst leicht erschöpfen möchte. O, dies ist, rief er, das Unglück, vor dem mich der Kopf selber gewarnt hat! Nun ist es zu spät und ich bin verlohren.

Er stürmte auf Mechthilden zu, die seine Wuth wohl vermuthet hatte. Nichtswürdige! schrie er heftig, schaff mir meinen Verstand, schaff mir meinen Rathgeber wieder! Seine Einsicht ist jezt fort, er weiß kein einziges Wort mehr vorzubringen.

Er zog den Degen, um die Haushälterin zu tödten; Mechthilde fiel ihm zu Füßen. Warum bist du in das verbotene Zimmer gegangen? schrie er laut.

Mechthilde bat um Gnade und versprach, es niemals wieder zu thun; doch damit war dem Ritter wenig geholfen. Er wollte ihr ohne weitere Umstände den Kopf abhauen, da sie ihn nur noch um eine kleine Geduld ersuchte.

Warum habt Ihr mich, sprach sie, so in Versuchung geführt? Wenn ich nicht hätte neugierig sein sollen, so hättet Ihr mir auch keine Veranlassung zur Neugier geben müssen. Was kann ich dafür, daß ich so eingerichtet bin, wie es alle Frauenzimmer sind? Ihr selbst seid jezt an Eurem Unglücke Schuld. Konntet Ihr nicht Euren verwünschten Schlüssel behalten? Warum mußtet Ihr ihn denn mir in die Hände geben?

Weil ich Dir traute, sagte Peter.

Ihr hättet mir nicht trauen sollen, antwortete Mechthilde.

Daß Weiber nicht neugierig sein sollten, ist eben so unmöglich, als daß die Sonne kein Licht verleiht, daß der Tiger nicht
auf Raub ausgeht, daß auf heute nicht Morgen folgen sollte,
und daß Ihr einen Schimpf, den man Eurer Ehre anthut, geduldig einstecken könntet.

Also ist es Eure Natur so? fragte Peter besänftigter.

Allerdings! Und darum muß uns jeder vernünftige Mensch
auch diese Neugier zutrauen. Wer aber seinen ganzen Verstand
in einen bleiernen Kopf eingeschlossen hat, der verdient es
freilich auch, daß er übel anläuft, und darum ist Euch in so weit
ganz recht geschehn.

So verwünsch' ich Euer ganzes Geschlecht! rief Peter in der
höchsten Wuth aus, so seid Ihr nicht werth, daß Euch die Erde
trägt, und ist es eine Wohlthat für alle Männer, Euch auszurotten. Ich will keiner von Euch mehr trauen, ich will so viele
abstrafen, als mein Schwerdt nur erreichen kann, und mit Dir
will ich den Anfang machen.

Mechthilde sagte ganz gelassen: Gebt Euch keine Mühe,
denn dagegen habe ich eben von Euerm Kopfe Hülfsmittel ge-
lernt. Wenn Ihr nicht mein guter Freund bleiben wollt, so
weiß ich Euch wohl noch zu strafen.

Hiemit berührte sie seinen Arm, und Peter fühlte sich augenblicklich so ohnmächtig, daß er das Schwerdt fallen lassen
mußte. Er sah Mechthilden verwundernd an, die über ihn
lachte und sagte: Seht, Euer Kopf hat mich sehr gute Künste
gelehrt, ich denke, wir versöhnen uns wieder.

Peter ging nachdenkend in sein Zimmer, er sah ein, daß mit
Mechthilden nichts anzufangen sei, that sich aber selber den
Schwur, sich dafür am ganzen weiblichen Geschlechte zu
rächen.

Brüder Grimm

BLAUBART
(1812 / 1815)

In einem Walde lebte ein Mann, der hatte drei Söhne und eine
schöne Tochter. Einmal kam ein goldener Wagen mit sechs Pfer-
den und einer Menge Bedienten angefahren, hielt vor dem Haus
still, und ein König stieg aus und bat den Mann, er möchte ihm

seine Tochter zur Gemahlin geben. Der Mann war froh, daß seiner Tochter ein solches Glück widerfuhr, und sagte gleich ja; es war auch an dem Freier gar nichts auszusetzen, als daß er einen ganz blauen Bart hatte, so daß man einen kleinen Schrecken kriegte, so oft man ihn ansah. Das Mädchen erschrak auch anfangs davor und scheute sich, ihn zu heiraten, aber auf Zureden ihres Vaters willigte es endlich ein. Doch weil es so eine Angst fühlte, ging es erst zu seinen drei Brüdern, nahm sie allein und sagte »liebe Brüder, wenn ihr mich schreien hört, wo ihr auch seid, so laßt alles stehen und liegen und kommt mir zu Hülfe«. Das versprachen ihm die Brüder und küßten es. »Leb wohl, liebe Schwester, wenn wir deine Stimme hören, springen wir auf unsere Pferde und sind bald bei dir.« Darauf setzte es sich in den Wagen zu dem Blaubart und fuhr mit ihm fort. Wie es in sein Schloß kam, war alles prächtig, und was die Königin nur wünschte, das geschah, und sie wären recht glücklich gewesen, wenn sie sich nur an den blauen Bart des Königs hätte gewöhnen können, aber immer, wenn sie den sah, erschrak sie innerlich davor. Nachdem das einige Zeit gewährt, sprach er »ich muß eine große Reise machen, da hast du die Schlüssel zu dem ganzen Schloß, du kannst überall aufschließen und alles besehen, nur die Kammer, wozu dieser kleine goldene Schlüssel gehört, verbiet ich dir; schließt du die auf, so ist dein Leben verfallen«. Sie nahm die Schlüssel, versprach ihm zu gehorchen, und als er fort war, schloß sie nacheinander die Türen auf, und sah so viel Reichtümer und Herrlichkeiten, daß sie meinte, aus der ganzen Welt wären sie hier zusammengebracht. Es war nun nichts mehr übrig als die verbotene Kammer, der Schlüssel war von Gold, da gedachte sie, in dieser ist vielleicht das Allerkostbarste verschlossen; die Neugierde fing an, sie zu plagen, und sie hätte lieber all das andere nicht gesehen, wenn sie nur gewußt, was in dieser wäre. Eine Zeitlang widerstand sie der Begierde, zuletzt aber ward diese so mächtig, daß sie den Schlüssel nahm und zu der Kammer hinging »wer wird es sehen, daß ich sie öffne«, sagte sie zu sich selbst, »ich will auch nur einen Blick hineintun«. Da schloß sie auf, und wie die Türe aufging, schwomm ihr ein Strom Blut entgegen, und an den Wänden herum sah sie tote Weiber hängen, und von einigen waren nur die Gerippe noch übrig. Sie erschrak so heftig, daß sie die Türe gleich wieder zuschlug, aber der Schlüssel sprang dabei heraus und fiel in das

Blut. Geschwind hob sie ihn auf und wollte das Blut abwischen, aber es war umsonst, wenn sie es auf der einen Seite abgewischt, kam es auf der andern wieder zum Vorschein; sie setzte sich den ganzen Tag hin und rieb daran und versuchte alles mögliche, aber es half nichts, die Blutflecken waren nicht herabzubringen; endlich am Abend legte sie ihn ins Heu, das sollte in der Nacht das Blut ausziehen. Am andern Tag kam der Blaubart zurück, und das erste war, daß er die Schlüssel von ihr forderte; ihr Herz schlug, sie brachte die andern und hoffte, er werde es nicht bemerken, daß der goldene fehlte. Er aber zählte sie alle, und wie er fertig war, sagte er »wo ist der zu der heimlichen Kammer?« Dabei sah er ihr in das Gesicht. Sie ward blutrot und antwortete »er liegt oben, ich habe ihn verlegt, morgen will ich ihn suchen«. »Geh lieber gleich, liebe Frau, ich werde ihn noch heute brauchen.« »Ach ich will dirs nur sagen, ich habe ihn im Heu verloren, da muß ich erst suchen.« »Du hast ihn nicht verloren«, sagte der Blaubart zornig, »du hast ihn dahin gesteckt, damit die Blutflecken herausziehen sollen, denn du hast mein Gebot übertreten, und bist in der Kammer gewesen, aber jetzt sollst du hinein, wenn du auch nicht willst.« Da mußte sie den Schlüssel holen, der war noch voller Blutflecken. »Nun bereite dich zum Tode, du sollst noch heute sterben«, sagte der Blaubart, holte sein großes Messer und führte sie auf den Hausehrn*. »Laß mich nur noch vor meinem Tod mein Gebet tun«, sagte sie. »So geh, aber eil dich, denn ich habe keine Zeit lang zu warten.« Da lief sie die Treppe hinauf und rief so laut sie konnte zum Fenster hinaus »Brüder, meine lieben Brüder, kommt, helft mir!« Die Brüder saßen im Wald beim kühlen Wein, da sprach der jüngste »mir ist als hätt ich unserer Schwester Stimme gehört; auf! wir müssen ihr zu Hülfe eilen!« Da sprangen sie auf ihre Pferde und ritten, als wären sie der Sturmwind. Ihre Schwester aber lag in Angst auf den Knien; da rief der Blaubart unten »nun, bist du bald fertig?« Dabei hörte sie, wie er auf der untersten Stufe sein Messer wetzte; sie sah hinaus, aber sie sah nichts als von Ferne einen Staub, als käm eine Herde gezogen. Da schrie sie noch einmal »Brüder, meine lieben Brüder! kommt, helft mir!« Und ihre Angst ward immer größer. Der Blaubart aber rief »wenn du nicht bald kommst, so hol ich dich, mein Messer ist gewetzt!« Da sah sie wieder hinaus, und sah ihre drei Brüder durch das

---

* *Hausehrn:* Hausflur.

Feld reiten, als flögen sie wie Vögel in der Luft, da schrie sie zum drittenmal in der höchsten Not und aus allen Kräften »Brüder, meine lieben Brüder! kommt, helft mir!« Und der jüngste war schon so nah, daß sie seine Stimme hörte »tröste dich, liebe Schwester, noch einen Augenblick, so sind wir bei dir!« Der Blaubart aber rief »nun ist's genug gebetet, ich will nicht länger warten, kommst du nicht, so hol ich dich!« »Ach! nur noch für meine drei lieben Brüder laß mich beten.« Er hörte aber nicht, kam die Treppe heraufgegangen und zog sie hinunter, und eben hatte er sie an den Haaren gefaßt, und wollte ihr das Messer in das Herz stoßen, da schlugen die drei Brüder an die Haustüre, drangen herein und rissen sie ihm aus der Hand, dann zogen sie ihre Säbel und hieben ihn nieder. Da ward er in die Blutkammer aufgehängt zu den andern Weibern, die er getötet, die Brüder aber nahmen ihre liebste Schwester mit nach Haus, und alle Reichtümer des Blaubarts gehörten ihr.

Ludwig Bechstein
DAS MÄRCHEN VOM RITTER BLAUBART
(1845)

Es war einmal ein gewaltiger Rittersmann, der hatte viel Geld und Gut, und lebte auf seinem Schlosse herrlich und in Freuden. Er hatte einen blauen Bart, davon man ihn nur Ritter Blaubart nannte, obschon er eigentlich anders hieß, aber sein wahrer Name ist verloren gegangen. Dieser Ritter hatte sich schon mehr als einmal verheiratet, allein man hatte gehört, daß alle seine Frauen schnell nacheinander gestorben seien, ohne daß man eigentlich ihre Krankheit erfahren hatte. Nun ging Ritter Blaubart abermals auf Freiersfüßen, und da war eine Edeldame in seiner Nachbarschaft, die hatte zwei schöne Töchter und einige ritterliche Söhne, und diese Geschwister liebten einander sehr zärtlich. Als nun Ritter Blaubart die eine dieser Töchter heiraten wollte, hatte keine von beiden rechte Lust, denn sie fürchteten sich vor des Ritters blauem Bart, und mochten sich auch nicht gern voneinander trennen. Aber der Ritter lud die Mutter, die Töchter und die Brüder samt und sonders auf sein großes schönes Schloß zu Gaste, und verschaffte ihnen dort so viel angenehmen Zeitvertreib und so viel Vergnügen durch Jagden, Tafeln, Tänze, Spiele und sonstige Freudenfeste, daß sich endlich die jüngste der Schwestern ein Herz faßte, und sich entschloß, Ritter Blaubarts Frau zu werden. Bald darauf wurde auch die Hochzeit mit vieler Pracht gefeiert.

Nach einer Zeit sagte der Ritter Blaubart zu seiner jungen Frau: »Ich muß verreisen, und übergebe dir die Obhut über das ganze Schloß, Haus und Hof, mit allem, was dazu gehört. Hier sind auch die Schlüssel zu allen Zimmern und Gemächern, in alle diese kannst du zu jeder Zeit eintreten. Aber dieser kleine goldne Schlüssel schließt das hinterste Kabinett am Ende der großen Zimmerreihe. In dieses, meine Teure, muß ich dir verbieten zu gehen, so lieb dir meine Liebe und dein Leben ist. Würdest du dieses Kabinett öffnen, so erwartet dich die schrecklichste Strafe der Neugier. Ich müßte dir dann mit eigner Hand das Haupt vom Rumpfe trennen!« – Die Frau wollte auf diese Rede den kleinen goldnen Schlüssel nicht annehmen, indes mußte sie dies tun, um ihn sicher aufzubewahren, und so schied sie von ihrem Mann mit dem Versprechen, daß es ihr nie einfallen werde, jenes Kabinett aufzuschließen und es zu betreten.

Als der Ritter fort war, erhielt die junge Frau Besuch von ihrer Schwester und ihren Brüdern, die gerne auf die Jagd gingen; und nun wurden mit Lust alle Tage die Herrlichkeiten in den vielen vielen Zimmern des Schlosses durchmustert, und so kamen die Schwestern auch endlich an das Kabinett. Die Frau wollte, obschon sie selbst große Neugierde trug, durchaus nicht öffnen, aber die Schwester lachte ob ihrer Bedenklichkeit, und meinte, daß Ritter Blaubart darin doch nur aus Eigensinn das Kostbarste und Wertvollste von seinen Schätzen verborgen halte. Und so wurde der Schlüssel mit einigem Zagen in das Schloß gesteckt, und da flog auch gleich mit dumpfem Geräusch die Türe auf, und in dem sparsam erhellten Zimmer zeigten sich – ein entsetzlicher Anblick! – die blutigen Häupter aller früheren Frauen Ritter Blaubarts, die ebensowenig, wie die jetzige, dem Drang der Neugier hatten widerstehen können, und die der böse Mann alle mit eigner Hand enthauptet hatte. Vom Tod geschüttelt, wichen jetzt die Frauen und ihre Schwester zurück; vor Schreck war der Frau der Schlüssel entfallen, und als sie ihn aufhob, waren Blutflecke daran, die sich nicht abreiben ließen, und ebensowenig gelang es, die Türe wieder zuzumachen, denn das Schloß war bezaubert, und indem verkündeten Hörner die Ankunft Berittner vor dem Tore der Burg. Die Frau atmete auf und glaubte, es seien ihre Brüder, die sie von der Jagd zurück erwartete, aber es war Ritter Blaubart selbst, der nichts Eiligeres zu tun hatte, als nach seiner Frau zu fragen, und als diese ihm bleich, zitternd und bestürzt entgegentrat, so fragte er nach dem Schlüssel; sie wollte den Schlüssel holen und er folgte ihr auf dem Fuße, und als er die Flecken am Schlüssel sah, so verwandelten sich alle seine Geberden, und er schrie: »Weib, du mußt nun von meinen Händen sterben! Alle Gewalt habe ich dir gelassen! Alles war dein! Reich und schön war dein Leben! Und so gering war deine Liebe zu mir, du schlechte Magd, daß du meine einzige geringe Bitte, meinen ernsten Befehl nicht beachtet hast? Bereite dich zum Tode! Es ist aus mit dir!«

Voll Entsetzen und Todesangst eilte die Frau zu ihrer Schwester, und bat sie, geschwind auf die Turmzinne zu steigen und nach ihren Brüdern zu spähen, und diesen, sobald sie sie erblicke, ein Notzeichen zu geben, während sie sich auf den Boden warf, und zu Gott um ihr Leben flehte. Und dazwischen rief sie: »Schwester! Siehst du noch niemand!« – »Niemand!« klang die trostlose Antwort. – »Weib! komm herunter!« schrie Ritter Blaubart, »deine Frist ist aus!«

»Schwester! siehst du niemand?« schrie die Zitternde. »Eine Staubwolke – aber ach, es sind Schafe!« antwortete die Schwester. – »Weib! komm herunter, oder ich hole dich!« schrie Ritter Blaubart.

»Erbarmen! Ich komme ja sogleich! Schwester! Siehst du niemand?« – »Zwei Ritter kommen zu Roß daher, sie sahen mein Zeichen, sie reiten wie der Wind. –«

»Weib! Jetzt hole ich dich!« donnerte Blaubarts Stimme, und da kam er die Treppe herauf. Aber die Frau gewann Mut, warf ihre Zimmertüre ins Schloß, und hielt sie fest, und dabei schrie sie samt ihrer Schwester so laut um Hülfe, wie sie beide nur konnten. Indessen eilten die Brüder wie der Blitz herbei, stürmten die Treppe hinauf und kamen eben dazu, wie Ritter Blaubart die Türe sprengte und mit gezücktem Schwert in das Zimmer drang. Ein kurzes Gefecht und Ritter Blaubart lag tot am Boden. Die Frau war erlöst, konnte aber die Folgen ihrer Neugier lange nicht verwinden.

DAS VERTEIDIGTE MANNS-ZIMMER

Agnes: Die Männer haben, wie ich sehe, eben so gerne Ge-
heimnisse, als die Frauenzimmer.
Mechtilde: Noch lieber, sie wollen es nur nicht zugeben.
(Tieck, Der Blaubart IV/3)

Biblische Schlüsselworte öffnen zuweilen recht widersprüchliche Türen. Im 1. Buch Moses, der Genesis, wird berichtet,
wie Gott »*als sein Abbild*« ebenbürtig »*Mann und Frau schuf*«
(1,27). Doch ein Kapitel später schon ist es aus mit der
Gleichberechtigung, und die Entstehungsgeschichte der Geschlechter wird in die hierarchische Ordnung gezwungen. Zuerst formte Erzvater Jahwe »*aus Erde vom Ackerboden*« den
Menschen (2,7) und gab ihm, damit er zu *herrschen* habe, aus
seiner Rippe »*eine Hilfe*« (2,18): die Frau. Natürlich entsprach
diese zweite, präzisierende Variante der Schöpfungserzählung
eher den patriarchalen Verhältnissen der hellenischen beziehungsweise jüdisch-christlichen Frühzeit. Im Sinne eines ursprünglichen Geschlechterunterschiedes wurde sie denn auch
weiterentwickelt: Der Mann ist das Familienoberhaupt *(Pa-
terfamilias)*, die Frau ihm als Hilfskraft unterstellt. Doch Eva
verführt Adam auch zur Sünde und bewirkt die Vertreibung
der Menschen aus dem Paradies.

AM ANFANG WAR DER FRAUENHASS

Will der Mann seine *Herrschaft* also nicht preisgeben, hat er
sich vor der heimtückischen Schwäche und Untertänigkeit
der Frau zu hüten. Aus dem Geschlechterkampf des ersten
Menschenpaares nährte und rechtfertigte sich im Laufe der
Jahrhunderte Frauenfeindlichkeit, ja sogar ausgeprägter Frauenhaß. Als eine der wichtigsten Quellen solcher Misogynie
dienten die alttestamentarischen Texte aus dem Umfeld des

judäischen Königs Salomon. In seinen *Sprichwörtern* mahnt dieser mit Nachdruck zur Vorsicht vor dem Weibe, insbesondere vor der Ehebrecherin:

> *»Denn die Lippen der fremden Frau triefen von Honig, glatter als Öl ist ihr Mund. Doch zuletzt ist sie bitter wie Wermut, scharf wie ein zweischneidiges Schwert. Ihre Füße steigen zur Totenwelt hinab, ihre Schritte gehen der Unterwelt zu.« (Spr 5,3–5)*

Die Warnung ergeht nicht in moralischem, sondern vor allem in materiellem Interesse, weil die *»fremde Frau«* es allein auf den Besitz abgesehen habe. Das weibliche Verhängnis, mithin ihre Unredlichkeit ist im Buch Kohelet (Prediger) näher ausgeführt:

> *»Immer wieder finde ich die Ansicht, stärker als der Tod sei die Frau. Denn: Sie ist ein Ring von Belagerungstürmen, und ihr Herz ist ein Fangnetz, Fesseln sind ihre Arme.« (Koh 7,26)*[1]

Schließlich wird der Frau im Buch Jesus Sirach nicht nur einmalige Bosheit unterstellt, sondern gleich die ganze Schuld für die menschliche Sündhaftigkeit und Sterblichkeit überantwortet (25,19 ff.). An derlei Einsichten gemessen, bleibt das Verhalten Salomons, des weisesten der Könige, allerdings inkonsequent. Auch wenn er eine rechtschaffene Frau für unauffindbar hielt (Koh 7,28), feierte er gleichwohl die *»tüchtige Frau«*, die dem Mann *»nichts Böses alle Tage ihres Lebens«* antut (Spr 31,12), und versammelte als *»größter Hurer bis zu seinem Tode«*[2] sagenhafte tausend von ihnen in seinem Harem (1. Buch der Könige 11,3).

Speziell im ersten christlichen Jahrtausend verfingen solche misogynen Spruchweisheiten bei Kirchenvätern wie Tertullian, Hieronymus, Origenes oder Augustinus.[3] Geradezu inflationär zitierten sie aus dem Fundus biblischer Weiberschmähungen und machten diese so zu allgemein akzeptierten Vorurteilen. Vervollständigt wurden sie aus Quellen der griechischen und römischen Antike.[4] Bringt im Alten Testament Eva Unheil über die Menschen beziehungsweise den Mann,[5] so ist es bei Hesiod (um 700 v. Chr.) die morgenländische Fruchtbarkeitsgöttin Pandora, *»die Allesspendende«*, die zum Schreckbild einer rächenden Unheilsbotin umgedeutet wird. Sie, aus deren *Krug* sich alle Übel in die Welt ergießen, ist *»zum Leid der geschäftigen Männer«* nicht nur schön und verführerisch, sondern auch neugierig und verschlagen.[6] Sexuelle

Gier und Wissensdrang beanstandete am weiblichen Geschlecht ebenfalls der römische Dichter Juvenal (um 60 bis 140), insbesondere in seiner berüchtigten *6. Satire*.[7] Neben Hesiod und Juvenal galt schließlich der Apostel Paulus als wichtiger Vordenker für die mittelalterliche Frauenschmähung (*»vituperium feminae«*). Findet sich im Neuen Testament von Jesus selbst kein schlechtes Wort über die Frau überliefert,[8] ja behandelte er Mann und Frau gleichrangig unter seinen Getreuesten, so vertritt Paulus demgegenüber klar eine christliche Familien- und Kirchenhierarchie:

»Der Mann soll das Haupt nicht verhüllen, weil er Abbild und Abglanz Gottes ist; die Frau aber ist der Abglanz des Mannes. Denn der Mann stammt nicht von der Frau, sondern die Frau vom Mann.« (1. Korintherbrief 11,7–8)

Paulus' Sendbriefe stecken voller Haß auf das weibliche Geschlecht. Alle Frauen, die Nonnen miteingeschlossen, erachtet er als lüstern und unrein, so daß es für den Mann besser sei, *»keine Frau zu berühren«* (1 Kor 7,1). In seiner theologischen Männergemeinschaft erscheint ihm nicht einmal Maria tragbar – selbst die Jungfrauen-Geburt verunreinigt. Egal ob hinter solchem Eifer in diesem Fall körperliche Mißbildung und homosexuelle Neigungen stehen,[9] der vitale Abscheu vor allem Weiblichen und die krankhafte Lustfeindlichkeit sollten zentrale Themen in der theologischen Diskussion bleiben, teils bis heute. Der heilige Hieronymus bringt sie um 400 n. Chr. auf die populäre Formel *»Alles Übel kommt von den Frauen«* (*»Omnia mala ex mulieribus«*[10]). So verfestigt sich der patriarchale Mythos von der Frau als dreifacher Verderberin und Verführerin: Sie ist habgierig, eitel, lüstern und infolgedessen das Verhängnis jedes rechtschaffenen Mannes. Eva verführt Adam zur Sünde, Salomons Reich zerfällt durch seine Frauen, Dalila raubt Samson mit dem Haar auch die Kraft, Sokrates zerbricht am Ehedrachen Xanthippe, und die Hetäre Phyllis demütigt den großen Philosophen Aristoteles als Reittier.[11] Ja, um den Verrat schlechthin zu erklären, nämlich jenen an Christus, mußte gar eine Schwester von Judas erfunden werden, welche diesen erst dazu angestiftet haben soll.[12] Ein solches Bild von der Frau ängstigte Moralasketen wie Patriarchen und nährte doch zugleich deren Sexualphantasien. Kurzum: *»Das Weib ist des Mannes Verwirrung«* (*»Mulier est confusio hominis«*[13]) und vor ihm rettet sich nur, wer es meidet oder »*wem Gott wohl-will*« (Koh 7,26).[14]

EINSPRUCH, MEINE HERREN

Frauenhaß blieb nicht Vorrecht theologischer Dispute, sondern erfuhr durch die fortdauernde kirchliche Propaganda eine derartige Verbreitung, daß die direkte Verknüpfung von Frau und Sünde in populären Redensarten nicht weiter erstaunt.[15] Literarischen Ausdruck findet dieses Laienverständnis im Spätmittelalter schließlich in zahlreichen Schwänken, Erzählungen und Versromanen – etwa im französischen *Rosenroman (Le Roman de la rose)*. Um 1230 hat Guillaume de Lorris in rund 4000 Versen das Idealbild der höfischen Minne entworfen. Der Dichter erlangt darin Einlaß in einen Garten, in dem er eine bezaubernde Rose entdeckt. Während die sinnbildliche Gestalt der LIEBE ihm erklärt, wie er die Rose als seine Geliebte erringen kann, stellen sich ihm die Wächter VERLEUMDUNG, ANGST und SCHAM entgegen. Knapp 50 Jahre später hat Jean de Meung dem Fragment von de Lorris weitere 18000 Verse hinzugefügt, seine idealistische Zielsetzung dabei aber ins Deftige verändert. Hierzu schöpfte er auch fleißig aus dem misogynen Zitatenschatz vergangener Jahrhunderte,[16] was überraschenderweise aber auf Widerspruch stieß.

1399 griff die französische Dichterin und »*Pionierin des weiblichen Bewußtseins*«,[17] Christine de Pizan (1364–1430), de Meungs harsche Weiberschelte an und leitete damit die »*erste öffentlich geführte Literaturdebatte in der französischen Geschichte*«[18] ein. In ihrem *Sendbrief vom Liebesgott* beschwert sie sich bitter über »*die großen Erpressungen, Rügen, Verleumdungen, / über Treuebrüche, sehr schwere Beleidigungen, / Lügen und vielerlei andere Kränkungen*«,[19] die dem weiblichen Geschlecht täglich von seiten übelgesinnter, anmaßender Männer und nicht zuletzt auch in Dichtwerken wie dem *Rosenroman* zuteil würden. Damit zielt sie klug ins Zentrum der misogynen Literatur: Hätten Frauen solche Bücher geschrieben, »*so weiß ich fürwahr, daß es anders geschehen wäre*«.[20] Statt dessen würden sie von Bildung und Geselligkeit ferngehalten und an den Spinnrocken verbannt, wo sie ihre eigentlichen

Fähigkeiten nicht entfalten könnten.[21] Erstmals lenkt damit in der Öffentlichkeit eine Frau kritisch das Augenmerk auf das patriarchale Herrschaftsdenken, die von Männern überlieferte Geschichte sowie den Verfall der höfisch kultivierten Geschlechterbeziehung. Trotz ihr entgegenschlagender Gehässigkeit gibt Pizan nicht klein bei und fragt im Tone gespielter Naivität in ihrem *Buch von der Stadt der Frauen* nach den Gründen, weshalb so viele bedeutende Männer »*derartig viele teuflische Scheußlichkeiten über Frauen und deren Lebensumstände verbreiten*«.[22] Und sie versucht hierin gleich selbst eine Antwort zu geben, indem sie Punkt für Punkt die stereotypen misogynen Anwürfe widerlegt und ihnen eine Galerie vorbildhafter Frauen entgegenstellt. Die Menschen sind gleichen Geistes und sich ebenbürtig, wenn Männer dennoch die Frauen verleumden, so sind allein deren eigene Boshaftigkeit, Schwachheit, Impotenz und Mißgunst dafür verantwortlich.

Ihr mutiger Einspruch brachte Christine de Pizan zwar kaum Erfolg ein, immerhin hatte sie aber erstmals frauenrechtliche Anliegen öffentlich vorgetragen. Während dreier Jahrhunderte sollte die durch Pizan hervorgerufene Kontroverse über den Wert des weiblichen Geschlechts, die sogenannte *Querelle des femmes*, die Gemüter von Frauen wie Männern erhitzen und Anlaß zu ungezählten Studien, Sendbriefen und Satiren geben.[23] Ihren Höhepunkt fand die erbittert geführte Querele schließlich um 1600 in Italien und Frankreich.[24] Mit ihrer feministischen Streitschrift *Der Adel und die Vorzüglichkeit der Frauen und die Fehler und Mängel der Männer* sorgte die Venezianerin Lucretia Marinella (1571 bis 1653) für besonderes Aufsehen.[25] Polemisch zugespitzt schildert sie die Männer als Gestalten aus Ackererde, »*meistens plump und schlecht gebaut*«,[26] wogegen die Frauen gleichsam Gottes zweite und schönste Schöpfungs-Tat darstellen würden. Deshalb hätten Männer die weibliche Lichtgestalt zu lieben und auf deren Gnade zu hoffen, daß sie wiedergeliebt werden. In verwickelten und ausgeklügelten Argumentationsbögen wendet Marinella die misogynen Schmähungen in ihr Gegenteil. Die *Schwäche* der Frau steht bei ihr für Feinsinn, Kultur und Höflichkeit, jenen großartigen menschlichen Tugenden wider die männliche Verrohung und Tyrannei.[27] Zugleich bezeugt ihr Sarkasmus ein gewachsenes weibliches

Selbstbewußtsein, das noch schärfer als Pizan in den misogynen Verleumdungen ein Zeichen männlicher Angst vor der
Frau als ebenbürtiger Konkurrentin erkennt. Mit ähnlichen
Argumenten wie Marinella bestreitet auch Marie Jars de
Gournay (1565–1645), Montaignes intellektuelle *Adoptiv-
tochter*[28] und Nachlaßverwalterin, die männlichen Vorrechte.
Ihr Traktat über die *Gleichheit der Männer und der Frauen* von
1622 greift mit deutlichen Worten einen für das 17. Jahrhundert zentralen Streitpunkt auf: die Gott-Ebenbildlichkeit
(imago Dei) des Menschen beziehungsweise Mannes, welche
sich angeblich am männlichen Bart zeige und beweise.[29] Mit
anderen Worten: Wem die haarige Kinneszierde fehlte, konnte
keine direkte Verwandtschaft mit Gott für sich behaupten
und wurde somit nicht in theologische und politische Ämter
berufen;[30] ja es stellte sich in dem Falle sogar der Verdacht der
Hexerei.[31] Der Grund, weshalb Frauen dümmer erscheinen
sollen, liegt für Gournay nicht in mangelnder Kreativität oder
Intelligenz, sondern einzig darin begründet, daß sie für Männer »*den Dummkopf zu spielen*« haben.[32] Auch nach ihrer In-
tervention blieb die Frauengelehrsamkeit im 17. Jahrhundert
umstritten, zugleich aber nahm sie einen bisher ungekannten
Aufschwung und erregte den Argwohn all der männlichen Tu-
gendwächter.

Unter diesem Blickwinkel erstaunt es nicht, daß zeitgleich
mit der *Querelle des femmes* auch die Hexenverfolgung, deren
Opfer ab 1400 mehrheitlich Frauen waren, aus dem reichen
Fundus misogyner Formeln schöpfte.[33] Der *Malleus Maleficarum*, genannt *Hexenhammer*, aus dem Jahr 1486[34] der beiden
Dominikaner Jakob Sprenger und Heinrich Institoris liest
sich geradezu als Panoptikum einer verdrängten männlichen
Sexualphantasie, die in der Frau ein unflätiges, unberechenba-
res, unreines Wesen sieht, das dem Manne zum Verderben gereicht. Die biologische Differenz wird dabei überbetont, um
die Frau in der Sphäre von Sexualität, Menstruation und Geburt sozial auszugrenzen. Von Männern unkontrollierbares
weibliches Geheimwissen, vor allem in den Bereichen Medizin
und Fortpflanzung, setzte besonders die Hebammen dem
Verdacht aus, sie würden nicht nur wohltätig helfen, sondern
ihre Kenntnisse auch zur Empfängnisverhütung, Abtreibung
und Fehlgeburt, ja gar zum Kindsmord nutzen.[35] Mit feinem

Gespür für die eigene Angst erkannten die männlichen Verfasser des *Hexenhammers* demzufolge in ihnen ein Werkzeug des Teufels und rechtfertigten so die besondere Verfolgung dieser *weisen* beziehungsweise *wissenden* Frauen. Der bartlosen Frau geht also nicht nur die Gott-Ebenbildlichkeit ab, sie ist vielmehr als »*Einfallspforte des Teufels*«[36] mit männlicher Wachsamkeit zu bedenken und stets von neuem auf die (Hexen-)Probe zu stellen.

DER FRAUENFREUND CHARLES PERRAULT

Wenn die inquisitorische Frauenhatz je nach Gegend noch bis Mitte des 17. Jahrhunderts andauert, so verlieren die misogynen Verleumdungen doch allmählich ihren blutigen Ernst und weichen dem zweideutigen Witz. Die Misogynie wird ein Thema für die Komödie. Aus dem Munde duseliger Ehemänner und schrulliger Junggesellen klingen die althergebrachten Vorurteile gegenüber dem weiblichen Geschlecht weniger harsch. In John Fletchers (1579–1625) Theaterstück *Der Weiberfeind* (*The Woman-Hater*, 1607) macht dessen Held Gondarino seinem Herzen Luft, in dem sich unverbesserlicher, »*ewiger*« Haß[37] aufs weibliche Geschlecht staut. Dabei gerät ihm die Kritik an der zeitgenössischen Frau zur traditionellen kirchenväterlichen Schelte am »*teuflischen*« Geschlecht.[38] Diese absurden Anschuldigungen wiederum bieten der weiblichen Hauptdarstellerin Oriana reichlich Angriffsfläche, um sich an dem eigentlich sehr ängstlichen Weiberhasser mit ihrem Spott schadlos zu halten. Zum großen Amüsement der Zuschauer.

In Frankreich experimentiert Molière mit dieser Art von Unterhaltung, etwa in der 1662 uraufgeführten Komödie *Die Schule der Frauen*. Agnès' Mustererziehung zur idealen Ehefrau durch ihren künftigen, ältlichen Ehemann Arnolphe entpuppt sich als Fiasko männlicher Ängstlichkeit vor dem Gehörntwerden. Wenn Arnolphe seiner Verlobten predigt, daß ihr Geschlecht einzig dazu tauge, den Männern untertan zu sein, »*während auf der Seite des Bartes [du côté de la barbe] die Allmächtigkeit ist*«,[39] so wird in der Konfrontation mit Agnès und ihrer sentimentalen Gefühlswelt seine männliche

»*Übermächtigkeit*« zügig demontiert. Statt seiner erhört diese den Jüngling Horace, der Arnolphe die junge Frau »*unterm Schnurrbart*« wegschnappt[40] und damit zeigt, wie wenig sich eine Frau noch durch altbackene Misogynie formen läßt. Die satirische Darstellung des Frauenhasses, der um jeden Preis die Frauen zu bevormunden sucht, verweist zugleich auf die nicht klar bestimmte Stellung der Frau in Haushalt wie Gesellschaft der frühen Neuzeit. So erklärt sich nicht zuletzt auch der ungeheure Publikumserfolg dieser Komödie, gerade was »*die Zustimmung der Leute unten im Parterre*« betrifft.[41] In gleicher Weise kritisieren Molières Komödien aber auch die gelehrte Frau, die sich durch pedantische Bildungsbemühungen und übersteigerte Geltungssucht von dem als natürlich empfundenen weiblichen Verhalten entfremdet hat. Entsprechend werden *Die lächerlichen Schwärmerinnen* (1659) von einem intellektuell bramarbasierenden Lakaien genarrt und *Die gelehrten Frauen* (1672) mit ihrem Projekt einer platonischen »*Akademie*« für Frauenemanzipation[42] vom klassischen Familienoberhaupt in die Hausfrauenrolle zurückverwiesen. Letzteres gelingt dem überaus passiven und ein wenig dümmlichen Mann allerdings nur dank der rhetorischen Unterstützung durch eine in misogynen Sprichwörtern wohl bewanderte Magd und zwei fingierte Briefe. Allein gelassen, muß er in der offenen Auseinandersetzung mit seiner philosophisch geschulten Ehefrau als ungeistiger »*Bourgeois*« abblitzen, der sein einziges Buch bloß zum Pressen seiner Hemdkragen zu gebrauchen weiß.[43]

In diesen drei Stücken bezieht sich Molière hauptsächlich auf ein neues kulturelles Phänomen im großstädtischen Paris des 17. Jahrhunderts: den literarischen Salon, der wesentlich von Frauen geprägt wurde.[44] Um 1610 traf sich erstmals im Haus der Marquise de Rambouillet eine erlesene Gästeschar, Männer wie Frauen, um im legendären »*Blauen Salon*« (»*chambre bleue*«)[45] in freier, ungezwungener Atmosphäre (*bienséance*) das ebenso geistreiche wie unterhaltsame und erotische Gespräch zu pflegen. So entstand eine gesellschaftliche Einrichtung, in der Frauen trotz der Anwesenheit von Männern dominierten und eine eigenständige Lebenswelt kultivieren konnten.[46] Die gepflegte Salonkultur, die sich bald einmal als *preziös* verstand, diente, in der Tradition der *Que-*

relle des femmes, nicht zuletzt emanzipatorischen Zwecken. Ein 1617 erschienenes und mehrfach aufgelegtes misogynes *Alphabet der Unvollkommenheit und Bosheit der Frauen* von Alexis Trousset[47] entfachte jenen Streit von neuem, diesmal unter dem Namen *Querelle des Alphabets*, und veranlaßte Marie de Gournay 1622 zum besagten Traktat *Die Gleichheit der Männer und Frauen*. Unter dem Einfluß der rationalistischen Philosophie von Descartes (1596–1650) begannen sich allmählich bezüglich der Frauenfrage aufgeklärtere Positionen durchzusetzen. Mochten sich auch in den neu gegründeten Salons die literarischen Interessen rasch ändern und nach 1660 den modernen Preziösen Widerstand von seiten des Hofes Ludwigs XIV. und dessen Forderung nach Geschmack und Natürlichkeit erwachsen, konnten die Frauensalons weiterhin auf treue Gäste zählen und zuweilen sogar mit dem königlichen Hof in Konkurrenz treten.[48] Ja, die Verbindung mit literarischen Zeitschriften, welche die Möglichkeit für eine öffentliche Kontroverse eröffneten, machten sie für den Kulturbetrieb weitgehend unentbehrlich. So erstaunt es nicht, wenn auch Charles Perrault ein häufiger Besucher solcher mondän-galanter Einrichtungen war. Regelmäßig verkehrte er in den literarischen Salons von Mme Deshoulières, Mme d'Ussée oder Mme de Pélissari. In ihnen lancierte er auch seine literarischen Werke, insbesondere die Märchen, und nutzte diesen Diskussionsraum, um in dem berühmten Streit, ob die Literatur sich nach Regeln der Antike oder der Moderne zu richten habe *(Querelle des Anciens et des Modernes)*, als *Moderner* Verbündete zu sammeln.[49] Aus diesem Grund wählte Perraults größter Kontrahent, der Dichter Nicolas Boileau-Despréaux (1636–1711), der Verteidiger des klassischen Erbes und energische Verfechter einer klassizistischen Kunstlehre, den preziösen Frauensalon als Zielscheibe seiner Satiren, um so indirekt auch die dort grassierenden Perraultschen Thesen anzugreifen. Seine 1694 publizierte *10. Satire* wirft in Anlehnung an Juvenals misogyne *6. Satire* den Pariser Frauen nicht nur eheliche Untreue und Sittenlosigkeit vor, sondern ebenso ihre emanzipatorischen Bemühungen, mithin die Teilnahme an wissenschaftlichen und literarischen Diskussionen. Kurzum, die teuflische Frau, die »*Femme infernale*«[50], macht so jedem Mann das eheliche Zusammenleben zur

Hölle. Perrault seinerseits nutzte geschickt den durch diese Schmährede provozierten Sturm der Entrüstung, indem er die *Verteidigungsschrift der Frauen (L'Apologie des femmes)*[51] quasi als »*Genugtuung*«[52] für sein mehrheitlich weibliches Salonpublikum veröffentlichen ließ. Auch wenn er im aktualisierten Vorwort Boileau heftig kritisiert, so handelt es sich dabei doch eher um eine stilistische Rüge denn um eine eigentliche Widerlegung der misogynen Gehässigkeiten oder gar um ein modernes Pamphlet für die Frauenemanzipation. Mit Bedacht stellt Perrault dem Frauenhaß die moderne, bürgerliche Ehegemeinschaft, die »*amitié conjugale*«,[53] zum Überdenken[54] anheim. Solche Ideen allerdings mußten den vornehmlich aristokratischen *Verteidigerinnen der Moderne* in den Salons reichlich »*bürgerlich*« erscheinen.[55] Dennoch mutet angesichts der damaligen familiären Heiratspolitik und ihrer entsprechend rigiden Gesetze[56] wie auch der autoritären, patriarchalen Familienstruktur das Ideal einer gefühlsbetonten Ehepartnerschaft durchaus *modern* an. Es gemahnt geradezu an die Vorstellungen des in Frankreich viel gelesenen englischen Philosophen John Locke (1632–1704). In der *Zweiten Abhandlung über die Regierung* von 1689 kritisierte er die Pflichtehe, die auf männlicher Gewalt über die Frau beruht, und entwarf demgegenüber von der bürgerlichen Ehe das Bild als einer »*Gemeinschaft der Interessen*«.[57]

GRISELDIS ODER DIE DEMUT DER FRAU

Eine solche Vorstellung von ehelicher Partnerschaft verweist zurück in die Zeit zwischen dem 11. und 15. Jahrhundert,[58] als das städtische Handelsbürgertum infolge einer kommerziellen Revolution zusehends erstarkte. Am ausgeprägtesten verkörperte sich die neue Schicht im Typ des Kaufmanns, dessen Tätigkeit durch eine hohe und zeitraubende Geschäftsmobilität gekennzeichnet war. Während er sich auf Reisen befand, sorgte sich seine Gattin um Haus und Geschäft.[59] Um das Geld, das Fundament des Kaufmannsstandes, gewissenhaft zu verwalten und zu vermehren, bedurfte es guter Fachkenntnisse, rationaler Planung, Flexibilität sowie strenger Überwachung der Angestellten und Geschäftspartner. Geistiger Ausdruck davon war eine hohe Risikobereitschaft bei gleichzeitigem pessimistischem Mißtrauen gegenüber allem und jedem,[60] um neben erfolgreicher Gewinnmaximierung stets auch der gesellschaftlichen und kirchlichen Kritik[61] an der luxuriösen Lebensführung beziehungsweise der mangelhaften Ehrbarkeit im Kredit- und Zinsgeschäft zuvorzukommen. So empfiehlt schon der italienische Humanist und Baumeister Leon Battista Alberti (1404–72) den Kaufleuten, nicht nur ihren Wohnsitz wie eine Festung abzuschließen, sondern auch die Geschäftsgeheimnisse vor den eigenen Familienmitgliedern, angefangen bei der Ehefrau, zu verbergen.[62] Im Interesse dieser Geschäfte wird auch die Familienpolitik, speziell die Heiratspolitik, strategischen Zielen unterworfen: entweder ist mit der Eheschließung der angestrebte Aufstieg in den Adel zu verwirklichen oder durch Verschwägerung mit anderen, konkurrierenden Kaufmannsfamilien zumindest die Sicherung der eigenen gesellschaftlichen Stellung und des Kapitals zu erreichen.[63] Solche rational geplanten Heiraten entbehrten häufig nicht nur einer gefühlsmäßigen Bindung zwischen den Ehepartnern, sondern waren vielfach auch durch einen enormen Altersunterschied gekennzeichnet, weilten doch viele Kaufleute vor ihrer Eheschließung mitunter Jahrzehnte im Ausland.[64] Dennoch blieb der Kaufmannshaushalt, was die Möglichkeiten einer luxuriösen Lebensführung sowie die starke Mitbeteiligung an der Verwaltung des Stadthauses und Landgutes[65] betrifft, für jüngere Frauen durchaus attraktiv. Die Reisetätigkeit der Ehemänner wertete ihre Rolle als ökonomische Verwalterin und Stellvertreterin auf. Allerdings darf dabei nicht übersehen werden, daß ein eifersüchtiger Ehemann seine Frau auch in Abwesenheit durch Verwandte und Freunde überwachen konnte. In diesem Sinne empfiehlt Paolo da Certaldo in seinem Manierenbuch: »*Habt Ihr Weiber im Hause, haltet sie in Furcht und Zittern.*«[66]

In Furcht und Zittern hält auch der Kaufmannssohn Giovanni Boccaccio seine Griselda in der letzten *Dekameron*-Novelle. Dank einer freien lateinischen Übertragung von Petrarca wurde sie unter dem Namen *Griseldis* zur Mode-Erzählung *par excellence*.[67] Der Markgraf von Saluzzo, Gualteri, willigt nach langem Zureden seiner Untertanen ein, sich zu verheiraten. Die Wahl fällt auf das »*arme junge Mädchen*«

Griselda. Um sich restlos ihrer Treue zu versichern, nimmt er ihr unter einem Vorwand die beiden gemeinsamen Kinder weg und gibt sie in auswärtige Pflege. Und Jahre später verstößt er sie selbst, damit er sich angeblich standesgemäß neu vermählen könne. Die unerschütterliche Zuneigung und Langmut der Griselda, selbst ihrer Nachfolgerin gegenüber, lassen Gualteri endlich von weitern Proben absehen. Vordergründig handelt diese Geschichte nicht in bürgerlichem, sondern hocharistokratischem Milieu und thematisiert entsprechend den sozialen Aufstieg einer Bauerntochter mittels Ehe. Spektakulär hieran ist allerdings nicht der Aufstieg an sich, sondern der mutwillige Versuch des vor Kränkungen furchtsamen[68] Ehemannes, seine Ehefrau Griselda auf »*ihre Willfährigkeit*« hin »*mit langer Erprobung und harten Prüfungen*«[69] zu testen. Was für den Erzähler offensichtlich einer »*dummen Roheit*«[70] entspringt und die Gehorsamsprobe künstlich zur Geduldsprobe macht, wird schließlich beim Happy-End als »*hohe Klugheit*« des Prüfenden anerkannt und bei der Geprüften gepriesen. Die Frau läßt sich widerstandslos vom Mann demütigen und sozial in den Stand einer Dienstmagd zurücksetzen, nicht zuletzt um zu demonstrieren, daß eine durch Heirat aufgestiegene Frau jederzeit ihre neue Position verlieren könne, ohne daß sie ein männliches Gesetz davor schützen würde. Als Lohn für die zwölfjährige Prüfung winkt ihr die Erhöhung zum hausfraulichen Tugendideal: Ausfluß einer männlichen Ehemoral, die indessen weit weniger ständisch aristokratisch anmutet als vielmehr gerade bürgerlich, kaufmännisch. Wennschon eine Ehefrau, dann muß sich vor allem ihre ökonomische Brauchbarkeit und treue Ergebenheit in Haushalt und Geschäft erweisen. Das einzige Problem dabei ist, wie schon König Salomon bemerkt hat, überhaupt eine solche ideale Frau zu finden.

Boccaccios ambivalente Erzählung[71] von der unendlichen Demut der *tüchtigen* Frau fand häufig Nachahmung,[72] nicht zuletzt durch Charles Perrault, der 1691 Boccaccios *Griseldis*-Geschichte[73] nacherzählt und in einigen Punkten akzentuiert hat. So erhebt Perrault gleich vorweg ironischen Einspruch gegen das Ideal der Duldsamkeit, weil in Paris ohnehin »*die Frauen das Zepter*«[74] führen und ihre Gatten zur Demut erziehen würden – derlei folgedessen unzeitgemäß geworden sei.

Besonderes Augenmerk richtet Perrault sodann auf Gualteris mißtrauisch misogyne Haltung. Da es für den argwöhnenden Prinzen keine weibliche Aufrichtigkeit gibt, erscheint ihm die Tugendprobe empfohlen und erlaubt. Perrault signalisiert aber auch den Unterschied zwischen adliger und bürgerlicher Lebensform. Griseldis verliert hier ihre einzige Tochter nicht reiner Willkür wegen, sondern damit sie standesgemäß erzogen würde. Indem sie aber nicht leicht von ihrem Kind lassen kann, das sie entgegen adliger Gepflogenheit selbst nährt, verkörpert sie gleichermaßen christliche Ergebenheit wie bürgerliche Mutterliebe. Instinktiv erkennt Griseldis denn auch in Gualteris angeblich neuer Gemahlin die eigene Tochter wieder. In ihrer »*Standhaftigkeit erprobt*« und »*selbst ohne Willen*«,[75] wird auch sie zuletzt als zeittypisches weibliches Tugend-Ideal erhöht. Unter diesem thematischen Blickwinkel kann Perraults *Griseldis*-Erzählung als seine erste eigentliche Märchen-Intervention innerhalb der *Querelle des femmes* angesehen werden, zudem als eine enorm erfolgreiche, wie die Reaktionen der *Académie* und der Salons zeigten.[76]

BLUTTRIEFENDER BLAUER BART

Wenige Jahre später bearbeitet Perrault den gleichen Themen- und Motivstrang ein zweites Mal in seinem Märchen *La Barbe-bleue*[77]. Schon der Titel ist Programm. Mit hohem argumentativem Aufwand hat die deutsche Märchenforschung versucht, ihn auf eine germanische Quelle zurückzuführen und einen Bezug zu nordischen Mädchenmörderballaden herzustellen, worin der Räuber meist mit blondem Bart dargestellt ist. Dabei rückt die lautliche Verwandtschaft von altfranzösisch *bloi (hellblond)* und *blo (blau)* ins Zentrum, was erwiesenermaßen Anlaß zu Verwechslungen gegeben hat. Entsprechend kann *barbe bloie* also mit *Blondbart* wie mit *Blaubart* übersetzt werden,[78] wobei gerade letztere Bezeichnung zur abschreckenden Kennzeichnung gut paßt. In Sagen und Legenden wird die Farbe *Blau* gerne mit *barbarischen* Räubern, mit der Pest sowie mit teuflischen Dämonen, Nixen und Vampiren in Verbindung gebracht.[79] Sollte Perrault dies im Sinne gehabt haben, als er seinen Wüterich auf den abschreckenden Namen *Barbe-bleue* taufte? Bei näherer Betrachtung läßt sich allerdings auch ein Zusammenhang mit der beschriebenen *Querelle des femmes* annehmen.[80] Wird nämlich der Name des Helden schnell ausgesprochen, fällt die lautliche Nähe zu einem gängigen französischen Kraftausdruck auf, der z. B. in Molières Komödien wiederholt gerade misogynen Männern entfährt: *par bleu! (Na und ob!)*.[81] Ursprünglich war *par bleu* nichts anderes als eine Umschreibung von *par dieu (bei Gott)*. Über die Zwischenstufe *par bieu* diente das unverfängliche Adjektiv *bleu (blau)* seit dem 16. Jahrhundert dazu, die gotteslästerliche Provokation fein zu kaschieren, ohne dem Ausdruck die Kraft zu rauben. Lautlich wäre so mit dem Titel auch »*barbe dieu« (beim Barte Gottes)* zu assoziieren.

Der Perraultsche *Barbe-bleue* als bärtiger Inbegriff absoluter männlicher Macht, dieser Blaubart präsentiert sich als ein reicher Emporkömmling, der über unermeßliche Güter zu verfügen scheint. Zu seinem Glück fehlt ihm einzig die richtige Frau – eine »*Dame von Stand*« wie eine der Nachbarstöchter, die den Reichtum adeln würde. Einer Heirat steht indes nicht nur der furchterregende Bart entgegen, sondern auch die Tatsache, daß der Freier zuvor schon mehrfach verheiratet gewesen ist.[82] Dies ruft, im Unterschied zur *Griseldis*-Geschichte, die um das Wohl ihrer Töchter besorgte Mutter auf den Plan. Erst arrangierte Lustbarkeiten vermögen ihren Argwohn zu besänftigen beziehungsweise die jüngere der Töchter zu bewegen, ganz aus freien Stücken Blaubarts Brautwerbung anzunehmen. Die Liaison über die sozialen Schranken hinweg kommt zustande, ohne daß die adlige Herkunft seiner Gemahlin Blaubarts bürgerliche Vorsicht beeinträchtigen würde. In altertümlichen Redewendungen beharrt er auf seinem Vorrang im Haus. Nicht allein die Schlüssel dazu hält er in Händen, er schließt auch innerhalb des Hauses die einzelnen Zimmer vor dem Zugriff seiner Frau ab: besitzt also gleichsam die sprichwörtlichen Schlüssel der Macht.[83] Wie er nun eines Tages wegen nicht näher definierter Angelegenheiten auf Reise geht, händigt Blaubart seiner Frau als Stellvertreterin den ganzen Schlüsselbund[84] aus, so daß ihr all seine Schätze zur Verfügung stehen. Mit Ausnahme jener in dem »*Zimmer am Ende des langen Ganges im Erdgeschoß*«, das zu betreten ihr auf »*alle erdenklichen harten Strafen*« verboten ist.[85] Damit erweist sich der vorgebliche Vertrauensvorschuß als hinterhältige Probe,[86] die Blaubart umgehend einlöst, als er noch »*am selben Abend*« zurückkehrt. Dem Hausherrn geht es nicht so sehr um das Wissen, ob die Frau ihre Neugierde zu bezähmen vermag: auf dem Spiel steht vielmehr die häusliche Hierarchie und als Zeichen dafür die Unantastbarkeit des *Manns-Zimmers*, welche die moderne Frau ihrerseits nicht mehr so ohne weiteres hinnimmt.

Blaubarts Abschließungspraxis ist symptomatisch für den bürgerlichen Haushalt. Zu der Zeit, als Perrault sein Märchen schreibt, ist das Gesellschaftsleben allerdings durch die Repräsentationskultur am Hofe Ludwigs XIV. dominiert, welche zunehmend mehr Momente der Intimität in sich aufzusaugen scheint. Erwachen, Essen, Zubettgehen und schließlich das Sterben sind öffentliche Vorgänge, die sich nach genau festgelegtem Protokoll abspielen. Der sich vorab in bürgerlichen Schichten vollziehende Prozeß der Privatisierung stellt sich in Widerspruch dazu.[87] Die Familiengröße schrumpft, die Haushalte werden kleiner und gegen außen undurchlässiger. Innerhalb des Hauses entspricht dieser Tendenz unter anderem die Einrichtung von separaten, abgeschlossenen Zufluchtsorten für den Hausherrn: Arbeitszimmern und Kabinetten. Dahin kann dieser sich zur Muße, zum Gebet, zum vertrauten Gespräch mit Freunden oder auch zur Arbeit zurückziehen.[88] Demgegenüber verfügt die Frau über keinen solchen Raum innerhalb der häuslichen Sphäre und entsprechend über keine Möglichkeit, sich in ein eigenes Refugium zurückzuziehen.[89]

Immerhin scheint Blaubarts Ehefrau, von ihrer gattenlosen Mutter aufgezogen, in den *Salons* mit ihren gelehrten Gesprächen in die Lehre gegangen zu sein. Eine selbstbewußte Gattin jedoch kann der machtbewußte, bärtige Mann nicht neben sich dulden. In seinem Manns-Zimmer hat ein Frauenzimmer[90] nichts zu suchen, dringt sie da gleichwohl ein, ist nur die härteste aller Strafen gerecht, denn eine Frau hat sich kein derartiges aktives Betragen anzumaßen.[91] Was sie nun aber in dem verbotenen Zimmer antrifft, sind weder verheimlichte Schriften noch Zierat und Kuriositäten, sondern die grausliche Galerie getöteter Frauen,[92] denen ihre geradezu männlichmutige Neugier zum Verhängnis geworden ist. Diese Entdeckung läßt sich nicht mehr rückgängig machen, der verzauberte Schlüssel bleibt unerbittlich blutig wie ein Lügendetektor.[93] Entsprechend dem abendländischen Katalog misogyner Praktiken, trachtet der zurückgekehrte Blaubart umgehend die weibliche Neugier zu bestrafen und die unfolgsame Gattin wie ein gejagtes Wild mit seinem »*großen Hirschfänger*« abzustechen. Nach einem dramaturgisch effektvollen Zwischenspiel[94] findet die ungehorsame Frau zuletzt doch noch Erlösung, allerdings – Ironie des Geschehens – ebenfalls durch die Hand von Männern. So steht dem guten Ende nichts mehr im Wege, und die Frau wird »*Herrin*« über die immensen Güter.[95]

Blaubarts Schwägern vergleichbar tritt Charles Perrault mit seinem Märchen den misogynen Wüterichen à la Boileau entgegen. Deshalb fügt er seiner *Blaubart*-Geschichte auch zwei Moralitäten bei. In der ersten tadelt er die Neugier, ein traditionell vielgeschmähtes Frauenlaster,[96] das doch nur »*ein flüchtiges Vergnügen*« biete. Um nicht bloß auf der alten Leier zu spielen, läßt er eine zweite Moral folgen, in der er die Aktualität seiner Geschichte bestreitet. Augenzwinkernd versichert er, es gebe heutzutage »*keinen Ehemann mehr, der – wäre er auch noch so mißgünstig und eifersüchtig – sich so schrecklich zeige und so Unmögliches verlangte*«. Gegenwärtig sei kaum mehr zu unterscheiden, wer denn überhaupt Herr im Hause sei. Mit andern Worten: der blaue Bart als Zeichen männlicher Vormacht hat ausgedient. Wenn Boileau seine *10. Satire* damit enden läßt, daß dem verzweifelten Ehemann nicht einmal die Scheidung von seiner üblen Frau möglich sei,[97] so verweist Perrault die daraus resultierenden männlichen Mordgelüste in das Reich der misogynen Fabeln zurück. Im zeitgenössischen Paris lebt es sich zumindest im Adel libertinär großzügig nebeneinander. Unmißverständlich lehnt Perrault zwar die klassischen misogynen Anwürfe ab, allein, das neue Frauenbild, das er entwirft, gleicht einer Art »*imaginierter Weiblichkeit*«,[98] das heißt der idealistischen Erhöhung der empfindsamen Frau durch die Männer trotz fortdauernder Unterdrückung und Ausgrenzung aus den männlich bestimmten Sphären. Eine solche »*Inszenierung des Weiblichen*« bannt gleichermaßen Konkurrenzängste wie Schuldgefühle der Männer gegenüber den Frauen, ohne daß Konsequenzen im eigenen Denken und

Handeln gezogen werden müßten. In vergleichbarer Weise befangen zeigt sich Perrault auch von seiner kritiklosen Zugehörigkeit zur Hofgesellschaft, so daß er die Rolle des Bösen keinem anderen als dem bürgerlichen Emporkömmling Blaubart hat anhängen können.

ALTE MORDS-GESCHICHTEN

Auch wenn Charles Perrault als literarischer Ahnherr des *Blaubart*-Stoffes gilt, haben Geschichten von Mord und Totschlag im Geschlechterkampf eine lange Tradition. Mit beeindruckender Drastik warnt schon Salomon in den *Sprichwörtern* vor weiblicher Tücke und Gewalt. Folgt dort der betörte Mann der Dirne ins verbotene Zimmer, erwartet ihn nichts Gutes:

> *»Denn zahlreich sind die Erschlagenen, / die sie gefällt hat; / viele sind es, die sie ermordet hat; / ihr Haus ist ein Weg zur Unterwelt, / er führt zu den Kammern des Todes.« (7,26 f.)* [99]

Das Motiv weiblicher Rache an gewalttätigen Männern taucht verschiedentlich auch in den brutalen *Mädchenräuber-Balladen* auf. Darin wird meist erzählt, wie eine junge Frau mit einem Unhold, der unschuldige Mädchen raubt und mordet, in den Wald, auf seine Burg oder in die Wildnis mitgeht, um ihn dort schließlich zu überwinden und zu töten. [100] Besonders deutlich veranschaulicht den männlichen Schrecken das nicht näher datierte schwedische Lied vom *Räuber Rymer*. Die Jungfrau, die vorgibt, dem Unhold ganz zu Willen zu sein, folgt ihm mit dem Vorsatz, ihn heimtückisch zu töten:

> *»Herr Rymer schläft in den Armen der Jungfrau,*
> *da bindet sie ihn an Füßen und Händen,*
> *nimmt ihr eignes kleines Messer*
> *und sticht dem Herrn Rymer das Leben aus.«* [101]

Anstatt des Beutegolds wird so Rymers sieben Schwestern nur ein toter Bruder zuteil. Dafür ist die Frauenwelt vor weitern Nachstellungen sicher.

Für die *Blaubart*-Version à la Perrault sind freilich andere Quellen maßgeblich, etwa die bretonische *Legende vom Heiligen Gildas* beziehungsweise *von der Heiligen Trifina*, die im 6. Jahrhundert wurzelt und ums Jahr 1060 vom Abt des von Gildas gegründeten Klosters Rhuys niedergeschrieben wurde.

Interessant an ihr ist vor allem die Motivation für die Frauen-morde. Sobald nämlich der Tyrann Conomerus gewahr wird, daß seine Ehefrauen in Erwartung sind, tötet er sie. Automa-tisch und geradezu krankhaft reagiert er auf etwas, worüber er keine unmittelbare Verfügungsgewalt hat.[102] Die Untat des Conomerus ist dabei als Schwerstvergehen gegen den einzi-gen Zweck der Ehe, die Fortpflanzung, zu werten. Im Urteil der Kirche gelten reiner Liebesgenuß und sexuelle Erregung als Unzucht, die zwangsläufig weitere Sünden nach sich zö-gen. Glücklicherweise wird aber die Untat des offensichtlich noch kaum christianisierten Lokalfürsten durch den heiligen Missionar Gildas gesühnt. Und Trifina widerfährt auf wun-dersame Weise eine Erhöhung: jener erweckt sie wieder zum Leben[103] und versetzt sie in den höchsten Stand der Weiblich-keit, den der Nonne. Im Unterschied zu Blaubarts Witwe, die *Herrscherin* über die verwaisten Güter wird, sieht sich Trifina auf einmal der Gottesmutter Maria gleichgestellt. Sie ist Mut-ter und klösterliche *Jungfrau* in einem. Ja sogar Frau und Mann, weil nach Hieronymus gilt, daß wenn eine Frau »*Chri-stus mehr als der Welt zu dienen wünscht, dann hört sie auf, eine Frau zu sein, und wird Mann genannt werden*«.[104] So geht auch leicht vergessen, daß der Heilige Gildas trotz seines Wissens um die frühern Ritualmorde die Untat nicht zu verhindern weiß, sie vielmehr persönlich mitverantwortet.

Wesentlich häufiger als der Tyrann Conomerus taucht im Zusammenhang mit dem *Blaubart*-Stoff indes eine andere hi-storische Figur auf: Gilles de Rais (1404–40). Geschichte und Gerüchte sehen in ihm den brutalen Mörder, der Perrault als Vorbild gedient haben soll. Die Karriere des bretonischen Hocharistokraten und *Marschalls* der königlichen Armee, welcher mit der Jungfrau von Orléans (um 1410–31) den Be-freiungsfeldzug gegen die Engländer führte, schien gemacht. Dank einer Erbschaft und der mit einer Tochter gesegneten Geldheirat wurde er zu einem der reichsten Männer des da-maligen Frankreich. Doch um 1433 gerät er mehr und mehr ins Abseits. Er veranstaltet großartige theatralische Feste, macht mit seinem kleinen Hofstaat überall Schulden, experi-mentiert mit Magie und Alchemie, wird zum Raubritter und 1440 gar als Kindsmörder verhaftet. Im anschließenden Pro-zeß wirft man ihm vor, 140 bis 200 überwiegend männliche

Opfer aus armen Verhältnissen auf grausamste Art und Weise getötet zu haben.[105] Gilles bricht im Verlauf des Gerichtsverfahrens zusammen und gesteht voller Reue seine Schuld ein, was die Hinrichtung und das Begräbnis in Nantes schließlich zum religiösen Spektakel werden läßt. Die Leute scheinen eher von Mitleid als von Rachegefühlen erfüllt gewesen zu sein. Bald aber geht die Geschichte vergessen, die Gestalt Gilles de Rais verschwindet aus den Geschichtsbüchern und gewinnt erst im 19. Jahrhundert neue Kontur. 1885 veröffentlicht der Abbé Eugène Bossard seine Studie *Gilles de Rais, Marschall von Frankreich, genannt Blaubart*. Wie der Titel schon andeutet, wird hier die historische Kindsmördergestalt mit dem Perraultschen Blaubart-Monster verwoben. An den historischen Schauplätzen in der Bretagne sammelte Bossard bei der Landbevölkerung mündliche Erzählungen, die ihm diesen Zusammenhang glaubhaft erscheinen ließen.[106] So verwandelten sich nach rund 440 Jahren die männlichen Kinderopfer in sieben Frauen,[107] die in der Burg Tiffauges, eine der Residenzen Gilles de Rais, in einem geheimen Zimmer getötet worden seien. Für viele scheint damit auch heute noch bewiesen, daß Perrault sich von dieser historischen Legende habe anregen lassen, selbst wenn dafür keinerlei gesicherte Hinweise zu finden sind. Ob eine mündliche *Blaubart*-Version zu Perraults Zeiten in Umlauf war,[108] oder ob nicht eher die Legendenbildung selbst vom *Blaubart*-Märchen beeinflußt wurde, bleibt letztlich Spekulation und für die Deutung des *Blaubart*-Märchens unerheblich. Immerhin ist bemerkenswert, daß der französische Schriftsteller Joris K. Huysmans (1848–1907) in seinem 1891 erschienenen Roman *Tief unten* bereits die Wurzeln des *Blaubart*-Stoffes in der erwähnten Gildas-Legende vermutet, die ihrerseits mit der Geschichte von Gilles de Rais verknüpft worden sei.[109] In Textsammlungen aus den Jahren 1531 und 1680 findet sich in der Tat eine reich ausgeschmückte und symbolisch überhöhte Legende aus der Bretagne mit dem Titel *Comorre*,[110] die offenkundig den Gildas-Stoff wiedergibt. Gildas, der hier Sankt Veltas heißt, tritt als Verhinderer eines Brautkrieges auf. Comorre ist mehr noch als Conomerus ein brutaler Wüterich[111] und mächtiger Kriegsherr, der Trifina unter Waffenandrohung zur Braut macht. Dann allerdings tötet er die werdende Mutter nicht grundlos wie Conomerus, sondern wegen der mythisch-märchenhaften Prophezeiung, daß sein erster Sohn ihn töten werde. So wie diese Geschichte im 19. Jahrhundert überliefert wird, mischen sich in ihr Heiligenerzählung mit Motiven und Textelementen aus der Gilles-de-Rais-Legende und aus Perraults *Blaubart*-Märchen.

Etwas außerhalb dieser bretonischen Bezüge bleibt schließlich der rotbärtige Heinrich VIII. von England (1491–1547) mit seinen »*sadistischen Blaubartpassionen*«[112] als mögliche historische Vorlage zu erwähnen. Auch wenn er nicht alle seine sechs Ehefrauen[113] umbrachte – lediglich zwei ließ er nach obskuren Schauprozessen wegen »*Hochverrats*« hinrichten, zwei weitere starben eines natürlichen Todes und zwei überlebten ihn gar –, überlieferte sich von Heinrich VIII. das verunglimpfende Bild eines despotischen Polygamisten.[114] Insbesondere päpstliche Kreise schürten die Blaubart-Gerüchte wegen der vom Vatikan nicht legitimierten Scheidung von seiner ersten Frau Katharina, die wesentlich zur Abspaltung der Anglikanischen Kirche von Rom und zur Exkommunizierung Heinrichs führte. Relativ rasch schwand demgegenüber das anfänglich besonders von der humanistischen Intelligenz kräftig gespendete Herrscherlob[115] und zurück blieben Ernüchterung und Abscheu über die verheerenden Qualitäten des »*Junker Heinz*«[116]. Nicht weiter verwunderlich also, daß Christine Herzogin von Mailand, die Nichte des deutschen Kaisers Karl V., aufgrund mangelnder Sicherheitsgarantien eine Ehe mit Heinrich ausschlug – immerhin waren zuvor schon drei seiner Ehefrauen gestorben. Nach Heinrichs Tod verstärkte die katholische Propaganda der Gegenreformation dieses negative Bild noch, mit der Absicht, das Anglikanische Schisma rückgängig zu machen beziehungsweise auf dem Kontinent ähnliche Entwicklungen zu verhindern. So widmet der italienische Schriftsteller und Geistliche Matteo Bandello (1485 – um 1561) der Figur des englischen Herrschers und seinen »*üblen Neigungen*«[117] wie »*zügellosen Begierden*«[118] nicht weniger als sechs seiner berühmten Novellen.[119] Die Betonung von Grausamkeit und Willkür,[120] verstärkt durch die jesuitische Missionspropaganda[121] und den katholischen Märtyrer-Kult um Thomas Morus,[122] ließen den englischen König zu Ende des 17. Jahrhunderts endgültig als Prototypen des unaufgeklärten machiavellistischen Willkürherrschers mit einem unersättlichen »*Geilheits-*«[123] wie »*Blutdurst*«[124] erscheinen.

Conomerus, Gilles de Rais und Heinrich VIII., ihnen allen ist ihr hocharistokratisches Milieu gemeinsam, das letztlich auch entscheidend für die Ausprägung ihres jeweiligen Amoralismus anzusehen ist. Doch gerade dieses Hauptcharakteristikum unterscheidet sie vom literarischen Blaubart Perraults: er ist zwar äußerst reich,[125] aber ein Stadtbürger und aktiver Geschäftsmann, der adlige Qualitäten[126] höchstens zu erheiraten sucht und damit die Zeitenwende zwischen feudaler und bürgerlicher Epoche markiert.

GELÄCHTER ERGIESST SICH ÜBER DEN BART

Seit Mitte des 18. Jahrhunderts gewinnt der spektakuläre *Blaubart*-Stoff in Frankreich und England schnell an Popularität und dient vielen Pantomimen, Burlesken, Possen und Operetten als ideale Vorlage.[127] Die seinerzeit bekannte Oper *Raoul Barbe-Bleue* (1789) von Michel-Jean Sédaine und André Ernesto Modeste Grétry machte aus dem Bürger Blaubart einen Feudalherrn, dann verlegte der Engländer George Colman der Jüngere in seiner »*dramatischen Romanze*« *Blaubart Oder die weibliche Neugier* (1798) den Schauplatz in die Türkei mit entsprechend aufwendiger Ausstattung. Colman antwortete damit einer weit verbreiteten Vorliebe fürs Orientalische, also für sentimentale und farbenprächtige Geschichten aus einer unbekannten, faszinierenden und zugleich erschreckenden Welt.[128] Alle diese Bearbeitungen zeichnen sich dadurch aus, daß sie den Unterhaltungsaspekt stark gewichten und demgegenüber den Streit um die gesellschaftliche Rolle der Frau mit der Betonung von Brutalismus oder exotischem wie erotischem Ambiente verharmlosen, verdrängen.[129] Gerade dies kritisierte wohl auch der französische Schriftsteller und Philosoph Denis Diderot (1713–84) in seinen *Gesprächen über den natürlichen Sohn*. Den pathetischen Märchen-Schluß Perraults mit dem Ausruf der unglücklichen namenlosen Frau: »*Liebe Schwester, siehst du noch nichts kommen?*«, empfindet er als lächerliche Burleske, »*weil ein Blaubart dabei ist, der ihre Wirkung vereitelt*«.[130]

Als einer der ersten im deutschen Sprachraum greift der Dichter Friedrich Wilhelm Gotter (1746–97) den *Blaubart*-Stoff auf und widmet ihm 1771 eine seichte Romanze. Inhaltlich der Fassung Perraults folgend, verlegt er sie in ein bürgerlich-galantes Milieu und bereichert sie mit modisch morgenländischen Mustern. Blaubart gleicht dem »Tartarchan« und hat »schon zwanzig Weiber« gehabt, die er allesamt mit Gold und »Schmausereien« feinster Art geködert hat. Auch Trulle tappt in die Falle, das heißt in die von Blut triefende »schwarze Kammer«, worin die »Weiber / Hingen, wie Gewehre«. Auch wenn sie die Schlüsselprobe nicht besteht, ereilt den »Barbaren« selbstredend das gerechte Los. Allein: »Weiber bleiben wie sie sind!«

Gotters alberne Romanze nimmt vorweg, was nach ihm der junge Ludwig Tieck (1773–1853) in seiner zweigeteilten *Blaubart*-Bearbeitung[131] ironisch verfolgt. Auch er schmückt die Geschichte zu einer Tragödie aus, die der zeitgenössischen Begeisterung für alles Exotische[132] entgegenkommt. Tieck nennt sie im Untertitel »Eine wahre Familiengeschichte« aus dem Istambul von 1212, an deren Wahrheitsgehalt nicht zu zweifeln sei. Getragen von einem ausgeprägten Erklärungsbedürfnis führt er als erster vor, wie sein Ritter Blaubart[133] namens Peter Berner nach einer schweren Jugend zum blauen Bart kommt und wie das Schicksal den erstmals sieben Ehefrauen mitspielt. Seine ausführlichen, detaillierten Schilderungen hintertreibt der Erzähler immer wieder durch witzige Anspielungen und erzähltheoretische Kommentare, womit der Eindruck erweckt wird, daß der quicklebendige Erzähler Tieck den *Blaubart*-Stoff zu eigenen Zwecken als Experimentierfeld nutzt, auf dem er augenzwinkernd seine Theorien zur »romantischen Ironie«[134] erproben und beweisen kann.

Die sieben Weiber des Blaubart setzt mit der »Erziehung des Helden« Peter Berner ein. Das Schicksal nimmt seinen Lauf, als er den Zauberer Bernard kennenlernt, der ihm dazu verhilft, sich ein Lebensglück sowie dessen unglückliche Kehrseite auszusuchen. Er entscheidet sich für das »Glück gegen meine Feinde«[135] beziehungsweise das »Unglück mit Weibern«. Die zweite Wahl verleitet Bernard zur Prophezeiung, daß Peter damit das schwerste Los gezogen habe. Wenig später lernt dieser eine hexenhafte »Fee« kennen, die ihm einen »bleiernen

Kopf« schenkt, der stets klugen Rat weiß. Dazu aber muß er »*ein eigenes verschlossenes Zimmer bewohnen*«[136], zu dem ein kleiner goldener Schlüssel[137] Zutritt verschafft. Im achten Kapitel sodann kommt der Erzähler zur Sache. Auf seinem einsamen Wohnsitz hat Peter das Landmädchen Mechthilde zur Haushälterin und der Einfachheit halber gleich auch zur Geliebten genommen. Als er nun eines Tages wegen einer Fehde ausreiten muß, hält er es »*für unedel, gegen seine Geliebte misstrauisch zu seyn*« und händigt ihr nebst den andern ebenfalls den kleinen Schlüssel zu seiner »*Rathsstube*« aus, verbunden mit der vergleichsweise zahmen Drohung, sie »*bei seinem Zorn und bei seiner Ungnade*« nicht zu betreten. Mechthilde, nicht faul, dringt aber sogleich ins verbotene Manns-Zimmer ein und verdirbt mit ihren bohrenden Fragen den denkenden Kopf, das heißt, sie stiehlt mit ihrer noch nicht gestillten Wißbegierde dem Mann seine ganze Weisheit weg. Als der Abwesende zurückkehrt und sie dafür zur Rede stellt, gibt sie ihm unverfroren zur Antwort, er sei selbst am Unheil schuld, weil die Neugier ja in der Natur der Frau begründet sei. Schmerzlich von solcher Einsicht geschlagen, verflucht Peter die unseligen Weiber und gelobt:

> »*Ich will keiner von Euch mehr trauen, ich will so viele abstrafen, als mein Schwerdt nur erreichen kann.*«[138]

Mechthilde freilich kann er nicht mehr bestrafen, weil sie wissentlich vorgesorgt hat und nun gewappnet ist. Derart schmählich betrogen, besucht Peter nochmals die *spinnende* Fee, um von ihr die Wiederherstellung des beschädigten bleiernen Kopfes zu verlangen sowie einen »*tüchtigen anständigen Bart*«[139], damit er vor der Welt endlich auch als rechter Mann erscheine. Allerdings nur widerstrebend wird ihm die zweite Bitte gewährt und aus Wut über seine Eitelkeit ein *blauer modischer Spitzbart* ans Kinn gezaubert. Erst recht beginnt damit das Leiden an den Weibern. In regelmäßiger Folge ehelicht Blaubart sechs mutterlose junge Frauen unterschiedlichen Standes und ertappt sie allesamt bei ihrem Verrat. Ludwig Tieck schafft Abwechslung im sich mehrfach wiederholenden Geschehen, indem er sich immer neue Zimmergeschichten ausdenkt und die weibliche Neugier jeweils anders rechtfertigt. Die eine Frau sucht darin den geraubten Liebhaber, eine andere sieht biblische Gespenster aus den Wandbildern hervortreten und eine dritte sucht Blaubarts Geliebte in dem Raum; zuletzt begegnet Catharine von Hohenfeld ihrem eigenen Leichenzug, so daß sie *hysterisch* niedersinkt und »*todt im Gemache liegen*« bleibt.[140] Zwischendurch erzählt die zur Hexe gewordene Mechthilde in diesem »*Buch ohne allen Zusammenhang*«[141] ein schauriges Ammenmärchen vom Typus der Mädchenräuber-Balladen. Modische Themen wie Spiritismus, Hypnose und Magnetismus rücken geheimnisvoll ins Zentrum, doch zentrales Leitmotiv bleibt nebst der »*Schlüsselprobe*«[142] die »*verfluchte Neugier*«[143] der Frauen. Sie bildet das Herzstück von Blaubarts Misogynie:

> »*Ich darf mich auf kein Weib verlassen, das der Neugierde Raum giebt; denn ich weiss es schon, daß dieses Laster immer alle übrigen nach sich ziehet; ein lasterhaftes Weib aber ist ein Abscheu in meinen Augen.*«[144]

Allerdings stellt Tieck die eigene literarische Fiktion immer wieder in Frage. Diderot sozusagen beim Wort genommen, zieht er der gräßlichen Geschichte durch Übertreibung den Stachel, so daß sie zur ironisch gebrochenen Burleske wird.[145] Gegen Ende des *Volksmährchens* lobt sich der Verfasser gar selbst, daß es ihm gelungen sei, alle dunkeln Punkte dieses Märchens aufzuklären. Als Blaubart eines Tages wutentbrannt die Warnung des *bleiernen Kopfes* in den Wind schlägt und ihr zum Trotz um die Hand der lieblichen Agnes von Friedheim anhält, bahnt sich sein Ende in Form eines Märchendramas an.

Munter jongliert Tieck hierin mit den Figuren und Elementen des *Blaubart*-Stoffes. Derweil sich die verschiedensten Nebenhandlungen ineinander verstricken, überzeugt der familienlose Blaubart im zweiten Akt die Waise Agnes von seiner Herzensgüte und stellt ihr, seiner jetzigen Gattin, im vierten Akt sodann die erprobte Falle und verbietet ihr aufs strengste, »*das siebente Zimmer zu öffnen*«[146]. Frei von »*kindischer Neugier*«[147] gedenkt sie vorerst nicht daran, das Verbot zu brechen. Allein:

> »*Es muß doch irgend einen Grund haben, warum er es mir so strenge verboten hat, und den Grund hätte er mir sagen sollen, dann wäre meine Folgsamkeit ein vernünftiger Gehorsam, aber so handle ich nur aus einer blinden Unterwürfigkeit, eine Art zu leben, wogegen sich mein ganzes Herz empört.*«[148]

Zuletzt fordert auch im Märchen die Aufklärung ihren Tribut, ist es doch laut Georg Christoph Lichtenberg (1742–99) unmöglich, die »*Fackel der Wahrheit*« durch ein Gedränge zu tragen »*ohne jemandem den Bart zu sengen*«.[149] Die Frau entdeckt, was ihr Mann, »*das schändlichste, mir fremdeste Ungeheuer*«[150], vor ihr verborgen hielt und was ihr selbst noch bevorsteht. Doch sie versucht nicht zu entfliehen, sondern wartet angstvoll die Rückkehr des Frauenhassers und die Rettung durch ihre wundersam herbeigerufenen Brüder ab. Schließlich liegt das Scheusal tot am Boden, und die ob dem Vorgefallenen verstummte Agnes wird weggeführt. Damit beschreibt Tieck in diesem Märchendrama die Situation der Frauen im Zeitalter der Vernunft. Zwar wird auch ihr zusehends Wissen zuteil, doch bleibt sie im Sinne einer natürlichen Ungleichheit[151] auf den Haushalt und die Sphäre der Empfindsamkeit[152] festgelegt. In der Französischen-Revolutions-Parole *Freiheit – Gleichheit – Brüderlichkeit* sind die Schwestern nicht ohne weiteres einbegriffen.

GRIMMS MÜHE MIT BÄRTEN, INSBESONDERE BLAUEN

Wenn Perraults Märchen »*Unterhaltung und Vergnügen*« suchen, »*ohne daß Mutter, Gatte oder Beichtvater irgendein Fehl darin entdecken könnten*«,[153] so scheint eine solche Zielsetzung im Falle des grausamen *Blaubart*-Stoffes zunächst kaum möglich. Freilich trägt Perrault diesem Umstand Rechnung, indem er im Sinne einer aufgeklärten Pädagogik die ausgeprägte Fähigkeit zum Mitleiden beim jugendlichen Publikum in den Vordergrund rückt, welches um so ungeduldiger »*das Wohlergehen des Bösen*« ertrage, je klarer der Schluß des Märchens auf eine gerechte Bestrafung des Bösewichts hinauslaufe.[154] Gerade darin stecke der Kern jener »*vernünftigen Moral*«, die jedem seiner Märchen zukomme und es so »*untadlig*« erscheinen lasse.[155]

Rund hundert Jahre später war für die Brüder Grimm eine solche rechtfertigende Argumentation nicht mehr ohne weiteres nachvollziehbar. Sie ließen das als Nummer 62 in die Erstauflage aufgenommene *Blaubart*-Märchen schon in der 2. Auflage 1819 zugunsten des Dummling-Märchens *Die Bienenkönigin* (KHM 62) fallen. In ihrer Vorrede schreiben sie:

»Es ist noch einmal geprüft, was verdächtig schien, d. h. was etwa hätte fremden Ursprungs oder durch Zusätze verfälscht sein können, und dann alles ausgeschieden.«[156]

In einer Anmerkung zum Märchen *Fitchers Vogel* (KHM 46) findet sich 1822 sodann eine nachgeschobene Rechtfertigung, weshalb »*die Sage vom Blaubart*«, die sich den Geschwistern Hassenpflug in Kassel verdankte, entfernt werden mußte:

»...aber da sie von Perraults la barbe bleue nur durch einiges Fehlende und einen besondern Umstand abwich, das Französische auch an dem Ort, wo wir sie hörten, bekannt sein konnte, so haben wir sie im Zweifel nicht wieder aufgenommen. Es fehlt die Schwester Anne und das Abweichende enthält den Zug, daß die Geängstigte den Blutschlüssel in Heu legt, weil es wirklich Volksglaube ist Heu ziehe das Blut aus.«[157]

Auf den ersten Blick erscheint die Grimmsche Erklärung durchaus glaubhaft. Bei näherer Betrachtung ihrer *Blaubart*-Fassung allerdings zeigt sich schnell einmal, daß diese sich noch in ganz anderen als den genannten Punkten von derjenigen Perraults unterscheidet. Da gibt es zunächst ohne langes *es war einmal* einen Vater mit drei Söhnen und einer Tochter. Die hohe Kinderzahl wie auch die Lokalisierung »*in einem Walde*« lassen ein eher armseliges Milieu erahnen. Verständlich, daß der Vater seine einzige Tochter überredet, die ausgesprochen »*glückliche*« Heiratspartie mit einem König nicht auszuschlagen, trotz dessen »*ganz blauem Bart*«. Der neue königliche Ehegemahl wiederum überreicht der Angetrauten unversehens, wie bei Tieck, ein goldenes Schlüsselchen, mit dem zugleich das »*Gebot*« erlassen wird, die kleine verbotene Kammer nicht zu öffnen. Die gute Gemahlin vermag aber das neugierige Begehren nicht zu bezwingen und schließt die Tür auf. Doch was sich ihr in der »*Blutkammer*«[158] zeigt, wirkt in seiner makaberen Detailschilderung höchst erschreckend. So wie sie um das Geheimnis weiß, muß sie auch schon auf den »*Hausehrn*«, in den Hausflur, wo der blaubärtige König in Menschenfressermanier bereits sein Messer[159] wetzt. »*Kommst du nicht, so hol ich dich!*«[160] Doch statt seiner Frau wird er selbst von deren herbeigerufenen Brüdern erstochen und als letzte blutige Trophäe in die Kammer gehängt. Mit dem ererbten Reichtum begibt sich die Schwester an der Seite ihrer Retter ins alte Zuhause zurück.

Die Brüder Grimm kehren in ihrer Erzählung nicht nur die Standesverhältnisse gegenüber Perraults Märchen um und machen den Feudalherrn zum Monster, sondern sie lassen auch Perraults moralische Schlußsätze weg. Gerade deshalb hinterläßt die Lektüre einen eher zwiespältigen Eindruck. Die männliche, feudale Brutalität ist nur schwer nachvollziehbar, es fehlt ihr offensichtlich an einer klaren moralischen Motivation. Möglicherweise liegt hier ein weiterer Grund dafür, daß die Brüder Grimm das *Blaubart*-Märchen in der zweiten Auflage ausgespart haben:

> *»Wir suchen die Reinheit in der Wahrheit einer geraden, nichts Unrechtes im Rückhalt bergenden Erzählung. Dabei haben wir jeden für das Kinderalter nicht passenden Ausdruck in dieser neuen Auflage sorgfältig gelöscht.«*[161]

Mit *Blaubart* fiel beispielsweise auch *Das Mordschloß* (KHM, Anhang Nr. 14) mit dem mordsüchtigen Grafen weg, wogegen verwandte Märchen wie *Fitchers Vogel* (KHM 46) und *Der Räuberbräutigam* (KHM 40) in der Sammlung blieben. Doch gerade deren Blaubart-Figuren erweisen sich als auffällig negativ charakterisiert. Gleich zu Beginn werden sie als »Hexenmeister« oder »Mörder« bezeichnet und ihre soziale Stellung als äußerst niedrig beschrieben. Für die Leserschaft bedeutet dieser Umstand zunächst eine klarere Orientierung über die moralischen Absichten des erzählten Stoffes und im weiteren einen Ersatz für explizite Moralsätze, deren Zeitbedingtheit die Brüder Grimm in ihrem volkstümlichen Märchenverständnis offensichtlich zu stören schien. Und dann fahndeten sie ja auch nach deutschen Vorlagen und Quellen.[162] Auf die wichtigste im Kontext des *Blaubart*-Märchens stießen sie in Brentanos und Arnims *Wunderhorn:* ein bereits von Herder aufgezeichnetes und später vervollständigtes Volkslied von *Ulrich und Aennchen*[163]. Das Lied läßt sich auf die verschiedenen Mädchenräuber-, beziehungsweise Lustmörder-Balladen aus dem skandinavischen Raum zurückführen, welche sich seit der zweiten Hälfte des 16. Jahrhunderts auch in deutscher Sprache gedruckt finden und deren Motive sich häufig in der *Wunderhorn*-Sammlung wiederfinden.[164] In dem romantisierten Volkslied *Ulrich und Aennchen* nimmt die Frau zwar ein böses Ende, dennoch lassen sich wichtige Elemente und Formulierungen wie etwa der dreimalige Hilferuf oder die beim »kühlen« Wein sitzenden Brüder in der Grimmschen *Blaubart*-Fassung antreffen. Allerdings stört, daß der Frauenmörder keinen blauen Bart aufweist, ja daß die Ballade mehr ein kriminalistisches *fait divers*, eine vermischte Sensationsmeldung, genußvoll abschreckend verbreitet, als daß sie eine nachvollziehbare Moral darlegt, die letztlich auch die Morde erklären könnte. Die »*unbegreifliche Grausamkeit*«[165] ließ sich weder mit der Volkssprache, wo Blaubart populär einen Starkbärtigen bezeichnen kann,[166] noch mit der abwegigen Spekulation erklären, der blaue Bart stehe im Zusammenhang mit einem Aussatz, der sich wie in Hartmann von Aues *Der arme Heinrich* (12. Jh.) mit »*einer Jungfrau Blut*« heilen ließe.[167] So blieben den Grimms nur noch Hinweise auf verwandte Motive etwa in Straparolas *Märchen vom König Schwein*,[168] in der Rahmenhandlung der *Erzählungen aus Tausendundein Nächten* oder in der ihnen bekannten Tieckschen Bearbeitung,[169] welche freilich allesamt einer rein deutschen Entwicklungsgeschichte widersprachen. So hatte das *Blaubart*-Märchen endgültig seine Berechtigung in der Grimmschen Sammlung verloren. Es war nicht gelungen, eine passende Moral oder eine akzeptable Herleitung zu finden, die den Märchenstoff von Perrault weggerückt und in ein rein deutsches Kinder- und Hausmärchen verwandelt hätte. Der *Blaubart*-Stoff wurde damit zum bloßen Motivsteinbruch, mit dessen Elementen sich Märchen wie das *Marienkind*, *Fitchers Vogel* oder *Der Räuberbräutigam* bereichern ließen.[170]

PSYCHOLOGISCHE EHREN-RETTUNG

Der leidenschaftliche Sammler und Bibliothekar Ludwig Bechstein (1801–60) machte es sich da einfacher, indem er den Stoff direkt von Perrault übernahm und ihn lediglich im eigenen, stark didaktisch geprägten und auf Anschaulichkeit zielenden Stil für sein *Deutsches Märchenbuch* (1845) bearbeitete. Um die Geschichte vom »*gewaltigen Rittersmann*« Blaubart hat Bechstein eine eigene Erzähllogik gewoben, die verstärkt Ereignisse und Handlungsweisen der Personen einleuchtend zu machen sucht. Das beginnt schon bei der Namensgebung »Blaubart«, die ohne Tiecksche Ironie einen mehr oder minder realen Grund für den Übernamen angibt. Nicht weiter erstaunlich ist auch, daß die Übergabe des goldenen Schlüssels an die Frau zu einem männlichen Lehrbeispiel par excellence wird: gleich zu Beginn verhängt Blaubart die Todesstrafe für den Mißbrauch durch Neugier. Auch der verbotene Raum am Ende der langen Zimmerfolge meint mehr als nur Blaubarts kleine Kammer. Als »Kabinett«[171] deutet sie einen männlichen Beratungs- und Rückzugsort der gleichermaßen politischen wie privaten Art an. Mit der Strafandrohung scheint zunächst die Spannung verloren und die Frau verständlicherweise gehorsam. Wäre da nicht noch die namenlose Schwägerin, die, den Eigensinn des Blaubärtigen verlachend, ihre Schwester zur folgenreichen Tat verführt.[172] Um die Spannung noch zu erhöhen, fällt nicht nur der Schlüssel ins Blut, sondern auch die Tür nicht mehr ins Schloß. Just in dem Moment künden Hörner, wie in den orientalisierten Musikdramen,[173] den heimkehrenden Blaubart an, der gleich nochmals mit dramatischer Geste die entsetzliche Strafe verkündet. Dabei ist seine Begründung nicht uninteressant, bringt sie doch neu die »geringe Liebe« der Ehefrau zum Gatten ins Spiel. Erst so wird jene zur »schlechten Magd« und die Gehorsamsprobe damit zur Beziehungsprobe. Der Schluß stammt schließlich wieder von Perrault, wird allerdings mit den in der Nähe des Schlosses jagenden Brüdern näher motiviert und zugleich mit dem Verschließen der Turmtür und einem kurzen Gefecht zusätzlich dramatisiert. Wie die Brüder Grimm verzichtet auch Bechstein auf eine abschließende Moral, statt dessen setzt er einen merkwürdigen Satz ans Ende:

»Die Frau war erlöst, konnte aber die Folgen ihrer Neugier lange nicht verwinden.«

Mit der Tötung des Blaubarts ist also die absurde Probe keineswegs erledigt. Das Wissen, ein männliches Verbot mißachtet zu haben, schafft über das gute Ende hinaus bei der Frau Gewissenskonflikte. Unausgesprochen liegt darin die eigentliche Schlußmoral, die jeglicher relativierender Ironie entbehrt und zugleich der Frau ein Stück Schuld am Tod ihres Ehemannes zuweist.[174] Ursache und Wirkung werden so vertauscht. Es ist, als habe die Frau gegen das »ewig gültige Ideal« einer Gattin im 19. Jahrhundert verstoßen, die ihre rechtliche Schutzlosigkeit gegenüber ihrem Beschützer in dankbarem Gehorsam kompensiert, damit er »ihrem redlichen Sinn« stets

»*mit festem Vertrauen huldiget*«.[175] Die Blaubärtigkeit der Männer wird so auch zum allmächtigen Psychoterror. Oder wie es
in Stendhals (1783–1842) Roman *Rot und Schwarz* heißt:

> *Im 19. Jahrhundert tötet ein Ehemann seine Frau, indem er
> sie den Nadelstichen der öffentlichen Verachtung preisgibt. Er
> versperrt ihr ganz einfach den Zugang zu allen Salons.*«[176]

Unter einem solchen psychologischen Blickwinkel beginnt
sich das 19. Jahrhundert vermehrt für den *Blaubart*-Stoff zu
interessieren.[177] Je nachdem werden die Charaktere von Mann
und Frau ausgelotet: das »hysterische Gemüt« beziehungsweise
die Sphinx-Rätselhaftigkeit der Frau auf der einen, auf der andern Seite die komischen Pascha-Allüren eines Kleinstadt-
Sonderlings beziehungsweise die neurotische Lebens- und
Beziehungsunfähigkeit eines Durchschnittsmannes. Gleichzeitig öffnen sich Tür und Tor für Karikatur und Parodie.
Damit allerdings erhält die Gehorsamsprobe zunehmend un-
verständliche, überholte, fremde Züge.[178] Schließlich bleibt
nurmehr das drastische, stellvertretende Bild für den modernen Geschlechterkampf übrig, und die ländlich geprägte
Blutkammer-Brutalität weicht den Vorstellungen von Jack-
the-Ripper-Morden in düstern Großstadt-Hinterhöfen.
Dennoch übt gerade das an *Blaubart* altertümlich Anmutende
eine merkwürdig widersprüchliche Faszination auf die
Moderne aus. So läßt zum Beispiel Oskar Kokoschka (1886
bis 1980) in seinem Minidrama *Mörder, Hoffnung der Frauen*
von 1907 die Frau dem »*blaugepanzerten*« Mann, der seine
Opfer »*wie Mücken erschlägt*«, gegen Ende des Stücks expres-
sionistisch verwirrt entgegenstammeln:

> »*Ich will Dich nicht leben lassen, Du Vampyr, frißt an mei-
> nem Blut, Du schwächst mich, wehe Dir, ich töte Dich – Du
> fesselst mich – Dich fing ich ein – und Du hältst mich – laß los
> von mir, Blutender, Deine Liebe umklammert mich – wie mit
> eisernen Ketten erdrosselt – los – Hilfe. Ich verlor den Schlüs-
> sel, der Dich festhielt.*«[179]

DAS
ROTKÄPPCHEN-MÄRCHEN

Jean de La Fontaine

DER WOLF, DIE MUTTER UND DAS KIND
(1668)

Der Wolf erinnert mich soeben
An einen Freund von ihm, der's noch weit schlimmer traf:
 Er starb. Hört, wie sich das begeben.
Ein einsam Haus bewohnt ein Landmann, reich und brav.
Meister Isegrim lauscht' dort heimlich an der Pforte;
Gar leckre Beute hat erspäht er an dem Orte,
  Milchkalb und Ziege, Lamm und Schaf,
Truthähne massenhaft, kurz, Mundvorrat wie selten.
Doch bald stellt Langeweil sich bei dem Räuber ein.
  Da hört ein kleines Kind er schrein;
  Gleich fängt die Mutter an zu schelten,
  Sie droht ihm: »Bist du nicht gleich still,
Holt dich der Wolf!« – Das hört die Bestie, und schon will
Gott danken sie für dies Geschenk; doch zu beschwicht'gen
Beginnt die Mutter jetzt ihr ungezognes Früchtchen
Und sagt: »Schrei nicht! Kommt er, dann schlagen wir ihn
           tot.« –
Der Hammelwürger ruft: »Was heißt denn das?« – und droht:
»Erst spricht sie so, dann so! Ob so was dulden müssen
Leute wie ich? Hält man für einen Narren mich?
  Der kleine Fratz dort wage sich
  Nur mal zum Wald nach Haselnüssen!« –
Kaum hat er das gesagt, gleich kommen sie heraus;
Ein Hofhund packt ihn, Spieß' und Gabeln bearbeiten
  Ihn fürchterlich nach allen Seiten.
»Was hast du« – fragt man ihn – »zu suchen hier am Haus?« –
  Alsbald erzählt er, wie's gekommen.
  »Ich danke schön!« – ruft wutentglommen
Die Mutter – »Du mein Kind erwürgen! Glaubst wohl gar,
  Daß ich's nur dir zum Fraß gebar?« –
  Der Ärmste hat den Tod erlitten.

Ein Bauer hat ihm Kopf und Klauen abgeschnitten,
Die über seiner Tür der Gutsherr aufgesteckt,
Ein Sprüchlein drunter im Pikarden-Dialekt:
　　»Wölfle, hörst mal ä Büble schrein
　　Und's Mütterl drohn, fall nit drauf 'nein.«

Charles Perrault

ROTKÄPPCHEN
Ein Märchen (1695)

Es war einmal ein kleines Dorfmädchen, das war so hübsch,
wie man es sich nur denken kann; seine Mutter liebte es ab-
göttisch und seine Großmutter gar noch mehr. Die gute Frau
ließ ihm ein rotes Käppchen machen, und das stand ihm so
gut, daß man es allenthalben Rotkäppchen nannte. Eines Tages, als die Mutter Brot und einige Kuchen gebacken hatte,
sprach sie zu ihm: »Lauf und sieh, wie es deiner Großmutter
geht, denn ich habe gehört, daß sie krank ist; bring ihr einen
Kuchen und dieses Töpfchen Butter.« Rotkäppchen brach alsbald auf, um seine Großmutter zu besuchen, die in einem anderen Dorf wohnte. Als es durch den Wald kam, begegnete es
Gevatter Wolf, der rechte Lust hatte, es zu fressen; doch er
traute sich nicht, da ein paar Holzfäller im Wald arbeiteten. Er
fragte es, wo es hinginge; das arme Kind, das nicht wußte, wie
gefährlich es ist, bei einem Wolf zu verweilen und ihm Gehör
zu schenken, sagte zu ihm: »Ich will meine Großmutter besuchen und ihr einen Kuchen und ein Töpfchen Butter bringen,
die ihr meine Mutter schickt.« »Wohnt sie weit von hier?«
sagte der Wolf zu ihm. »O ja«, sagte Rotkäppchen, »noch über
die Mühle hinaus, die Ihr dort hinten, dort ganz hinten seht,
im ersten Haus vom Dorf.« »Nun gut«, sprach der Wolf, »ich
will sie gleichfalls besuchen; ich nehme diesen Weg und du jenen Weg, und wir wollen sehen, wer zuerst da ist.«
　　Der Wolf lief nun so schnell er konnte auf dem kürzeren
Weg los, und das kleine Mädchen ging auf dem längeren Weg
weiter; dabei machte es sich eine Freude daraus, Haselnüsse
aufzulesen, hinter Schmetterlingen herzulaufen und aus den
Blümchen, die es fand, kleine Sträuße zu winden.

Es dauerte nicht lange, da gelangte der Wolf beim Haus der Großmutter an; er klopfte: poch, poch. »Wer ist da?« »Eure Enkelin ist es, Rotkäppchen«, sprach der Wolf, indem er seine Stimme verstellte; »meine Mutter schickt mich, ich bringe Euch Kuchen und ein Töpfchen Butter.« Die gute Großmutter, die im Bett lag, weil es ihr nicht gut ging, rief: »Zieh das Häkchen heraus, dann geht der Riegel zurück.« Der Wolf zog das Häkchen heraus, und die Tür ging auf. Er stürzte sich auf die gute Frau und hatte sie im Handumdrehen verschlungen, denn er hatte schon seit mehr als drei Tagen nichts mehr gefressen. Dann machte er die Tür zu und legte sich ins Bett der Großmutter, um auf Rotkäppchen zu warten, das einige Zeit danach an die Tür klopfte: poch, poch. »Wer ist da?« Als Rotkäppchen die rauhe Stimme des Wolfs hörte, fürchtete es sich zunächst, doch da es glaubte, die Großmutter sei erkältet, antwortete es: »Eure Enkelin ist es, Rotkäppchen; meine Mutter schickt mich, ich bringe Euch Kuchen und ein Töpfchen Butter.« Der Wolf dämpfte seine Stimme ein wenig und rief: »Zieh das Häkchen heraus, dann geht der Riegel zurück.« Rotkäppchen zog das Häkchen heraus, und die Türe ging auf. Als der Wolf es eintreten sah, zog er sich die Decke über den Kopf und sprach: »Stell den Kuchen und das Töpfchen Butter auf den Brotkasten und leg dich zu mir.«

Rotkäppchen zieht sich aus und legt sich ins Bett. Da war sie sehr erstaunt, wie ihre Großmutter ohne Kleider aussah und sie sprach: »Großmutter, was habt Ihr für große Arme!« »Damit ich dich besser umarmen kann, mein Töchterchen.« »Großmutter, was habt Ihr für große Beine!« »Damit ich besser laufen kann, mein Kind.« »Großmutter, was habt Ihr für große Ohren!« »Damit ich besser hören kann, mein Kind.« »Großmutter, was habt Ihr für große Augen!« »Damit ich besser sehen kann, mein Kind.« »Großmutter, was habt Ihr für große Zähne!« »Damit ich dich fressen kann.« Mit diesen Worten stürzte sich der böse Wolf auf Rotkäppchen und fraß es auf.

Moral

Hier sieht man, daß kleine Kinder, zumal junge Mädchen, wenn sie hübsch sind, fein und nett, sehr schlecht daran tun, jedwedem Gehör zu schenken, denn dann nimmt es nicht wunder, daß der

Wolf so viele von ihnen frißt. Ich sage *der Wolf*, weil nicht alle Wölfe von der gleichen Art sind. Da gibt es solche, die kein Aufsehen erregen und sich zuvorkommend, liebenswürdig und brav zeigen. Ganz zahm und gefällig folgen sie den jungen Damen in ihre Häuser und in ihre *Bettnischen** – doch ach! wer weiß es nicht, daß die sanften Wölfe unter den Wölfen die allergefährlichsten sind.

[BAUERNMÄRCHEN]
(18. Jahrhundert)

Es war einmal ein kleines Mädchen, dem von seiner Mutter aufgetragen wurde, der Großmutter Brot und Milch zu bringen. Als das Mädchen durch den Wald ging, trat ihm ein Wolf entgegen und fragte, wohin des Weges es gehe.

»Zum Hause der Großmutter«, antwortete es.

»Welchen Weg willst du gehen, den Dornenweg oder den Stachelweg?«

»Den Stachelweg.«

Da ging der Wolf den Dornenweg und langte als erster beim Hause an. Er brachte die Großmutter um, füllte ihr Blut in eine Flasche, schnitt ihr Fleisch in Scheiben und legte es auf einen Teller. Dann zog er ihr Nachtgewand an und wartete im Bett.

Poch, poch.

»Tritt ein, liebes Kind.«

»Guten Tag, Großmutter. Ich bringe dir Brot und Milch.«

»Iß selbst etwas, liebes Kind. Da ist Fleisch und Wein in der Speisekammer.«

Und da aß das kleine Mädchen, was es geboten bekam; und während es das tat, sagte die kleine Katze: »So ein Luder! Der eigenen Großmutter Fleisch zu essen und Blut zu trinken!«

Dann sagte der Wolf: »Zieh dich aus und komm zu mir ins Bett.«

»Wo soll ich meine Schürze hinlegen?«

---

* Der hier von Perrault verwendete Begriff »*ruelle*« bezeichnet nicht eigentlich, wie Doris Distelmaier-Haas übersetzt, *Gemächer*, sondern exakter gemäß Furetières *Dictionnaire universelle* von 1690: »*Alkoven oder geschützte Orte, wo die Damen ihre Besuche empfangen, sei es im Bett, sei es auf Sesseln*«.

»Wirf sie ins Feuer; du wirst sie nicht mehr brauchen.«

Bei jedem Kleidungsstück – dem Leibchen, dem Kleid, dem Unterrock und den Strümpfen – tat das Mädchen dieselbe Frage; und jedesmal antwortete der Wolf: »Wirf es ins Feuer; du wirst es nicht mehr brauchen.«

Als das Mädchen ins Bett stieg, sagte es: »Aber Großmutter, was hast du für haarige Haut?«

»Damit ich es wärmer habe, liebes Kind.«

»Aber Großmutter, was hast du für breite Schultern?«

»Damit ich das Brennholz besser tragen kann, liebes Kind.«

»Aber Großmutter, was hast du für lange Nägel?«

»Damit ich mich besser kratzen kann, liebes Kind.«

»Aber Großmutter, was hast du für große Zähne?«

»Damit ich dich besser fressen kann, liebes Kind.«

Und er fraß es auf.

Kurt Bartsch

ROTKÄPPCHEN UND HERR WOLF

(1985)

Rotkäppchen, dreizehn Jahre alt,
Ein Mädchen wie fast jedes,
War unterwegs im Märchenwald,
Im Minikleid, per pedes.

Sie bückte sich, so daß man sah:
Sie hatte hübsche Beine.
Doch war vorerst noch keiner da,
Der sie so sah, die Kleine.

Als sie jedoch vom Weg abkam,
Da trat aus dem Gehölze
Ein Mann, der seinen Hut abnahm,
Im knöchellangen Pelze.

Gestatten, Wolf, sprach dieser, und:
Wohin soll es denn gehen?
Er sah auf ihren Rosenmund
Und sah auf ihre Zehen.

Sie nannte artig ihm das Ziel
Mit Namen und Adresse.
Herr Wolf jedoch blieb sichtlich kühl.
Aus Mangel an Interesse?

Wohl kaum. Er war, was viele sind:
Ein Vorstadtcasanova.
Er nahm schon manches schöne Kind
Mit auf sein grünes Sofa.

In diesem Fall zog er galant
Den Hut vor ihr, der Täter.
Und ehe er im Wald verschwand,
Sprach lächelnd er: Bis später.

Als Rotkäppchen zur Oma kam,
Erkannte sie ihn wieder.
Er trug, was sie ganz heiter nahm,
Großmutters Strumpf und Mieder.

Er zog sie sanft ins Bett und sprach:
Ich will dir etwas zeigen.
Und fügte noch hinzu: Hernach
Mußt du darüber schweigen.

Rotkäppchen sah sich alles an,
Doch schwieg sie nicht sehr lange.
Sie traf im Wald den Jägersmann,
Der nahm sie in die Zange.

Er wollte jede Einzelheit
Von ihr, der Ärmsten, wissen.
Er hob sogar ihr kurzes Kleid,
Versuchte, sie zu küssen.

Er wolle, sprach er, lediglich
Die Tat rekonstruieren.
Sie aber biß und wehrte sich
Und ließ sich nicht verführen.

Zu Hause hat sie lange krank
In ihrem Bett gelegen.
Ihr strenger Vater, Gott sei Dank,
War selten nur zugegen.

Er sang nämlich im Männerchor.
Die Mutter las mit bleichen,
Verkniffnen Lippen Märchen vor.
Rotkäppchen und dergleichen.

Ludwig Tieck

LEBEN UND TOD
DES KLEINEN ROTKÄPPCHENS
Eine Tragödie (1800)

Dritte Szene: Dickicht im Walde

Der Wolf: Muß nun hier in den dichtesten Gesträuchen
  Wie ein Vertriebener auf und nieder schleichen,
  Und bin verstoßen und ausgetrieben.
  Da ist kein Wesen, das mich möchte lieben;
  Keiner kömmt mir nah, keiner mag mir traun,
  Sie alle mit Abscheu auf mich schaun.
  Und warum wird mir dies alles getan?
  Weil ich nicht heucheln und schmeicheln kann.
  Weil ich mich nicht erniedern will zum Knecht,
  So denkt ein jeder von mir schlecht. –
  Wie oft bin ich gekränkt und verkannt,
  Und umgetrieben von Land zu Land,
  Vergeblich suchend die Sympathie,
  Wohl Schläge fand ich, doch nimmermehr die;
  Nach mir geworfen, mit Pulver geschossen,
  Und Fallen gestellt, und dergleichen Possen;
  Man schrie, wo ich mich ließ sehn bei Tageshelle:
  Da geht der Wolf! den nehmt beim Felle!
  Und dennoch reden sie von Toleranz,
  Und dünkt sich duldend jeder Alfanz,
  Wenn er des Sonntags im ordinären Rocke geht,

Bei Ärmern auch Gevatter steht.
Und noch menschlicher als der Mensch ist der Hund,
Mein Geschwisterkind, und doch im Bund
Mit unserm gemeinschaftlichen Tyrannen.
Da kommt ja Spitz, mein Freund! von wannen
Des Weges, guter, edler Spitz?
Der Hund tritt auf: Sieh da! ist hier ein Sommersitz?
  Ich geh ein wenig rum spazieren,
  Ein Kaninchen oder Hasen zu attrappieren,
  Nur fürcht' ich mich vor des Jägers Büchsenschuß,
  Denn so ein Kerl versteht über Jagd keinen Spaß.
Wolf: Bist du noch bei Rotkäppchens Vater in Dienst?
Hund: O ja, ich habe da guten Gewinst,
  Die Wirtschaft ist groß, und manches bleibt über,
  Was sie mir als andern gönnen lieber,
  Das Kind im Hause ist mir auch gut
  Und steckt mir heimlich manches zu,
  Wofür ich denn die Katze vexiere,
  Auch Stöckchen aus dem Wasser apportiere,
  Lege mich auf den Rücken und stelle mich tot.
  Gottlob! ich leide jetzt keine Not.
Wolf: Das sind die Künste, die finden ihr Brot!
Hund: Jetzt ist seit vierzehn oder zwanzig Tagen
  Im Wald mit Essen ein vieles Tragen,
  Die Großmutter ist krank und wird gepflegt,
  Für mich mancher Knochen beiseit gelegt.
  Die Alte stirbt vielleicht, zum Lohn
  Erbt ihr Vermögen der Schwiegersohn;
  Der kann es brauchen, er säuft gern viel,
  Verliert auch sein Geld im Kartenspiel.
  Nur ein gewisser philosophscher Trieb
  Ist mir in meinem Wesen nicht lieb:
  Letzt schleppt das Kind einen Stein herbei,
  Der wiegt wohl mehr als ihrer drei,
  Und wirft mir den vor meine Füße,
  Mir wars, als ob ich ihn apportieren müsse,
  Ich konnt' ihn nicht regen und nirgend fassen,
  Und mußt' ihn auf der Erde liegen lassen;
  Doch immer wieder, geh ich dort vorbei,
  Ist mirs, als ob es möglich sei,

Ich will ihn tragen, ich will ihn heben,
Ich knurr', es verkümmert mir mein Leben;
Bald muß ich hier, bald dort probieren,
Ich kanns schon in den Zähnen spüren.
Der Alte lacht mich aus; ja von Natur versteht er
Wohl nichts, er spricht: seht doch den dummen Köter!

Wolf: Ich möchte nicht sein in deiner Lage,
    Du lebst doch nur erbärmliche Tage,
    Hast keinen eignen Willen, bist nicht frei,
    Kriegst auch Schläg' ohn' Ursach. Verzeih,
    Daß ich dir alle deine Freude
    Und deinen edlen Stand verleide!

Hund: Sprich immer, denn ich kenne dich schon,
    Weiß auch, daß man die Spekulation,
    Selbst die beste, und alle Theorie,
    Muß mengen ins praktische Leben nie.

Wolf: Ei sieh, du bist über alles getröstet,
    Wie ein Braten von beiden Seiten geröstet.
    Du gehst am Ende und gibst mich an.

Hund: Nein, wisse, ich bin ein ehrlicher Mann,
    Du bist von vordem mein lieber Kumpan,
    Wärst du ein klein wenig human
    Und ließest die wilde Gesinnung fahren,
    So würde was aus dir mit den Jahren.

Wolf: Nein, Freund, wir wollen uns so was ersparen.
    In der Kindheit, ich denke noch immer mit Tränen
    An jene Tage der Unschuldzeit,
    Wie hatt' ich da ein inniges Sehnen,
    Wie trug ich von Wirken und Nützen ein Wähnen,
    Wie war ich zu herrlichen Taten bereit!
    Es kann sich keiner in Idealen
    So weit versteigen, so prächtig sie malen,
    Wie ich alle Talente und alle Kräfte
    Nur widmen wollte dem Menschheitsgeschäfte,
    Dem herrlichen Fortrücken des Jahrhunderts,
    Versprach von meinem Wirken mir viel Wunders,
    Und alles lief gar lausig ab,
    Wie ich dir schon sonst erzählet hab.

Hund: Erzähle noch einmal, ich höre dir zu,
    Es sitzt sich hier gut in der stillen Ruh.

Wolf: Du weißt, wie damals, als ich dich kennen lernte
  Beim Bauer Hans, wo du dientest als Knecht,
  Ich mich aus meinem Wald entfernte
  Und alle Künste des Hundes lernte,
  Verleugnete ganz mein eigen Geschlecht,
  Um nur dem Staate zu werden recht.
  Ich verscheuchte die Diebe, bewachte den Hof,
  Im Regen lag ich, daß der Pelz mir troff,
  Erlitt oft Hunger, der Prügel nicht wenig,
  Doch war ich in meinen Gedanken ein König;
  Ich nutzte, und war mit meiner Bestimmung zufrieden,
  Mir schien ein herrliches Los beschieden.
Hund: Still! mir ist, als ob ich Hasen spüre.
Wolf: Sei ruhig, du Narr, hör zu und verstöre
  Mir meine tragische Leidensgeschicht
  Durch derlei platten Egoismus nicht.
  Vernimm denn, wie es ein Ende nahm,
  Und wie ich durch Erfahrung dazu kam,
  Die Menschen zu hassen, die ich wie Brüder
  Geliebt, die ich meine Freunde geheißen;
  Jetzt sind sie mir in den Tod zuwider,
  Ich möchte sie alle mit den Zähnen zerreißen! –
  Meine Phantasie stand damals in ihrer Blüte
  Und jugendlich schön war mein Gemüte,
  Ich ging im Walde zuweilen spazieren,
  Mußt mir das Glück eine Wölfin zuführen.
  O Freund! was lernt ich da erst kennen,
  Einen Leib, so unbeschreiblich hold,
  Einen Geist, mit keinen Worten zu nennen,
  Verstand, nicht zu bezahlen mit Gold,
  Man hätte von ihr ein Buch schreiben können,
  Elisa, oder die Wölfin wie sie sein sollt!
Hund: Erspare dir das Entzücken, mein Freund,
  Du hältst mich auch für verliebt, wies scheint.
Wolf: Was soll ich dir sagen? Ich liebte sie, sie mich,
  Unsre Wonnemonde waren so wonniglich;
  Ich sah sie im Wald, sie besuchte mich heimlich,
  Wir wünschten, wir wären unzertrennlich.
  Eines Morgens verspätet sich die Teure,
  Die Bauren kommen zum Dreschen in die Scheure,

Finden da das unvergleichliche Weib,
Drauf mit den Dreschflegeln über den zarten Leib,
Und hast du nicht gesehn, von Wut gezügelt,
Die Geliebte vom Hofe herunter geprügelt!
Hund: Da war dir wohl die Petersilie verregnet?
Wolf: Ist es so, daß ihr der Liebe begegnet,
Ihr Menschen? dacht ich in meinem Sinn,
Doch unterdrückt ich meinen Grimm,
Ich lernte mich unter der Not bequemen,
Die Leidenschaft meines Herzens zähmen.
Es währte nicht lange, so merkten's im Dorf
Ich sei kein Hund nicht, sondern ein Wolf.
Was liegt am Namen? da sie mich kannten,
Da ich so treue Dienste getan?
Doch war ich seitdem ein verlorner Mann,
Weil sie dies Vorurteil nicht verbannten.
Man traut mir nicht, man legt mich an die Kette,
Als wenn ich ein Verbrechen begangen hätte.
Ich fügte mich mit O! und Ach!
Auch wieder in die neue Schmach;
Doch Nachts vernahm ich einen Plan,
Vor dem mein ganzes Blut gerann:
Man beschloß, mich so in Fesseln zu legen,
Daß ich nicht Hand nicht Fuß könnte regen;
Hernach, so hört' ich sie sich besprechen,
Wollten sie mir ungesäumt die Zähne ausbrechen,
So könnten sie mit mir machen, was sie wollten,
Und wenn sie mich auch schinden sollten;
Könnten mich auch an Bärenführer verkaufen,
So müßt ich als Narr die Märkte durchlaufen,
Und wär man meiner satt, könnte man ohne Gefahr
Mich augenblicklich totschlagen gar.
O Spitz, wie das mein Herz durchschnitt!
Hund: Sie spielen einem kuriose mit.
Wolf: Meiner Wut riß die Kette bald,
So rannte ich in den nächsten Wald.
Ich will schweigen, was ich seitdem erfuhr,
Denn es empört die geduldigste Natur;
Kugeln summten oft dicht um die Ohren,
Eisen waren mir mörderlich gestellt,

Hunde hatten mich oft beim Fell:
O Freund, nirgends ist eine Kreatur
So schlimm in aller weiten Welt
Als wie ein armer Wolf geschoren.
Seitdem ist aber auch mein Plan,
Unheil zu stiften, so viel ich nur kann;
Seitdem tut mir nichts gut,
Als nur der Anblick von Blut.
Ich will alles Glück ruinieren,
Dem Bräutigam seine Braut massakrieren,
Die Kinder von den Eltern trennen,
Und was man Unglück nur kann nennen,
Darauf soll dieser Kopf auch sinnen.
Man hat mich so weit endlich getrieben,
Ich will sie fressen, da sie mich nicht lieben,
Und wärst du nicht mein Vertrauter eben,
Ich hätte dir schon den Rest gegeben.

Hund: Gehorsamer Diener, für die gütige Ausnahm!
Doch hast du denn keine Schand' noch Scham,
Daß dich nicht dein böser Vorsatz gereut?
Glaubst du denn nicht an Unsterblichkeit?
An Bestrafung nach dieser Zeitlichkeit?

Wolf: Nein, Kerl, ich halte alles für Aberglauben!
Die Freuden dort sind gewiß nur Trauben,
Die uns zu hoch hängen, mein dummer Freund,
In gar zu weitem Felde das scheint:
Was ich fresse in meinen Leib hinein,
Das ist gewiß und wahrhaftig mein!
Kann mich zu keiner andern Lehr bequemen.

Hund: Ei pfui! ich muß mich für Euch schämen,
Will auch nicht mit Euch Umgang weiter pflegen,
Ich geh, aus Furcht der Ansteckung wegen. *Ab.*

Wolf: Das sind die Köpfe, so dumm und seicht,
Die jede Furcht und Beklemmung erreicht,
Die nichts von Kraft und Selbständigkeit wissen;
Hätt' ich ihn doch lieber in Stücke zerrissen!
Doch will ich sein liebes Rotkäppchen fangen,
Das ist seit lange schon mein Verlangen;
Ihr Vater ist überdies ein Mann,
Der mir schon tausend Drangsal angetan.

Will mich auch auf den Weg gleich machen,
Hungert mich recht nach ihr in meinem Rachen.
Geht ab.

Brüder Grimm
ROTKÄPPCHEN
(1837)

Es war einmal eine kleine süße Dirne, die hatte jedermann
lieb, der sie nur ansah, am allerliebsten aber ihre Großmutter,
die wußte gar nicht was sie alles dem Kinde geben sollte. Einmal schenkte sie ihm ein Käppchen von rotem Sammet, und
weil ihm das so wohl stand, und es nichts anders mehr tragen
wollte, hieß es nur das Rotkäppchen. Da sagte einmal seine
Mutter zu ihm »komm, Rotkäppchen, da hast du ein Stück
Kuchen und eine Flasche Wein, die bring der Großmutter hinaus: weil sie krank und schwach ist, wird sie sich daran laben;
sei aber hübsch artig und grüß sie von mir, geh auch ordent-
lich, und lauf nicht vom Weg ab, sonst fällst du, und zerbrichst
das Glas, dann hat die kranke Großmutter nichts«.

Rotkäppchen sagte »ich will schon alles gut ausrichten«,
und gab der Mutter die Hand darauf. Die Großmutter aber
wohnte draußen im Wald, eine halbe Stunde vom Dorf. Wie
nun Rotkäppchen in den Wald kam, begegnete ihm der Wolf.
Rotkäppchen aber wußte nicht was das für ein böses Tier war,
und fürchtete sich nicht vor ihm. »Guten Tag, Rotkäppchen«,
sprach er. »Schönen Dank, Wolf.« »Wo hinaus so früh, Rotkäppchen?« »Zur Großmutter.« »Was trägst du unter der
Schürze?« »Kuchen und Wein für die kranke und schwache
Großmutter; gestern haben wir gebacken, da soll sie sich etwas zu gut tun und sich stärken.« »Rotkäppchen, wo wohnt
deine Großmutter?« »Noch eine gute Viertelstunde im Wald,
unter den drei großen Eichbäumen, da steht ihr Haus, unten
sind die Nußhecken, das wirst du ja wissen« sagte Rotkäppchen. Der Wolf dachte bei sich »das junge zarte Mädchen, das
ist ein guter Bissen für dich: wie fängst dus an, daß du den
kriegst?« Da ging er ein Weilchen neben Rotkäppchen her,
dann sprach er »Rotkäppchen, sieh einmal die schönen Blumen, die im Walde stehen, warum guckst du nicht um dich?

ich glaube du hörst gar nicht darauf, wie die Vöglein so lieblich singen? du gehst ja für dich hin als wenn du zur Schule gingst, und ist so lustig haußen in dem Wald«.

Rotkäppchen schlug die Augen auf, und als es sah wie die Sonne durch die Bäume hin und her sprang, und alles voll schöner Blumen stand, dachte es »wenn ich der Großmutter einen Strauß mitbringe, der wird ihr auch lieb sein; es ist ja noch früh, daß ich doch zu rechter Zeit ankomme«, und sprang in den Wald und suchte Blumen. Und wenn es eine gebrochen hatte, meinte es weiter hinaus stände eine noch schönere, und lief darnach, und lief immer tiefer in den Wald hinein. Der Wolf aber ging geradeswegs nach dem Haus der Großmutter, und klopfte an die Türe. »Wer ist draußen?« »Rotkäppchen, das bringt dir Kuchen und Wein, mach auf.« »Drück nur auf die Klinke«, rief die Großmutter, »ich bin zu schwach, und kann nicht aufstehen.« Der Wolf drückte auf die Klinke, trat hinein, und ging, ohne ein Wort zu sprechen, geradezu an das Bett der Großmutter, und verschluckte sie. Dann nahm er ihre Kleider, tat sie an, setzte sich ihre Haube auf, legte sich in ihr Bett, und zog die Vorhänge vor.

Rotkäppchen aber war herum gelaufen nach Blumen, und als es so viel hatte, daß es keine mehr tragen konnte, fiel ihm die Großmutter wieder ein, und es machte sich auf den Weg zu ihr. Es wunderte sich, daß die Türe aufstand, und wie es in die Stube kam, sahs so seltsam darin aus, daß es dachte »ei, du mein Gott, wie ängstlich wird mirs heut zu Mut, und bin sonst so gerne bei der Großmutter!« Darauf ging es zum Bett, und zog die Vorhänge zurück: da lag die Großmutter, und hatte die Haube tief ins Gesicht gesetzt, und sah so wunderlich aus. »Ei, Großmutter, was hast du für große Ohren!« »Daß ich dich besser hören kann.« »Ei, Großmutter, was hast du für große Augen!« »Daß ich dich besser sehen kann.« »Ei, Großmutter, was hast du für große Hände!« »Daß ich dich besser packen kann.« »Aber, Großmutter, was hast du für ein entsetzlich großes Maul!« »Daß ich dich besser fressen kann.« Und wie der Wolf das gesagt hatte, sprang er aus dem Bette und auf das arme Rotkäppchen, und verschlang es.

Wie der Wolf den fetten Bissen im Leibe hatte, legte er sich wieder ins Bett, schlief ein, und fing an überlaut zu schnarchen. Der Jäger ging eben vorbei, und dachte bei sich »wie kann die alte Frau so schnarchen, du mußt einmal nachsehen ob ihr etwas fehlt«. Da trat er in die Stube, und wie er vor das Bett kam, so lag der Wolf darin, den er lange gesucht hatte. Nun wollte er seine Büchse anlegen, da fiel ihm ein »vielleicht hat er die Großmutter gefressen, und ich kann sie noch retten«, und schoß nicht, sondern nahm eine Schere, und schnitt dem schlafenden Wolf den Bauch auf. Wie er ein paar Schnitte getan, da sah er das rote Käppchen leuchten, und wie er noch ein wenig geschnitten, da sprang das Mädchen heraus, und rief »ach, wie war ich erschrocken, was wars so dunkel in dem Wolf seinem Leib!« Und dann kam die alte Großmutter auch lebendig heraus. Rotkäppchen aber holte große schwere Steine, damit füllten sie dem Wolf den Leib, und wie er aufwachte, wollte er fortspringen, aber die Steine waren so schwer, daß er gleich niedersank und sich tot fiel.

Da waren alle drei vergnügt; der Jäger nahm den Pelz vom Wolf, die Großmutter aß den Kuchen und trank den Wein den Rotkäppchen gebracht hatte, und Rotkäppchen dachte bei sich »du willst dein Lebtag nicht wieder allein vom Wege ab in den Wald laufen, wenn dirs die Mutter verboten hat«.

———————

Es wird auch erzählt, daß einmal, als Rotkäppchen der alten Großmutter wieder Gebackenes brachte, ein anderer Wolf ihm zugesprochen, und es vom Wege habe ableiten wollen. Rotkäppchen aber hütete sich, und ging gerade fort seines Wegs, und sagte der Großmutter daß es dem Wolf begegnet wäre, der ihm guten Tag gewünscht, aber so bös aus den Augen geguckt habe: »wenns nicht auf offner Straße gewesen wäre, er hätte mich gefressen«. »Komm«, sagte die Großmutter, »wir wollen die Türe verschließen, daß er nicht herein kann.« Bald darnach klopfte der Wolf an, und rief »mach auf, Großmutter, ich bin das Rotkäppchen, ich bring dir Gebackenes«. Sie schwiegen aber still, und machten die Türe nicht auf, da ging der Böse etlichemal um das Haus, und sprang endlich aufs Dach, und wollte warten bis Rotkäppchen Abends nach Haus ginge, dann wollt er ihm nachschleichen, und wollts in der Dunkelheit fressen. Aber die Großmutter merkte was er im Sinn hatte. Nun stand vor dem Haus ein großer Steintrog; da sprach sie zu dem Kind »nimm den Eimer, Rotkäppchen, gestern hab ich Würste gekocht, da trag das Wasser, worin sie gekocht sind, in den Trog«. Rotkäppchen trug so lange, bis der große große Trog ganz voll war. Da stieg der Geruch von den Würsten dem Wolf in die Nase, er schnupperte und guckte hinab, endlich machte er den Hals so lang, daß er sich nicht mehr halten konnte, und anfing zu rutschen: so rutschte er vom Dach herab, und gerade in den großen Trog hinein, und ertrank. Rotkäppchen aber ging fröhlich nach Haus, und tat ihm niemand etwas zu Leid.

Ludwig Bechstein
DAS ROTKÄPPCHEN
(1853)

Es war einmal ein gar allerliebstes, niedliches Ding von einem Mädchen, das hatte eine Mutter und eine Großmutter, die waren gar gut und hatten das kleine Ding so lieb. Die Großmutter absonderlich, die wußte gar nicht, wie gut sie's mit dem Enkelchen meinen sollte, schenkt' ihm immer dies und das und hatte ihm auch ein feines Käppchen von rotem Sammet geschenkt, das stand dem Kind so überaus hübsch, und das wußte auch das kleine Mädchen und wollte nichts andres mehr tragen, und darum hieß es bei alt und jung nur das Rotkäppchen. Mutter und Großmutter wohnten aber nicht beisammen in *einem* Häuschen, sondern eine halbe Stunde voneinander, und zwischen den beiden Häusern lag ein Wald. Da sprach eines Morgens die Mutter zum Rotkäppchen: »Liebes Rotkäppchen, Großmutter ist schwach und krank geworden, und kann nicht zu uns kommen. Ich habe Kuchen gebacken, geh und bringe Großmutter von dem Kuchen und auch eine Flasche Wein, und grüße sie recht schön von mir, und sei recht vorsichtig, daß du nicht fällst, und etwa die Flasche zerbrichst, sonst hätte die kranke Großmutter nichts. Laufe nicht im Walde herum, bleibe hübsch auf dem Wege, und bleibe auch nicht zu lange aus.«

»Das will ich alles so machen, wie du befiehlst, liebe Mutter«, antwortete Rotkäppchen, band ihr Schürzchen um, nahm einen leichten Korb, in den es die Flasche und den Kuchen von der Mutter legen ließ, und ging fröhlichen Schrittes in den Wald hinein. Wie es so völlig arglos dahin wandelte, kam ein

Wolf daher. Das gute Kind kannte noch keine Wölfe und hatte keine Furcht. Als der Wolf näher kam, sagte er: »Guten Tag Rotkäppchen!« – »Schönen Dank, Herr Graubart!« – »Wo soll es denn hingehen so in aller Frühe, mein liebes Rotkäppchen?« fragte der Wolf. »Zur alten Großmutter, die nicht wohl ist!« antwortete Rotkäppchen. »Was willst du denn dort machen? du willst ihr wohl was bringen?« – »Ei freilich, wir haben Kuchen gebacken, und Mutter hat mir auch Wein mitgegeben, den soll sie trinken, damit sie wieder stark wird.«

»Sage mir doch noch, mein liebes scharmantes Rotkäppchen, wo wohnt denn deine Großmutter? Ich möchte wohl einmal, wenn ich an ihrem Hause vorbeikomme, ihr meine Hochachtung an den Tag legen«, fragte der Wolf.

»Ei gar nicht weit von hier, ein Viertelstündchen, da steht ja das Häuschen gleich am Walde, Ihr müßt ja daran vorbeigekommen sein. Es stehen Eichenbäume dahinter, und im Gartenzaun wachsen Haselnüsse!« plauderte das Rotkäppchen.

O du allerliebstes, appetitliches Haselnüßchen du – dachte bei sich der falsche böse Wolf. Dich muß ich knacken, das ist einmal ein süßer Kern. – Und tat als wolle er Rotkäppchen noch ein Stückchen begleiten, und sagte zu ihm: »Sieh nur, wie da drüben und dort drüben so schöne Blumen stehen, und horch nur, wie allerliebst die Vögel singen! Ja es ist sehr schön im Walde, sehr schön, und wachsen so gute Kräuter hierinne, Heilkräuter, mein liebes Rotkäppchen.«

»Ihr seid gewiß ein Doktor, werter grauer Herr?« fragte Rotkäppchen: »weil Ihr die Heilkräuter kennt. Da könntet Ihr mir ja auch ein Heilkraut für meine kranke Großmutter zeigen!«

»Du bist ein ebenso gutes als kluges Kind!« lobte der Wolf. »Ei freilich bin ich ein Doktor und kenne alle Kräuter, siehst du! hier steht gleich eins, der Wolfsbast, dort im Schatten wachsen die Wolfsbeeren, und hier am sonnigen Rain blüht die Wolfsmilch, dort drüben findet man die Wolfswurz.« –

»Heißen denn *alle* Kräuter nach dem Wolf?« fragte Rotkäppchen.

»Die besten, *nur* die besten, mein liebes, frommes Kind!« sprach der Wolf mit rechtem Hohn. Denn alle die er genannt, waren *Giftkräuter*. Rotkäppchen aber wollte in ihrer Unschuld der Großmutter solche Kräuter als Heilkräuter pflücken und mitbringen, und der Wolf sagte:

»Lebewohl, mein gutes Rotkäppchen, ich habe mich ge-
freut, deine Bekanntschaft zu machen; ich habe Eile, muß eine
alte schwache Kranke besuchen!«

Und damit eilte der Wolf von dannen, und spornstreichs
nach dem Hause der Großmutter, während das Rotkäppchen
sich schöne Waldblumen zum Strauße pflückte und die ver-
meintlichen Heilkräuter sammelte.

Als der Wolf an das Häuschen der Großmutter des Rotkäppchens kam, fand er es verschlossen, und klopfte an. Die
Alte konnte nicht vom Bette aufstehen, und nachsehen, wer
da sei, und rief: »Wer ist draußen?«

»Das Rotkäppchen!« rief der Wolf mit verstellter Stimme.
»Die Mutter schickt der guten Großmutter Wein und auch
Kuchen! Wir haben gebacken!«

»Greife unten durch das Loch in der Türe, da liegt der
Schlüssel!« rief die Alte, und der Wolf tat also, öffnete die
Türe, trat in das Häuschen, in das Stübchen, und verschlang
die Großmutter ohne weiteres – zog ihre Kleider an, legte sich
in ihr Bett, und zog die Decke über sich her, und die Bettvor-
hänge zu. Nach einer Weile kam das Rotkäppchen; es war sehr
verwundert, alles so offen zu finden, da doch sonst die
Großmutter sich selbst gern unter Schloß und Riegel hielt,
und wurd ihm schier bänglich um das junge Herzchen.

Wie das Rotkäppchen nun an das Bett trat, da lag die alte
Großmutter, hatte eine große Schlafhaube auf, und war nur
wenig von ihr zu sehen, und das wenige sah gar schrecklich
aus. »Ach Großmutter, was hast du so große Ohren?« rief das
Rotkäppchen. – »Daß ich dich damit gut hören kann!« war die
Antwort. – »Ach Großmutter! Was hast du für große Augen!«
– »Daß ich dich damit gut sehen kann!« – »Ei Großmutter,
was hast du für haarige große Hände!« – »Daß ich dich damit
gut fassen und halten kann!« – »Ach Großmutter, was hast du
für ein so großes Maul und so lange Zähne!« – »Daß ich dich
damit gut fressen kann!« Und damit fuhr der ganze Wolf
grimmig aus dem Bette heraus, und fraß das arme Rotkäppchen. Weg war's.

Jetzt war der Wolf sehr satt, und es gefiel ihm sehr im Stübchen der Alten und in dem weichen Bett, und legte sich wieder hin und schlief ein und schnarchte daß es klang, als
schnarre ein Räderwerk in einer Mühle.

Zufällig kam ein Jäger vorbei, der hörte das seltsame Geräusch, und dachte: Ei, ei, die arme alte Frau da drinnen hat einen bösen Schnarcher am Leib, sie röchelt wohl gar und liegt im Sterben! Du mußt hinein, und nachsehen, was mit ihr ist. – Gedacht, getan; der Jäger ging in das Häuschen, da fand er den Herrn Isegrim im Bette der Alten liegen, und die Alte war nirgends zu erblicken. »Bist *du* da?« sprach der Jäger, und riß die Kugelbüchse von der Schulter. »Komm du her, du bist mir oft genug entlaufen!« – Schon legte er an – da fiel ihm ein: halt – die Alte ist nicht da, am Ende hat der Unhold sie mit Haut und Haar verschlungen, war ohnedies nur ein kleines dürres Weiblein. Und da schoß der Jäger nicht, sondern er zog seinen scharfen Hirschfänger und schlitzte ganz sanft dem fest schlafenden Wolf den Bauch auf, da guckte ein rotes Käppchen heraus, und unter dem Käppchen war ein Köpfchen, und da kam das niedliche allerliebste Rotkäppchen heraus, und sagte: »Guten Morgen! Ach was war das für ein dunkles Kämmerchen da drinnen!« – Und hinter dem Rotkäppchen zappelte die alte Großmutter, die war auch noch lebendig, vielen Platz hatten sie aber nicht gehabt im Wolfsbauch. – Der Wolf schlief noch immer steinfest, und da nahmen sie Steine, gerade wie die alte Geiß im Märchen von den sieben Geißlein, füllten sie dem Wolf in den Bauch und nähten den Ranzen zu, hernach versteckten sie sich, und der Jäger trat hinter einen Baum, zu sehen, was der Wolf endlich anfangen werde. Jetzt wachte der Wolf auf, machte sich aus dem Bett heraus, aus dem Stübchen, aus dem Häuschen, und humpelte zum Brunnen, denn er hatte großen Durst. Unterwegs sagte er: »Ich weiß gar nicht, ich weiß gar nicht, in meinem Bauch wackelt's hin und her, hin und her, wie Wackelstein – sollte das die Großmutter und Rotkäppchen sein?« – Und wie er an den Brunnen kam und trinken wollte, da zogen ihn die Steine und er bekam das Übergewicht und fiel hinein und ertrank. So sparte der Jäger seine Kugel; er zog den Wolf aus dem Brunnen und zog ihm den Pelz ab, und alle drei, der Jäger, die Großmutter und das Rotkäppchen, tranken den Wein, und aßen den Kuchen, und waren seelenvergnügt, und die Großmutter wurde wieder frisch und gesund, und Rotkäppchen ging mit ihrem leeren Körbchen nach Hause, und dachte: du willst niemals wieder vom Wege ab und in den Wald gehen, wenn es dir die Mutter verboten hat.

Eduard Mörike

[ROTKÄPPCHEN UND DER WOLF]

(1826)

»Wir sind Geister, kleine Elfen,
Und wir müssen jetzo helfen,
Daß ein armes Menschenkind
Guten Schlaf im Walde find't.
Ein böser Wolf hat's totgemacht
Und ist dafür auch umgebracht.
Aber wir tragen
Und wir begraben
Allhier in schöner Nacht,
Allhier im Mondenscheine
Ach seine weißen Beine
Und seine lieben Hände
Und sein rot Mützchen auch;
Alles andre hat der Wolf im Bauch.
Horch, wie ist der Wald so still!
Die Vögel schweigen alle,
Und auch die Nachtigalle
Heut' gar nicht singen will;
Rotkäppchen ist tot,
Ist tot, ist tot,
Und alles hat ein Ende,
In der Bahre liegen blutigrot
Seine weißen Füße und Hände.«

»Bald aber – liebe Schwestern, freuet euch! –
Wird dieses Kind uns allen gleich.
Es windet sich aus feuchtem Moos
Mit frischen Elfengliedern los,
Dann wiegt es sich im schwanken Mondenstrahl
Auf Blumen und auf Halmen
Und tanzt durch Wald und Wiesental.«

»Ich bin der Wolf, den man hat totgeschossen
Und bin als Geist in diesen Wald verstoßen;
Im Grabe hab' ich keine Ruh',

Bis ich Rotkäppchen finden tu',
Bis es für meine Missetat
Mir die Verzeihung geben hat.
Auch die Großmutter muß ich sehen
Und sie um ihren Segen flehen.
Zwar ungern tu' ich dieses nur,
Es ist mir wider die Natur:
Doch bin ich matt und so beklommen,
Überhaupt so tief heruntergekommen,
Daß mir's all eins ist, was ich tu',
Läßt man mich endlich nur in Ruh'.
Dann will ich mich um nichts mehr bekümmern,
Mich weder bessern noch verschlimmern.
Ganz abgesondert im Geisterreich
Leb' ich, nur brütend, immer gleich,
Werde keinen Gruß erwidern
Von meinen Schwestern und Brüdern.
Ja, einst da dacht' ich anders wohl,
Daß ich mein Glück im Tod erst finden soll,
Denn dich, Geliebte, hofft' ich dort zu suchen;
Allein jetzt muß ich dich und mich verfluchen.
Gefoltert so von Scham,
Gemartert so von Gram,
Will ich von deinem Anblick ferne weichen –
Doch still! dort seh' ich etwas schleichen,
Es schlupft durch mondscheingrün Gebüsch
Und blickt mich an mit Augen frisch:
Es ist Rotkäppchens Geist.«

»Ich sehe schon, daß du mich kennst;
  Fürchte dich nicht! ich bin nur ein Gespenst.
  Sieh her! ich bin mein eigner Schatten
  Und muß vor tiefem Schmerz ermatten.
  Du aber bist wie eine Blume nun,
  Die wandelt durch den Wald, wie sel'ge Geister tun.
  Ach gib in deiner Seligkeit
  Ein Zeichen nur, daß mir dein Geist verzeiht!
  – Du winkst mir zu?...«

[DAS BDM-MÄDEL ROTKÄPPCHEN]
(1937)

Es war einmal vor vielen, vielen Jahren in Deutschland ein Wald, den der Arbeitsdienst noch nicht gerodet hatte, und in diesem Wald lebte ein Wolf. An einem schönen Sonntag nun, es war gerade Erntedankfest, da ging ein kleines BDM-Mädel* durch den Wald. Es hatte ein rotes Käppchen auf und wollte seine arische Großmutter besuchen, die in einem Mütterheim der NSV* untergebracht war. In der Hand trug es ein Körbchen mit einer Pfundspende und einer Flasche Patenwein.

Da begegnete ihm der böse Wolf. Er hatte ein ganz braunes Fell, damit niemand gleich von Anbeginn seine rassefremden Absichten merken sollte. Rotkäppchen dachte auch nichts Böses, weil es ja wußte, daß alle Volksschädlinge im Konzentrationslager saßen, und glaubte, einen ganz gewöhnlichen bürgerlichen Hund vor sich zu haben.

»Heil, Rotkäppchen«, sagte der Wolf. »Wo gehst Du denn hin?« Rotkäppchen antwortete: »Ich gehe zu meiner Oma ins Mütterheim.« »So«, sagte der Wolf. »Aber dann bring ihr doch ein paar Blumen mit, mit denen das Amt für Schönheit der Holzarbeit den Wald geschmückt hat!« Sogleich machte sich Rotkäppchen daran, ein Erntesträußchen zu pflücken. Der Wolf aber eilte zum Mütterheim, fraß die Großmutter auf, schlüpfte in ihre Kleider, steckte sich das Frauenschaftsabzeichen an und legte sich ins Bett.

Da kam auch Rotkäppchen schon zur Tür herein und fragte: »Nun, liebe Oma, wie geht es Dir?« Der Wolf versuchte, die volksnahe Stimme der Oma nachzumachen, und antwortete: »Gut, mein liebes Kind!« Rotkäppchen fragte: »Warum sprichst Du heute so andersartig zu mir?« Der Wolf antwortete: »Die Rednerausbildung am Vormittag hat mich zu sehr beansprucht.« – »Aber Oma, was hast Du für große Ohren?« – »Damit ich das Geflüster der Meckerer besser hören kann!« – »Was hast Du denn für große Augen?« – »Damit ich die Wühlmäuschen besser sehen kann!« – »Was hast Du denn für einen großen Mund?« – »Du weißt doch, daß ich in der Kulturgemeinde bin!« Und mit diesen Worten fraß er das arme Rotkäppchen,

---

* Abkürzungen der nationalsozialistischen Vereinigungen *Bund deutscher Mädchen* (BDM), *Nationalsozialistische Volkswohlfahrt* (NSV) und *Kraft durch Freude* (KdF).

legte sich ins Bett, schlief in seiner verantwortungslosen Art sofort ein und schnarchte.

Da ging draußen der Kreisjägermeister vorbei. Er hörte ihn und dachte: »Wie kann eine arische Großmutter so rassefremd schnarchen?« Und als er nachsah, da fand er den Wolf; und er schoß ihn, obwohl er keinen Jagdschein für Wölfe hatte, auf eigene Verantwortung hin tot. Dann schlitzte er ihm den Bauch auf und fand Großmutter und Kind noch lebend. War das eine Freude! Der Wolf wurde dem Reichsnährstand zugewiesen und zu Fleisch im eigenen Saft verarbeitet. Der Kreisjägermeister durfte an der Uniform einen goldgestickten Wolf tragen, Rotkäppchen wurde zur Unterführerin im BDM befördert, und die Großmutter durfte auf einem funkelnagelneuen KdF-Dampfer* eine Erholungsreise nach Madeira machen.

Cami
DAS KLEINE GRÜNKÄPPCHEN
Ein Märchendrama für die aufgeklärte Jugend (1924)

1. Szene: Ein seltsames Zusammentreffen

Vater: Wir bewohnen das Haus, in dem seinerzeit das berühmte Rotkäppchen gewohnt hat, das vom Wolf gefressen wurde.

Mutter (düster): Seltsames Zusammentreffen: unserer wunderschönen kleinen Tochter steht ihr grünes Käppchen so gut, daß man sie überall das Grünkäppchen nennt.

Vater (mit Grabesstimme): Seltsam.

Mutter (ebenso): Seltsam.

Vater: Noch seltsameres Zusammentreffen: die Großmutter unseres Töchterchens wohnt weit weg von hier, und um zu ihr zu gelangen, muß man durch einen großen finsteren Wald.

Mutter: Und was am seltsamsten ist: es heißt, daß er, der berühmte Wolf, der seinerzeit das Rotkäppchen und seine Großmutter verschlungen hat, noch immer in dem großen finsteren Wald sein Unwesen treibt.

Vater (mit Grabesstimme): Sehr seltsam.

Mutter (ebenso): Sehr, sehr seltsam.

Vater (beunruhigt): Alle diese Umstände sind äußerst beäng-
stigend.

Mutter: Umso beängstigender, als ich heute einen Kuchen gebacken habe.

Vater (klappert mit den Zähnen): Einen Kuhuchen? Das ist ja
fürchterlich! Einen Kuhuchen! Wie konntest du nur!
(stöhnt entsetzlich) Ach, ich sehe das Unheil unaufhaltsam
näherkommen! Du wirst unsere Tochter, das arme kleine
Grünkäppchen, mit dem Kuchen zur Großmutter
schicken ...

Mutter (mit einer Träne): Ja, mit dem Kuchen und einer Flasche Wein.

Vater (mit hohler Stimme): Und einer Flasche Wein. Wie bei
Grimm. Es ist grauenhaft!

Mutter: Fürchterlich!

Vater: Welch unerhört tragisches, seltsames Zusammentreffen!

Mutter (mit Grabesstimme): Seltsam!

Vater (ebenso): Seltsamer!

Mutter: Am seltsamsten!

Vater: Doch still! Da kommt Grünkäppchen!

Grünkäppchen: Grüß Gott, liebe Mutter! *(Kuß)* Grüß Gott,
lieber Vater! *(Kuß)*

Mutter (wie im Traum): Grünkäppchen, geh' jetzt zur
Großmutter und sieh' nach, wie es ihr geht. Bring' ihr den
Kuchen und diese Flasche Wein.

Grünkäppchen (frisch und munter): Haha! Gerade so wie das
Rotkäppchen!

Mutter (ängstlich): Wie das Rotkäppchen! Oh, Gott!

Vater: Ogottogott!

Mutter: Mein Herz ist von märchenhaft schaurigen Ahnun-
gen erfüllt.

Vater: Sollen wir sie gehen lassen?

Mutter: Es ist greulich!

Vater: Höchst greulich! Laß uns schluchzen! *(beide schluchzen)*

Grünkäppchen (fröhlich): Fürchtet nichts, liebe Eltern. Das
Grünkäppchen ist ja viel aufgeklärter, als das Rotkäppchen
war. Wenn ich tatsächlich den Wolf in Großmutters Bett
finden sollte, dann werde ich ihm das Fürchten schon bei-
bringen! Bis bald! *(ab)*

Mutter: Sie ist dahin!
Vater: Requiescat in lupo!

2. Szene: Das aufgeklärte Grünkäppchen

Wolf: Kaum habe ich das Grünkäppchen auf das Haus seiner Großmutter zugehen sehen, habe ich es genauso gemacht, wie seinerzeit beim Rotkäppchen. Ich bin noch vor dem Kind bei der Großmutter angekommen und habe die Großmutter rasch gefressen. Sie war schrecklich zäh. Nun habe ich mich statt ihrer ins Bett gelegt, wo ich das Grünkäppchen nunmehr erwarte. *(es klopft)* Wer ist denn draußen?

Grünkäppchen: Ich, liebe Großmutter.

Wolf: Ich? – Wer ist ich?

Grünkäppchen: Ich, das Grünkäppchen. Vater und Mutter schicken mich her mit Kuchen und Wein.

Wolf: An der Türe ist ein Knopf. Drücke darauf, die Tür öffnet sich automatisch.

Grünkäppchen: Ja, Großmutter, ich weiß schon. *(tritt ein)* Gott zum Gruß, liebe Großmutter!

Wolf (schüttelt sich): Huhuhu! Stell' Kuchen und Wein auf den Tisch und leg dich zu mir ins Bett. Mich friert so schrecklich! *(schüttelt sich)* Huhuhuhuuu!

Grünkäppchen (für sich): Das ist der Wolf! Mit den gleichen Worten hat er einst das Rotkäppchen in das Bett gelockt. Meine Großmutter hat er also leider schon gefressen. Nun will er mich auch noch verschlingen. Aber das soll ihm übel bekommen!

Wolf: Nun, mein Kind, legst du dich nicht zu mir?

Grünkäppchen: Ei freilich lege ich mich zu dir. Warum auch nicht? Hier bin ich schon. *(klopft das Kissen zurecht)* O Großmutter, warum hast du so große   Arme?

Wolf: Damit ich dich besser umarmen kann.

Grünkäppchen: Großmutter, warum hast du so große Beine?

Wolf (leicht irritiert): Damit ich besser laufen kann.

Grünkäppchen: Großmutter, warum hast du so große Ohren?

Wolf: Damit ich dich besser hören kann.

Grünkäppchen: Großmutter, warum hast du so große Augen?

Wolf (voller Vorfreude): Damit ich dich besser sehen kann! *(Pause)* Na?

Grünkäppchen: Na, was na?

Wolf (schmatzend): Du mußt noch was fragen.

Grünkäppchen: Wenn es dir Freude macht. Warum hast du so große Arme?

Wolf (verblüfft): Wie?

Grünkäppchen (dezidiert): Großmutter, warum hast du so große Arme?

Wolf (wütend): Aber das hast du doch schon einmal gefragt. Nach den Augen kommt etwas anderes!

Grünkäppchen (unbeirrt): Großmutter, warum hast du so große Beine?

Wolf (völlig perplex): Donnerwetter, da stimmt doch was nicht!

Grünkäppchen: Großmutter, warum hast du so große Ohren?

Wolf (stöhnt): Du fragst mich ja immer das Gleiche.

Grünkäppchen: Großmutter, warum hast du so große Augen?

Wolf (brüllt): Damit ich dich besser sehen kann. Das habe ich dir doch schon einmal gesagt, Himmelherrgott nochmal! Jetzt weiter! Was kommt nun?

Grünkäppchen: Großmutter, warum hast du so große Arme?

Wolf (tobt): Nein! Falsch! Nach den Augen kommt etwas anderes!

Grünkäppchen: Großmutter, warum hast du so große Beine?

Wolf (verzweifelt): Willst du mich auf den Arm nehmen, du naseweises Ding? Nach den Augen kommt doch der Mm... Mmm... Mmmm... na?

Grünkäppchen: Großmutter, warum hast du so große Ohren?

Wolf (bricht zusammen): Nein! Nein, nein, nein! Fängt Ohren etwa mit M an? M! M! M!

Grünkäppchen (freundlich): Großmutter, warum hast du so große M-M-M-Augen?

Wolf (heult): Es ist zum junge Hunde kriegen! Warum in drei Teufels Namen fragst du mich nicht, laut Grimms Märchen, warum ich einen so großen Mund habe?

Grünkäppchen (lieb): Ich bin doch nicht lebensmüde! Dann sagst du einfach: »Damit ich dich besser fressen kann« und frißt mich auf!

Wolf (heult gottserbärmlich): Es gibt keine Kinder mehr! Es gibt keine Kinder mehr!

Grünkäppchen: Keine Angst, Alterchen, Kinder gibt es noch genug, aber keine, die so naiv sind, daß sie sich vom dummen, bösen Wolf fressen lassen. Die Zeiten sind Gott sei Dank vorbei!

Wolf (heult)

Grünkäppchen (lacht herzlich)

Günter de Bruyn

[ROTKÄPPCHENS AUFRUF
ZUR NATIONALEN ERHEBUNG]

Literaturinterpretation nach Prof. Dr. Winfried Menzel
(1978)

Für den national-revolutionären Gehalt von Schwedenows wohl populärster Dichtung hat die bürgerliche Germanistik nie ein Organ gehabt. Wenn überhaupt, hat sie das »Rotkäppchen« als Kindermärchen interpretiert und sich damit inkompetent erklärt, in Fragen wahrer Literatur weiterhin mitzureden. Indem sie den Tatwillen dieser *größten politischen Satire des deutschen Sprachraums* ignorierte, hat sie sich selbst auf den Schindanger der Wissenschaftsgeschichte eskamotiert.

Was geschieht also wirklich in dieser zutiefst volkstümlichen und zugleich symbolträchtigen Dichtung? Um den Anfang verständlich zu machen, muß an den bereits zitierten Brief vom 9. November (!) 1799 erinnert werden, in dem Schwedenow von einem Gespräch mit Aristokraten berichtet, deren Mienen durch seine Worte immer säuerlicher wurden. Der poetischen Bildersprache Tribut zollend, benutzt er zur Verdeutlichung der Situation eine Metapher aus einem zutiefst bürgerlichen Produktionszweig, der Essigfabrikation. Das Ferment seiner Rede säuerte die Ausbeuterphysiognomien ein, heißt es sinngemäß, nur benutzt er statt des Begriffs Ferment die alte Bezeichnung Essigmutter. Welches Thema aber soll der von Gedanken an Revolution durchglühte Jüngling unter die Vertreter einer parasitären Oberschicht geschleudert haben, als das des Umsturzes, der demokratischen Tat? Die Essigmutter oder schlechthin: die Mutter war also für ihn *das* Bild für die Idee der Revolution.

Mit der Mutter aber beginnt die eigentliche Handlung dieser Dichtung. Sie – die Mutter – ist es, die die Solidaritätsaktion in Gang setzt. Sie gibt dem Kind die Richtlinien. Sie weist ihm den Weg. Sie empfiehlt zielstrebiges, prinzipientreues Handeln. »Lauf nicht vom Wege ab ... Guck nicht erst in allen Ecken herum.«

Um auch dem Begriffsstutzigsten noch deutlich zu machen, daß hier die Revolution die Initialzündung gibt, hat Schwedenow den genialen Einfall, das Kind, das hier in Marsch gesetzt wird, ein Mädchen sein zu lassen, ein »Ohne Hosen«, ein Sansculotte also – der nicht (deutsches) Roggenbrot und Bier in seinem Körbchen hat, sondern (gut französisch) Weizenbrot und Wein!

Die Zeit Schwedenows ist auch die Zeit der Romantik, die den deutschen Wald entdeckt. In ihm steht die Hütte der Großmutter, unter deutschen Eichen, durch eine Nußhecke von der Welt geschieden. Ätzenden Spott gießt der Dichter über dieses Krähwinkelglück. Während der Wolf schon lüstern die Beute umschleicht, und die progressive junge Generation, keine Gefahr scheuend, unterwegs ist, liegt die Alte in ihrem Philisterbett, schläft, träumt, hat nicht einmal Kraft genug, die Tür zu öffnen. Ohne Gegenwehr läßt sie sich vom Wolf verschlingen. Nur hartgesottenste Ignoranz der reaktionären Germanistenclique kann hier das Läuten der Glocken von Jena und Auerstedt[*] überhören.

Aber nicht nur über die gesellschaftlichen Zustände Deutschlands schwingt Schwedenow die Geißel. Scharf ist auch die Waffe seiner Ironie, wenn er vor den Dichterlingen warnt, die, statt um Volksrechte und nationale Befreiung zu ringen, nach der Blauen Blume suchen. Von tiefster Einsicht in die Manipulierungsmethoden despotischer Herrscher zeugt es, wenn er ausgerechnet den Wolf, der Napoleon verkörpert, dem Mädchen raten läßt: »Sieh einmal die schönen Blumen, die ringsumher stehen, warum guckst du dich nicht um? Ich glaube, du hörst gar nicht, wie die Vöglein so lieblich singen?« Mit unüberbietbarer Schärfe und Genauigkeit sind hier Töne des ideologischen Klassenkampfes getroffen, wie sie noch hier und heute über den Äther zu uns gelangen.

[*] *Jena und Auerstedt:* Doppelschlacht im Okt. 1806, in der Napoleon über die Preußen siegte.

Aber es kommt noch besser. Als nach der bekannten Szene von umwerfender Komik, in der das geflügelte Wort von Großmutters großem Maul fällt, Napoleon seinen Siegesrausch ausschläft und der bewaffnete Retter naht, ist das nicht etwa ein königlich-preußischer Polizist oder Grenadier, sondern ein Jäger. Die Assoziation mit Lützows wilder, verwegener Jagd* liegt also nahe und ist von dem leidenschaftlichen Verkünder der Volksbewaffnung sicher beabsichtigt. Um aber keinen Zweifel daran aufkommen zu lassen, daß der Kampf um nationale Befreiung mit dem um soziale Befreiung verbunden werden muß, schwingt der Dichter noch einmal demonstrativ das Banner der Revolution, indem er bei der Befreiungstat des Lützowers noch einmal eines der prägnantesten revolutionären Symbole, die Jakobinermütze, aufleben läßt. Der von hoher künstlerischer Meisterschaft zeugende Satz lautet: »Als er aber ein paar Schnitte getan hatte, da sah er das rote Käppchen leuchten.« Das rote Käppchen! Sollte es ein Zufall sein, daß dieses signifikante Symbol zum Titel der Dichtung wurde? So war Max Schwedenow!

Erich Fromm

ROTKÄPPCHEN

Eine tiefenpsychologische Deutung (1951)

Rotkäppchen ist ein gutes Beispiel für Freuds Ansichten und bietet gleichzeitig eine Variation des Themas des männlich-weiblichen Konflikts, dem wir in der Ödipus-Trilogie und im Schöpfungsmythos begegneten. Das Märchen lautet folgendermaßen. *[Es folgt die Wiedergabe der bekannten Version der Brüder Grimm.]*

Das »*Rotkäppchen*« ist ein Symbol der Menstruation. Das kleine Mädchen, von dessen Abenteuer wir hören, ist eine reife Frau geworden und sieht sich jetzt mit ihrer Sexualität konfrontiert.

Die Warnung, »*nicht vom Weg abzugehen*«, und »*das Glas*

---

* *Lützows wilde, verwegene Jagd:* deutschtümelndes Gedicht von Karl Theodor Körner, in welchem er das Freikorps des Freiherrn von Lützow (1782–1834) besingt.

nicht zu zerbrechen«, ist eine deutliche Warnung vor den Gefahren der Sexualität und dem Verlust der Jungfräulichkeit.

Das sexuelle Begehren des Wolfs wird durch den Anblick des Mädchens geweckt, und er versucht es zu verführen, indem er zu ihm sagt, »*Sieh einmal die schönen Blumen, die ringsumher stehen, warum guckst du dich nicht um? Ich glaube, du hörst gar nicht, wie die Vöglein so lieblich singen?*« Rotkäppchen »*schlug die Augen auf*«. Es befolgte den Rat des Wolfs und »*geriet immer tiefer in den Wald hinein*«. Dabei bedient es sich einer bezeichnenden Rationalisierung: Um sich selbst davon zu überzeugen, daß es nichts Unrechtes tut, sagt es sich, die Großmutter würde sich über die Blumen freuen, die es ihr mitbringen könnte.

Aber dieses Abweichen vom geraden Weg der Tugend wird schwer bestraft. Der Wolf verkleidet sich als Großmutter und verschlingt das unschuldige Rotkäppchen. Als er seinen Appetit gestillt hat, schläft er ein.

Soweit scheint das Märchen nur von dem einen moralisierenden Thema zu handeln, der Gefahr der Sexualität. Aber es ist komplizierter. Welche Rolle spielt darin der Mann, und wie wird die Sexualität dargestellt?

Der Mann wird als rücksichtsloses, listiges Tier und der Geschlechtsakt als kannibalische Handlung geschildert, bei der der Mann die Frau verschlingt. Frauen, die Männer lieben und sich an der Sexualität erfreuen, teilen diese Ansicht nicht. Sie ist Ausdruck einer tiefen Feindseligkeit gegen die Männer und die Sexualität. Aber der Haß und das Vorurteil gegen die Männer treten am Schluß der Geschichte nur deutlicher hervor. Auch hier – wie im babylonischen Mythos – müssen wir uns daran erinnern, daß die Überlegenheit der Frau darin besteht, daß sie Kinder gebären kann. Und wie wird der Wolf lächerlich gemacht? Indem geschildert wird, wie er versucht, die Rolle einer schwangeren Frau zu spielen, die lebendige Wesen in ihrem Leib hat. Rotkäppchen steckt Steine, das Symbol der Unfruchtbarkeit, in seinen Bauch, und der Wolf bricht zusammen und stirbt. Nach dem alten Gesetz der Vergeltung wird seine Tat dem Verbrechen entsprechend bestraft: er wird von den Steinen, dem Symbol der Unfruchtbarkeit, getötet, womit seine Anmaßung, die Rolle einer schwangeren Frau zu spielen, verspottet wird.

Dieses Märchen, dessen Hauptfiguren Frauen aus drei Generationen sind (der Jäger am Ende ist eine konventionelle Vaterfigur ohne wirkliches Gewicht), handelt von dem Konflikt zwischen Mann und Frau; es ist die Geschichte vom Triumph Männer hassender Frauen und endet mit deren Sieg. Es ist das genaue Gegenteil des Ödipusmythos, in dem der Mann als Sieger aus diesem Kampf hervorgeht.

WARUM FRISST DER WOLF
DIE DIRN' ERST IM BETT?

*Ey sprach der wolff ob du gleich viel schwetzens kanst, so
[mus] ich dennoch heint zu fressen haben, Und wurget das
unschuldig lemblin und fras es.*
(Martin Luther, Vom wolff und lemlin)

Das Lämmlein am Bache mag noch so ungetrübte Argumente
blöken, die würgenden Wolfsfragen zielen nur auf eines, das
resignierte Schweigen des Opferlamms. So läßt Martin Luther
(1483–1546) in seiner Fabel[1] *Vom wolff und lemlin* den Ge-
walttäter das tödliche Frage-Antwort-Spiel bis zum lehrhaf-
ten Ende beherrschen: »*Wenn der wolff wil, so [hat] das schaff
[unrecht].*«[2] Und er will, nämlich junges, wehrloses Fleisch.
Das glaubt er sich seinem Alter und seiner räuberischen, nim-
mersatten Art schuldig zu sein.

Spätestens seit Erscheinen der deutsch-lateinischen Textsammlung *Esopus*,[3] die der schwäbische Arzt Heinrich Stein-
höwel um 1480 verfaßte, erwiesen sich die *äsopischen* Fabeln
als mustergültig für humanistische Erziehungs- und Überzeu-
gungsabsichten in Rede wie Schrift. Auch Luther orientierte
sich an dieser Sammlung, wenngleich er deren allzu unterhaltsamen Charakter, deren »*ergeczlikait*«,[4] ablehnte. Er stellte
die Fabel viel mehr in den Dienst der gesellschaftlichen Wahr-
heitsfindung, womit bei ihm vor allem ethisch-moralische
Absichten und lebenskluge Unterweisung im Vordergrund
stehen. Läßt sich das äsopische Erzählgut durch all die antiken
und mittelalterlichen Bearbeitungen auch nur schwer rekonstruieren, so sind doch bestimmte Stoffe und Tiertypen in un-
veränderter Gestalt über die Jahrhunderte hinweg zu verfol-
gen. Wolf und Lamm spielen dabei eine wichtige Rolle. Letzteres ist zwar in den frühen Texten noch gewitzt genug, dem
gierigen Freßsack rhetorische Schnippchen zu schlagen,[5] doch
spätestens beim römischen Dichter Phädrus (1. Jh.) wird es

vom hinterhältigen Wolf geschnappt.[6] Erst das brutale Ende scheint der abschreckenden Schlußmoral zu genügen. Diese negative Lehre gehört zum festen Bestandteil der Fabel vom *Wolf und Lamm*, denn so akzentuiert, prägt sie sich den Untertanen besser als Warnung vor der Tyrannenwillkür[7] ein. Eine Pädagogik, die schon der griechische Geograph Strabo (63 v. Chr. – 26 n. Chr.) für Kinder und Frauen empfiehlt, weil Belehrungen durch klare Vernunft bei ihnen viel weniger verfangen würden als angstmachende Lehrbeispiele.[8] Diese zweite Auffassung thematisiert auch die äsopische Fabel *Der Wolf und die alte Frau*, worin letztere ihrem quengelnden Kind droht: »*Hör auf zu weinen, sonst gebe ich dich gleich dem Wolf!*«[9]

Die Warnung vor dem Wolfe beruht indes nicht auf Zufall. In der Antike verbinden sich mit diesem Raubtier Vorstellungen von göttlichem Schutz wie göttlicher Strafe.[10] Vielfach taucht Wölfisches auch im Bereich der Kriegs- und Totengötter auf. Jene Ambivalenz prägt oft gerade in der Fabel die negative Charakterisierung des Wolfes und verleiht dessen Absichten etwas Doppelbödiges, Zwielichtiges. Darüber hinaus wird der arglistige, ja teuflische *Wolf im Schafspelz*[11] immer ausgeprägter als gierig, nimmersatt, dummdreist, ungeschlacht, brutal und bäurisch beschrieben – kurz als das pure Gegenteil seiner fleischfressenden Mitkonkurrenten, dem schlauen Fuchs und dem majestätischen Löwen. Entsprechend kommt jener mit seinen animalischen Trieben nur sehr schwer zurecht. Berichtet etwa Cäsarius von Heisterbach um 1220 die angeblich wahre Geschichte vom hungrigen Wolf, der im Wald ein Kind »*verzuckt, gedött und gefressen*«,[12] so erhält dieses Geschehen beim französischen Poeten François Villon (1. Hälfte 15. Jh.) eine zusätzliche Note, wenn er melancholisch philosophiert: »*Die Not ist's, die uns irren läßt, / den Wolf treibt Hunger aus dem Wald.*«[13] Mag er hierbei auch an die eigene verpatzte Jugendzeit, an sein Vagabundenleben denken, so meint er mit Hunger wohl mehr als nur die Gelüste nach Nahrung. Das Schaf-Fleisch wird zusätzlich erotisiert. In dem Sinne ist wohl auch eine Episode aus dem orientalischen *Papageienbuch* des 14. Jahrhunderts zu lesen:

»*Das Mägdlein ging auf Pfaden voll Gefahr, / Und ach, kein Führer ihr zur Seite war! (...) sie verlor den richtigen Weg (...)*

173

Plötzlich sprang ein hungriger Wolf vor ihr auf – und eilte heran in raschem Lauf. – Wie sie das Ungetüm sah – glaubte sie ihr Ende sicher und nah; – jedoch faßte sie sich auf der Stelle – und hob ihr Antlitz flehend auf zu der Schwelle – des Allgnadenspenders – des Übelabwenders – dann redete sie bittend den Wolf an – indem sie begann: – ›O Wolf, ich gab einem Gärtner für diese Nacht das Wort – ich wollte mit ihm zusammentreffen an einem gewissen Ort – so übe denn an mir Barmherzigkeit – und gönne mir eine kurze Zeit – daß ich tue, was ich zugesagt; nachher mach mit mir, wie dir's behagt. – Nur mein Versprechen möcht ich wahren – bevor meine Seele dahin muß fahren!‹ – Und siehe da – es geschah – daß der Wolf dem Mädchen gnadete – und ihr nicht schadete – sein Herz wurde weich und mild – so daß er entließ sein erjagtes Wild – und zurückkehrte alsbald – in den Wald.«[14]

Nun, nicht immer läßt der Fabel-Wolf so uneigennützig von seinem Opfer ab, wenn er statt eines Schafes eine junge Schöne trifft. Schließlich gilt er auch als Aufreißer par excellence.[15] Schon Boccaccios Erzählgemeinschaft auf dem Lande witzelt im *Dekameron* unverhohlen über die Analogie von Frau und Schaf beziehungsweise Mann und Wolf,[16] durchaus eingedenk der vergewaltigenden Absichten des ersteren.[17] Gerade die Novellistik des 16. Jahrhunderts greift diesen Aspekt wiederholt auf, indem sie den sexuell gierenden Mann, in der Regel der zölibatäre Geistliche, mit Wölfischem in Verbindung bringt.[18] Dahinter steht keineswegs die Angst, den Sachverhalt beim Namen zu nennen, vielmehr das Gegenteil: der Wolf-Schaf-Vergleich soll die Drastik der erotischen Situation noch erhöhen. Daß gerade Klerikale dabei so schlecht abschneiden, mag mit deren eigener christlicher Rhetorik zu tun haben, da sie in Predigten wie Erbauungsschriften nur allzu gern mit Lehrgeschichten von Hirt (Priester), Schaf (Gläubige) und Wolf (Teufel) argumentieren.[19] Während in den erotischen Erzählungen allgemein die weiblichen Opfer benannt werden, bleibt der Wolf das reißende Tier, gleichsam eine Maske, die es dem (männlichen) Erzähler erlaubt, sich verborgen zu halten und zugleich die gefährliche Situation zu dramatisieren.

Gewaltigen Aufschwung nimmt dieses Versteckspiel speziell in der zweiten Hälfte des 17. Jahrhunderts, welche gemeinhin als Epoche der Galanterie und Pikanterie gilt, der sich auch der Wolf nicht ganz verschließen kann. In La Fontaines Fabel *Der Wolf, die Mutter und das Kind* (1668) zollt er dem Zeitgeist Tribut. Schmausereien wie »*Milchkalb und Ziege, Lamm und Schaf, Truthähne massenhaft*« werden ihm so reichlich aufgetischt, daß ihn angesichts des Überflusses nur Überdruß und Langeweile beschleichen. Ihn verlangt nach einer neuen Herausforderung, die er im drohenden Fingerzeig der Mutter an ihr Töchterlein entdeckt. Doch dem Wort des Menschen ist nicht mehr zu trauen in einer Zeit, in der List und Verstellung die Umgangsformen prägen. »*Im goldenen Zeitalter war die Geradheit an der Tagesordnung, in diesem eisernen ist es die Arglist*«, klagt der spanische Lebens- und Sittenlehrer Balthasar Gracián (1601–48) in seinem *Handorakel* von 1647.[20] Allein, Isegrim ist ein Tölpel, der erst am eigenen Leib erfahren muß, daß sich die vertraute Warnung ans Mädchen mit einer zweiten verbindet, die sich an ihn selbst richtet. Letztere geht in Erfüllung, da der reißende Unhold im Gegensatz zum gottesfürchtigen Kind die Moral der Wolf-Schafs-Fabel noch nicht beherrscht. Wird es ihm eine Lehre sein?

La Fontaine treibt mit der literarischen Tradition sein ironisches Spiel, indem er die überlieferte Moral abändert: nicht länger gilt Luthers »*Wenn der wolff wil / so [hat] das schaff [unrecht]*«. Der ehrliche, doch gesellschaftlich unangepaßte Räuber muß jetzt der List der lebenskundigen Mutter unterliegen, die sich schützend zwischen ihn und sein Opfer stellt und kraft ihrer harschen Reaktion am Schluß eine klare Trennlinie zwischen Mär und Wirklichkeit zieht. Die Niederlage, die La Fontaine seinem Wolf derart bereitet, fällt um so bitterer aus, weil sich an der Hatz auf den Graupelz auch dessen hündischer Vetter beteiligt. Doch Rettung und Rache für die erlittene Schmach nahen: Charles Perraults *Rotkäppchen*-Märchen. Hierin hat der Wolf sichtlich dazugelernt, er folgt seinen Gelüsten nicht mehr mit ehrlicher Gier, sondern unter dem Schutze der Verstellung, vor allem aber führt ihm Perrault das süße Rotkäppchen ganz ohne Begleitung zu. Schon der zierliche

Übername weist darauf hin: *Chaperon* bezeichnet im 17. Jahrhundert eine schlichte *bürgerliche Kopfbedeckung*[21] und im übertragenen Sinne auch eine *beschützende Anstandsdame, die ältere Begleiterin einer jungen Frau.*[22] Gerade diese zweite Bedeutung signalisiert einen wesentlichen Zug der *Rotkäppchen*-Figur: ihre Schutzlosigkeit.[23] Ohne Begleitung entläßt es die Mutter in den Wald und verstößt damit gegen einen Grundsatz, den die pädagogischen Ratgeber schon zu Perraults Zeiten mit Nachdruck verkünden. So mahnt Madame de Maintenon 1686 die Lehrerinnen des Instituts von Saint-Louis, *»ihre Mädchen niemals aus den Augen zu lassen, sie überallhin zu begleiten, sie nie allein zu lassen«* und *»ihnen nicht zu gestatten, sich im Garten aus der Sichtweite ihrer Erzieherinnen zu begeben«.*[24]

Auch Perrault bekräftigt diese Schutzbedürftigkeit und Ahnungslosigkeit, indem er sein Rotkäppchen nicht wissen läßt, *»wie gefährlich es ist, bei einem Wolf zu verweilen und ihm Gehör zu schenken«*, auch wenn es sich bei diesem um einen *»Gevatter«*[25] handelt. Zugleich akzentuiert er die erotische Komponente dieser Begegnung im Sinne der seit Beginn des 17. Jahrhunderts in Frankreich geläufigen Redensart *»den Wolf gesehen haben«*, welche soviel wie *»Erfahrungen machen«* oder übertragen *»die Jungfernschaft verlieren«* bedeutet.[26] Derart kann das *Rotkäppchen*-Märchen als eine literarische Antwort auf La Fontaines Fabel gelesen werden.[27] Der Wolf ertappt das Mädchen ohne beschützende Mutter allein im Wald und läßt es auch hier wieder Haselnüsse suchen, derweil er im Haus der Großmutter seine Vorbereitungen fürs große Fressen trifft. Nur weshalb verschlingt der Wolf das kleine Mädchen erst im Bett, wo er doch gleich draußen im Wald seinen Hunger zu stillen vermöchte?

Richten wir kurz unser Augenmerk auf das Gesellschaftsleben des späten 17. Jahrhunderts, auf jene Übergangsepoche also zwischen dem Höhepunkt höfischer Kultur um 1680 und der nachfolgenden Dekadenz um 1720. Speziell am Hofe von Versailles stehen damals zwei bemerkenswerte gesellschaftlich-kulturelle Kräfte miteinander im Widerstreit. Auf der einen Seite sucht der Feudaladel, da seine Macht unter der Herrschaft des absolutistischen Monarchen zusehends abbröckelt und ihn zum Müßiggang verurteilt, Trost in pikanten Genüssen und Intrigen. Demgegenüber werden von seiten der Kirche, des aufstrebenden Bürgertums und der Preziösen in den Salons immer vehementer Forderungen nach einer neuen Lebensart laut.[28] Um 1690 beginnen daher »*die Sitten sich zu mäßigen*«[29] und »*zivilisierte*« Normen sich allmählich herauszubilden. Die Nacktheit wird schamhaft ins Private verdrängt, Brautpaare werden nicht mehr, wie noch zu Beginn des Jahrhunderts, beim Vollzug der Ehe unmittelbar kontrolliert, und es scheint sich ein neuer Verhaltenskodex durchzusetzen, der zum Beispiel verbietet, sich vor andern auszuziehen oder sich in fremde Betten zu legen.[30] Eine zentrale Rolle in diesem Nebeneinander von öffentlicher Zurschaustellung und Rückzug in die Privatheit nimmt Ludwig XIV. ein. Seine unumschränkte Herrschaft hält die auseinanderstrebenden Ansprüche von Feudaladel und Bürgertum in der Balance und sorgt so am Hofe für ein labiles Kräftegleichgewicht. In jüngern Jahren erschreckte der Monarch selbst noch die Umgebung mit seinen »*Sultanslaunen*«[31] und seinem ausschweifenden Liebesleben. Zugleich perfektionierte er nach außen hin einen höfischen Lebensstil, der alles der politischen Repräsentation unterwarf. Freilich existierten schon damals hinter den öffentlichen Räumen Privatgemächer, in die sich Ludwig XIV. zwischendurch zurückziehen konnte, um die Maske abzulegen.[32] Unter dem Einfluß der neuen Mätresse Mme de Maintenon tritt nun aber um 1680 ein spürbarer Wandel ein. Ein neues Sittenregiment hält Einzug, welches Mäßigung fordert und heuchlerische Maskeraden verachtet. Unter Maintenons Einfluß vollzieht auch der beharrlich um sie werbende Ludwig XIV. einen bemerkenswerten Sinneswandel.[33] Mittels eines ausgedehnten Spitzelsystems versucht er zusehends energischer, die verderbten Sitten am Hofe auszumerzen. Nicht mit durchschlagendem Erfolg allerdings, wie der Skandalschriftsteller Roger de Rabutin, Comte de Bussy (1618–93) zu berichten weiß:

»*(...) welche Macht der König auch hatte, es war ihm unmöglich, den Samen der Ausschweifung aus dem Geist der Jugend herauszureißen.*«[34]

Gleichwohl tritt eine spürbare Klimaveränderung ein, die selbst den unmoralischen Lebenswandel der Prinzen nicht verschont. Einem von ihnen hält der Monarch bei Gelegenheit einmal vor:

»*wenn er schon unglücklich genug wäre, dem Weine ergeben*

zu sein, er zu Hause trinken solle, soviel er möge, *aber nicht an einem Orte wie diesem [Wirtshaus], der in jedem Falle einer Person von seiner Geburt unwürdig sei.«*[35]

Die klare Trennung von Öffentlichkeit und Privatheit, von Residenz und Lustschlößchen, mithin von feudalistischer Ausschweifung und bürgerlicher Prüderie mußte innerhalb der Hofgesellschaft zu Spannungen führen. Unsicherheit und Unübersichtlichkeit waren die Folge, Intrigen und Machtkämpfe zwischen den höfischen Interessengruppen prägten den Alltag. Um in dieser Situation gesellschaftlich überleben zu können, bedurfte es einer strengen Maskerade und eines subtilen Rollenspiels. So verwundert es nicht weiter, daß gerade in Texten des 17. Jahrhunderts immer wieder von der Maskenhaftigkeit des Hoflebens und von dessen Schein, der »*fast niemals der Wirklichkeit*« entspricht, die Rede ist.[36] Molières Musterverführer *Don Juan* charakterisiert die zeitgenössische Verstellungskunst:

> *»Alle anderen Laster sind der Kritik ausgesetzt; jedermann ist frei, sie energisch zu bekämpfen. Nur die Heuchelei genießt den Vorzug, allen den Mund zu verschließen, und erfreut sich gelassen der vollkommenen Straflosigkeit.«*[37]

Es entsprach also durchaus dem Geist der Epoche, wenn sich bei La Bruyère hin und wieder praktische Anleitungen zur Irreführung der Feinde finden[38] oder Gracián empfiehlt, sich zur Täuschung der andern »*mit der Haut des einfältigsten der Tiere*« zu bekleiden.[39] Auf jeden Fall gelten beim höfischen Intrigenspiel kaum andere Regeln, als wenn der lüsterne Wolf im Wald dem arglosen Rotkäppchen nachstellt und es unter der Maske gutnachbarschaftlicher Anständigkeit auf seine rüde Weise zu vernaschen sucht. Da er aber die Holzfäller ebenso wie unsichtbare Spione fürchtet und zugleich eine raffiniert pikante Zweisamkeit mit dem süßen Opfer ersehnt, schlägt er diesem einen Wettlauf vor, um den Ort des Geschehens ins intimere Landhaus und mithin ins Bett zu verlagern.[40] Nur zu verständlich, daß die alte Großmutter dabei stört und deshalb dran glauben muß. Der Wolf kann keine Zeugen seiner amourösen Abenteuer gebrauchen. Sowohl das jugendliche Alter seiner mädchenhaften Gespielin[41] wie deren neugieriges Interesse an der Nacktheit des Wolfs[42] sind freilich nicht ganz ungewöhnlich für das späte 17. Jahrhundert.

178

In dem Dickicht von Intrigen und Konventionen am Hofe Ludwigs XIV. mußte Charles Perrault, der seiner Herkunft nach eher zu bürgerlichen Moralvorstellungen neigte, als sozialer Aufsteiger auch Weltklugheit und Toleranz gegenüber gewissen Freizügigkeiten beweisen. Die vertrackt formulierte Moral am Schluß des *Rotkäppchen*-Märchens ist so gesehen Ausdruck seines Bemühens, sich nicht klar festlegen zu müssen – gleichsam rhetorische Maskerade. Folgt ihr erster Teil noch deutlich dem didaktischen Warntypus *(Mädchen, hütet euch vor dem Wolf!)*,[43] so beginnt der Autor in der Hinzufügung von 1697 (*»Ich sagte der Wolf...«*)[44] diese einfache Warnung zu verkomplizieren. Mit der Gegenüberstellung von unterschiedlichen Ausprägungen der Wolfsnatur täuscht er zunächst die Möglichkeit für einen anderen Ausgang der Geschichte vor, tatsächlich aber steckt ja der Mädchenräuber in jedem Wolf. Und weil ausgerechnet die galantesten unter ihnen junge Damen dazu verleiten, das Geheimnis ihrer intimen Bettnische preiszugeben, ist der Umgang mit Wölfen generell gefährlich. Perrault spricht diese einfache Warnung vor dem libertinären *»Mädchen-Wolf«*[45] aber nicht unverblümt aus, deshalb erhält seine Moral etwas Zwiespältiges. Vor allem sinnt er als Märchenautor gar nicht auf Rache und gerechte Bestrafung der Untat, so daß die Verhältnisse gewahrt bleiben: die Wolfsmänner sind, wie sie sind. Und weil anscheinend auch pädagogische Besserungswünsche daran nichts zu ändern vermögen, stiehlt sich Perrault wie alle Wölfe fein aus der Verantwortung. Die gnädigen Fräulein dagegen müssen als Leserinnen selber zusehen, wie sie sowohl mit lüsternen Kavalieren als auch mit der *»vernünftigen Moral«* zurechtkommen.[46] Dieses Märchen jedenfalls ersetzt ihnen den mütterlichen Beistand und die Lebenserfahrung nicht.

DER WÖLFISCHE VERGEWALTIGER

»Wolfsgeschichten«[47] haben ihre Tradition und sind gerade für das Erzählgut des 17. Jahrhunderts nicht untypisch. In der spezifischen Form des *Rotkäppchen*-Märchens aber wurde die wölfische Verführungskunst erstmals von Charles Perrault schriftlich festgehalten. Dennoch ist in der Forschung immer

wieder nach einer Version gesucht worden, welche diesem als
Vorlage hätte dienen können. Ohne Erfolg. Die Wolfskinder-
Geschichte von Egbert von Lüttich aus dem 11. Jahrhundert
beispielsweise, wo ein rotbemanteltes Mädchen mit Wölfen in
einer Höhle spielt, läßt sich nicht einfach als *Rotkäppchen*-
Märchen lesen.[48] So bleibt schließlich nur die These übrig, Perrault habe eben aus mündlichen Quellen geschöpft.[49] Die Mär-
chen-Sammlungen seit dem 18. Jahrhundert präsentieren
denn auch eine Fülle von *Rotkäppchen*-Geschichten, die sich
vielfach in ihrer Drastik bezüglich Sexualität und Brutalität
von Perraults Märchen unterscheiden. Wegen ihrer Deftigkeit
und literarischen Anspruchslosigkeit charakterisierten Mär-
chen-Forscher diese Varianten häufig als *naiv*, *primitiv* und
brutal,[50] was allein schon Beweis für ihre Herkunft aus *alter
Zeit* sein soll – ungeachtet dessen, daß die meisten davon offensichtlich in den sozialen und kulturellen Zusammenhang
des 18. und 19. Jahrhunderts verweisen.[51] Eine dieser angeblich *primitiven Rotkäppchen*-Variationen ist in dem Bauern-
märchen zu erkennen, das Robert Darnton dem 18. Jahrhundert zuordnet.[52] Seine Struktur verrät deutliche Züge einer
spontanen nachträglichen *Ausschmückung* von Perraults Text:
die erotischen Elemente werden zuerst zum kannibalistischen
Akt und schließlich zum Kinder-Striptease umgeformt und
zusätzlich dramatisiert, wohl zum lautstarken Vergnügen der
meist ländlichen Zuhörerschaft.[53]

Wie eine solche Anverwandlung eines traditionellen Mär-
chenstoffes zeitgemäß geschehen kann, demonstriert der
1937 in Berlin geborene Schriftsteller Kurt Bartsch in seinem
gereimten *Rotkäppchen und der Herr Wolf*. Szenerie und sozialer Kontext werden darin modernisiert, die Sprache ironisch zugespitzt. Der *Gevatter* Wolf verwandelt sich in einen
Vorstadt-Casanova. Zugleich verdeutlicht Bartsch die männliche Erzählperspektive, mithin den männlichen Voyeurismus:
markiert der Wolf wesensgemäß den mehr oder weniger *galanten Verführer*, so entpuppt sich jetzt auch der Jäger als *brutaler Vergewaltiger* und keinesfalls als hilfreicher Mädchen-
Retter. Im Gegensatz zu Perrault zieht Bartsch schließlich
eine klare Trennlinie zwischen Märchenwelt und Realität und
verleiht damit seiner Geschichte einen zynischen Unterton.
So gelesen stellt dieses moderne *Rotkäppchen*-Gedicht ein

hinterlistiges Gleichnis auf die zwischenmenschliche Entfremdung in einer gefühlskalten Gesellschaft der achtziger
Jahre dar.

MACHT FRISST DIE UNBEFANGENHEIT AUF

Märchenstoffe werden indes noch auf andere Weise aktualisiert, indem ihnen zum Beispiel eine politische Lesart unter-
legt wird.[54] In diesem Sinne greift Ludwig Tieck im Frühling
1800 Perraults *Rotkäppchen*-Märchen auf und verfertigt daraus in freier Bearbeitung ein launiges Dramolett in Knittel-
versen, das er selber im nachhinein als *»poetischen Scherz«* und
»thörichtes Mährchen« bezeichnet.[55] Solche Geringschätzung
täuscht freilich darüber hinweg, daß die im Grunde genommen tragische Farce trotz alledem einige bemerkenswerte
Neuerungen gegenüber der Version von Perrault enthält. Um
das Zwiegespräch zwischen Wolf und Hund dramatisiert
Tieck sein Märchen in vier Auftritten von Rotkäppchen. In
der ersten Szene unterhält es sich mit seiner gebrechlichen,
müden Großmutter, die sich über die Wildheit des Kindes beklagt. Im folgenden begegnet Rotkäppchen dem grünberock-
ten Jäger, der es vor dem Wolf warnt. Neuerlich auf dem Weg
zur Großmutter fürchtet das gute Kind aber den Wolf keineswegs, während seine Begleiterin Hanne deswegen Reißaus
nimmt. Schließlich kommt es in der fünften Szene zur ver-
hängnisvollen Begegnung zwischen ihm und dem Wolf, der in
Großmutters Bett liegt und das süße Mädchen gleich auffrißt
– womit auch dieses Stück ein tragisches Ende nimmt. Tieck
strafft die Handlung und übergeht das erotische Motiv, vor allem aber führt er erstmals die Jägerfigur sowie den Hund ein,
als dienstbeflissenen, spießigen Verwandten des wölfischen
Unholds. Auf den ersten Blick scheinen diese Neuerungen die
Einfachheit[56] des Perraultschen Märchens zunichte zu machen.
Die Geschichte gestaltet sich bei Tieck merklich komplizierter, so wie auch die Zeiten komplizierter geworden sind. Die
beiden Jahrzehnte unmittelbar vor und nach 1800 waren geprägt durch ein Wechselbad der politischen Gefühle: Die
Französische Revolution 1789 und ihr Zerfall, die Machter-
greifung Napoleons 1799 und dessen Feldzug quer durch

Deutschland, der das deutsche Nationalgefühl in bisher nie gekannte Aufwallung versetzte. Nach dem Sturz der französischen Monarchie 1789 ließen sich viele deutsche Dichter und Denker zu einer schwärmerischen Revolutionsbegeisterung hinreißen, insbesondere auch die »*Jakobiner der Poesie*«[57] im Jenaer Romantiker-Kreis. Einer von ihnen war Ludwig Tieck. In den ersten Revolutionsjahren dichtete er im Überschwang der Gefühle Freiheits-Hymnen[58], und Ende 1792 schrieb er an seinen gleichgestimmten Freund Wilhelm Heinrich Wackenroder mit schwärmerischer Wehmut: »*O wenn ich izt ein Franzose wäre! Dann wollt' ich nicht hier sitzen, dann – – –.*«[59] Doch bald schon folgte die Ernüchterung, je mehr die revolutionären Ideen und Errungenschaften verraten, der Herrschaft des Besitzbürgertums unterworfen und schließlich vom selbsternannten »*Volkstribunen*« Napoleon (1759–1821) zur Errichtung seines Kaiserreiches mißbraucht wurden. Der eigenen Enttäuschung[60] verlieh Tieck dadurch Ausdruck, daß er Märchen zu schreiben begann[61]: etwa *Leben und Tod des kleinen Rotkäppchens*. Vor diesem Hintergrund gelesen, rückt in seinem *politischen* Märchendrama das Zwiegespräch zwischen ungebärdigem Wolf und unterwürfigem Hund – zwei Geschwister, die unterschiedliche Wege im Leben eingeschlagen haben – ins Zentrum. Der Wolf stellt sich dabei als enttäuschter, vertriebener und gehetzter Idealist vor, der nicht von seiner »*wilden Gesinnung*« lassen will, auch wenn seine hehren Absichten gescheitert sind:

> »*Dem herrlichen Fortrücken des Jahrhunderts,*
> *Versprach von meinem Wirken mir viel Wunders,*
> *Und lief alles gar lausig ab (...).*« *(375)*[62]

Skeptisch geworden, trachtet der atheistische Aufklärer Wolf nurmehr danach, das behäbige Glück anderer zu zerstören, worüber sich der zum Fürstenknecht gewordene Hund zutiefst entsetzt. Ihm steht der Sinn mehr nach stiller Ruh und gutem Fressen. Bittere Enttäuschung über die gescheiterte Revolution fühlt ebenso wie der unglückliche Tiecksche Wolf zu Ende des Jahrhunderts auch Napoleon Bonaparte. Als glühender Anhänger des Aufklärers und Wegbereiters der Französischen Revolution Jean-Jacques Rousseau (1712–78) sowie des Jakobinismus, sah sich Napoleon zeitweilig in der Rolle eines revolutionären Vollstreckers des

Volkswillens.[63] Der Märchenwolf als eine Art Napoleon? Solche Symbolik war seit 1800 durchaus nicht abwegig. In der antifranzösischen Propaganda galt der gefräßige Wolf gemeinhin als fabelhafte Verkörperung des Franzosen, der den stillen deutschen Wald heimsucht und dessen durch Uneinigkeit geschwächte Bewohner übertölpelt. In *Die Hermannsschlacht* dichtet Kleist 1808:

> *»(...) Es bricht der Wolf, o Deutschland*
> *In deine Hürde ein, und deine Hirten streiten*
> *Um eine Handvoll Wolle sich.«*[64]

So wie der gierige »*Monsieur Wolf*« (371) den französischen Unruhestifter und Eindringling, mithin Napoleon, personifizieren mag, so steht Tiecks Jäger für dessen deutsch-patriotische Gegner, deren Ziel es ist, den wölfischen Revolutionstyrannen aus dem deutschen Wald zu hetzen und seine Bewohner vor ihm und seinen republikanischen Ideen zu behüten.[65] Zu diesen Bewohnern zählen auch die ewiggestrige Großmutter und das kleine Rotkäppchen, das mit seinem widerspenstigen Wesen die Dinge allerdings verkompliziert. Seine kindliche Naivität scheint es vor Strafe zu schützen. Ohne Furcht vor dem Wolf schlägt es alle Warnungen des Jägers in den Wind. Statt dessen spaßt es über dessen grünes Wams und verteidigt demgegenüber das lebenslustige Rot seiner Mütze:

> *»Das Grün ist wie geringe Leut,*
> *Man findet es so allerwege,*
> *Auf jedem Busch, jedwed' Gehege*
> *Da wächst es; ach, du liebe Zeit!*
> *Doch ist von da zu Rot noch weit.*
> *Das Rot macht gleich die Augen rege;*
> *(...)*
> *Wie selig, wem es mochte glücken,*
> *Daß er auf seinem Kopfe sah*
> *Wie ich, ein schönes rotes Käppchen.«* (371)

Mit gleichem Hochmut, »*[a]ber es geht doch keine Farbe über Rot*« (364), verteidigt es seinen Kopfputz auch gegenüber der Großmutter, die kleinbürgerlich darin nur unchristlichen Unfug wittert. Ganz anders wirkte das rote Käppchen dagegen auf Tiecks Zeitgenossen. Es erinnerte sie an die Freiheitsmütze der Jakobiner, das Symbol für die französischen Revolutionäre schlechthin. Mit ihm wurden nicht nur in Frankreich, sondern auch in Teilen Deutschlands die in revolutionärer Begeisterung aufgepflanzten Maibäume geschmückt.[66] Diesen deutschen *Jakobinern* war freilich eine bemerkenswerte Passivität eigen. Sie eroberten nirgends die Macht, sondern erwarteten, daß der politische Umsturz und die gesellschaftlichen Veränderungen durch die Truppen des revolutionären Frankreich besorgt würden. Rückblickend schreibt Rudolf Köpke, Tiecks Biograph, über die Revolutionsbegeisterung in Deutschland:

>*Es war dies nur eine andere Art des Idealismus. Unbefangen revolutionirten sie auf dem Papiere. Eine politische Bedeutung hatte es kaum, wenn man sich für Menschenrechte und Freiheit begeisterte, sich in Demokraten und Aristokraten theilte, die ›Marseillaise‹ sang, auf die Tyrannen schalt und die Jakobiner pries.«[67]*

Dem Rotkäppchen durchaus vergleichbar, zeichnet diesen deutschen Jakobinismus eine geradezu *kindliche Naivität* aus, wodurch auch er Opfer des ehemals *jakobinischen* Wolfes wird. In anschaulicher Weise erfüllt sich in Tiecks Märchenspiel das Sprichwort von der Revolution, die ihre eigenen Kinder frißt. Am Ende ereilt das wölfische Ungeheuer zwar die gerechte Strafe und es wird getötet, doch dies macht Rotkäppchen auch nicht mehr lebendig. So verfliegt ein Traum, und das letzte Wort behält der grünberockte Jäger:

>*Es kann einer wohl ein Verbrechen begehn,*
>*Doch kann er nie der Strafe entgehn.« (384)*

Mit andern Worten: Wenn der Wolf will, hat das Schaf zwar unrecht, nicht aber der Jäger! Natürlich läßt sich Tiecks launiges Märchenspiel nicht in allen Details nach diesem Muster ausdeuten. Vielfach wird seine politische Symbolik überlagert von rein ironischen Spielereien oder dramaturgischen Erfordernissen. Indes regen selbst die Brüder Grimm die Möglichkeit einer solchen Lesart im historischen Kontext an. In der Vorrede zur ersten Auflage der *Kinder- und Hausmärchen* von 1812 halten sie fest, daß echte Poesie *»niemals ohne Beziehung auf das Leben seyn kann, denn sie ist aus ihm aufgestiegen und kehrt zu ihm zurück«* – insbesondere zu Zeiten, *»wenn Sturm oder anderes Unglück, vom Himmel geschickt, eine ganze Saat zu Boden geschlagen«* hat. In dem Sinne gewährt die Märchenlektüre *»eine gute Lehre, eine Anwendung für die Gegenwart«.[68]*

Auch wenn sich die Brüder Grimm mit Rücksicht auf die politische Situation betont vorsichtig ausdrücken, sind aus ihrer Vorrede unzweideutig feindliche Gefühle gegenüber den französischen Eroberern Deutschlands herauszuhören.[69] Als Widerstand gegen diese ist auch die eigene kulturelle Ausgrabungsarbeit gemeint. Die dadurch angestrebte »Lehre« zielt somit über den eigentlich kinderpädagogischen Zweck hinaus und meint ebensogut die Erziehung zu nationalem Selbstbewußtsein. Dahin soll der deutsche Tugend-Weg führen, ohne daß die schmeichelnden Freiheitsschalmeien des französischen Wolfes erhört werden.[70]

Ludwig Tieck hat um 1800 dramatisch vorgeführt, wie der rotkäppige Überschwang in Deutschland Opfer des kaiserlichen Freßsacks wird. Seiner Sichtweise schließen sich die Brüder Grimm an, allein, die Zeiten haben sich wiederum gewandelt, was Änderungen am Märchenstoff angebracht erscheinen ließ. Neu an ihrer *Rotkäppchen*-Version ist die Rettung des Mädchens. Erstmals entsteigt es hier am Schluß unversehrt dem Wolfsbauch und füllt diesen zusammen mit Jäger und Großmutter nach dem Vorbild von *Der Wolf und die sieben Geißlein* (KHM 5) mit schweren Wackersteinen, so daß der Übeltäter zu Tode fällt. Im Gegensatz zu Tieck, der die französische Einverleibung Deutschlands in seinem *Rotkäppchen* erst erahnen konnte, erlebten die Brüder Grimm sie ebenso wie die anschließenden Befreiungskriege während ihrer Märchenarbeit am eigenen Leibe. Daher tötet ihr wachsamer Jäger nicht bloß den Wolf, sondern er versucht die von ihm verschlungenen Opfer noch zu retten und damit die märchenhafte Hoffnung auf die nationale Befreiung zu erfüllen. Die Jugend entsteigt dem Wolfsbauch und wird zugleich von den revolutionären Idealen befreit, denen sie zuvor naiv gehuldigt hat. Im Schluß der Brüder Grimm spiegeln sich so durchaus eigene Erlebnisse nach 1800 wider. Der gewandelten Zielsetzung passen sie auch ihre Sprache an. Sie schildern alles niedlicher, artiger, schwärmerischer als Tieck[71] und mit Worten und Wendungen, die mit Absicht altertümlich klingen sollen. Anstelle einer vorwitzigen Göre präsentiert sich Rotkäppchen hier schier geschmäcklerisch als von allen geliebte »kleine süße Dirne«, die das rote Käppchen ohne Hintergedanken zum Geschenk nimmt. Tiecks Rotkäppchen ohne

Furcht und Tadel ist sich keiner Gefahr bewußt, es sorgt sich selbstbewußt nur darum, daß der Wolf nun käme und den Jäger »*so unversehens nähme*«.[72] Grimms »*süße Dirne*« dagegen erscheint naiv einzig aus Unwissenheit, weshalb sie dem unbekannten Verführer zur leichten Beute wird. Auch die Großmutter ist nicht mehr allein gottesfürchtig und etwas streitbar, sondern kränklich und hilfsbedürftig.[73] Zudem wohnt sie draußen im Wald[74] unter drei Eichenbäumen, das deutschnationale Symbol *par excellence.*[75] Großmutter wie Rotkäppchen lassen sich ohne Gegenwehr vom Wolf übertölpeln, so daß sie, dem deutschen Bürgertum zu Beginn des 19. Jahrhunderts vergleichbar, schließlich einer starken männlichen Jägerhand bedürfen, die sie befreit.[76] Grimms Erziehung zur bürgerlichen Sittlichkeit gibt sich als primär nationales Anliegen. In diesem Sinne hat zu guter Letzt Rotkäppchens Selbsteinsicht zu funktionieren: »*du willst dein Lebtag nicht wieder allein vom Wege ab in den Wald laufen*«[77].

BIEDERER GLORIENSCHEIN

Die Brüder Grimm beließen es jedoch nicht bei dem von Perrault und Tieck angeregten *Rotkäppchen*, sondern fügten ihm eine zweite Fassung »*aus den Maingegenden*«[78] von Marie Hassenpflug an. Sie stellt eine Fortsetzung des Märchens dar und war vermutlich schon von der Erzählerin als solche gedacht.[79] Hierin wird das in Wolfsbegegnungen bereits erfahrene Rotkäppchen von einem anderen Wolf neuerlich auf die Probe gestellt. Freilich beherrscht es die Lektion nunmehr perfekt, und der Graukopf mit seinem Heißhunger fällt – wie bei La Fontaine – der Frauenlist zum Opfer. Womit dem Rotkäppchen endgültig keiner mehr etwas zuleide tut. Noch einmal bringt das Märchen in verkürzter Form die wesentlichen pädagogischen Absichten zum Ausdruck: wer beim ersten Mal aufgepaßt, dem Wolf mißtraut und den rechten Weg nicht verlassen hat, der braucht weder mütterlichen Ratschlag noch den rettenden Jäger. Mit der Verlagerung des Schauplatzes auf die offene Straße, der inhaltlichen Verknappung und der stärkeren Betonung des dörflichen Charakters gerät das Ganze allerdings zu einer Art von munterem Scherz: Rotkäppchens

Rache ungeniert. Ganz offensichtlich fehlt es sowohl dem Reifetest an Dramatik wie dem bösen Wolf an Gerissenheit. Letzterer ist zum dümmlichen Dorftölpel verkommen, dem Wurstgeruch zum Verhängnis wird.[80] Und jene Abwesenheit des Gefährlichen entschärft auch die erzieherisch so verfänglichen erotischen wie politischen Zweideutigkeiten der eigentlichen Märchenvorlagen. Derart wandelt sich das Ganze vom seriösen Warn- zum kindlichen Schmunzelmärchen.[81]

Von den beiden Fassungen der Brüder Grimm geht auch Ludwig Bechsteins *Rotkäppchen*-Bearbeitung aus. Speziell die ironische Grundhaltung, der *»fröhliche Schritt«* seines *»scharmanten«* Rotkäppchens, verweist auf deren zweite Version. Dementsprechend malt Bechstein die Dialoge und szenischen Beschreibungen aus. Immer wieder scheint er den Grimms dabei am Märchenzeug flicken zu wollen. Jede ihrer Passagen, die ihn allzu knapp erzählt dünkt, schmückt er sorgfältig neu aus. So wird der Wolf zum *»grauen Doktor«*, Rotkäppchens Blumensammeln mit Heilkräutersuche[82] verbunden, des Jägers Schere durch einen Hirschfänger ersetzt und aus Großmutters kleiner Jause eine seelenvergnügte Schlemmerei zu dritt. Die Bechsteinsche Fabulierlust läßt das Märchen nicht nur vom Umfang her ungeheuer anschwellen, sondern verleiht ihm auch den Charakter einer heiter versponnenen Biedermeier-Erzählung, in der sich jedes Detail als schmuck und hausbacken erweist, vom Großmutter-Häuschen bis zur Haselnuß-Erotik. Auch wenn Bechstein am Schluß wieder zur eigentlichen Rotkäppchen-Moral zurückfindet, so ist doch wenigstens einer der zu Anfang geäußerten mütterlichen Befehle nicht befolgt worden: *»Bleibe auch nicht zu lange aus.«* In Bechsteins *Rotkäppchen*-Welt, in der es sich jede Figur – selbst der Wolf – gemütlich macht, spielt Zeit (*»ein Viertelstündchen«*) keine Rolle mehr. Und je länger das Rotkäppchen sympathisch daherplaudert, desto unwahrscheinlicher wird ein negatives Ende im allzu engen Wolfsmagen. Rotkäppchen *kann* nicht sterben.

Und sollte es doch je gestorben sein, so dichtet der junge Märchen-Narr[83] Eduard Mörike (1804–75) selbst für die Geisterwelt noch den unendlichen Schluß. Wie eine Blume tanzt in seinem Gedicht-Fragment Rotkäppchens Geist bei Mondschein romantisch durch Wald und Wiesengrund, um mit sei-

nen Elfengliedern dem rührigen Wolfsgeist Verzeihung zuzu-
winken. Ein ewig währender seliger Reigen, in dem sich Ironie und Ernst verträumt die Waage halten.

ROTKÄPPCHENS PARODIE

Tiecks ironische Bearbeitung animierte häufig zu Zugaben,
insbesondere politisch-parodistischen.[84] Gerade das Zusammentreffen von freßgierigem Wolf und zartem Mädchen
scheint eine ausgesprochen einladende Grundkonstellation
darzustellen, in der sich politische Widersacher wechselweise
wiedererkennen können.

So hat 1937 eine Version Aufsehen erregt, die in der Fa-
schingszeitung der *Münchner Neuesten Nachrichten* erschienen
ist. Diese Geschichte vom BDM-Mädel Rotkäppchen übernimmt die leichte Lesart des Grimmschen Originals.[85] Auf der
Ebene der Handlung wird ihm hier nichts genommen und
nichts hinzugefügt. Wenn dennoch Unterschiede festzustellen
sind, so auf der Ebene der Bezeichnungen, die der nationalsozialistischen Sprachregelung folgen, mithin das Märchen in
den politischen Kontext des Dritten Reiches stellen. Versuchen wir allerdings, es wie das Tiecksche Märchendrama zu lesen und den Hauptfiguren tiefere Bedeutungen zuzuordnen,
so führt ein solches Vorgehen schnell in die Irre. Scheint Tieck
in der Gestalt des Wolfs die historische Person Napoleons mit-
zumeinen, müßte sich im Sinne einer systemkritischen Parodie
Hitler im braunen Wolfspelz erkennbar zeigen.[86] Unter solcher
Perspektive würde aber die Einheit von Nationalsozialismus
und »*Führer*« aufgebrochen, da Hitler demzufolge einen »*rassefremden*« Eindringling im deutschen Reichswald verkörpern
würde, der von Märchenfunktionären totzuschießen ist. Mit
dem Übeltäter wäre somit nicht der heuchlerische und despo-
tische Weltverderber aus der Welt geschafft, sondern es hätte
sich die heile NS-Welt nur ihres inneren Feindes entledigt. Erst
recht keine kritische Sichtweise ergäbe sich daraus, wenn der
Kreisjägermeister für Hitler oder den damaligen Reichsjäger-
meister Hermann Göring stehen würde. Der parodistische
Eingriff ins Märchen vollzieht sich tatsächlich nur auf der for-
mal-stilistischen Ebene der Sprache. Sie mutet zunächst eigen-

artig komisch an und deutet allenfalls eine Doppelbödigkeit dieser Märchenverfremdung an. Die parodistische Wirkung allerdings ist eher harmlos und beruht eigentlich nur auf dem Zusammenstoß von realer und märchenhafter Welt: ein Faschingsscherz, der den Willen zur Kritik im Gelächter ersticken läßt und wohl nur allzu überzeugte Parteigänger dazu verführen konnte, mehr in ihm zu fürchten.[87]

Das Stilmittel solch sprachlichen Ulks findet gerade auch in jenen *Rotkäppchen*-Parodien häufig Nachahmung, in denen zum Beispiel Berufsgruppen beziehungsweise deren beruflicher Jargon ironisch aufs Korn genommen werden.[88] Ob mit politischer oder sprachlicher Spitze, immer gilt, daß die Grimmsche oder Perraultsche Vorlage als bekannt vorausgesetzt werden kann – bis zum Überdruß bekannt. Erst in der verfremdenden Differenz zwischen Original und parodistischer Abwandlung entstehen Ironie und Komik. Dies gilt in besonderem Maße auch für die Parodie *Das kleine Grünkäppchen* des französischen Autors Cami (1884–1958). In dieser witzigen *Fantaisie* vermischen sich die Märchen von Perrault, Tieck und den Brüdern Grimm zu einem neuen, indem Cami letzteren das Wiederholungsmotiv aus ihrer zweiten Fassung, ersterem die ironische Moralität und Tieck die furchtlose Heldin beziehungsweise den untauglichen Vater entlehnt. Ist dieser bei Tieck als Trinker charakterisiert, heult er hier mit der Mutter darüber, daß sie schicksalhaft ihr geliebtes Töcherlein dem grausigen Rachen Isegrims überlassen müssen, dem schon Rotkäppchen zum Opfer fiel. Allein, aus den Erfahrungen des Rotkäppchens gewitzt, durchkreuzt das »*aufgeklärte*« Grünkäppchen die bewährte Wolfsstrategie, indem es diesem das dramatische Reiz-Wort zum Freßakt verweigert und so das Spiel zum Entgleisen bringt. Ein weiteres Mal fordert die Aufklärung im Märchen Tribut, und der Wolf muß resigniert feststellen, daß es die naiven und mühelos zu verschlingenden Kinder von einst[89] nicht mehr gibt. Ja, wo sind sie geblieben?

Freiwillig oder unfreiwillig eignet auch der wissenschaftlichen Deutung von Märchen ein parodistischer Charakter. Wie unversöhnlich hierbei erzählerische Unbelastetheit und analysierende Ernsthaftigkeit miteinander zusammenstoßen können, zeigt vergnüglich wie anschaulich Professor Menzels Literatur-Interpretation aus dem Geiste des *historischen*

Materialismus. Seine ideologisch begründete und akademisch vertrackte Lesart ist eigentlich nur mit dem entsprechenden Hintergrundwissen zu verstehen. Wenn sie dennoch verblüffend schlüssig wirkt, beruht dies auf zweierlei. Zum einen birgt das angewandte Interpretationsmuster bei rigoroser Auslegung die Schlüssigkeit in sich selbst, zum andern aber erweisen sich literarische Formen wie etwa Märchen als ausgesprochen form- und mannigfach deutbar. Der 1926 in Berlin geborene Schriftsteller Günter de Bruyn literarisiert hier im Grunde genommen den seriösen Aufsatz von Hans-Wolf Jäger und setzt ihn dem Ost-West-Gegensatz der 60er und 70er Jahre aus, der sich auch in der Literaturwissenschaft widerspiegelt.[90] Professor Menzel unterstellt jedem Märchenelement eine exakte, unbezweifelbare Bedeutung, die ohne Umschweife auf die revolutionäre Absicht der Märchenautoren hindeutet. In vergleichbarer Weise verfährt ebenfalls die tiefenpsychologische Märcheninterpretation, wie sie Erich Fromm (1900–80) mustergültig im Sinne eines *»guten Beispiel[s] für Freuds Ansichten«* leistet.[91] Die eigentliche, tiefere Bedeutung des Märchens scheint von vornherein festzustehen, es gilt allein noch die einzelnen Symbole und Motive daraufhin festzulegen. Gleich im ersten Satz seiner Deutung interpretiert Fromm dem kleinen Rotkäppchen[92] die Menstruation ins Mützchen, und im Wolfsbauch voller Wackersteine sieht er ohne zu zögern das komplexe Motiv des *»schwangeren Mannes«*[93]. Welche labyrinthischen Wege diese Deutung aber trotz alledem geht, zeigt ihr Schluß: Das *Rotkäppchen*-Märchen – obwohl nachweislich von Männern und nicht von Märchentanten verfaßt – ist elementarer Ausdruck *»einer tiefen Feindseligkeit gegen die Männer und die Sexualität«*, kurz der *»Triumph männerhassender Frauen«*. Es fehlt bloß, daß Fromm diesen Männerhaß konsequent auf die männliche Gewalttätigkeit beziehungsweise auf den Befund eines männlichen Selbsthasses weiterdenken würde. Bemerkenswert an Fromms kurzatmiger Märcheninterpretation ist, wie Mythos und Märchen zusammenfallen und letzteres ganz auf das Allgemein-Menschliche verpflichtet und reduziert wird. Solche Losgelöstheit aus dem geschichtlichen Kontext bewirkt, daß die Deutung der Symbole zusehends beliebig anmutet und einzig modernen Sichtweisen geschuldet ist. Beneidenswert ist dabei allein die unerträgliche Leichtigkeit seiner Deutung.

DAS
ASCHENPUTTEL-MÄRCHEN

Palladios
DIE TÖRICHTE IM KLOSTER TABENNESE
(um 420)

1.

So gab es in diesem Kloster daselbst eine jungfräuliche Nonne, die sich töricht stellte und in sich einen Dämon trug; und die Nonnen verachteten sie so sehr, daß sie jene nicht mit sich essen ließen. Doch sie, damit wohl zufrieden, war in die Küche gegangen und besorgte da die alltäglichen Verrichtungen; sie war so etwas wie der Besen für das ganze Kloster, und durch solches Tun zeigte sie, was beim seligen Apostel geschrieben steht, der sagt: *Jener, der in dieser Welt weise sein will, der sei töricht um weise zu sein.* Allein diese hier, um deren Haupt ein zerrissenes Tuch geschlagen war, – die andern waren nach gültigem Gesetz mit Umschlagtüchern bedeckt – jene also diente in der Küche und bei den alltäglichen Verrichtungen, ohne daß die andern sie an ihrer Tafel hätten sitzen lassen, noch daß sie, wenn sie Mahlzeit hielt, ihr zugesehen hätten; und zum Leben nährte sie sich nur, wenn sie die Reste vom Tische aß und das Spülwasser aus den Schüsseln und Töpfen trank, und es genügte ihr, ohne daß sie je eine unter ihnen beleidigt noch gemurmelt noch überflüssige Dinge gesagt hätte; allein, jene beleidigten und schlugen sie fortwährend.

2.

Da erschien dem seligen Pitorim, einem bewundernswerten Mann, der in einer Gegend hauste, die Porporitos genannt wird, ein Engel und sprach zu ihm: »Weshalb denkst du so hoch von dir, als seiest du allein auserwählt? Doch wenn du eine auserwähltere Frau als dich sehen willst, gehe ins Frauenkloster, das bei Tabennese liegt und siehe, da wirst du eine

Frau finden, um deren Kopf ein Lappen geschlagen ist; diese unter den vielen ist auserwählter als du: denn sie dient einer großen Gemeinschaft, ihr Herz dabei ist ganz bei Gott; dir freilich, wenn du hier haust, irrt dein Geist in den vielen Dörfern umher.«

3.

Und als er dies vernommen hatte, ging der alte Mann, der noch nie sein Kloster verlassen, schnell zu diesem Nonnenkloster, und er bat die für Besuche zuständige Person, alle Nonnen sehen zu dürfen. Und als er in dieses Kloster eingetreten war, kamen sie alle, um von dem seligen Pitor gesegnet zu werden; doch jene Selige benahm sich wie eine Wahnsinnige und tauchte nirgendwo auf. Da sprach der selige Pitor: »Daß alle Nonnen kommen; freilich«, sprach er, »es fehlt eine.« Aber diese hier sprachen zu ihm: »Mein Herr, wir haben noch eine und sie ist töricht, und sie ist in der Küche.« Er aber sagte ihnen: »Führt sie her, daß ich auch sie sehe.«

4.

Und sie gingen sie holen, aber sie wollte nicht mit ihnen zum Seligen gehen, spürend, daß sie ihm vielleicht durch eine Offenbarung entdeckt worden sei. Und wie sie nicht vor ihn treten wollte, zerrten und führten jene sie mit Gewalt herbei, indem sie zu ihr sprachen: »Mein Herr Pitor verlangt dich zu sehen!« Und als sie gekommen war, schaute Pitor sie an und sah den Lappen, der ihr ums Haupt geschlagen war, gemäß dem Zeichen, das ihm der Engel dafür gegeben hatte, und er verbeugte sich vor ihr und sprach zu ihr: »Segne mich, Amma*!« Doch sie, sie fiel ihm zu Füßen und sprach zu ihm: »Du, mein Herr, segne mich!« Und wie die Nonnen dies gesehen hatten, waren sie alle baß erstaunt und sprachen: »Daß dies nicht eine Beleidigung sein solle, mein Herr, weil es eine Törichte ist!« Aber der selige Pitor antwortete und sprach zu ihnen: »Ihr seid es, die töricht seid! Denn diese hier ist eure

* *Amma:* geistliche Mutter.

194

und meine Amma, und ich bitte Gott, an ihrer Seite sein zu dürfen am Tage des Gerichts!« Und wie alle Nonnen dies vom seligen Pitor vernommen hatten, fielen sie ihr zu Füßen, und entboten ihr Buße für alles, was sie ihr angetan. Es waren in der Tat viele darunter, die das Spülwasser der Schüsseln über ihr ausgegossen und sie zudem geschlagen hatten, und es waren zahlreiche Beleidigungen, die sie von allen hatte ertragen müssen. Und der selige Pitor betete für sie und ging von hinnen.

5.

Und nach einigen Tagen, wie diese Selige all die Ehrbezeugungen und Verherrlichungen durch die Nonnen nicht mehr ertrug, wie auch die Buße, die sie ihr entboten, verließ sie das Kloster ganz. Und wohin sie ging oder wo auch immer sie ruht, weiß niemand.

Geiler von Kaysersberg

AM XVII. SONTAG NACH PFINGSTE

jüngling ich sage dir stand uff (1517)

[...] Isaias spricht auch / ich würd dich ansehen / und du würst deinen mund in eschen stossen. Was ist den mund in eschen stossen / denn dich selber demütigen. [...] Darumb bistu ein anfahender mensch / so muostu thuon als Jheremias redt / sitzen in eschen. Du muost thuon als ein eschengridel thuot / und muost ein eschengrüdel sein. Es ist selten ein hauß es ist ein eschengrüdel darin. Was thuot ein eschengrüdel. Ich find sechß oder siben stück die er thuot / die muost du geistlichen thuon. Nun merck die nach einander. [...]

Zu dem ersten so ist ein eschengrüdel foller eschen / die augen / die naß / cleider er ist beroemt / und schmiddert / stickt / und ist ein arm ding darumb. Also ein anfahender mensch muoß ein eschengrüdel sein (per mortis meditationem) Durch betrachtung des todes. Ein mensch sol gedencken / das er bald zuo eschen würt und toedtlich ist / und sol fol eschen hangen / sich mit seck cleidern (per cognitionem sui ipsius) Durch sein eigne bekantniß geschicht es / und wenn ein mensch gedecht wer er wer / so würd er finden / das er nüt denn eschen wer in seim leib und in der seelen. Der leib des menschen heißt wol eschen / bistu ietz nicht eschen / so würstu bald zuo eschen werden / vileichtert in acht tagen / unnd ein ding das bald sol werden / mag man sprechen / dz es yetz das selbig sei. Nach der seelen ist der mensch eschen / wann die esch minder ist / denn dz / daruß man sie macht. Wenn man seidin oder dammast brent / das ist kostlich ding / aber die esch sol nüt. Also die seel ist kostlich von ir selber / wenn sie aber in todsünden ist / was ist sie denn / sie ist minder wert denn eschen / wan sie in gottes angesicht gantz nüt wert ist / und ein ding uff erdtreich nit mer geachtet sol werden / dann es in gottes angesicht ist. David sprach (Ad nihilum redactus sum et nescivi) Ich bin zuo nüt worden und hab es nit gewißt.

Zuo dem andern so ist dein seel gleich der eschen. Eschen würt leichtiklich zerstroewet und verweyet von dem wind hin und her. Und was würt ee zerstreiet denn dein seel mit iren gedencken / ietz so bistu im huß / gleich so bistu uff dem marckt / an dem Fischmerckt / zuo Venedig / zuo Franckfurt / wa du denn zuoschaffen hast.

Zuo dem dritten so ist eim menschen unmüglich dz er die eschen / die also verweyet ist wider zamen zebringen. Wie künt ein mensch dye eschen zamen bringen / da ein teil zuo venedig wer / ein teil zuo Franckfurt / und nieman wißt wa sie wer. Also kan niemans dein eschen zesamen bringen / dein leib und seel / dann allein got der allmechtig / der würt das thuon an dem iüngsten tag. Dz sol ein mensch gedencken / und mit der eschen umbgon / darin grüdlen. Welcher ein anfahender mensch ist / der sol also ein eschengrüdel sein. Sanctus Jheronymus der was also ein eschengrüdel. Der sprach / ich eß oder trinck / ich schlaff oder wach / so tonet mir die trumpt in meinen oren / stond uff ir todten / kummen zuo dm gericht.

Aber vil menschen seind die da meinen sie seien nit eschen / wer seind die. Es seind die zuo dem ersten die iren leib die eschen becleiden mit kostlichen cleidern / und den mist und karsack rüsten sie uß / und puppen in uff mit seidin und mit gold und silber / und allermeist die hübschen frewlin / die so ein groß uffsehen haben uff ireleib / und sy gon dennocht auch uff das leublin / uff ds heimlich gemach / und dz sie da

thuont / ist wüster und stinckt würßer weder andrer thier. Es
ist gar ein fein ding da einer in ein roßstall gat / oder in ein
kuestal / denn wenn man auff ein leublin gat. Ich weiß nüt
reiners von thieren das würßer stüncke denn katzen kat und
hünermist / und des menschen ubertrifft sie beide.

Die andern menschen die da meinen sie seien nit eschen /
das seind die / die gern hoch anhin werent / sie werent gern
Bischoeff Proepst / Dechan / Ammeister / Edel ec. sye meinen sie leben allwegen / und dencken nimmer an iren tod.

Zum dem andern so muoß der eschengrüdel das feuer machen / den ofen heitzen / und wenn er das feuer bloset / so gat
ym der bitter rauch dick in die nasen. Also ein anfahender
mensch sol das feuer uff blasen in ym goetlicher liebe / und
das geschicht allermeist (per contritionem) durch den rüwen
/ das ist der suer rauch / der ym in die nasen sol gon / rüw und
leid haben / daz du gott erzürnt hast (Nos habemus contritionem Scolasticam / Scotisticam / Thomisticam)* Wir haben
ein rüwen wie man in der schuol darvon sagt / mag ich an dem
letsten ein rüwen haben / und sprechen herr es ist mir leid. Es
gat nit so schlecht zuo / liß der altvetter buoch / wie sie peni-
tentz haben gethon. Sant Jheronymus der ließ sich auch nit
damit benügen / darumb die dir daz hymmelreich so ring machen / sie betriegen dich und sich selber. [...]

Zu dem dritten so muoß der Eschengrüdel fegen / weschen
/ und geschirr reiben / kessel unnd schüsseln / es muoß als glit-
zen / unnd ettwann so reibt man die kessel und schüsseln
durch. Also ein anfahender mensch der muoß weschen / dz ist
Beicht (Confessio) Es ist nit genuog / das ein mensch rüwet /
er muoß auch den wuost zuosamen fegen mit dem besen der
beicht. Als David spricht (Scopebam spiritum meum) Es ist nit
genuog das man den wuost zuosamen feget / man werff in denn
ußhin / sie lond in ettwann hinder der thür ligen / und stellen
den besem daruff / und wenn er da ligt so würt er hart / und
wachßet ettwann ungesuber darinn / als müß und anders. Also
seind vil menschen / wenn sie viel wuestes zuosamen gesamlen
/ unnd vil sünd gethuon / so woellen sie es lassen ston. [...]

Zuo dem fierden so muoß der eschengrüdel braten / die

---

* Anspielung auf die Philosophie des Mittelalters, die Scholastik (9.
bis 15. Jh.), mit ihren berühmten Vertretern Johannes Duns Scotus (um
1270–1308) und Thomas von Aquin (um 1225–74).

knecht unnd die iunckfrawen seind darüber / solten sie braten der eschengrüdel muoß es als thuon. Also du muost dich selber braten / braten ist (Satisfactio) Genuog thuon für dein sünd. [...]

Zuo dem fünfften so muß der eschengrüdel den katzen weren / wan die katzen beschlecken waz sie finden, laßt man Fisch ston in einem zuber / sie erwischen einen sie sollen etwann ein haffen mit fleisch umb ziehen / und ein stück fleisch erwüschen und darvon faren / und wenn es der haußvatter erfert / so lacht er sein / wann er anders ein recht mensch ist / wenn er aber ein unflat ist / so toebet er und kan nit uffhoeren. [...] Die katzen seind nüt anders denn anfechtungen des boeßen geistes / deren on zal ist. [...]

Ich sprich zu dem sechsten und on eins das letst ist. Der eschengrüdel muoß vil vil erleiden / sie handlen in ubel / man fluocht / unnd was alle welt in dem Hauß thuot / unnd was geschicht / das muoß der eschengrüdel alles haben gethon. Elt[e]rn wen sprechen sie / wer wolt es gethon haben denn der eschengrüdel. [...]

Zuo dem sibenden und zu dem letsten / so ist etwann der eschengrüdel dem haußvatter an dem aller liebsten / und nympt in etwann zuo der ee / und lat die stoltzen iunckfrawen faren. Also wann du ein solicher eschengrüdel werest / so hette dich gott lieber / denn etwann die / die da meinen sie seien gar volkummen und gar frum.

[*Hier folgt Geilers Nacherzählung von Palladios' Legende* Die Törichte vom Kloster Tabennese, abgedruckt in: M. Lüthi, *Der Aschenputtel-Zyklus*, S. 43 f., bzw. S. Singer, *Schweizer Märchen*, S. 2 ff.]

RHODOPIS ODER DIE SCHUHPROBE
nach Herodot (um 490 – um 420 v. Chr.)

Auch er [der ägyptische König Mykerinos] hinterließ eine Pyramide, aber eine viel kleinere als sein Vater. Jede Seite des Quadrats war drei Plethren* lang weniger zwanzig Fuß, und zur Hälfte war sie aus aithiopischem Stein. Die schreiben

* *Plethren:* griech. Längenmaß (ca. 32 m).

einige der Hellenen der Hetäre Rhodopis zu, doch zu Unrecht. Leute, die das behaupten, wissen doch offensichtlich gar nicht, wer diese Rhodopis wirklich gewesen ist – denn sonst würden sie ihr nicht den Bau einer solchen Pyramide zuschreiben, die, möchte ich meinen, Tausende und aber Tausende von Talenten gekostet haben wird. Und dann fällt Rhodopis' Lebensmitte in die Zeit von König Amasis und nicht von diesem. Denn viele, viele Jahre später als diese Könige, die diese Pyramiden hinterlassen haben, hat Rhodopis gelebt, die der Herkunft nach eine Thrakerin war und die Sklavin des Iadmon, Hephaistopolis' Sohn, eines Samiers, und Mitsklavin des Aisopos, des Fabeldichters. [...] Rhodopis aber kam nach Ägypten mit dem Xanthos von Samos, der sie dorthin brachte, um Geld mit ihr zu verdienen, dann aber wurde sie für eine gewaltige Summe losgekauft von einem Mann aus Mytilene, Charaxos, dem Sohn des Skamandronymos, und das war der Bruder der Sappho, der Dichterin. So wurde Rhodopis frei, blieb aber in Ägypten und war dort sehr begehrt wegen ihrer Reize und erwarb sich großes Vermögen, groß für eine Rhodopis, für eine solche Pyramide aber langte es denn doch nicht. Denn den zehnten Teil ihres Vermögens kann jetzt noch jeder, der Lust hat, sich ansehen, man darf ihr also keinesfalls ein riesiges Vermögen zuschreiben. Rhodopis verlangte es nämlich, ein Denkmal von sich in Hellas zu hinterlassen, und da ließ sie eine Arbeit fertigen, auf die sonst noch niemand verfallen war und wie sie noch in kein Heiligtum geweiht war, so etwas weihte sie nach Delphi, als ein Denkmal für sich. Also vom Zehnten ihres Vermögens machte sie Bratspieße für Rinder, eine große Menge, aus Eisen, soviel der Zehnte es ihr nur erlaubte, und sandte die nach Delphi. Noch jetzt liegen die aufgestapelt hinter dem Altar, den die Chier errichtet haben, grade gegenüber dem Tempel. Es scheint in Naukratis so in der Luft zu liegen, daß es hier besonders anziehende Hetären gibt. Ist doch erstens diese Frau, von der hier die Rede ist, wirklich so berühmt geworden, daß die Hellenen in aller Welt den Namen Rhodopis kannten, und dann hat man, eine Zeit nach Rhodopis, von einer andern, die Archidike hieß, in ganz Hellas gesungen; doch sprach man von ihr nicht so an allen Ecken wie von der andern. Als Charaxos aber Rhodopis freigekauft hatte und nach Mytilene heimkehrte, hat ihn Sappho in einem Lied viel gescholten. Das war Rhodopis, und nun Schluß damit.

[...] entfernter steht auf grösserer Höhe der Bergfläche die dritte viel kleinere [Pyramide], als jene beiden, ist aber mit viel grösseren Kosten aufgeführt. Denn von der Grundlage bis fast zur Mitte besteht sie aus jenem schwarzen Gestein, woraus man auch die Mörser macht, weither ihn holend. Denn von Aithiopiens Gebirgen her, und durch seine Härte und schwere Bearbeitung machte er das Bauwerk kostbar.

Man behauptet, sie sei das von den Liebhabern errichtete Grabmal einer Buhlin, welche die Liederdichterin Sappho Doricha nennt, und Geliebte ihres Bruders Charaxos, welcher Lesbischen Wein zum Verkauf nach Naukratis brachte. Andere nennen sie Rhodopis, und fabeln, daß, als sie badete, ein Adler einen ihrer Schuhe der Dienerin entriss und nach Memphis trug, und dem im Freien Recht sprechenden Könige, über seinem Haupte schwebend, den Schuh in den Schoss warf. Der König, sowohl die Niedlichkeit des Schuhes als das sonderbare Begebniss bewundernd, sandte umher im Lande zur Erforschung der diesen Schuh tragenden Frau. Endlich aufgefunden in der Stadt der Naukratiten und hergeholt, wurde sie des Königs Gattin, und empfing gestorben das erwähnte Grabmal.

nach Plinius Secundus d.Ä. (um 23 – 79 n. Chr.)

Dies sind die Wunder der Pyramiden; das größte dabei ist aber, damit keiner über die Reichtümer der Pharaonen staune, daß die kleinste von ihnen, zugleich die berühmteste, von der Hetäre Rhodopis errichtet wurde. Sie war einst Mitsklavin und Hausgenossin des philosophierenden Fabeldichters Aisopos, und es ist um so erstaunlicher, daß solcher Reichtum durch das Gewerbe einer Dirne erworben wurde.

Rhodopis war, wie man sich in Ägypten erzählt, eine wunderschöne Hetäre. Einst, als sie beim Bade war, bedachte das Schicksal, das gerne wunderbare und unerwartete Dinge tut, sie mit einem Geschenk, das weniger ihrem Verstande als ihrer Schönheit angemessen war. Während sie nämlich badete und die Dienerinnen auf ihre Kleider aufpaßten, stieß ein Adler herab, raubte einen ihrer Schuhe und flog davon. Er trug den Schuh nach Memphis, wo Psammetichos Gericht hielt, und warf ihn diesem in den Schoß. Psammetichos, erstaunt über die harmonische Form und die anmutige Arbeit des Schuhs und über die Tat des Vogels, gab Befehl, in ganz Ägypten nach der Frau zu suchen, der der Schuh gehörte. Als er sie gefunden hatte, machte er sie zu seiner Gattin.

Giambattista Basile
DIE ASCHENKATZE
(1634)

[Antonella erzählt von einem Mädchen namens Lucrezia, welches auf Anraten ihrer Hofmeisterin die böse Stiefmutter tötet. Doch die zum Mord anstiftende Erzieherin, welche der Vater alsbald heiratet, wird ebenfalls zur bösen Sieben. Zusammen mit ihren Modebewußten Töchtern Imperia, Calamita, Sciorella, Diamante, Colommina und Cascarella macht sie Lucrezia das Leben hinterm Herd schwer. Lucrezia wird von ihnen nur noch verächtlich Aschenkatze genannt. Eines Tages verreist der Vater nach Sardinien, von wo er einen Dattelzweig und allerhand Gartenwerkzeuge wie Hacke, Eimer und Handtuch als Geschenk der wunderschönen, jungfräulichen Feentaube für Lucrezia mitbringt.]

Diese war vor Freude ganz außer sich, pflanzte den Dattelzweig in einen schönen Blumentopf, pflegte und behackte ihn und trocknete ihn mit dem seidenen Handtuch morgens und abends, so daß er schon nach vier Tagen bis zur Höhe einer Frau emporgewachsen war und eine Fee aus demselben hervortrat, welche Lucrezia fragte: »Was wünschst du dir?«, worauf diese antwortete, daß sie gern manchmal ohne Wissen ihrer Schwestern aus dem Hause gehen möchte. »So komme denn«, erwiderte die Fee, »jedesmal, wenn du diesen Wunsch hegst, an den Blumentopf und sprich:

> *›O Dattelbaum du, du goldene Gabe,*
> *Den stets ich mit goldenem Spaten umgrabe,*
> *Mit Wasser aus goldenem Eimer auch labe,*
> *Getrocknet mit seidenem Handtuch auch habe,*
> *Zieh dich doch jetzt aus*
> *Und dich putz heraus.‹*

Wenn du dich aber ausziehen willst, so ändere die letzten Verse und sage:

> *›Zieh mich doch jetzt aus*
> *Und dich putz heraus.‹«*

Sobald aber der nächste Festtag erschienen und die Töchter der ehemaligen Hofmeisterin ausgegangen waren, ganz geschniegelt und gebügelt, ganz schimmernd und flimmernd, ganz Bänder und Gewänder und befalbelte Ränder, während Blumen und Düfte parfümierten die Lüfte, und tausend von Dingen sie noch umfingen, eilte Lucrezia rasch zu dem Blumentopf, und nachdem sie die ihr von der Fee gelehrten Worte ausgesprochen, sah sie sich plötzlich wie eine Königin ausgeschmückt und auf einem Zelter sitzend, dem zwölf schmucke, zierliche Pagen folgten, worauf sie sich ebendahin begab, wohin ihre Schwestern gegangen waren, denen beim Anblick der Schönheit dieses holden Täubchens förmlich der Mund wässerte vor Verlangen, so auszusehen wie sie.

Der Zufall fügte es nun aber so, daß sich in derselben Gesellschaft gerade auch der König jenes Landes befand, welcher, von der ungemeinen Schönheit Lucrezias beim ersten Blick bezaubert, einem vertrauten Diener auftrug, daß er zusehen solle, wie er über diese fremde Jungfrau etwas Näheres erfahren könne, wer sie nämlich wäre und woher sie käme. Der Diener ging ihr nun zwar sogleich auf dem Fuße nach; Lucrezia aber, welche den Späher bemerkte, warf eine Handvoll Goldtaler, welche sie sich von dem Dattelbaum zu diesem Behuf hatte geben lassen, hinter sich. Jener steckte sich sogleich die Laterne an und vergaß, dem Zelter zu folgen, um sich lieber die Hände mit Füchsen zu füllen, worauf Lucrezia in aller Geschwindigkeit in ihr Haus trat und daselbst, wie die

Fee sie gelehrt, sich auskleidete. Bald darauf kamen auch ihre Hexen von Schwestern heim und erzählten ihr, um sie zu ärgern, von den tausend hübschen Sachen, die sie gesehen.

Inzwischen kehrte der Diener zu dem König zurück und teilte ihm mit, wie es sich mit den Goldtalern zugetragen hatte, worauf dieser in einen heftigen Zorn geriet, den Diener schmähte, daß er um ein paar lumpiger Dreier willen den Wunsch seines Herrn unerfüllt gelassen, und ihm scharf ansagte, daß er am nächsten Feste sich ja jede erdenkliche Mühe geben solle zu erfahren, wer jene schöne Jungfrau wäre und wo jener seltene Vogel sein Nest habe.

Das nächste Fest erschien, und die Schwestern, im vollsten Staat das Haus verlassend, ließen Lucrezia am Herd zurück; diese jedoch lief sogleich zu dem Dattelbaum, und nachdem sie die bewußten Worte gesagt, traten aus demselben mit einemmal eine Anzahl Zofen, die eine mit einem Spiegel, die andere mit einem Fläschchen Kürbiswasser, eine dritte mit einem Brenneisen, eine vierte mit einem Schminktöpfchen, eine fünfte mit einem Kamm, eine sechste mit Nadeln, eine siebente mit den Kleidern und wieder eine andere mit den Brust- und Halsketten, und nachdem sie Lucrezia so glänzend geschmückt hatten, daß sie leuchtete wie eine Sonne, setzten sie sie in eine sechsspännige Karosse, welche von Lakaien und Pagen in voller Livree begleitet wurde. Nachdem sie nun an demselben Ort, wo sie am vorhergehenden Feste gewesen, angelangt war, vergrößerte sie das Staunen in den Herzen der Schwestern und das Feuer in der Brust des Königs. Sobald sie sich wieder fortbegeben hatte und bemerkte, daß der Diener des Königs ihr nachging, warf sie, um von diesem nicht ausgespäht zu werden, eine Handvoll Perlen und Edelsteine hinter sich, welche jener wackere Mann für gar nicht zu verachten hielt, so daß er zurückblieb, um sie aufzuklauben, und Lucrezia Zeit gewann, unbemerkt nach Hause zu gelangen und sich auf gewöhnliche Weise zu entkleiden. Nach langer, langer Zeit erst kehrte der Diener zu dem König zurück, welcher ihn auf folgende Weise anfuhr: »So wahr ich lebe, wenn du mir diese Jungfrau nicht ausfindig machst, so kriegst du eine derbe Tracht Prügel und so viele Fußtritte in den Hintern, wie du Haare in deinem Barte hast.« Das nächste Fest erschien, die Schwestern gingen wieder aus, und Lucrezia trat vor den Dattelbaum, worauf sie nach Wiederholung des Zauberspruches auf das prächtigste angekleidet und alsdann in einen goldenen Wagen gebracht wurde, den so viele Diener umringten, daß der ganze Aufzug dem eines auf einem öffentlichen Spaziergang arretierten, von Bütteln umringten Freudenmädchens glich. Nachdem sie nun bei ihren Schwestern den gewöhnlichen Neid erweckt hatte, begab sie sich wieder fort, von dem Diener des Königs begleitet, der sich wie mit doppeltem Zwirn an ihren Wagen annähte. Als sie nun sah, daß er immer hinter ihr herkam, so rief sie: »Fahr zu, Kutscher«, worauf der Wagen mit solcher Schnelligkeit davonjagte und ihre Eile so groß war, daß ihr ein Pantoffel entfiel, und zwar einer der niedlichsten, die man je gesehen. Da nun der Diener den dahinfliegenden Wagen nicht erreichen konnte, so hob er den Pantoffel von der Erde auf und brachte ihn dem Könige, indem er ihm zugleich erzählte, wie es ihm ergangen war. Der König nahm den Pantoffel in die Hand und sprach: »Wenn der Grundbau so schön ist, wie wird erst das Haus aussehen? O schöner Leuchter, auf dem sich das Licht befand, welches mich entzündet; o Dreifuß des schönen Kessels, in welchem das Leben siedet; o du schöner Kork, befestigt an die Angelschnur Amors, mit welcher er meine Seele gefangen hat, sieh, hier umarme ich dich und drücke dich an mein Herz, und wenn ich auch den Baum nicht erreichen kann, so bete ich doch die Wurzeln an, wenn ich auch den Knauf nicht haben kann, so küsse ich doch das Fußgestell! Bisher warst du das Gefängnis eines weißen Fußes, jetzt bist du die Fessel eines unglücklichen Herzens; du erhöhtest um anderthalb Zoll die Tyrannei meines Lebens und durch dich auch wächst um ebensoviel die Wonne meines Lebens, solang ich dich besitze und bewahre.«

Nachdem er dies gesprochen, rief er seinen Sekretär, ließ einen Trompeter kommen und hierauf »Tu, Tu« eine öffentliche Bekanntmachung ergehen, daß alle Frauen des Landes sich bei einem gewissen Feste und Bankett einfinden sollten, das er sich in den Kopf gesetzt zu veranstalten. Als daher der bestimmte Tag erschien, o du mein Himmel, was für ein Geschmause und Gejubel gab es da, woher kamen nur alle die Pasteten und Torten, woher die Braten und Fleischklöße, woher die Makronen und das Zuckerwerk? Denn sie waren in so großer Menge vorhanden, daß man ein vollständiges Heer damit hätte speisen können.

Sobald nun die Frauen alle angelangt waren, vornehme und geringe, reiche und arme, alte und junge, schöne und häßliche und sämtlich im besten Putz, und man erst tüchtig geschmaust hatte, so probierte der König einer jeden der Eingeladenen, ohne auch nur eine zu übergehen, den Pantoffel an, um zu sehen, welcher er so gut und genau passe, daß er an der Form des Pantoffels das, was er suchte, zu erkennen vermöchte; er fand aber keinen passenden Fuß und war nahe daran, zu verzweifeln. Gleichwohl gebot er Stillschweigen und sprach: »Kommet morgen wieder und esset mit mir eine Suppe; doch bitte ich auch, daß ihr kein einziges Frauenzimmer zu Hause lasset, und sei sie, wer sie wolle.« Hierauf sagte zu ihm der Prinz: »Ich habe zwar noch eine Tochter, allein sie steckt immer hinter dem Herde, und es fehlt ihr so gänzlich an aller Zierlichkeit der Gestalt und Sitten, daß sie es nicht verdient, an eurem Tische zu essen.« – »Schon gut«, sagte der König, »gerade sie soll vor allen andern kommen, denn so wünsche ich es.«

So nun schieden sie, und am darauffolgenden Tage fanden sich wiederum alle ein, und zugleich mit den Töchtern Carmosinas kam auch Lucrezia. Kaum wurde diese von dem König erblickt, so schien sie ihm auch sogleich die zu sein, welche er suchte; jedoch hielt er seine Empfindungen fürs erste noch zurück. Nachdem aber die Kinnbackentätigkeit der Anwesenden ihr Ende gefunden, wurden wieder die Proben mit dem Pantoffel angestellt, und nicht sobald näherte letzterer sich Lucreziens Fuß, als er gleich dem Eisen, welches auf den Magnet losfährt, von selbst an den Fuß dieses Herzblattes Amors fuhr. Kaum nahm dies der König wahr, so eilte er auf sie los, um ihr aus seinen Armen eine Presse zu machen, bat sie, sich unter dem Thronhimmel niederzulassen, und setzte ihr alsdann die Krone aufs Haupt, worauf alle Anwesenden vor ihr, als vor ihrer Königin, Knickse und Reverenzen zu machen anfingen. Als ihre Schwestern dies sahen, so barsten sie fast vor Ärger, und da sie nicht gesonnen waren, dieses Herzeleid länger mitanzusehen, so schlichen sie sich ganz heimlich und still nach Hause, indem sie sich wider Willen gestehen mußten, daß:

»In gar großer Narrheit lebt,
Wer den Sternen widerstrebt.«

(...) Man könnte sich unmöglich vorstellen, wie sehr einem
jeden das endliche Glück Lucrezias zu Herzen ging, und obwohl sie die günstigen Fügungen des Himmels hinsichtlich derselben höchlich priesen, so tadelten sie doch ebensosehr die geringe Strafe ihrer Stiefschwestern, da ihnen für den Hochmut
keine Züchtigung zu stark und für den Neid keine Heimsuchung zu schwer schien. Während nun hierüber vielerlei geflü-
stert wurde, legte der Prinz Thaddäus sich den Zeigefinger der
rechten Hand auf den Mund und deutete ihnen so an, daß sie
schweigen sollten, worauf sie alle auf einmal verstummten, als
wenn sie den Wolf gesehen hätten, oder wie ein Schulknabe, der
mitten im besten Plaudern unvermutet den Lehrer neben sich
erblickt.

Charles Perrault

ASCHENPUTTEL

ODER DER KLEINE GLÄSERNE SCHUH

Ein Märchen (1695)

Es war einmal ein Edelmann, der heiratete in zweiter Ehe eine
Frau, die so hochmütig und stolz war, wie man es sich nur
denken kann. Sie besaß zwei Töchter, die ihr nachgeraten waren und ihr in allem glichen. Der Mann hatte seinerseits eine
Tochter, die jedoch an Sanftmut und Liebenswürdigkeit ihres-
gleichen suchte: das war das Erbe ihrer Mutter, die die beste
Frau der Welt gewesen war. Kaum war die Hochzeit vorüber,
als der böse Charakter der Stiefmutter zutage trat: sie konnte
die Freundlichkeit des jungen Mädchens nicht ertragen, da sie
ihre Töchter noch verabscheuungswürdiger machte. So trug
sie ihr die niedrigsten Arbeiten im Hause auf: sie mußte das
Geschirr abwaschen und die Treppen scheuern, sie putzte das
Zimmer der gnädigen Frau und die Zimmer der gnädigen
Fräulein, ihrer Töchter; sie schlief hoch oben im Hause in
einem Speicher auf einem elenden Strohsack, indes ihre
Schwestern in Zimmern mit Parkettböden wohnten, wo Betten nach der neuesten Mode standen und Spiegel, in denen sie
sich von Kopf bis Fuß sahen. Das arme Mädchen ertrug dies

alles geduldig und wagte es nicht, sich bei seinem Vater zu beklagen. Er hätte es doch nur ausgeschimpft, denn er stand ganz unter dem Einfluß seiner Frau. Wenn es seine Arbeit getan hatte, ließ es sich in einer Ecke des Kamins nieder und setzte sich in die Asche, und so nannte man es im ganzen Hause Aschenhocker; nur die jüngere, die nicht ganz so böse war wie ihre ältere Schwester, rief es Aschenputtel. Aber Aschenputtel war in seinen schlechten Kleidern hundertmal schöner als seine Schwestern, obgleich sie so prächtig gekleidet waren.

Nun geschah es, daß der Sohn des Königs einen Ball gab und alle Leute von Rang dazu einlud; unsere beiden jungen Damen wurden ebenfalls gebeten, denn sie spielten eine große Rolle im Lande. Da freuten sie sich und waren nur noch damit beschäftigt, Kleider und Hauben auszuwählen, die ihnen am besten stünden; für Aschenputtel war das eine neue Plage, denn sie mußte die Wäsche für ihre Schwestern bügeln und ihre Manschetten fälteln. Sie sprachen über nichts anderes mehr als über ihre Kleider. »Ich«, sagte die Ältere, »ich werde mein rotes Samtkleid tragen und meinen englischen Schmuck.« »Und ich«, sagte die Jüngere, »werde nur meinen gewöhnlichen Rock anziehen, doch dafür werde ich meinen Mantel mit den goldenen Blumen tragen und meine Diamantspange, die gewiß nicht gewöhnlich ist.« Sie ließen die beste Putzmacherin kommen, die ihnen die Hauben richten mußte, und kauften von den besten Schönheitspflästerchen; dann riefen sie Aschenputtel herbei, um es um sein Urteil zu bitten, denn es besaß einen guten Geschmack. Aschenputtel beriet sie auf das Beste und erbot sich sogar, sie zu kämmen, was sie gerne annahmen. Als es sie kämmte, sagten sie: »Aschenputtel, würdest du auch gern auf den Ball gehen?« »Ach, liebe Fräulein, ihr macht euch lustig über mich; da gehöre ich nicht hin.« »Da hast du recht; das gäbe ein Gelächter, wenn man einen Aschenhocker auf dem Ball sähe.« Jede andere als Aschenputtel hätte sie nun absichtlich schlecht gekämmt, doch es hatte ein gutes Herz und kämmte sie besonders schön. Sie waren außer sich vor Freude, so daß sie fast zwei Tage lang nichts aßen. Mehr als zwölf Schnürbänder wurden zerrissen, da man sie so fest als möglich schnüren wollte, um ihnen eine besonders schmale Taille zu verleihen, und sie standen fortwährend vor dem Spiegel. Endlich kam der glückliche Tag heran; sie brachen auf, und Aschenputtel blickte ihnen nach, so lange es konnte; als sie seinen Augen ent-schwunden waren, begann es zu weinen. Seine Patin fand es ganz in Tränen aufgelöst und fragte, was es denn hätte. »Ich möchte gern ... ich möchte gern ...« Es weinte so heftig, daß es nicht zu Ende sprechen konnte. Seine Patin aber war eine Fee und sprach zu ihm: »Du möchtest gern auf den Ball gehen, nicht wahr?« »Ach ja«, sprach Aschenputtel seufzend. »Na schön, sei ein gutes Mädchen«, sagte die Patin, »dann will ich zusehen, daß auch du auf den Ball gehst.« Sie führte es in sein Zimmer und sprach zu ihm: »Geh in den Garten und hol mir ei-nen Kürbis!« Aschenputtel lief sogleich hinaus, nahm den schönsten Kürbis, den es finden konnte und brachte ihn seiner Patin. Wie dieser Kürbis es zu dem Ball bringen sollte, ver-mochte es nicht zu erraten. Seine Patin höhlte ihn aus und ließ nur die Schale stehen, dann berührte sie ihn mit ihrem Stab, und alsbald verwandelte sich der Kürbis in eine schöne, über und über vergoldete Kutsche. Dann schaute sie in ihrer Mausefalle nach und fand dort sechs Mäuse, die alle am Leben waren; sie bedeutete Aschenputtel, ein wenig die Klappe der Mausefalle zu heben, und dann gab sie jeder Maus, die herauskam, einen Schlag mit ihrem Zauberstab, und sogleich war die Maus in ein schönes Pferd verwandelt; das gab ein prächtiges Gespann von sechs Apfelschimmeln, die alle fein mausgrau gescheckt waren. Nun blieb nur noch die Frage, woraus sie einen Kutscher ma-chen sollte: »Ich will sehen«, sprach Aschenputtel, »ob nicht eine Ratte in der Rattenfalle steckt, daraus können wir einen Kutscher machen.« »Da hast du recht«, sagte die Patin, »sieh einmal nach.« Aschenputtel brachte ihr die Rattenfalle, in der sich drei große Ratten befanden. Die Fee nahm eine von den dreien heraus, weil sie so gewaltige Schnauzhaare hatte, und kaum hatte sie sie berührt, so wurde sie in einen rundlichen Kutscher verwandelt, der einen der prächtigsten Schnauzbärte besaß, den man sich nur vorstellen kann. Dann sprach sie zu ihm: »Geh in den Garten, dort wirst du sechs Eidechsen hinter der Gießkanne finden, bring sie mir.« Es hatte sie kaum ge-bracht, als die Patin sie in sechs Lakaien verwandelte, die so-gleich mit ihren prächtig verbrämten Livreen hinten auf die Kutsche aufstiegen und sich dort festhielten, als hätten sie ihr Lebtag nichts anderes getan. Die Fee sprach alsdann zu Aschenputtel: »So, jetzt weißt du, wie du auf den Ball kommst, freust du dich nicht?« »Doch, aber soll ich in meinen häßlichen Kleidern gehen?« Seine Patin berührte es nur mit ihrem Stab, und sogleich wurden seine Kleider in Gewänder aus Gold und Silber verwandelt, die ganz mit Edelsteinen besetzt waren. Sodann gab sie ihm ein Paar gläserne Schuhe, wie es sie schöner auf der ganzen Welt nicht geben konnte. Als es so herausgeputzt war, stieg es in die Karosse; seine Patin mahnte es aber, auf keinen Fall Mitternacht verstreichen zu lassen. Wenn es nur einen Augenblick länger auf dem Ball bliebe, so warnte sie, würde seine Karosse wieder zum Kürbis werden, seine Pferde würden sich in Mäuse, seine Lakaien in Eidechsen, und seine Kleider in ihre ursprüngliche Form zurückverwandeln. Es versprach seiner Patin, daß es darauf achten werde, den Ball vor Mitternacht zu verlassen. Aschenputtel fährt ab und ist vor Glück ganz von Sinnen. Der Sohn des Königs, dem man meldete, daß eine prächtige Prinzessin angekommen sei, die niemand kenne, eilte ihr entgegen. Er reichte ihr die Hand beim Aussteigen aus der Kutsche und führte sie in den Saal zu der übrigen Gesellschaft: da trat ein großes Schweigen ein; alle hielten im Tanzen inne, die Geigen verstummten, und alle betrachteten gespannt die unbekannte Schöne. Man vernahm lediglich ein leises Raunen: »Oh, wie ist sie schön!« Selbst der König, der schon so alt war, ließ nicht ab, sie anzuschauen, und sagte leise zu der Königin, daß er lange kein so schönes und reizendes Mädchen mehr gesehen habe. Alle Damen betrachteten aufmerksam ihre Haube und ihre Kleider, um sich gleich am anderen Tage ähnliche anfertigen zu lassen, vorausgesetzt es ließen sich hinreichend schöne Stoffe und einigermaßen geschickte Schneider finden. Der Sohn des Königs wies ihr den ehrenvollsten Platz an und führte sie anschließend zum Tanz: sie tanzte mit soviel Anmut, daß man sie nur noch mehr bewunderte. Ein prächtiges Mahl wurde aufgetragen, doch der junge Prinz rührte nichts an, so sehr war er in ihren Anblick versunken. Sie ließ sich neben ihren Schwestern nieder und erwies ihnen tausend Freundlichkeiten; sie teilte die Orangen und Zitronen mit ihnen, die ihr der Prinz geschenkt hatte; darüber waren sie sehr erstaunt, denn sie erkannten sie nicht. Als sie so plauderten, hörte Aschenputtel es Viertel vor zwölf schlagen: da machte es sogleich einen tiefen Knicks und eilte, so schnell es nur konnte, davon. Als es zu Hause angekommen war, suchte es seine Patin auf und dankte ihr noch einmal. Es sagte ihr, daß es den großen Wunsch habe, auch am folgenden Tag auf den Ball zu gehen, da der Sohn des Königs es darum gebeten habe. Während es seiner Patin noch von dem Ball erzählte, klopften seine beiden Schwestern an die Tür; Aschenputtel machte ihnen auf. »Wie seid ihr lange ausgeblieben!« sagte es gähnend zu ihnen, rieb sich die Augen und reckte sich, als ob es soeben aufgewacht wäre; dabei hatte es seit seinem Aufbruch keineswegs Lust zu schlafen gehabt. »Wenn du auf den Ball gegangen wärest«, sagte eine ihrer Schwestern zu ihr, »hättest du keine Langeweile gehabt: eine wunderschöne Prinzessin ist gekommen, so wunderschön wie man es sich nur vorstellen kann; sie hat uns tausend Aufmerksamkeiten erwiesen und uns Orangen und Zitronen geschenkt.« Aschenputtel war wie von Sinnen vor Freude: es fragte sie nach dem Namen dieser Prinzessin; doch sie entgegneten, daß sie ihn nicht kennten, und daß sich der Sohn des Königs in höchster Not befände und alles darum gäbe, wenn er nur wüßte, wer sie wäre. Aschenputtel lächelte und sagte zu ihnen: »Sie war also so schön? Mein Gott, wie glücklich müßt ihr sein. Könnte ich sie nicht auch sehen? Ach, Fräulein Javotte, leiht mir doch Euer gelbes Kleid, das Ihr alle Tage tragt.« »Ja wirklich«, sagte Fräulein Javotte, »das meine ich auch! Mein Kleid einem so häßlichen Aschenhocker leihen, da müßte ich ja den Verstand verloren haben.« Aschenputtel hatte diese Absage erwartet und es war froh darüber, denn es wäre ja in größte Verlegenheit geraten, wenn seine Schwester ihm tatsächlich ihr Kleid hätte leihen wollen. Am nächsten Tag gingen die Schwestern auf den Ball und Aschenputtel desgleichen, doch war es noch prächtiger geputzt als das erste Mal. Der Königssohn blieb stets in seiner Nähe und ließ nicht ab, ihm schmeichelhafte Dinge zuzuflüstern. Das junge Fräulein empfand alles andere als Langeweile und vergaß, was ihre Patin ihr eingeschärft hatte, so daß es bereits den ersten Schlag der Mitternachtsglocke hörte, als es glaubte, es sei noch nicht einmal elf Uhr. Da stand es auf und entfloh so leichtfüßig wie ein Reh. Der Prinz folgte ihm, vermochte es jedoch nicht einzuholen. Es verlor einen seiner gläsernen Schuhe, und der Prinz hob ihn sorgsam auf. Aschenputtel kam ganz außer Atem zu Hause an, ohne Kutsche, ohne Lakaien und in seinen schlechten Kleidern; nichts war ihm von all seiner Pracht geblieben als einer seiner kleinen Schuhe, das Gegenstück zu dem Schuh, den es verloren hatte. Man fragte die Wachen am Tore des Palastes, ob sie nicht eine Prinzessin hätten herauskommen sehen. Sie sagten, sie hätten niemand herauskommen sehen als ein junges, sehr schlecht angezogenes Mädchen, das eher einer Bäuerin als einem Fräulein geglichen habe. Als seine beiden Schwestern vom Ball zurückkamen, fragte Aschenputtel, ob sie sich gut unterhalten hätten und ob die schöne Dame dagewesen sei. Sie sagten: Ja, sie sei jedoch beim Klang der Mitternachtsglocke entflohen, und zwar so schnell, daß sie einen ihrer kleinen gläsernen Schuhe habe fallen lassen, der aber sei so schön, wie man ihn auf der ganzen Welt nicht finden könne. Der Sohn des Königs hätte ihn aufgehoben und bis zum Ende des Balls fortwährend betrachtet; er sei sicherlich ganz verliebt in die schöne Dame, der der kleine Schuh gehöre. Sie hatten recht, denn wenige Tage darauf ließ der Sohn des Königs bei Trompetenschall kundtun, daß er das Mädchen heiraten werde, dessen Fuß genau in den Schuh hineinpasse. Da begann man damit, ihn den Prinzessinnen anzuprobieren, anschließend den Herzoginnen, dann dem ganzen Hof, doch vergebens. Auch den beiden Schwestern wurde er gebracht; sie taten ihr Möglichstes, um ihren Fuß in den Schuh hineinzuzwängen, doch es wollte ihnen nicht gelingen. Aschenputtel sah ihnen zu, erkannte ihren Schuh und sagte lachend: »Ich will einmal sehen, ob er mir nicht paßt!« Seine Schwestern brachen in Gelächter aus und machten sich über es lustig. Der Edelmann, der die Anprobe des Schuhs durchführte, hatte aber Aschenputtel aufmerksam betrachtet und wohl gesehen, wie schön es war; so sprach er, daß dies nur recht sei und daß er den Befehl habe, ihn allen Mädchen anzuprobieren. Er hieß Aschenputtel niedersitzen, und als er den Schuh an seinen kleinen Fuß führte, sah er, daß er mühelos darüberging und wie angegossen saß. Da war das Staunen der beiden Schwestern groß, und es wurde noch größer, als Aschenputtel aus seiner Tasche den anderen Schuh hervorholte und anzog. In dem Moment kam die Patin, berührte Aschenputtels Kleider mit ihrem Stab und verwandelte sie in noch prächtigere Gewänder als alle anderen zuvor.

Da erkannten es die beiden Schwestern als die schöne Dame, die sie auf dem Ball gesehen hatten. Sie warfen sich ihr zu Füßen und baten sie um Verzeihung wegen der schlechten Behandlung, die sie von ihnen habe erdulden müssen. Aschenputtel hob sie auf, umarmte sie und sagte, daß es ihnen alles aus vollem Herzen vergebe, und daß es wünsche, sie möchten es immer lieb behalten. Darauf brachte man es in seinem schönen Putz zu dem jungen Prinzen. Er fand es noch schöner als zuvor, und wenige Tage darauf wurde die Hochzeit gefeiert. Aschenputtel, das ebenso gut wie schön war, nahm seine beiden Schwestern im Schloß auf und verheiratete sie noch am selben Tage mit zwei großen Herren am Hofe.

Moral

Schönheit ist für Frauen ein seltener Schatz, den man nicht müde wird zu bewundern; doch was gemeinhin Anmut heißt, ist unschätzbar und weit mehr wert. Aschenputtel gewann sie durch die Erziehung und die Lehren ihrer Patin und wurde gar eine Königin. So will es die Moral des Märchens. Ihr Schönen, diese Gabe ist mehr wert als schöner Putz. Wollt ihr ein Herz gewinnen und behalten, so ist Anmut die wahre Gabe aus dem Feenreich. Ohne sie vermag man nichts, und alles, wenn man sie besitzt.

Zweite Moral

Es ist gewiß ein großer Vorzug, hoher Abkunft zu sein und Geist, Herz, Verstand und andere Gaben, die der Himmel schenkt, zu besitzen; doch sind sie euch umsonst gegeben und bringen euch in nichts voran, wenn ihr, um sie zu nutzen, nicht auch einen Paten oder eine Patin an eurer Seite habt.

Mme d'Aulnoy
FINETTE ASCHENBRÖDEL
(1697)

[Ein Königspaar hat übel gewirtschaftet und so sein Reich verloren. Um zu überleben, wollen sie deshalb ihre drei Töchter im Wald aussetzen, doch finden diese durch die Jüngste, Finette, und den Rat ihrer Patin wieder zurück. Wie bei Hänsel und Gretel

gelingt die Aussetzung aber beim dritten Mal, und die drei Schwestern geraten ins Schloß einer menschenfressenden Schreckgestalt und seiner Frau, welche Finette beide tötet. Die ältern Schwestern machen sich daraufhin auf die Suche nach einer guten Partie und heißen Finette zuhause zu bleiben.]

Die arme Finette mußte wohl thun, was ihre Schwestern wollten, so nahe es ihr auch gieng. Wie unglücklich bin ich, sagte sie, daß ich meiner guten Pathe nicht gefolgt habe. Meine Schwestern haben mir meine schönen Kleider gestohlen und puzen sich damit. Während ich hier fegen und waschen muß, gehen sie spazieren. Ach! was hilft es mir nun, daß ich den Popanz und seine Frau ums Leben gebracht habe? Wäre es nicht eben so gut gewesen, sie hätten mich gefressen, als daß ich mich so von meinen Schwestern mishandeln lassen muß? Sie vergoß bey diesen Worten heiße Thränen, als ihre Schwestern wieder zurückkamen in großer Freude und Herrlichkeit. Ach! sagten sie was haben wir vor einen schönen Ball gehabt! Wie viel Leute da waren! Der Sohn des Königs war auch da, und hat uns viele Ehre erwiesen. Komm ziehe uns die Schuhe aus; dafür bist du da. Finette gehorchte, und wenn sie etwa den Mund aufthat, um sich zu beklagen, so fielen sie über sie her und schlugen sie halb todt.

So giengen sie noch einige Tage hin und her und erzählten Wunderdinge. Eines Abends saß Finette an dem Feuer auf einem Aschenhaufen, und suchte vor langer Weile in den Ritzen des Kamins. Indem sie nun so suchte, fand sie einen kleinen, alten, schmuzigen Schlüssel, den sie mit genauer Noth rein bringen konnte; aber indem sie ihn abscheuerte, sah sie, daß er von Golde war, und da meinte sie denn, ein goldner Schlüssel müsse wohl etwas wichtiges verschließen. Mit dieser Idee lief sie durch das ganze Haus und versuchte alle Schlösser, bis sie endlich ein ganz allerliebstes kleines Kistchen fand, zu dem er paßte. Sie machte es auf und fand darinnen die schönsten Kleider, Diamanten, Spitzen, Wäsche, Bänder in großer Menge. Sie sagte keinem Menschen ein Wort davon. Aber den andern Tag wartete sie ungeduldig bis ihre Schwestern weg waren. Als sie sie aus den Augen verlohren hatte, zog sie sich an, und war schöner, als Sonne, Mond und Sterne.

So gepuzt kam sie auf den Ball wo ihre Schwestern tanzten, die sie in ihrem Anzuge nicht erkannten. Als sie erschien, entstund ein Murmeln in dem Saale. Alle Augen waren auf sie geheftet; die einen bewunderten, die andern beneideten sie. Die Dame vom Hause kam zu ihr, und bat sie mit einem tiefen Reverenze um ihren Namen. Ich nenne mich Aschenbrödel, sagte sie; und auf dem ganzen Balle war kein Liebhaber, der seiner Geliebten nicht untreu ward; kein Dichter, der Aschenbrödel nicht besung, und in langer Zeit hat kein Name soviel Aufsehn gemacht und so viele Verwüstungen angerichtet.

Blümchen und Nachtschönchen machten ihrer Schwester die Cour, so gut wie die andern, ohne sie zu kennen. Als der Ball beynahe zu Ende gieng, kehrte Finette eilig nach Hause zurück, zog sich aus und nahm ihre alten Lumpen wieder um; und als ihre Schwestern nach Hause kamen, sagten sie zu ihr: ach Finette, wir haben jezt eine Prinzessin auf dem Balle gesehn, die war nicht so eine Meerkatze wie du. Sie war weiß wie Schnee und ihre Wangen roth wie Rosen. Und was sie für schöne Kleider anhatte! Es ist gar nicht zu beschreiben wie liebenswürdig und schön sie war! Finette antwortete ganz sachte: das war ich. Was brummst du da zwischen den Zähnen? sagten sie. Und sie antwortete noch leiser: das war ich. Diese Kurzweil dauerte eine ziemliche Zeit. Alle Tage erschien Finette in einem neuen Kleide, denn die Kiste war gefüllt, und je mehr sie heraus nahm, desto mehr kam hinein.

Einstmals da Finette länger getanzt hatte als gewöhnlich, und doch noch vor ihren Schwestern nach Hause kommen wollte, verlohr sie in der Eile einen Pantoffel von rothen Sammt mit Perlen gestickt. Sie suchte ihn allenthalben; aber es war so dunkel, daß alle ihre Mühe vergebens war.

Den andern Morgen gieng Prinz Herzgeliebt, der älteste Sohn des Königs, auf die Jagd, und fand den Pantoffel. Er hob ihn auf, und niemals hatte er einen so niedlichen kleinen Schuh gesehn. Seit diesem Tage aß und trank er nicht mehr. Er zehrte sich ab, suchte die Einsamkeit und war immer niedergeschlagen. Der König und die Königin, die ihn zärtlich liebten, thaten alles, was in ihren Kräften stund, um ihn aus seiner Melancholie zu ziehn, aber alles umsonst. Aus allen Gegenden ließ man die berühmtesten Aerzte zusammenkommen; sie sahen den Prinzen, beobachteten ihn drey Tage und Nächte, und versicherten endlich einmüthig, seine Krankheit sey Liebe, und er werde sterben, wenn man nicht Rath schaffe.

Die Königin zerfloß in ihren Thränen, weil sie nicht wußte, in wen der Prinz verliebt sey. Sie führte die schönsten Damen auf sein Zimmer; aber er würdigte sie keines Blick. Endlich sagte sie zu ihm: liebster Sohn, willst du mich denn vor Kummer sterben sehn? Sage mir, wen du liebst. Du sollst sie haben und wenn es eine Schäferin wäre. – Diese Versprechungen machten dem Prinzen Muth. Er zog den Pantoffel unter seinem Kopfkissen vor, und zeigte ihn seiner Mutter. Dieses, sagte er, ist die Ursache meiner Leiden. Ich habe diesen niedlichen Pantoffel auf der Jagd gefunden, und werde niemals eine andere heyrathen als die, an deren Fuß er paßt. – Da war die Königin guter Dinge und versprach ihm, allenthalben auszusenden und sie suchen zu lassen. Dann hinterbrachte sie dem Könige diese Nachricht, der sogleich befahl, unter Trompeten und Paukenschall bekannt zu machen, daß die, welcher der Pantoffel gerecht wäre, den Prinzen heyrathen solle.

Unzählige Damen kamen an den Hof und probierten den Pantoffel an, aber er saß keiner recht. Auch Blümchen und Nachtschönchen machten sich eines Tages auf, und da Finette frug, wo sie hingiengen, antworteten sie: wir gehen in die große Stadt, wo der König und die Königin wohnen, um den Pantoffel anzuprobieren, den der Prinz auf der Jagd gefunden hat; denn wenn er einer von uns paßt, so heyrathet die den Prinzen, und wir werden große Königinnen. – Soll ich nicht auch mitgehn? sagte Finette. – Nun ja, das wäre noch was! antworteten sie. Geh' scheure und jäte, das ist deine Arbeit.

Sobald sie fort waren zog sich Finette an, denn es ahndete ihr was Gutes, und ihre einzige Sorge war, daß sie den Weg in die Residenz des Königs nicht wußte. Indeß machte sie sich auf das kostbarste zurechte, und als sie die Hausthüre öffnete, siehe da stand das spanische Pferd ihrer Pathe Merlüsche. Sey mir willkommen, liebes Röschen, rief sie ihm entgegen, und tausend Dank meiner guten Pathe. Es fiel auf die Knie nieder, und sie schwung sich darauf. Es war mit Schellen und Bändern geziert; sein Zeug war mit den kostbarsten Diamanten besetzt, und Finette sah einer Göttin ähnlich.

Das Pferd schwebte dahin wie ein Vogel und seine Schellen machten die angenehmste Musik. Blümchen und Nachtschönchen hörten es kommen, sahen sich um und erkannten ihre Schwester. Schwester, sagte Blümchen zu Nachtschönchen, ich will mein Leben lassen, wenn das nicht Finette ist. – So wahr ich lebe sie ist es, sagte die andere. In dem Augenblicke sprengte Finette neben ihnen vorbey, und besprützte sie über und über mit Kothe. Meine schönen Damen, rief sie ihnen zu, Finette Aschenbrödel verachtet Sie so sehr, wie Sie es verdienen. – Wer mag dem Mädchen die Kleider und das Pferd gegeben haben? sagten sie zu einander. Ach! das Glück will ihr vielleicht wohl, daß der Pantoffel ihr gerecht ist; und wir haben nur die Mühe, eine unnütze Reise zu machen.

Unterdessen kam Finette in dem Palaste an. Jedermann der sie sahe, hielt sie für eine Königin; man machte alle Thore vor ihr auf, trieb das Volk von einander und verschaffte ihr Platz. So kam sie endlich in das Zimmer des kranken Prinzen. Er warf einen Blick auf sie und sein Herz sagte ihm, daß dieses der unbekannte Gegenstand seiner Wünsche sey. Sie zog den Pantoffel an. Er paßte ihr vollkommen; und zu gleicher Zeit zog sie den andern aus der Tasche. Da rief die ganze Versammlung einmüthig aus: es lebe die Prinzessin Herzgeliebt, es lebe die Prinzessin, die nun unsre Königin wird! Der Prinz erhob sich von seinem Lager, küßte ihr die Hände, und sagte ihr die zärtlichsten Sachen von der Welt. Gleich darauf kam auch der König und die Königin, die sie als ihre künftige Schwiegertochter mit der grösten Zärtlichkeit umarmten. – Man feuerte die Kanonen ab, man holte die Musikanten herbey, alle Klagen waren vergessen, und man sprach von nichts als Freude und Fröhlichkeit.

Aschenbrödel erzählte mit wenigen Worten ihre Geschichte, und da man erfuhr, daß sie eine Prinzessin sey, war die Freude noch einmal so groß. Man frug sie nach dem Namen ihres Vaters und ihrer Mutter, und da entdeckte es sich, daß sie die vormaligen Beherrscher dieses Landes gewesen waren. Finette bat, daß man ihren Vater wieder in seine Rechte einsetzen möchte; und da der König mehr denn hundert Königreiche besaß, so kam es ihm nicht darauf an, ihre Bitte sogleich zu erfüllen.

Unterdessen kamen Blümchen und Nachtschönchen auch an. Die erste Nachricht, die sie vernahmen, war, daß Aschenbrödel den Pantoffel angezogen hatte. Sie wollten sogleich umkehren; aber da Finette ihre Anwesenheit erfuhr, ließ sie sie hereinkommen, gieng ihnen entgegen, und umarmte sie auf das zärtlichste. Dann stellte sie sie der Königin vor und sagte zu ihr: Madam dies sind meine Schwestern; ich bitte sie mit ihrer Gnade zu beehren. Finettens Güte machte sie stumm. Sie versprach ihnen, daß sie in ihr Königreich zurückkehren sollten; und da sie dieß hörten, fielen sie ihr zu Füßen und benezten sie mit ihren Thränen.

Wenige Tage darauf ward die Hochzeit mit aller nur ersinnlichen Pracht gefeyert. Finette schrieb an ihre Pathe und packte den Brief mit den schönsten Geschenken auf das spanische Pferd. In demselben bat sie die Fee, ihren Vater und ihre Mutter aufzusuchen, ihnen Nachricht von ihrem Glücke zu geben, und sie in ihr Königreich zurückzuschicken.

Die Fee Merlüsche erfüllte diesen Auftrag auf das pünktlichste. Finettens Vater und Mutter kehrten in ihre Staaten zurück, und lebten noch lange vergnügt und glücklich.

LASKOPAL UND MILIWKA
Erzählung aus den böhmischen Feenzeiten (1798)

[Dem Herrn Kilian stirbt die Frau weg, an ihrer Statt übernimmt die tüchtige Tochter, Miliwka, die Hauswirtschaft. Dies geht gut, bis Kilian eine neue Frau ins Haus holt, die mit ihren zwei putzsüchtigen mannbaren Töchtern das Vermögen angreift. Miliwka verrichtet die schmutzigen Arbeiten im Haus und wird dafür verachtet und Aschewedl geheißen. Als ihr der Vater einmal von einer Reise einen Busch Haselnüsse mitbringt, fallen ihr diese in den Dorfbrunnen und verhelfen ihr so zu Kleider und Putzwerk nach der neuesten Mode. Gegen den Willen ihrer Stiefmutter nimmt sie prächtig zurechtgemacht an einem Volksfest teil, erregt Aufsehen, geht abermals hin ohne erkannt zu werden und lenkt die Blicke Laskopals, eines schönen Edelmanns aus der Gegend, auf sich. Wieder zuhause, erwartet sie der hänselnde Bericht ihrer Stiefschwestern.]
Sie hörte die Erzählungen von der schönen Unbekannten und dem Laskopal, und sagte, daß auch sie das geliebte Paar vor dem Hausthore gesehen. Ich habe sie gesehen die vornehme Schöne, ließ sich Miliwka vor ihrer Stiefmutter vernehmen, in einer niedlichen arkadischen Schäferkleidung,

rosenfarb mit Gold gewirkt, das Haar künstlich gelockt und mit Juwelen geziert. Schön war auch ihr Geliebter in einem rothen schimmernden Anzuge des Gottes der Liebe.

Die Rede der Miliwka brachte die Stiefmutter und ihre Töchter in Wuth. Ist es erlaubt, daß dies verächtliche Geschöpf uns zum Besten hält, schrien alle. Man muß es mit der Arbeit beschweren, daß es keine Weile von Muse gewinne. Seitdem gerieth Miliwka unter einen weit härteren Druck, als sie je vorher litte.

Dagegen bote Laskopal alle seine Erfindungskraft auf, um noch einmal mit seiner Geliebten zusammen zu kommen, und ihren Aufenthalt, es möchte kosten, was es wollte, zu erfahren. Er machte zu diesem Ende eine Volksgasterei und Ball bekannt, und zohe dazu wiederholt die Bewohner von Duboles als Gäste herbei. Nichts war willkommener der Familie Kilians, als eben diese nun zum drittenmal wiederholte Feierlichkeit, eine Ereigniß, durch welche sie die Gründung ihres künftigen Glückes erwartete.

Bei der vorhergehenden Zusammenkunft hatten Miliwkens Stiefschwestern einige Liebhaber geangelt. Ihr Vermögen war zu wichtig, um sich des Besitzes zu versichern. Sie erhuben also itzt ihre Schönheit, die an sich von geringem Belange war, durch alle die Künsteleien, die sonst die äußerlichen Mängel dem ersten Scheine nach in etwas zu verdecken pflegen, und der Aufputz vollendete das Werk eines glänzenden Auftritts in der Versammlung so vieler Jünglinge und schönen Mädchen.

So ausgerüstet zu Liebessiegen nahm die Stiefmutter mit ihren Töchtern den stolzen Zug nach dem von Laskopal zu Ehre der unbekannten Schönen veranstalteten Festin, bevor sie aber das Haus verließ, berief sie die Miliwka und sprach zu ihr also: Wir gehen nun als gebetene Gäste zu dem von dem vornehmen Ritter angeordneten Ball, und übergeben dir in unserer Abwesenheit die Besorgung des Hauswesens. Dir jede Gelegenheit zur trägen Muse und vorwitzigen Umhergaffen zu benehmen, wisse, daß das Hausthor, von welchem du letzthin die fremde Prinzeßinn gesehen, abgebrochen worden, und dir also keine Stätte mehr übrig bleibt, nach der Landstrasse auszusehen. Nebstdem damit du auch zu Hause Beschäftigung genug fändest, so wirst du mir vor meiner Zurückkunft diesen

218

vermengten Haufen von verschiedenen Arten Saamenkörnern, jedes nach seiner Gattung absöndern, und besonders abgetheilt übergeben. Mit diesen Worten vermengte Frau Kilian einige Maaßen von Senftkörnchen, Mohn, Kümmel und Hirse untereinander, übergab es der Miliwka zur Sortirung, und gieng dann mit ihren Töchtern nach dem Ball ab.

Die von der Stiefmutter der Miliwka aufgetragene so äußerst beschwerliche Verrichtung setzte sie in Verlegenheit. Sie sah sich umher, dachte nach, um das Werk in Erfüllung zu bringen. Allein kein Mittel fand sich, das Gemenge von freier Hand von einander abzusondern. Endlich erblickte sie ein Sieb, zohe es hervor, und schüttete etwas von den gemengten Körnern hinein.

Sobald sie zu rütteln begann, entdeckte sie zu ihrer größten Freude, wie jede Art von Körnchen sich von selbst scheidete, und auf seinen besondern Haufen geschüttet ward. Sie wiederholte schleunigst ihren Handgriff, und in kurzer Zeit fand sich alles in der gehörigen Ordnung abgeschieden, und nach seiner Gattung abgetheilt.

Nun schloß Miliwka die Hausthür, eilte nach dem Brunnen, und legte abermal eines ihrer prächtigsten Kleider an. In der angenehmen Vorstellung ihre Stiefmutter, für alle die ihr zugefügte Krankungen noch eine Zeitlang zum Besten zu haben, zugleich aber die Liebe des schönen Ritters zu spannen, trat sie aus dem flüßigen Behältniße hervor, sprach die wunderbare Formel ihrer Einhüllung, und flog so für jedermann unsichtbar nach der Versammlung der Gäste des Festins. Enthüllt und im Schimmer ihrer Schönheit und kostbaren Anzuge erschien sie plötzlich in der zum Ball prächtig verzierten Schuppe. Alles lief ihr zum Empfange entgegen, und an der Spitze seiner Gefährten fand sich Laskopal in einer glänzenden, leichten und netten Rüstung eines olympischen Heros. Er konnte sich nicht enthalten, seine angekommene Geliebte in seine Arme zu fassen, und sie zu dem für sie zubereiteten erhabenen prächtigen Thronsitze zu tragen.

So wie sich Miliwka in Geheim freute, ihren vornehmen Anbeter in einer so auffallenden Abhänglichkeit zu sehen, eben so war Laskopal entzückt über den Besitz eines verdeckten Mittels seine Geliebte zu überkommen. Er verfiel nämlich auf ein wunderbares Geheimniß, seine Schöne auf ihrer vorhabenden Flucht zu haschen, und nach seinem Wohnsitze zu entführen. Wirksam war das Mittel in der Ausführung, denn nie entgieng ein reizendes Mädchen dem Geliebten, der so eine Falle zu ihrem Einfange aufgestellt hatte.

[Der Anschlag gelingt nur halb, weil bloß Miliwkas Schuh darin steckenbleibt und so in Laskopals Besitz gelangt; sogleich macht dieser sich in allen Häusern des Bezirks – auch in jenem der Kilians – auf die Suche nach dem obskuren Objekt seiner Begierde. Die Stiefmutter freut sich und schneidet erst der einen Tochter die große Zehe, dann der andern die Ferse ab, damit ihnen der Schuh passe. Allerdings vergebens. Dann probiert ihn Miliwka ... doch die Geschichte ist damit noch lange nicht zu Ende, da weitere Verhängnisse sich dem Eheglück der zwei in den Weg stellen, bis schließlich das gute Ende unabwendbar ist.]

Brüder Grimm

ASCHENPUTTEL

(1837)

Einem reichen Manne dem wurde seine Frau krank, und als sie fühlte daß ihr Ende heran kam, rief sie ihr einziges Töchterlein zu sich ans Bett, und sprach »liebes Kind, bleib fromm und gut, so wird dir der liebe Gott immer beistehen, und ich will vom Himmel auf dich herab blicken, und will um dich sein«. Darauf tat sie die Augen zu, und verschied. Das Mädchen ging jeden Tag hinaus zu dem Grabe der Mutter und weinte, und blieb fromm und gut. Der Schnee aber deckte ein weißes Tüchlein auf das Grab, und als die Sonne es wieder herabgezogen hatte, nahm sich der Mann eine andere Frau.

Die Frau hatte zwei Töchter mit ins Haus gebracht, die schön und weiß von Angesicht waren, aber garstig und schwarz von Herzen. Da ging eine schlimme Zeit für das arme Stiefkind an. »Was soll das Geschöpf in den Stuben«, sprachen sie, »wer Brot essen will, muß es verdienen: hinaus mit der Küchenmagd.« Sie nahmen ihm seine schönen Kleider weg, zogen ihm einen grauen alten Kittel an, lachten es dann aus, und führten es in die Küche. Da mußte es so schwere Arbeit tun, früh vor Tag aufstehn, Wasser tragen, Feuer anmachen, kochen und waschen. Obendrein taten ihm die Schwestern alles ersinnliche Herzeleid an, verspotteten es, und schütteten ihm die Erbsen und Linsen in die Asche, so daß es sitzen und sie wieder auslesen mußte. Abends, wenn es sich müde gearbeitet hatte, kam es in kein Bett, sondern mußte sich neben den Herd in die Asche legen. Und weil es darum immer staubig und schmutzig aussah, nannten sie es *Aschenputtel.*

Es trug sich zu, daß der Vater einmal in die Messe ziehen wollte, da fragte er die beiden Stieftöchter, was er ihnen mitbringen sollte? »Schöne Kleider«, sagte die eine, »Perlen und Edelsteine« die zweite. »Nun, Aschenputtel«, sprach er, »was willst du haben?« »Vater, das erste Reis*, das euch auf eurem Heimweg an den Hut stößt, das brecht für mich ab.« Er kaufte nun für die beiden Stiefschwestern schöne Kleider, Perlen und Edelsteine, und auf dem Rückweg, als er durch einen grünen Busch ritt, streifte ihn ein Haselreis, und stieß ihm den Hut ab. Da brach er das Reis ab, und nahm es mit. Als er nach Haus kam, gab er den Stieftöchtern was sie sich gewünscht hatten, und dem Aschenputtel gab er das Reis von dem Haselbusch. Aschenputtel dankte ihm, ging zu seiner Mutter Grab, und pflanzte das Reis darauf, und weinte so sehr, daß es von seinen Tränen begossen ward. Es wuchs aber und ward ein schöner Baum. Aschenputtel ging alle Tage dreimal darunter, weinte und betete, und allemal kam ein Vöglein auf den Baum, und das Vöglein gab ihm was es sich wünschte.

Es begab sich aber, daß der König ein Fest anstellte, das drei Tage dauern sollte, damit sich sein Sohn eine Braut aussuchen möchte. Die zwei Stiefschwestern waren auch dazu eingeladen, riefen Aschenputtel und sprachen »kämm uns die Haare, bürste uns die Schuhe und schnalle uns die Schnallen, wir tanzen auf des Königs Fest«. Das tat Aschenputtel und weinte, weil es auch gern zum Tanz mitgegangen wär, und bat die Stiefmutter gar sehr sie möchte es ihm erlauben. »Du Aschenputtel«, sprach sie, »hast nichts am Leib, und hast keine Kleider, und kannst nicht tanzen, und willst zur Hochzeit!« Als es noch weiter bat, sprach sie endlich »da habe ich dir eine Schüssel Linsen in die Asche geschüttet, und wenn du die Linsen in zwei Stunden wieder ausgelesen hast, so sollst du mitgehen«.

* *Reis:* Zweig.

Das Mädchen ging vor die Hintertüre nach dem Garten zu, und rief »ihr zahmen Täubchen, ihr Turteltäubchen, all ihr Vöglein unter dem Himmel, kommt und helft mir lesen,

die guten ins Töpfchen,
die schlechten ins Kröpfchen«.

Da kamen zum Küchenfenster zwei weiße Täubchen herein, und darnach die Turteltäubchen, und endlich schwirrten und schwärmten alle Vöglein unter dem Himmel herein, und ließen sich um die Asche nieder. Und die Täubchen nickten mit den Köpfchen, und fingen an pik, pik, pik, pik, und da fingen die übrigen auch an pik, pik, pik, pik, und lasen alle guten Körnlein in die Schüssel. Wie eine Stunde herum war, waren sie schon fertig, und flogen alle wieder hinaus. Da brachte das Mädchen die Schüssel der Stiefmutter, und freute sich, und glaubte es dürfte nun mit auf die Hochzeit gehen.

[Nach Stiefmutters Absage wiederholt sich die Probe ein zweites Mal vergeblich.]

Aber sie sprach »es hilft dir alles nichts: du kommst nicht mit, denn du hast keine Kleider und kannst nicht tanzen, und wir müßten uns nur schämen«. Darauf ging sie mit ihren zwei Töchtern fort.

Als nun niemand mehr daheim war, ging Aschenputtel zu seiner Mutter Grab unter den Haselbaum, und rief

»Bäumchen rüttel dich und schüttel dich,
wirf Gold und Silber über mich«.

Da warf ihm der Vogel ein golden und silbern Kleid herunter, und mit Seide und Silber ausgestickte Pantoffeln. Da zog es das Kleid an, und ging zur Hochzeit. Seine Schwestern aber und die Stiefmutter kannten es nicht, und meinten es müßte eine fremde Königstochter sein, so schön sah es in den reichen Kleidern aus. An Aschenputtel dachten sie gar nicht, und glaubten es läge daheim im Schmutz. Der Königssohn kam ihm entgegen und nahm es bei der Hand, und tanzte mit ihm. Er wollte auch mit sonst niemand tanzen also daß er ihm die Hand nicht los ließ, und wenn ein anderer kam, es aufzufordern, sprach er »das ist meine Tänzerin«.

Er tanzte bis es Abend war, da wollte es nach Haus gehen. Der Königssohn aber sprach »ich gehe mit und begleite dich«, denn er wollte sehen wem das schöne Mädchen angehörte. Sie entwischte ihm aber, und sprang in das Taubenhaus. Nun wartete der Königssohn bis der Vater kam, und sagte ihm das fremde Mädchen wär in das Taubenhaus gesprungen. Da dachte er »sollte es Aschenputtel sein«, und sie mußten ihm Axt und Hacken bringen, damit er das Taubenhaus entzwei schlagen konnte: aber es war niemand darin.

[Am folgenden Abend erscheint Aschenputtel abermals uner-kannt in noch köstlicheren Kleidern und der verliebte Prinz tanzt weiterhin nur mit ihm. Es entwischt abermals, nun auf ei-nen Birnbaum, den der Prinz vergeblich fällt. Am dritten Tag al-lerdings verliert Aschenputtel beim Entspringen den linken Pan-toffel. Der Prinz läßt daraufhin verkünden, welcher der Schuh passe, die wolle er zur Frau nehmen. Nur weil sie die große Zehe bzw. die Ferse abhauen, gelingt es den zwei Stiefschwestern, überhaupt in den Schuh zu schlüpfen; doch der Prinz bemerkt bei beiden, daß Blut im Schuh ist. So wird schließlich auch Aschen-puttel zur Probe gerufen.]

Da wusch es sich erst Hände und Angesicht rein, ging dann hin und neigte sich vor dem Königssohn, der ihm den golde-nen Schuh reichte. Nun streifte es den schweren Schuh vom linken Fuß ab, setzte diesen auf den goldenen Pantoffel, und drückte ein wenig, so stand es darin, als wär er ihm angegos-sen. Und als es sich aufbückte, erkannte er es im Angesicht und sprach »das ist die rechte Braut!« Die Stiefmutter und die beiden Schwestern erschraken, und wurden bleich vor Ärger, er aber nahm Aschenputtel aufs Pferd, und ritt mit ihm fort. Als sie an dem Haselbäumchen vorbei kamen, riefen die zwei weißen Täubchen

>*»rucke die guck, rucke die guck,*
> *kein Blut im Schuck,*
> *der Schuck ist nicht zu klein,*
> *die rechte Braut, die führt er heim«.*

Und als sie das gerufen hatten, kamen sie beide herab ge-flogen, und setzten sich dem Aschenputtel auf die Schultern, eine rechts, die andere links, und blieben da sitzen.

Als die Hochzeit mit dem Königssohn sollte gehalten wer-den, kamen die falschen Schwestern, wollten sich einschmei-cheln, und Teil an seinem Glück nehmen. Als die Brautleute nun zur Kirche gingen, war die älteste zur rechten, die jüngste zur linken Seite, da pickten die Tauben einer jeden das eine Auge aus; hernach als sie heraus gingen, war die älteste zur linken, und die jüngste zur rechten, da pickten die Tauben einer jeden das andere Auge aus: und waren sie also für ihre Bosheit und Falschheit mit Blindheit auf ihr Lebtag gestraft.

August von Platen
DER GLÄSERNE PANTOFFEL
Eine Comödie in 3 Akten (1823)

II. Akt, 1. Szene

[Zwei Königssöhnen, die sich endlich verheiraten sollten, hält ihr ungeduldiger Vater die Töchter seines besten Vasallen zu. Doch während Astolf sich mit den beiden eiteln Frauenzimmern auf dem Hofball langweilt, verirrt sich sein Bruder Diodat im Wald, auf der Suche nach einer schönen, seit 100 Jahren toten Frau, deren Bild ihm erschienen ist. Zufällig gelangt er dabei ins Haus von Aschenbrödel, der zurückgesetzten Schwester der beiden Vasallen-Töchter, die sich eben mit Hilfe ihrer Patin Chrysolide für den Hof-Ball zurechtgemacht hat.]

Diodat: Verzeihen Sie, schöne Unbekannte, wenn ich überrasche. Von Schwermut umhergetrieben, durchzog ich diesen Wald; ich verlor den Fußpfad, der Abend kam herbei: ich konnte keinen Weg entdecken. Endlich sah ich Licht in der Ferne, und dieß führte mich nach diesem Landgute.

Aschenbrödel: Sei'n Sie willkommen!

Diodat: Ich bedarf wenig. Erlauben Sie nur, daß ich an diesem Camin mich wärme.

Aschenbrödel: Wie es Ihnen beliebt! *(Bei Seite.)* O Himmel, welche Verlegenheit! Soll ich ihn hier allein lassen? Unter welchem Vorwande kann ich mich entfernen? Oder soll ich bleiben, nachdem das Glück mir so weit geholfen? Fortschicken kann ich ihn nicht, das wäre grausam.

Diodat: Darf ich fragen, wem das Haus gehört, dem ich ein Obdach danke?

Aschenbrödel: Dem Herrn von Carmosines.

Diodat: Ich kenne ihn. Und wer sind Sie selbst?

Aschenbrödel: Man nennt mich Aschenbrödel. *(Bei Seite.)* Jedes Korn, das durch die Sanduhr fällt, ist eine Perle, die ich verliere. Wie wär' es, wenn er einschlummerte? Wenn es mir gelänge, ihn einzuschläfern? Er würde schlafen bis um Mitternacht, und unterdessen käme ich wieder zurück. Ich will mich anbieten, ihm Etwas vorzulesen, oder ihm ein Märchen erzählen, vielleicht wirkt das auf seine Müdigkeit. (*Laut.*) Haben Sie auf Ihrem Wege nicht die vier Thürme im Walde gesehen, die einem Schlosse anzugehören scheinen?

Diodat: Ich sah sie in der Ferne.

Aschenbrödel: Jedermann sieht sie so, aber Niemand hat sie näher gesehen. Verhacke von Bäumen, Gestrüppe von Zwergfichten und vielfach ineinander verwachsene Dornhecken hindern Jeden, sich ihnen zu nähern.

Diodat: Das ist sonderbar. So ist dieses Schloß völlig unbekannt?

Aschenbrödel: Völlig, bis auf einige seltsame Märchen, die man davon erzählt, und die es zum Sitz einer bezauberten Prinzessin machen.

Diodat: So?

Aschenbrödel: Meine Pate hat mir eine Geschichte davon erzählt, die ich Ihnen mittheilen will, wenn Sie geneigt sind, sie zu hören.

Diodat: Warum nicht? Ich bin müde, doch will ich aufhorchen. Kommen Sie! Erzählen Sie!

(*Aschenbrödel setzt sich neben ihn an den Camin, und trägt die Verse auf eine eintönige, halb singende Weise vor.*)

Aschenbrödel: Hier zu Land gebot vor Alters
    Der berühmte Fürst Gawein;
    Lange sah er mit der Gattin
    Kinderlos sich und allein;
    Endlich ward die Fürstin schwanger
    Und gebar ein Töchterlein,
    Freundlich wie die Maienblüte,
    Lieblich wie der Mondenschein.
    Als es taufen ließ der König,
    Lud er sieben Feen ein,
    Daß sie Patengaben brächten
    Seinem holden Töchterlein;
    Und bei Tafel gab er Jeder
    Ein Besteck von Golde fein.
    Aber als man saß am Tische,
    Trat noch eine Fee herein,

Neidisch auf die andern sieben,
Häßlich, mißgestalt und klein.
Dennoch lud auch sie der König,
Bot ihr Speisen, bot ihr Wein,
Aber kein Besteck von Golde,
Denn nur sieben waren sein.
Drob ergrimmte sie, die Böse,
Sah mit wilden Blicken drein;
Das bemerkte Chrysolide,
Eine Fee im Feenverein.
Als die Andern mit Geschenken
Traten zu dem Kind hinein,
Barg indeß sich Chrysolide
Hinter einem hohen Schrein.
Jene schenkten Reize, Reichthum
Und Verstand noch obendrein.
Da begann zum Kind die böse
Fee und sprach: Sie seien dein,
Doch nicht lange sie genießen
Sollst du kummerlos und rein;
Denn an einem Spindelstiche
Sollst du leiden Todespein!
Als bei diesem Wort dem König
Schauerte durch Mark und Bein,
Nahte Chrysolide, sprechend:
Sei getrost, o König mein!
Zwar ich kann es nicht vernichten,
Was die Böse sagte, nein,
Doch vermag ich es zu lindern,
Und ein Mittel fällt mir ein!
Sterben muß am Stich der Spindel
Zwar das schöne Kind, allein
Nicht begraben soll sie werden
Unter einem Leichenstein,
Und ihr Sterben soll ein langer
Schlaf von hundert Jahren sein.
Und der König -

*(Diodaten, der unter der Zeit mit dem Schlafe gekämpft, fallen
endlich die Augen zu.)*

Aschenbrödel: Stille! Stille! Er schläft. Auf den Zehen will ich

mich fortschleichen. Beschütze mich, Chrysolide! Klappert
nicht, ihr gläsernen Pantoffeln, und solltet ihr klingen, wie
Harmonikatöne! *(Sie wirft das Gewand ab.)*
Ich streife von mir diesen alten Trödel,
Und wer erkennt mich noch als Aschenbrödel? *(Ab.)*

Diodat: *(Erwacht nach einer Pause.)*
Wo bin ich? War's ein Traum, was ich gehört?
Dieß wunderbare Märchen, das zugleich
So monoton auf meine Sinne wirkte,
Das mich ergötzte, doch ermattete?
Wo ist das Mädchen, das es mir erzählt?
O Reich erfinderischer Phantasie,
Wer doch in dir, in deinen Wundern lebte!
O wär' ich nur ein luftiges Geschöpf,
Von einem müßigen Gehirn erschaffen!
Ein Hauch nur, oder wenigstens ein Kind,
Das sich bewegt mit seltner Leichtigkeit,
Das hüpft und springt und Purzelbäume schlägt!
Schwerfällig zieht der Körper uns zu Boden,
Und immer ungelenker macht die Zeit. *(Ab.)*

*[Mit Hilfe des durchtriebenen Narren Pernullo und der magischen
Fee Chrysolide ist schließlich das gleichzeitige gute Ende der beiden
Geschichten von Claribelle, einer Art Dornröschen, und Aschen-
brödel nicht mehr zu verhindern.]*

Christian Dietrich Grabbe
ASCHENBRÖDEL
2. Fassung (1835)

1. Aufzug, 1. Szene

*[Der Baron von Fineterra steckt in höchster Bedrängnis, weil ihn
seine zweite Gemahlin und ihre Töchter Clorinde und Louison mit
ihrer Putzsucht in Schulden gestürzt haben. Überall lauert ihm der
Jude Isaak auf, um das ihm geschuldete Geld einzutreiben. Unter
dieser mißlichen Lage hat besonders Olympia, die lautere, kluge
Tochter des Barons und einer Fee, zu leiden. Die Stiefschwestern ver-
abscheuen sie und rufen sie Aschenbrödel, während sie selbst von der
Baronin besondere Ratschläge für den königlichen Ball erhalten.]*
Baronin: [...] hört einige Regeln: nur stolz, aber nie die Weib-

lichkeit verleugnet, denn die sucht der Mann am Ende doch, – kokettiert nicht mit vielen, gebt einem Tüchtigen den Vorzug, es schmeichelt ihm, zeichnet ihn aus, und Schmeichelei ist der sicherste Weg, ein Herz zu gewinnen, – auch geht euch dadurch keiner der Ungeschmeichelten verloren, vielmehr beneiden die ihn, und halten euch unwillkürlich für schöner als ihr seid. Den Glanz des Auges, den Ton der Stimme gebraucht, jedoch klug, mäßig, behutsam, nicht oft, aber zeitig, – dann scheint das Auge der Spiegel, und die Stimme der Abklang einer göttlichen Seele. Redet wenig, aber das wenige körnicht. Nicht gesungen, nicht die Harfe berührt, ihr bekommt sonst Kritiker; seht mit leichtem, kalten Wesen zu, und ihr zieht mehr an als die törichten Dilettantinnen. Ein schöner Arm, eine nette Hand mögen ja aufblitzen, wo Gelegenheit ist, sie im günstigsten Licht zu zeigen, nur ohne Affektation! Und der Putz brillant, kostbar. Er wirkt magisch. Er ist der Nimbus, das Rätsel, schreckt zurück, und doch will man so mehr den Nimbus zerstreuen, das Rätsel lösen.

Clorinde: Vor zwei Jahren wußten wir das alles schon auch, beste Mutter.

Louison: Ich habe Aschenbrödel rufen lassen. Sie soll mir gleich das Haar scheiteln.

Clorinde: Mir die Girlande ums Kleid ordnen.

Baronin: Aschenbrödel – mir ein Abscheu!

Louison: Ich mag sie auch nicht – sie sieht immer, als hätte sie hinter ihren dunkeln Augen besondere Gedanken, heimliche Reflektionen – doch schmücken kann das Mädchen wie niemand.

Clorinde: Wahr ists! Sie müßte Schneidermamsell sein.

Baronin: Kurzsichtige! Ihr scherzt? Ihr merkt nicht, daß sie gar euch selbst schon bestochen? Sie ist nicht schön wie ihr, aber sie ist *interessant*. Schönheit schwindet bald, oder wird gewöhnlich, das Interessante dagegen umrankt mit jeder Stunde mehr und mehr grade *die* Herzen, welche so unvorsichtig waren, anfangs nicht darauf zu achten. – Käme sie mit in eure Gesellschaften – kein halbes Jahr und ihr wärt von ihr ausgestochen.

Clorinde und Louison sehen sich beide an, dann spöttisch: Muter [sic], bist doch zu bange!

228

Baronin: Da kommt sie. *(Olympia kommt, bescheiden, doch nicht schüchtern.)*

Clorinde: Diese Girlande mir ums Kleid gefügt. *(Olympia gehorcht.)*

Louison: Bist Du da noch nicht fertig? Mir das Haar gescheitelt, den Goldkamm mit Kristall hinein. *(Olympia, jetzt bei Clorinde fertig geworden, gehorcht.)*

Baronin: Was blickst Du auf nach dem offnen Fenster?

Olympia: Wie lieblich knospet dort die Rose!

Baronin: Was kümmern Dich die Rosen?

Olympia weiter flechtend: Frühling, Schmuck
Allüberall, nur nicht für mich.
– Mutter, nur einmal laß mich frei ins Freie –
O glaub, es ist ein traurig Los, einsam
Wie ich in düstren Ahnensaal gebannt zu sein,
Mit leeren Phantasien verfärbte Wände
Bevölkernd! *(zu Louison)* Schwester, Du bist fertig,
und der Kamm steht hübsch.

Clorinde: Mein neuer Hut, was sagst
Du von ihm, Aschenbrödel?

Olympia: Er ist zierlich,
Doch –

Clorinde: Doch?

Olympia: Ich liebe nicht die blaue Farbe.
Mit bleichem Schein entstellt sie leicht das Antlitz,
Ein Hut von mildem Rot verschönt es aber.

Clorinde spöttisch: Die Beobachterin!

Louison: Die Farbe meines weißen Gewandes gefällt Dir auch wohl nicht?

Olympia: Clorinde ist brünett und Du bist blond,
Du, Louison, sollst eine dunklere,
Sie eine hellere Farbe tragen.

Baronin: Die Törin ist verliebt in ihr graues Gewand!

Olympia: Wahrlich nicht – ich schmückte mich so gern wie die
– hab ich denn ein andres Kleid?

Baronin klingelnd: Diener! *(Ein Diener kommt.)* Bring Aschenbrödel auf ihr Zimmer und gib ihr wieder Linsen zum Auslesen aus der Asche.

Olympia: O Muter [sic], ist nichts Besseres für mich zu tun? *(Pause.)*

Baronin: Was zauderst Du?

Olympia: Mutter! Schwestern! hört! Da schlägt
   Die Nachtigall, mit den gedehnten, süßen Tönen
   Das Herz hinlockend in endlose Fernen,
   Und denkt ihr nicht daran, was ich dabei
   Im Kerker fühle?

Baronin zum Diener: Führ sie fort. *(Olympia mit dem Diener
   ab.)* Schöne, liebe Kinder – Wie ziert euch der Schmuck und
   ihr ihn! – Kommt in mein Kabinett, bis die Gäste zum thé
   dansant vorfahren. *(Baronin, Louson und Clorinde ab.)*

Isaak kommt aus dem Kamin: Hat er mich mit den Hunden
   aus dem Hause gejagt, bin ich wieder hineingestiegen durch
   die Esse! – Alles was ich hier seh ist mein – ist er mir doch
   schuldig 80,000 Tlr! Nicht zahlen will er, die Gerichte sind
   langsam – Mai! ich helfe mir selbst! Hier Silber, da Schals –
   Eingesteckt, liebes Isaakchen! – O, hätt ich 'nen Rücken
   wie der große Leviathan, so viel Rocktaschen als Kasten in
   der Arche des Erzvaters, Finger lang wie die Donau oder die
   Wolga – Wär ich der Herr Gott, ich wollte bald sein sehr
   reich! – Dort, ein Nagel in der Wand, – heraus damit, er ist
   doch wert einen Heller – Wie mach ichs mit den Stühlen?
   Sind sie gepolstert? Ja! Mit echten Pferdehaaren? Ja! In die
   Ficken* das Haar! – 'ne goldne Spange da? Was? Unvor-
   sichtige Gois**, sie gehen weg und lassen liegen das Beste.
   Wo laß ich das Kleinod? bin zu bepackt – In den Mund damit, Isaak, ist mehr wert als drei Pfund Schabbes-Fleisch,
   wenn auch mit Korinthen, Rosinen, Knoblauch und Sirup.
   – Isaakchen, nun wieder hinauf und fort durch die Esse – Es
   ist kein krummer Diebsweg, er ist nur zu grade! *(Steigt
   durch den Schornstein zum Hause hinaus.)*

*[Statt daß sie auf dem Ball des gelangweilten und noch ledigen
Königs tanzt, liest Aschenbrödel also Linsen aus der Asche. Allein, über solche Ungerechtigkeit erzürnt ihre Tante, die Feen-
Königin am Himmelszelt droben, und greift ein. Nach etwelchen
Zaubereien und Turbulenzen funktioniert die Geschichte
schließlich, wie es sich gehört: König und Olympia finden sich –
wodurch der Baron endlich auch die leidigen Geldfragen los
wird.]*

---

   * *Ficken:* umgangssprachl. für Kleidertasche.
   ** *Goi (Gojim):* Bez. der Juden für Nicht-Juden.

NUR FÜR EINEN SOLL SIE WALZEN

> *Sokrates: Aber wer nach dem Schönen strebt, dem ist auch*
> *schön, zu leiden, was ihm bestimmt ist.*
> *Phaidros: Ja.*
>
> *(Platon: Phaidros oder Vom Schönen)*[1]

In einem dramatischen Einfall hat August von Platen in *Der gläserne Pantoffel* (1823) zwei der zugleich ergreifendsten wie züchtigsten Liebesgeschichten der Märchenliteratur miteinander verbunden: Dornröschen und Aschenputtel.[2] Beide Figuren stehen für ideale Frauengestalten, denen feenhaft weibliche Tugenden wie Schönheit, Anmut und Engelsgemüt in die Wiege gelegt wurden. Doch wie der Fluch einer bösen Fee zeigen kann, sind solch edle zugleich auch immer höchst gefährdete Auszeichnungen. Ein Fingerzeig des Schicksals, den selbst die Verheißung langen irdischen Glücks am Märchenende nicht immer gänzlich zu überzuckern vermag.

Menschliche Schönheit, speziell die weibliche, ist und bleibt vergänglich. Schon in den biblischen Sprichwörtern heißt es:

»Trügerisch ist Anmut, vergänglich die Schönheit, / nur eine gottesfürchtige Frau verdient Lob.« (31,30)

In diesem Sinne warnt denn auch der Kirchenvater Tertullian (um 160 – um 220) in einem Traktat *Über den weiblichen Putz* vor Schmuck und übertriebener Körperpflege, weil diese auf teuflisches Anraten hin *»die Augenlust erregen«*, den Nächsten verführen und bloß nach irdischem Ruhm heischen.[3] Die christliche Demut dagegen suche weder Selbsterhebung noch Gefallen vor anderen Menschen. Ist es somit die Häßlichkeit, welche allein Gott gefällt? Mitnichten, eher zielt Tertullian auf die Verhüllung des Körpers, des weltlichen Flitterwerks, das vor dem Tod keinen Bestand hat. Die Schönheit vor dem göttlichen Schöpfer ist eine Wendung hin zu inneren Werten, zu Gebet und Abkehr von weltlicher Sinnenlust.[4] Gekleidet *»in* den Seidenstoff der Rechtschaffenheit, in das Linnen der Heilig-keit und in den Purpur der Keuschheit«, schließt Tertullian sei-nen Traktat, »werdet Ihr Gott zum Liebhaber haben«.[5]

Eine solche Anti-Ästhetik mag Gott zwar gefallen, ihr aber ohne weiteres nachzuleben fällt nicht unbedingt leicht. Daher bedarf der asketische, weltabgewandte Gottes-Dienst speziell überzeugender Rechtfertigungen. Eine Möglichkeit in diesem Sinne stellten die Heiligenlegenden dar, die anhand gefühlvoll ausgeschmückter Fallbeispiele erzählerisch in die gewünschte Richtung missionierten, zum Beispiel in der berühmten und im Mittelalter weit verbreiteten Textsammlung *Legenda aurea* (um 1263) des Jacobus de Voragine (um 1229–98). Insbeson-dere bezüglich der weiblichen Heiligen demonstrieren die *Goldenen Legenden* ein stereotypes wie spektakuläres Erzähl-muster. Wohlhabenden und schönen Jungfrauen christlichen Glaubens wie Agatha, Agnes, Eufemia, Juliana, Justina, Ka-therina, Lucia, Margareta, Petronella oder Theodora wird stets von lüsternen heidnischen Männern nachgestellt, bisweilen so weit, daß nur noch der Märtyrerinnen-Tod als Rettung bleibt. Und in der *Anastasia*-Legende schreckt ein geiler Richter nicht einmal vor drei christlichen Dienerinnen zurück, die er in die schmutzige Küche sperren ließ. Weil diese ihn aber schließlich doch narren und er im Liebesrausch statt ihnen versehentlich dem Küchengerät beiwohnt, so verleiht auch er ihnen in blinder Wut die »Krone des Martyriums«. Männer ver-kennen offensichtlich, daß bei all diesen Frauen die äußerliche Anziehungskraft allein schöner Widerschein ihrer inneren Tu-gendhaftigkeit, das heißt ihrer frommen christlichen Lebens-führung ist. Weniger spektakulär als die *Goldenen Legenden* nimmt sich dagegen eine der frühesten Sammlungen mit Heiligen- und Märtyergeschichten aus, die *Historia Lausiaca* des oströmischen Bischofs Palladios (um 364 – um 431). In ihr findet sich unter anderem auch das Lehrbeispiel *Die Törichte im Kloster Tabennese*.[6] Gegenüber Jacobus de Vora-gine verzichtet Palladios auf drastische oder erotische Aus-schmückungen und siedelt die Handlung in der öden Wüste Ägyptens beziehungsweise dem abgeschlossenen christlichen Klosterumfeld an. Es geht auch nicht mehr um das Moment der Entscheidung zwischen heidnisch weltlichem oder christ-lich asketischem Leben, vielmehr um die beispielhafte Erhöhung einer keuschen, gottergebenen und fleißigen Nonne, die sich zu diesem Zwecke närrisch[7] stellt. Aus freien Stücken unterwirft sie sich der demütigenden schweren Arbeit und der Peinigung durch ihre Klostergenossinnen, um gerade so Seligkeit und ewiges Leben, mit andern Worten die unvergängliche Schönheit vor Gott zu erwerben. Sie ist so sehr auf ihren Herrn fixiert, daß sie nach ihrer Entdeckung durch den Eremiten gar die klösterliche Umgebung flieht und damit einer möglichen Verehrung, ohne die geringste *Reliquie* zu hinterlassen, entwischt.

Auch wenn dieser ausgesprochen lehrhafte Text sich über Jahrhunderte hinweg größter Beliebtheit erfreute und in die verschiedensten Sprachen kopiert wurde, dürfte er doch primär als Schrift-Text unter Theologen und Gelehrten zirkuliert haben. In deutscher Umschrift taucht die *Törichte im Kloster Tabennese* leicht verändert um das Jahr 1300 auf, und zwar in dem sogenannten *Väterbuch*. Gegenüber der ursprünglichen Prosafassung betonen dessen Verse stärker das Moment der Entsagung und beschreiben zugleich auch genauer die erniedrigende Küchenarbeit und den wüsten Spott der übrigen Nonnen.[8] So erhalten im Rahmen eines theologischen Lehrbeispiels zugleich gesellschaftliche Aspekte alltäglicher Lebenserfahrungen größere Anschaulichkeit, welche das doch eher befremdliche Geschehen im Kloster für ein Laienpublikum besser versteh- und nachvollziehbar machen.

DER NAME DES ESCHENGRÜDELS

Diesen Zug der Konkretisierung wie auch Aktualisierung kennzeichnet noch ausgeprägter die spätere Bearbeitung des Stoffes durch Geiler von Kaysersberg (1445–1510), den berühmten Prediger am Straßburger Münster und Hofkaplan beim römisch-deutschen Kaiser Maximilian I. (1459–1519). Unter dem Titel *Das irrig Schaf* erschien 1510 von ihm die Übersetzung von sieben lateinischen Predigten von Johannes Gerson (1363–1429), dem erfolg- wie einflußreichen Theologen, Diplomaten und Kanzler der Pariser Universität, zugleich der wichtigsten theologischen Autorität für Geiler.[9] Eine dieser Predigten, den *Tractatus pro devotis simplicibus*,[10] hat er für seine deutsche Fassung mit *Der Eschen Grüdel*[11] überschrieben. Der darin beschriebene Typus des einfältigen Frommen findet sich nochmals 1517 in den postum gesammelten *Brösamlin* unter der nämlichen Bezeichnung wieder. In dieser *Predigt zum 17. Sonntag nach Pfingsten* stellt Geiler der Nacherzählung von Palladios' *Tabennese*-Legende eine ausführliche theologische Reflexion über das Thema *»jüngling ich sag dir stand uff«* (Lukas 7,14) voran. Darin geht es um menschliche Hinfälligkeit *(»Asche zu Asche«)* sowie die Gewißheit, daß erst der Mensch, der ihrer stetig gedenkt, vor Gott seinen eigentlichen Glauben bekundet. In sieben Punkten zählt Geiler auf, was ein solcher Eschengrüdel ist und inwiefern dieser theologisch Zeugnis des Glaubens ablegt. Sorgsam beschreibt Geiler zudem die Plackerei des niedrigen Hausgenossen, der im beißenden Küchendampf stetig vom Bösen in Form umherstreunender Katzen angefochten wird, und gibt dergestalt einen ausführlichen Einblick in einen Bereich des Hauses, für den es auffallend wenige literarische Zeugnisse gibt.[12] Küchenarbeit gilt so sehr als minderwertige, schmutzige Tätigkeit, daß selbst Knechte und Jungfrauen sie gerne ablehnen, um sie dem Eschengrüdel allein zu überlassen.[13] Geilers Predigt zeichnet eine Anschaulichkeit aus, die gerade seinem Laienpublikum entgegenkommen mußte, wenn es darum ging, möglichst einfach theologische Lehren zu vermitteln. Die Botschaft wird verständlich: Wer sich durch die Eschengrüdel-Arbeit nicht abschrecken läßt, vielmehr die soziale Demütigung auf sich nimmt, der lebt den Glauben vor Gott mehr *»denn etwan die / die da meinen sie seien gar volkummen und gar frum«.*[14]

Die Loslösung der Legendendeutung aus dem Klosterbereich und die verweltlichte Darstellung eines theologischen Motivs stoßen gerade auch in der Nachfolge Geilers auf große Resonanz. So tauchen noch im Verlaufe des 16. Jahrhunderts wiederholt ähnlich gesinnte Bearbeitungen und Nacherzählungen der *Tabennese*-Legende auf.[15] Vielfach verbunden mit dem beliebten Predigtmotiv vom *»harten christlichen Leben«* *(»omnis vita christiana crux est«)*[16] ist die verwandte Erbauungserzählung von der *geistlichen Hausmagd*, die während ihrer alltäglichen Verrichtungen gleichzeitig 24 spirituelle Betrachtungen anstellt.[17] So wird der einfachen Küchenmagd

eine Beispielhaftigkeit zuteil, die gerade auch die Reformatoren als Vorbild für gottgefällige Tugend in ihrer weltlichen
Ausprägung interessiert.[18] Verschiedentlich erwähnt etwa
Luther den rußigen, verworfenen »*asschenbrodel inn der ku-*
chen«,[19] um ihn im übertragenen Sinne mit gedemütigten und
familiär zurückgesetzten Bibel-Figuren wie Abel, Jakob oder
Joseph gleichzusetzen. Ihnen allen ist die Verspottung durch
ihre Brüder gemeinsam. Wie beliebt solche Erzählungen
waren, zeigt auch Georg Rollenhagens Vorrede zum *Froschmeuseler* (1595), worin die Rede »*von dem verachten fromen
Aschenpösel / und seinen stolzen spöttischen Brüdern*« ist.[20] Weiter heißt es in dieser Vorrede:

> »*Was auch der alten Deutschen Heydenische lehr gewesen /
> vernimmet man aus den wunderbarlichen Hausmehrlein
> (...). Welche ohne schrifft jmmer mündlich auff die nachkom-
> men geerbet werden / und gemeinlich dahin sehen / das die
> Gottesfurcht / fleiß in sachen / Demut / Gedult / und gute
> hoffnung lehren. Denn die aller verachteste Person wird ge-
> meinlich die aller beste.*«

Scheint Rollenhagen mit dem Wort »*Hausmehrlein*« schon
die Grimmsche Kinder- und Hausmärchenwelt heraufzube-
schwören, verwirrt er diesen Eindruck umgehend wieder, indem er der deutschen mündlichen Überlieferung den »*eltesten
Historicus*«, den Griechen Herodot (um 490 – 430 v. Chr.) als
»*Mehrlein Vater*« entgegenhält. Offensichtlich ist die Grenzziehung zwischen mündlicher und schriftlicher Überlieferung
für Rollenhagen eher willkürlicher Natur, wichtig ist einzig,
daß die Geschichten »*schertz verehren / Und damit etwas nütz-
lichs lehren*«.[21]

Im Rahmen des *Aschenputtel*-Märchens führt indessen gerade dieser *Märchenvater* Herodot zu einem der zentralen
Motive, der Schuhprobe. Als erster hat er mit dem sachlichen
Ernst und der angemessenen Skepsis eines Historikers von
der sagenhaften Freudendame Rhodopis[22] berichtet. Allein
weniger der Ursprung denn die weitere Überlieferung ihrer
Geschichte zeigt, wie Märchenmotive entstehen und sich wei-
terentwickeln können. Bei Herodot findet sich noch kein
Wort von einem Adler oder einem verlorenen Schuh, vielmehr
untersucht er bloß die mündlich herumgebotenen Berichte in
bezug auf Mögliches wie Wahrscheinliches. Wenngleich sehr

verkürzt, folgt ihm darin der römische Schriftsteller Plinius der Ältere (um 23 bis 79 n. Chr.). Freilich hat zwischen diesen beiden Geschichtsschreibern schon der griechische Geograph Strabo (um 63 v. Chr. – 26 n. Chr.) einen anderen historischen Tat-Hergang entwickelt, den des Mythos. Ihm präsentiert sich der Kern der Rhodopis-Geschichte als Frucht einer geradezu unglaublich anmutenden Liebesgeschichte, die mit dem königlichen Interesse am Hetärenschuh erotisch ausgeschmückt ist.[23] Dieser sensationellen Variation folgt auch der römische Schriftsteller und Philosoph Claudius Aelianus (um 170 – um 235) in seinen griechisch verfaßten *Bunten Geschichten*. Die kurze Abfolge dieser vier Erzählweisen ist ein gutes Beispiel dafür, wie Willkür und Untreue in der historischen Überlieferung auf ihre Weise neue *alte Geschichten* erzeugen. Und diese wiederum geschickt verknüpft mit andern populären Erzählungen, wie etwa der von der *geistlichen Hausmagd*, lassen schließlich dramatisch überaus wirkungsvolle Gebilde entstehen, denen trotz ihres jungen Ursprungs etwas Althergebrachtes anhaftet. Das früheste Beispiel dafür findet sich in Basiles *Pentamerone*.

DIE ASCHENKATZE IN DER LIEBESGLUT

Wenn der *Eschengrüdel* in der Predigt-Literatur namentlich auf die niedrigste und schwerste Küchenarbeit fixiert wie ausgemalt wird, so bleibt demgegenüber Basiles *Aschenkatze (Gatta Cennerentola)* ein einmaliger, für den weiteren Verlauf des Märchens eher unerheblicher, dafür aber drastischer Übername, um den sozialen Fall der Lucrezia[24] im eigenen hocharistokratischen Haus zu betonen. In zwei Etappen sinkt sie parallel zum gesellschaftlichen Aufstieg ihrer Stiefmütter von der Herrschaftsetage hinunter in die Küche, den rohen, sittenlosen Bereich der niederen Hausangestellten, wozu noch im Italien der Renaissance häufig eingekaufte Sklaven zählten.[25] Entsprechend muß Basile auch den anstrengenden Küchenalltag nicht weiter beschreiben, es genügt schon der Hinweis, sich allzu oft »hinter dem Herde« aufzuhalten, um einer Person jede Gesellschaftsfähigkeit abzusprechen und sie dem allgemeinen Spott auszusetzen. So wird Küchen- wie

Dienstpersonal auch zur erheiternden Quelle herrschaftlicher Unterhaltung, und sei es bloß in der Gestalt skurriler Geschichtenerzähler.[26]

Der Name *Aschenkatze* – eine literarische Kreation Basiles[27] – weist aber als Spottname über den Küchenbereich hinaus. Die Katze, die sich eigensinnig am Herd in der schwarzen Asche eines eben noch lodernden Feuers wärmt,[28] steht nicht nur für das unheimliche dämonische Tier, das Böse, sondern zugleich auch für das Sexuelle schlechthin.[29] Und gerade letzteres wird für Basiles Märchenmoral von zentraler Bedeutung: nicht die fleißig-fromme Haushaltsarbeit, sondern die quasi schicksalshaft waltende Erotik läßt Lucrezia ihren sozialen Wiederaufstieg vollbringen. Nur dank ihr wird sie, dem Wundervogel Phönix vergleichbar, als *»holdes Täubchen«*[30] der Asche enthoben und vom königlichen Liebhaber gekrönt. Ein sozialer Aufstieg, der, wie schon zuvor bei den Stiefmüttern, allein dem entzündeten *»Feuer in der Brust«* der Männer zu verdanken ist. Diese erotische *Feuerlegung* ist aber nicht allein mit Schminktöpfchen und Kürbiswasser zu erreichen, sondern hauptsächlich einer Feenmagie geschuldet, die letztlich in ihrer Willkürlichkeit nichts anderes als eine *»günstige Fügung des Himmels«* darstellt. Wer sich wie die sechs Stiefschwestern dagegen auflehnt, der wird schließlich von der Erkenntnis der Unberechenbarkeit von Eros und Liebe gestraft und so mit der eigenen Narrheit konfrontiert. Das Urteil fällt in diesem Falle allerdings milde aus, weil die Stiefschwestern sich bloß einer läßlichen Sünde, des Neides und des Hochmutes im sozialen Gunstgedränge um den König, schuldig gemacht haben; die *Aschenkatze* dagegen hat immerhin einen Mord auf dem Gewissen. Ist es die Straflosigkeit der letzteren, welche die Zuhörer über das *»endliche Glück Lucrezias«* tuscheln, flüstern läßt, wo doch sonst eher lautes Geplauder und Gerede am Ende von Basiles Erzählungen vorherrschen?[31]

Allem Anschein nach meint die *»geifernde«* Antonella[32] mit ihrem Märchen mehr, als die plane Schlußmoral auf den ersten Blick preisgibt. Zwar steht Lucrezia der magische Zauberbaum hilfreich zur Seite, doch sein Funktionieren ist an keine Bedingung geknüpft. Nach ihren Wünschen gefragt, antwortet sie selbstbewußt, *»daß sie gern manchmal ohne Wissen ihrer Schwestern aus dem Hause gehen möchte«*, prächtig gekleidet und in einer feudalen Kutsche, wie es zu Basiles Zeiten speziell den Freudenmädchen verboten war. Uneingedenk der familiären Demütigungen wünscht sie sich flugs mehrere Zofen herbei, daß sie geschmückt und geschminkt werde,[33] um den König in helles Lodern zu versetzen. Dieser wiederum tut bilderreich kund, was ihn an der Frau eigentlich interessiert: weder Geist noch Tugend, sondern ein schön gebauter Körper, auf den ihr zierlichstes »Fußgestell« hoffnungsvoll verweist.[34] In ihrem *Sex-Appeal*, bedeutet Basile unmißverständlich, liegt die eigentliche Macht der Frauen. Entsprechend schmückt die Erzählerin, der man nebenbei unterstellt, sie sei eine Prostituierte,[35] ihre Beziehungsgeschichte mit einer Fülle erotischer Anspielungen und Bilder, mit Aus- und Anziehversen oder erotomanischen Betrachtungen des glühenden Pantoffelhelden.[36] Es ist, als wolle sie damit bewußt die Rhodopis-Geschichte von Strabo karikieren. Wenn dieser die kurze, seltsame Schuhepisode einflicht, um ein imposantes historisches Bauwerk für die Nachwelt erklärbar zu machen, so widmet sich demgegenüber das *Aschenkatzen*-Märchen einzig der Unterhaltung des Publikums mittels Ausmalung besonders anzüglicher oder komischer Details aus dem höfischen Milieu: etwa den Streitereien zwischen König und Diener nach den Festgelagen oder der zweitägigen Pantoffelprobe bei üppigem Geschmause, wobei der verliebte Landesherrscher mit seinem Schuh auch nicht eine der eingeladenen Damen übergeht.[37] So ergibt sich das Bild eines eher merkwürdig vulgär anmutenden aristokratischen Frauenhelden, der ganz im Banne seines neuen Herzblattes, seiner *Aschenkatze*, steht. Freilich ließe sich über diese Angelegenheit im Publikum auch laut reden und lachen: einem Landesherrscher wird von der Geliebten der Kopf vollständig verdreht.

Wenn die Frauen in Basiles Märchen mehrheitlich mit Namen gekennzeichnet sind, deren wohlklingende begriffliche wie lautliche Assoziationen an solche von Kurtisanen gemahnen, so fällt besonders jener Lucrezias auf, nicht nur weil er damals als besonders modisch für Prostituierte galt,[38] sondern zudem auf bedeutende historische Frauengestalten verweist. So läßt er sich zunächst einmal mit der sagenhaften, schönen römischen Ehefrau Lucretia in Verbindung bringen, die sich, vom Königssohn Sextus Tarquinius vergewaltigt, das Leben nahm. Diese tragische Geschichte wurde schon sehr früh zum Inbegriff eines absolut vorbildlichen weiblichen Tugendideals stilisiert.[39] Entsprechend besaß Lucretias Name beinahe sprichwörtlichen Charakter, was ihn gerade in der Literatur häufig über den antiken Sachverhalt hinaus im Kontext tragischer Liebesgeschichten als günstig verwendbar erscheinen ließ.[40] Neben dieser sagenhaften literarischen Gestalt kennt die Renaissance gleichzeitig die berühmt-berüchtigte Figur der Lukretia Borgia (1480–1519). Die Tochter von Papst Alexander VI., benannt nach der legendären Märtyrerin Lukretia von Mérida, war nicht nur bekannt für ihr humanistisches Mäzenatentum am Hof von Ferrara, sondern auch für ihre verhängnisvolle Einbindung in familiäre Machtpolitik, die etliche ihrer Geliebten und Ehemänner das Leben kostete. Wenn sich zu Lebzeiten Basiles diese zwei verschiedenen Persönlichkeiten in breiten Kreisen der Bevölkerung mit dem Namen seiner Märchen-Heldin assoziieren ließen, so kommt für Neapel noch eine spezielle dritte Möglichkeit in Frage. 1442 eroberte Alfons der Großmütige von Aragon (1396–1458) die Stadt am Fuße des Vesuv und entwickelte sich im Verlauf seiner dortigen Herrschaft zu einem ausgesprochenen Förderer des italienischen Humanismus. Angeregt wie unterstützt wurde er darin von seiner großbürgerlichen Geliebten Lucrezia d'Alagno, die bald einmal neben der Königin zur mächtigsten Frau im spanischen Herrschaftsbereich aufstieg.[41] Diese in aller Öffentlichkeit gepflegte Liebesbeziehung sowie die über ein Jahrzehnt hinweg andauernde Leidenschaft des Königs ließen das traute Paar weit über Neapel und Italien hinaus bekannt werden und interessant erscheinen. Entsprechend rankten sich auch Gerüchte und Anekdoten um diese Liaison, die übrigens erst nach dem Tod von Alfons für die Geliebte Lucrezia negative Folgen zeitigte, als dessen Nachfolger sie fallenließen, zur Emigration zwangen und auf eine schmale Rente setzten, mit der sie bis zu ihrem Tod 1479 ein höchst kärgliches Auskommen hatte. Bemerkenswert, daß Basile noch hundert Jahre später mit Versatzstücken dieser im neapolitanischen Volksmund durchaus populären höfischen Liebschaft arbeitet. Auch sein zentrales Märchenmotiv, der wunscherfüllende Dattelzweig im Blumentopf,[42] den der Vater von einer Feentaube aus Sardinien mitbringt,[43] hängt mit der Lucrezia d'Alagno zusammen. Es gab in Neapel in der Tat den Brauch, daß Mädchen am Vorabend des St.-Johann-Baptist-Tages Gerstenkörner in einen Blumentopf säten, um aus dem Zeitpunkt ihres Keimens Schlüsse auf die künftige Heirat zu ziehen. Auch Lucrezia, die beim Papst vergeblich Alfons' Scheidung von seiner Frau Maria von Kastilien zu erwirken suchte, experimentierte mit diesem Volksbrauch, worauf ihr der König gleich einen goldgefüllten Geldbeutel in den Blumentopf legen wollte.[44] Eine der unzähligen Schenkungen an die Geliebte, welche vielfach auch neidvolles und böses Gerede nach sich zogen.[45] Angesichts der Doppelmoral der spanischen Vizekönige von Neapel zu Basiles Lebzeiten mußte diese reine königliche Liebe geradezu unglaublich ideal anmuten. Von verschwenderischem Luxus und gleichzeitiger willkürlicher Repression waren vor allem die Jahre 1616 bis 1620 geprägt, als Pedro, dem Herzog von Ossuna, die Geschicke der Stadt oblagen. Er veranstaltete großzügig Feste und Bankette[46] und ließ andererseits Gegner wegen geringfügiger Verstöße ohne langes Gerichtsverfahren hinrichten, was Volk wie niederen Adel gegen ihn aufbrachte.

In seiner Grundstruktur verklärt Basiles Märchen so tendenziell eine vergangene höfische Liebesbeziehung, ohne dabei das lebensgenießerische wie schicksalsgläubige Gefühl seines eigenen barocken Zeitalters zu vernachlässigen. Daraus ergibt sich ein Nebeneinander von märchenhaft erotischen Erlösungsstrategien für *Aschenkatzen* sowie ironischer Kritik am hocharistokratischen Milieu, das offenbar auch nur von Fleischklößen und Makronen lebt. Mag der Autor mit der Märchenform Eindeutigkeit zu vermeiden suchen, so gibt diese Perspektive doch Anlaß zum Flüstern, denn sie spielt mit märchenhaft verbrämten Versatzstücken einer alten Gerüchte-Küche, als wären diese Anspielungen noch zu Beginn des 17. Jahrhunderts den katholischen, spanischen Verwaltern Neapels mehr peinlich als angenehm.

DIE ERZIEHUNG ZUR GUTEN TOCHTER

In Basiles *Aschenkatze* finden sich schon alle wesentlichen Motive des *Aschenputtel*-Märchentyps versammelt: böse Stiefmütter und neidische Schwestern, gesellschaftliche Erniedrigung und gute Fee, Schuhprobe und ein glückliches Ende. Dennoch fällt auf, wie wenig Bedeutung dem häuslichen Tätigkeitsbereich in dem neapolitanischen Märchen beigemessen wird. Es mutet heiter erotisch, frei von eigentlicher Tragik an. Gerade diesbezüglich setzt Charles Perrault nun einen andern Akzent,[47] indem er gleich zu Anfang seines Märchens eine ausführliche Beschreibung von Aschenputtels Arbeitswelt gibt und der Charakterisierung dieser niedrigsten Haushaltssphäre den modisch feinen Müßiggang der aristokratischen Herrschaften gegenüberstellt. Entsprechend ist die Namensgebung ausdifferenziert: Aschenputtel wird nicht nur »*Aschenhocker*« (»*Cucendron*«) genannt, weil sie sich nach der anstrengenden Arbeit erschöpft in der Kaminasche wärmt, die jüngere und weniger böse Stiefschwester ruft sie auch »*Aschenputtel*« (»*Cendrillon*«), weil sie derart verniedlicht den Schwestern ab und zu auch als Kammerzofe zur Hand geht. Insofern ist Aschenputtel nicht nur Küchenmagd, sondern mit den verschiedensten niedrigen Hilfsarbeiten im feudalen Haushalt beauftragt. Perrault betont diesen Aspekt und scheint seiner aristokratischen Leserschaft speziell die stilisierten Szenen aus dem »*Alltag der kleinen Leute*«[48] nahebringen zu wollen. Dies wirkt erstaunlich angesichts der Tatsache, daß ja Adel wie Bürgertum mit ihrem Dienstpersonal alltäglich vertraut und beinahe familiär verbunden waren – wenngleich zusehends widerwillig, denn mit den allmählich aufkommenden Intimitätsgefühlen innerhalb der Kern-Familie wurden Hausangestellte immer öfter als unerwünscht und störend empfunden.[49] Um so ausdrücklicher spielt Perrault pädagogisch auf eine »*vollkommene Bildung*« an, die gerade eine Kenntnis der niederen Haushaltssphäre voraussetzen würde.[50]

Mit diesem Hinweis knüpft er an die damals modisch werdende Erziehungsliteratur an, die sich zusehends auch für die Ausbildung von Frauen zu interessieren begann.[51] Speziell Fénelon trat dabei mit seiner Schrift *Über die Erziehung der Mädchen* (1687) entschieden für eine weibliche Ausbildung im eigenen Haus ein, um dort unter mütterlicher Aufsicht die jungen Frauen auf ihre Rolle als Hausfrauen, Gattinnen und Mütter vorzubereiten.[52] Sein Ratgeberbuch, auf Betreiben des Herzogs und der Herzogin de Beauvilliers verfaßt, richtet sich speziell an die Adelswelt und deren Schwierigkeiten im

Umgang mit der für das 17. Jahrhundert so typischen Mischung aus Vergnügungssucht und Langeweile.[53] Ein für Frauen besonders unerträglicher Zustand, da ihnen im Unterschied zu den Männern nur sehr wenige Kompensationsmöglichkeiten in der Arbeitswelt zur Verfügung standen.[54] Die Ursachen dieses Unbehagens macht Fénelon in Unwissenheit, mangelhafter religiöser Unterweisung, fortwährend scheltenden Müttern und Mangel an verantwortungsvoller, standesgemäßer Einführung in die Haushaltsökonomie beziehungsweise Güterverwaltung fest.[55] Gerade letzteres wäre ein wichtiges Heilmittel für die in religiösen und pädagogischen Erbauungsbüchern häufig kritisierten Untugenden wie Putz- und Tratschsucht, überspannte Ideen und Arroganz gegenüber Untergebenen.[56] Alles Charaktereigenschaften, die am Hofe von Versailles besonders üppig gediehen und in Perraults Märchen die beiden Stiefschwestern auszeichnen. Mögen letztere auch dem gähnenden Aschenputtel Langeweile unterstellen und sich selbst eine solche nicht eingestehen, so ist es doch wesentlich ihr eigenes Verhalten, das eine ziellose, monotone Stumpfsinnigkeit verrät. Unter Schweiß und Entbehrungen lassen sie sich das Panzerkorsett schnüren und Lockenprachten auf den Kopf türmen,[57] eitel testen sie unaufhörlich die neuesten Verschönerungsmittel – statt Kürbiswasser nunmehr Schönheitspflästerchen – und plappern von modischen Kleidern oder von der anmutigen fremden Dame, die ihnen bei Tische teure exotische Früchte[58] gereicht hat. In ihren Gedanken sind sie ganz umfangen vom heuchlerischen Prunk am Hofe und verachten entsprechend Aschenputtel, obwohl es ihnen mit sicherem Geschmack beim Verschönern zu helfen vermag. Weil es selbst aber keine prächtigen Kleider besitzt, könnte es nie Zugang zum Hofe erlangen, wenn nicht die Feen-Patin wie eine gute Gouvernante eingreifen und erzieherisch zum Rechten sehen würde. »*Sei ein gutes Mädchen*«, verlangt sie, »*dann will ich zusehen, daß auch du auf den Ball gehst.*« Diesem Rat folgt das rechtschaffene Aschenputtel denn auch getreulich, indem es weiterhin die niedrigen Dienste verrichtet, stets vor Mitternacht heimkehrt[59] und schließlich auf die angesichts des familiären Ungemachs gerechte Rache verzichtet.[60] In seiner ersten Moral etikettiert Perrault nun aber diese brave Tugendhaftigkeit nicht etwa mit frommer

»*Güte*« oder bürgerlichem »*Fleiß*« und schon gar nicht mit »*Einfalt*« im Sinne der *geistlichen Hausmagd*[61], vielmehr verwendet er dafür den zeitgemäß modischen Begriff der Anmut (»*bonne grâce*«).[62] Sie umfaßt äußere Schönheit wie innere Charaktergröße beziehungsweise ein richtiges Urteil in Sachen Geschmack[63] und erklärt somit die eigentliche Überlegenheit Aschenputtels seinen Geschwistern gegenüber. Seine Anmut ist Zeichen wahren Adels und geheimnisvolle »*Gabe aus dem Feenreich*«, was Perrault mit »*Lehren der Patin*« bezeichnet. Gleichzeitig ist sie ein Geschenk der damals neuesten Pädagogik, welcher es bei der Erziehung der Frauen letztlich um nichts anderes ging als das Ideal der Grazie. Fénelon schreibt:

> »*Wahre Anmut bedarf keines eiteln und gesuchten Putzes (...). Wahre Anmut kann nur mit dem Natürlichen, nie mit dem Naturwidrigen bestehen.*«[64]

In seinem pädagogischen Roman *Die Abenteuer des Telemach* führt er ein dergestalt anmutiges Frauenideal in der Figur der Antiope vor. Von ihr schreibt er:

> »*Was mir an ihr gefällt, ist ihr Schweigen, ihre Bescheidenheit, ihre Zurückgezogenheit, ihr nie ermüdender Fleiß, ihre Geschicklichkeit in weiblicher Handarbeit, die Sorgfalt, mit der sie seit dem Tode ihrer Mutter das Hauswesen des Vaters leitet, die Verachtung jedes nichtigen, eitlen Schmuckes, ihre Naivität und Unschuld und ihr von jeder Koketterie freies Benehmen und besonders rührt mich, daß sie vergißt oder selbst nicht einmal weiß, wie schön sie ist.*«[65]

Das erzieherische Moment findet sich noch ausgeprägter im *Finette Aschenbrödel*-Märchen der Comtesse d'Aulnoy.[66] Wenn dort die gute Heldin ihrer Patin Merlusche gegenübertritt, macht sie ihr zunächst »*drey tiefe Reverenze*«, küßt ihren Rock und überreicht ihr Gastgeschenke (»*Butter, Milch, Eyer und Mehl*«)[67], um dann erst von ihr Rat zu erfragen. Wird ihr solcher erstmals noch ohne Bedingung gewährt, verlangt Merlusche beim zweiten Mal, daß Finette ihre Schwestern nicht nach Hause führe, »*sonst will ich in meinem Leben nichts mehr von dir hören*«.[68] Selbstredend vermag Finette, »*die das beste Herz von der Welt*«[69] besitzt, dieser Forderung nicht zu entsprechen – durchaus zur Freude der Patin, will sie doch ihren Schützling nur auf die Probe stellen. Deshalb steuert sie zum guten Ende wieder ihren Zauber bei und belohnt so zwar einen Verstoß, doch viel mehr noch ein gutes Herz.

Wahre Schönheit vereint Anmut mit Tugend. Demnach bedarf eine schöne Frau keinerlei künstlicher Beihilfen, zeitgenössische Schönheitskulte und -vorstellungen hin oder her.[70] Die schöne Frau mag wie bei Perrault noch so tief in der Asche hocken, ihr ziemt in jedem Fall ein kleiner feenhafter Glasschuh[71] zur Königinnenkür,[72] derweil andere wie die beiden Stiefschwestern, krampfhaft auf ihr schönes Aussehen bedacht, es zu nicht mehr als einem »Narren«[73] von Mann bringen. Daß die zwanzigjährigen Leserinnen angesichts der künstlichen aristokratischen Hofwelt an den allzu einfachen Erfolg der Anmut aber nicht recht glauben mochten, hat Perrault wohl selber bemerkt, indem er seiner ersten Beifügung den Satz »So will es die Moral des Märchens« nachstellt und auf diesen eine zweite Moral folgen läßt: Ohne pädagogische Protektion durch Pate oder Patin[74] erweist sich Anmut in der aristokratischen Welt als »nutzlos«. Theorien und Ideale sind das eine, ihre praktische Durchsetzung etwa am Hofe Ludwigs XIV. ein anderes.[75] Skeptischen Blicken mußte sich in Versailles ein verwirrend widersprüchliches Bild bieten. Bei den allabendlich inszenierten Festen und Bällen feierten Modetorheit, Ausschweifung und verfeinerter Geschmack Triumphe, zugleich aber unterlag dieses höfische Leben strengen Reglementierungen bezüglich seiner Hoffärtigkeit und der Aufsicht durch eine Geheimpolizei. Unter solchen Bedingungen konnte nicht mehr gelten, was die traditionellen Regelwerke für den kultivierten Umgang bei Hofe formulierten. Der natürlichen Anmut, Klugheit und geselligen Offenheit,[76] die eher im privaten Rahmen eines Salons gediehen, widerstrebten hier parvenühaftes Betragen, strenge Hierarchisierung und Maskierung der äußeren Erscheinung durch Etikette und übertriebenen Putz. Zwischen Erziehungsideal und Realität, das heißt zwischen individuellem Selbstbewußtsein und kollektiver Unterwerfung unter die königliche Autorität, baute sich so ein Spannungsfeld auf, das noch in Perraults Aschenputtel-Märchen gut spürbar ist.[77]

Nirgends manifestierte sich die absolutistische Macht des Königs prachtvoller als auf den Festen und Bällen in Versailles.[78] Vor allem die Tanzanlässe – nach heutigem Verständnis Gelegenheit für Vergnügen und Ausschweifung – galten als großartigste wie strengste Selbstdarstellung absolutistischer Macht. Bis ins kleinste Detail ritualisiert, ließ Ludwig XIV. dabei seine Höflinge wie Marionetten in strenger Ordnung vor sich antreten.[79] In steife schwere Seidenbrokatgewänder gehüllt, hatten sie paarweise komplizierte Tanzfiguren aufs Parkett zu zeichnen, derweil ihnen der König mitsamt dem ganzen Hofstaat kritisch auf die Füße schaute. Wehe, wer sich da einen Fehltritt erlaubte oder den schönen Schein fallenließ! Saint-Simon weiß vom jungen Marquis de Montbron zu berichten:

>*Bei der ersten Verneigung schon geriet er ins Schwanken, bei den ersten Schritten kam er aus dem Takt, was er durch gezierte Mienen und viel zu hoch angesetzte Armbewegungen zu vertuschen suchte. Dadurch wurde er jedoch erst recht zur komischen Figur und rief ein Gelächter hervor, das bei allem Respekt vor dem König – der selber nur mühsam das Lachen unterdrückte – schließlich in einen wahren Tumult ausartete (...). Kaum daß man ihn des Abends beim Tanze erblickte, drängte man sich in seine Nähe; wer weiter entfernt war, reckte sich in die Höhe, und die Schadenfreude steigerte sich derart, daß man laut in die Hände klatschte. Jeder, selbst der König, lachte ganz ungeniert, ja etliche barsten schier vor Gelächter. Ich glaube kaum, daß irgend jemand jemals eine solche Erniedrigung hat hinnehmen müssen. Er verschwand dann auch sogleich danach und ließ sich lange Zeit nicht wieder blicken.*«[80]*

Solche Inszenierungen, an denen teilzunehmen niemand ungestraft versäumte, besaßen »*die Funktion eines hochstilisierten Kniefalls*«[81] vor dem Herrscher. In diesem Rahmen läßt nun auch Perrault sein Aschenputtel am Hofe debütieren. Sowie die unbekannte »*prächtige Prinzessin*« vom prinzlichen Kavalier geleitet auf der Hofbühne erscheint, wird ihr sogleich die ungeteilte Aufmerksamkeit aller Anwesenden, inklusive des Königs zuteil. Sie verstummen und erkennen an ihr sogleich untadeliges Auftreten wie guten Geschmack.[82] Aschenputtel beherrscht die komplizierten Tänze[83] ebensosehr »*mit Anmut*« wie den höfischen Konversationston beim darauffolgenden Souper. Mühen sich ihre Stiefschwestern vergebens mit Putz und Mode ab,[84] bewährt sich seine Erziehung auch am zweiten

Abend derart glanzvoll, daß sich der Prinz gar zu Vertraulich-keiten hinreißen läßt. Aschenputtels Anmut bezwingt die ehernen Hofgesetze und die öde Langeweile, womit sie insge-heim auch die Gefühle all jener im Versailler Schloß ausdrückt, die zunehmends unzufrieden waren mit den höfischen Zwän-gen und nach neuen, intimeren wie lebendigeren Formen feu-daler Unterhaltung und Mode verlangten.[85] In diesem Sinne ist Perraults zweite Moral nicht nur ein Zugeständnis an eine tatsächlich vorhandene Stimmung, sondern ebenso insgehei-mer Ausdruck einer Hoffnung auf Veränderung.[86]

DER TANZ INS BÜRGERLICHE GLÜCK

Auch bei den Brüdern Grimm wird munter getanzt. Allein, die Zeiten, wo jeden Abend ein prächtig inszenierter Ball stattfand, sind vorüber, weshalb sie in ihrem *Aschenputtel*-Märchen das Fest genauer als dreitägige Brautschau (*»Hoch-zeit«*) definieren müssen. So steht die Person des Königs auch nicht mehr im Vordergrund. In der ersten Märchen-Fassung von 1812 erwartet der Prinz die fremde Schöne sogar vor dem Schloß, um sie in den nicht näher definierten Saal zu geleiten; von der zweiten Ausgabe an fällt dieser Auftritt sogar ganz weg. Statt dessen rückt ein anderes Moment ins Zentrum des Interesses: der Tanz des Prinzen mit Aschenputtel. Er tanzt mit ihm, *»nur allein mit ihm«*, ohne seine Hand loszulassen. Möchte ein anderer die Unbekannte aufs Parkett führen, weist ihn der Prinz barsch zurecht und bekräftigt bedeu-tungsvoll seinen Besitzanspruch: *»Das ist meine Tänzerin.«*[87] Zu Zeiten Ludwigs XIV. war es noch der Monarch selbst oder sein Zeremonienmeister, der nach Rang und Verdienst die Tanzpaare zusammenstellte. Die persönliche Prinzenwahl bei den Brüdern Grimm signalisiert einen gesellschaftlichen Wan-del, dessen Ausdruck ein neuer, intimer Tanz ist: der Walzer.[88]

Dieses wilde Vergnügen kommt um 1770 in Deutschland groß in Mode und mit ihm die rasanten Drehbewegungen,[89] welche gegen die bisherige ständische Etikette verstoßen. Statt marionettenhaft geometrische Schrittfiguren vorzu-führen, gibt sich ein Tanzpaar, das sich selbst gefunden hat, frei und rauschhaft der Bewegung, der Musik und vor allem der eigenen Zweisamkeit hin. So schwärmt der junge Werther bei Goethe:

> *Ich war kein Mensch mehr. Das liebenswürdigste Geschöpf in den Armen zu haben und mit ihr herumzufliegen wie Wetter, daß alles rings umher verging, und – Wilhelm, um ehrlich zu sein, tat ich aber doch den Schwur, daß ein Mädchen, das ich liebte, auf das ich Ansprüche hätte, mir nie mit einem andern walzen sollte als mit mir, und wenn ich drüber zugrunde gehen müßte.«*[90]

Das Paar ist sich selbst genug, es tanzt nicht mehr für die Hofgalerie. Deshalb kann Werther den »*drohenden Finger*« und den geflüsterten Namen von Lottes Verlobtem Albert im Vorbeifliegen auch nicht vernehmen; erst später, im Stillstand, kommt ihm allmählich zu Bewußtsein, daß seiner Liebe wohl kein Märchen-Ende beschieden sein wird. Der Walzer aber verkörpert frohgemut eine neue Epoche: Sturm und Drang, bürgerliche Emanzipation, Freiheitsforderungen und Gefühlskult sind deren Kernbegriffe, die auch ein neues Körperbewußtsein beinhalten sowie ein Recht auf Intimität.[91] Selbst der Prinz will sich solchen Neuerungen nicht länger verschließen.

Auch wenn die Brüder Grimm mit dieser Tanzerei ihre Sympathie für die neue Lebensart und Moral bekunden, lassen sie wenigstens das Schloß als märchenhaftes Dekor stehen. Nichts von alledem findet sich dagegen in einem ihrer Quellentexte: der böhmischen Feen-Erzählung von *Laskopal und Miliwka*.[92] Alles scheint hier bäuerliche Provinzialität auszustrahlen, ganz besonders die Feste. Sie sind weder Hofball noch absolutistische Machtdemonstration, sondern ein »*Volksfest*« wie Kirmes oder Jahrmarkt in einer eigens dafür »*eingerichteten großen Schuppe*«, wo sich die ausgelassene Jugend im 18. Jahrhundert zu »*Tänzen und Gesängen*« treffen und »*Verbindungen zur künftigen Ehe*« knüpfen konnte.[93] Für letzteres legen sich die beiden Stiefschwestern mächtig ins Zeug. Und auch Miliwka richtet sich in ihrem Versteck im »*Dorfbrunnen*« prächtig, à la mode her und scheint auf einmal Fleiß und Haushaltsführung ganz vergessen zu haben. Hinter ihrem Putzwerk-Zauber steckt indes keine Patin, sondern ein »*fremder*« männlicher Beistand, der besser gegen die Nachstellungen der Burschenschaft[94] schützt und der Heldin aus Mitleid bedingungslos zum

Wunder verhilft. So bleibt sie selbstbewußt frei und rechtschaffen zugleich. Dergestalt erscheint uns die »*Sage*« von *Laskopal und Miliwka* als eine gänzlich unhöfische Heiratsgeschichte aus einem böhmischen Krähwinkel, welche schon Ende des 18. Jahrhunderts den Märchen-Sammlern in die Fänge geraten war. Ihre Variation des *Aschenputtel*-Themas enthält Züge der Märchenfassungen von Basile und Perrault, betont jedoch stärker die wirtschaftliche Tüchtigkeit, Laskopals Brautschau (das heißt die Schuhanprobe in den Häusern der Umgebung) sowie Details wie das Körner-Lesen oder Zehen-Abschneiden.

Im Vorbericht zu dem böhmischen Sagenbuch versucht ein ungenannt bleibender Herausgeber einen fabelhaften Spagat, indem er die darin versammelten Geschichten gleichermaßen als »*Denkmal des Geschmacks des grauen Alterthums*« wie als Beispiel für zeitgenössische »*patriotische und häusliche Tugenden*« zum Zwecke der Erziehung definiert.[95] Dieses Spannungsverhältnis zwischen bürgerlicher, (haus)wirtschaftlicher Pädagogik und mythischer Tiefendimension hat wohl auch die Brüder Grimm besonders an diesem Stoff fasziniert. Allerdings wird bei ihnen die Erotik mehr als bisher gezügelt und offener das bürgerliche Selbstvertrauen bekundet, das sich in einer Kritik der höfischen Umgangsformen äußert.[96]

> *Spöttle nicht über das Kleine an kleinen Höfen. Besser so, als wenn ein Herr über vier Quadratmeilen Landes Garden zu Fuß und zu Pferde, Ministers, Hofkavaliere in Menge hält und Schulden über Schulden macht*«,[97]

schreibt etwa Knigge im Kapitel *Über den Umgang mit den Großen der Erde*. Was tatsächlich klug und richtig anmutet, entbehrt in der Welt des Märchens nicht der Komik. Der Königshof mit seinen bürgerlichen Tanzsitten und dem Prinzen, der eigenhändig die Verschläge der ankommenden Kutschen öffnet[98] und sich mir nichts, dir nichts von einer unbekannten Schönheit den Kopf verdrehen läßt, erinnern nurmehr vage an das Gepränge absolutistischer Macht.[99] In diesem Sinne verliert Knigges Rat entschieden an Bedeutung, sich entweder dem höfischen »*Schauplatze des glänzenden Elends*« fernzuhalten oder zumindest dem treu zu bleiben, was »*uns Natur und Erziehung gegeben haben*«.[100] Aschenputtel fällt es leicht, edlen Anstand, Bescheidenheit, Höflichkeit und Aufmerksamkeit zu bewahren,[101] zumal sie täglich dreimal am Grabe ihrer Mutter betet, zu Hause in der schmutzigen Küche widerspruchslos selbst unsinnigste Arbeiten verrichtet[102] und abends brav vor Mitternacht dem männlichen Kavalier entwischt. Darin unterscheidet sie sich von ihren Stiefschwestern, die »*von Angesicht schön, von Herzen aber stolz und hoffährtig und bös*«[103] sind. Im Wettstreit um den Bürgerprinzen müssen sie mit diesen Eigenschaften unterliegen. Denn während sie begierlich an den Königshof drängen, strebt jener, auf der Suche nach der tugendsamen Bürgerstochter, in die Gegenrichtung, vom Schloß hin zum intimeren Ambiente des Privathauses. Zusammen mit seinem Vater, dem König, legt er gar beim Umhacken des Taubenhauses und des Birnbaumes selbst Hand an, als ob in der fürstlichen Hofhaltung kein Gesinde für solche Arbeiten mehr abkömmlich sei. Folglich findet auch die Schuhprobe[104] schließlich im Bürgerhaus und nicht standesgemäß am Hofe statt, und Aschenputtel gewinnt das Herz des Galans frei von Putz und Ziererei, weil seine Schönheit nicht rein äußerlich ist, sondern als schöne Seele »*über der Anziehung der Sinne steht*«.[105] Es verkörpert Sitte, Fleiß und Charakter. Ohne Hilfe allerdings ist ein solches Glück noch immer nicht zu haben. Grimms Aschenputtel fehlt zwar ebenso eine sardische Höhlenfee wie eine höfische Patin, dafür darf es auf Familienbeistand[106] hoffen, denn allein die Mutter vermag auf dem Tugendpfad zum Glück zu leiten – auch über den Tod hinaus.[107] »*Die Aufsichtspflicht der Mutter ist von unbegrenzter Dauer*«, umschreibt die französische Philosophin Elisabeth Badinter die Neubestimmung der Mutterrolle, die ab Mitte des 18. Jahrhunderts einsetzt und sich in der Ideologie der »*liebenden Mutter*« verfestigt.[108] Diese hätschelt ihre Kinder, erzieht sie mit Gottes Hilfe zu »*frommen und guten*« Christenmenschen und hält mit aller Macht die Familie zusammen: die keimende Kernzelle der frühkapitalistischen Wirtschaft und des bürgerlichen Staates. Gelingt das Werk, so kann aus der Tochter dereinst gar eine Königin werden. Grimms Glaube an diese Entwicklung erscheint indes nicht unerschütterlich, wie ihre Märchen erzählen. Denn wer dem biedermeierlichen Idyll widerstrebt oder den Familiengeist verrät wie Stiefmutter[109] und Stieftöchter, den erreicht die Macht eines höheren Gesetzes. Unversehens verwandeln sich die putzigen Friedenstäubchen in blutrünstige Krummschnäbel, die jeder der Schwestern ein Auge aushacken und sie »*also für Bosheit und Falschheit mit Blindheit auf ihr Lebtag*« strafen. Mit solch archaischer »*Auge um Auge*«-Drastik beschließen die Brüder Grimm ihr Märchen. Der verbissene Kampf um Tugend und Sittlichkeit erlaubt ihnen – im Gegensatz zu Basile oder Perrault – weder Ironie noch ungereimte Moralsprüche. Anschaulich und mit pädagogischer Absicht[110] beschreiben sie die Tugenden des bürgerlichen Zeitalters und greifen dabei auf mythische Symbole und romantisierende Bilder zurück wie das von Schnee verwehte Grab, das Glücksbäumlein,[111] die weißen Täubchen als »*reine, heilige Thiere*«,[112] Linsen für Fruchtbarkeit,[113] die Asche der Askese[114] und nicht zuletzt ein schmuddliges Kücheninterieur, das zu Grimms Zeiten allenfalls noch in primitiven Bauernkaten, gewiß aber nicht in gutbürgerlichen Privathäusern zu finden war.

EIN LETZTER TANZ UMS LIEBE GELD

Daß die bürgerliche Pädagogik im 19. Jahrhundert noch andere Wege geht, deutet August von Platen (1796–1835) in seinem Märchenspaß *Der gläserne Pantoffel* an.[115] Über Aschenbrödel heißt es da:

> »*Es fehlt der Sinn ihr für das Höhere,*
> *Der unsere Zeit so philosophisch macht,*
> *Wiewohl zur Patin eine Fee sie hatte.*
> *Vergebens suchten ihre Schwestern ihr*
> *Durch journalistische Lektür' Geschmack*
> *Am Schönen beizubringen, doch umsonst!*
> *Von je zu sklav'scher Dienstbarkeit gewöhnt,*
> *Ist, statt der Tochter, sie die Magd im Haus, (...).*«[116]

Modische Journale und moralische Wochenblätter nehmen seit Mitte des 18. Jahrhunderts einen ungeahnten Aufschwung. Für bürgerliche wie adlige Kritiker bildeten sie um 1808 »*eine Hauptquelle der Seichtigkeit des Zeitgeistes*«, welche lediglich »*einer schalen Unruhe und Charakterlosigkeit zur Nahrung und Bestärkung diente*«.[117] Doch nicht alle klagten bloß. Platen etwa treibt lieber seine närrischen Späße damit, um schließlich der weiblichen Tugendhaftigkeit auf der Bühne eine bemerkenswerte Doppelhochzeit zu bescheren, an der sich auch die beiden von Liebe verzehrten wie von Langeweile und Melancholie geplagten Königssöhne aus Apulien laben können.[118]

Kleinräumige, mitunter gar bürgerliche Züge wie bei den Brüdern Grimm kennzeichnet auch die Adelswelt vom feinen Ländchen Fineterra in Christian Dietrich Grabbes (1801–36) *Aschenbrödel*-Lustspiel.[119] Die Damen leben nur für exquisite Tanzbälle, den sogenannten *Tanztees (Thé dansant)*,[120] der königliche Regent tauscht aufgrund einer melancholischen Anwandlung mit seinem rüpelhaften Narr ohne Schaden die Rolle, und der Ehemuffel Baron von Fineterra droht unentrinnbar in seinen Schulden zu ersticken, die der jüdische Finanzmakler Isaak wiederum hartnäckig einfordert. Die Geldfrage markiert denn auch Anfang und Ende dieses *Aschenbrödel*-Dramas, in dem sich nicht die gewitzte Heldin, sondern eher der Jude, ein sozialer Außenseiter, der durch den Schornstein einsteigt und sich in die Asche setzt,[121] als *eigentlicher Aschenhocker* erweist. Insofern ist er nicht bloß der typische Vertreter der auf den Bühnen der zwanziger Jahre so beliebten, weil häufig antisemitisch angereicherten, »*Theater-Juden*«[122]. Als offensichtlich Zurückgesetzter bemüht er sich dennoch für seine Leidensgenossen Emanzipation wie rechtliche Anerkennung zu erwirken, indem er mit dem erworbenen Reichtum für seine Kinder und ihre Zukunft Sorge trägt.[123] Grabbe läßt in seinem satirischen »*Dramatischen Märchen*« voller zeitgenössischer Anspielungen[124] die Welt des Kleinfürstentums einzig ums liebe Geld tanzen, woneben selbst die zu Verwandlungskunststücken befähigte Fee machtlos scheint. Die zum Kutscher verwandelte Ratte und die Katzen-Zofe jagen im Dienste Aschenbrödels weiterhin hintereinander her, und in diese Hatz reiht sich auch der Jude auf der Suche nach seinem Geld ein. Es scheint, als ob sich biologischer Trieb und frühkapitalistische Geldwirtschaft gegen den Zauber der Schönheit und gegen das Glück eines standesgemäßen Happy-Ends verbündet hätten. In seiner politischen Botschaft bleibt Grabbes Stück dagegen höchst zwiespältig, im Spannungsfeld von Ernst und Ironie verbindet es fortschrittliche sozialkritische Züge mit abgeschmackten Vorurteilen, die freilich nie nur eindimensional deutbar sind. Wie heillos verflochten die Verhältnisse sich darstellen, demonstriert das ironische Bild des Adels. Auf wirtschaftlicher Talfahrt begriffen, predigt die Baronin ihren Töchtern ein Verhalten, das durchaus an bürgerliche Leitsätze aus dem *Knigge* erinnert;[125] allein es mangelt ihnen bei der Umsetzung an Herz und Seele. Ihre ungeschmälerte Prunksucht stürzt sie insofern endgültig in den finanziellen Ruin.[126]

Widersprüchliche Charaktereigenschaften zeichnet auch die rechtschaffene, kluge und tüchtige *Aschenbrödel*-Tochter Olympia aus, die angesichts der heillos verworrenen Situation ihres Elternhauses des Beistandes von Feen und Gnomen bedarf, um das verdiente Glück am Schluß einzuheimsen. Ihre Schönheit reicht über die übliche Dreifaltigkeit Liebreiz–Anmut–Reinheit weit hinaus. Olympia ist interessant: eine Qualität, die weit weniger schnell verwelkt als ein hübsches Gesicht.[127] Sie verkörpert aber nicht allein Klugheit, Gewandtheit und Selbstbewußtsein, vielmehr scheint sie geradezu über den Abgründen von Lüge, Instinkt und Geldgier in höheren Gefilden zu schweben. »*Ich kann nicht anders, ich muß die Wahrheit sagen*«, lautet ihr offenes Bekenntnis,[128] dem wiederum nur der König gerecht zu werden vermag, weil auch er sich, scheinbar gelangweilt, über das kleinliche irdische Treiben erhebt.

Dergestalt verleiht Grabbe der Schönheit eine gleichsam utopische Dimension und folgedessen dem *Aschenputtel*-Märchen eine neue, allerdings parodistisch gebrochene Qualität. Die christliche Deutung setzt Schönheit mit Demut und Gottgefälligkeit gleich; Basile demgegenüber erkennt sie in der Frau wieder, die *Sex-Appeal* verströmt und den Mann betört; Perrault sodann definiert Schönheit über den Begriff der anmutigen Harmonie von Tugend und äußerer Erscheinung; bei Grimms wandelt sich ihr Ideal hin zu einer ökonomischen Ethik des Fleißes und der Rechtschaffenheit im privaten Haushalt. Damit, daß Grabbe ihr schließlich die Wahrheitsliebe zuordnet, spielt er auf eine noch reichlich diffus wirkende politische Bürgermoral an, die wenigstens zaghaft über die geläufigen Ansichten hinausweist. Indes sprengt auch er nicht den Rahmen dieser märchenhaften Reflexion über die Schönheit als einzig unanfechtbarer, legitimer Möglichkeit der Frau, sozial aufzusteigen. Es liegt offensichtlich im Wesen der *Aschenputtel*-Geschichte begründet, die Frau auf Anmut und Wohlgefälligkeit zu verpflichten und die zugrunde liegende Ethik und Mentalität zu bekräftigen. Mann weiß sehr wohl, was Frauen ziemt.

DAS
DUMMLING-MÄRCHEN

Ey Stuirman du mein fründer knecht,
Hab sorg und halt das ruder recht,
Das du mich nit fuers uf das eiss,
Dan wir all drey sindt gleiche weiss.
Weist du nicht wer der dritte ist,
Schmeutz dich, so hastu jn erwischt.

Giovan Francesco Straparola

DER VERRÜCKTE PIETRO

(1550)

Nachdem Lauretta mit ihren Freundinnen durch Schweigen
das Ende ihres Gedichtes angedeutet hatte, schaute die Herrin in das helle Antlitz von Cateruzza und sagte, daß sie nun
mit den Geschichten der Nacht beginnen solle. Diese errötete
sehr und lächelte dann ein wenig und begann auf diese Weise:
– Ich finde sowohl in alten wie auch in modernen Geschichten liebreizende Frauen, die das Handeln eines verrückt
gewordenen Narren, mag es noch so natürlich oder willkür-
lich sein, oftmals zum Guten wenden. Deshalb ist mir in den
Sinn gekommen, die Geschichte eines Narren zu erzählen;
dieser, während er tobte, wurde durch eine seiner Handlungen
weise und nahm zur Ehefrau ein Königstöchterchen. Aufgrund meines Räsonierens werdet ihr nun folgendes hören:
Auf der Insel Capraia im ligurischen Meere, über die der
König Luciano herrschte, lebte einst eine arme Witwe namens
Isotta. Sie hatte einen Sohn, der sich mit Fischen beschäftigte,
zu seinem Unglück aber blödsinnig war und von allen, die ihn
kannten, der verrückte Pietro genannt wurde. Alle Tage ging er
hinaus zu fischen, aber das Glück war ihm so wenig hold, daß
er nie etwas fing. Und jedesmal, wenn er nach Hause zurückkehrte, schrie er, auch wenn er noch mehr als eine halbe Millie
entfernt war, so laut, daß man es auf der ganzen Insel hören
konnte: »Mutter, Wannen her, Zuber her, Eimer her! Pietro
kommt mit Fischen beladen!« Die arme Mutter, die den Rufen
ihres Sohnes Glauben schenkte, bereitete alles vor, doch wenn
er schließlich erschien, verspottete und lachte er sie aus und
streckte ihr die Zunge entgegen, länger als eine Spanne. Das
Haus dieser Witwe lag dem Palaste des Königs Luciano gegenüber, welcher ein sehr anmutiges und schönes Töchterlein
von zehn Jahren hatte, dem er, da es sein einziges Kind, seinen
Namen gegeben hatte und es Luciana nannte. Sobald diese den

verrückten Pietro schreien hörte: »Mutter, Wannen her, Zuber her, Eimer her! Pietro hat eine Menge Fische gefangen!« eilte sie ans Fenster und hatte solchen Spaß daran, daß sie sich manchmal halb tot lachen wollte. Wenn der Narr sah, daß sie sich vor Lachen über ihn ausschütten wollte, geriet er in großen Zorn und stieß heftige Schmähungen gegen sie aus. Doch je toller sie der Narr beschimpfte, desto mehr lachte sie, wie es verwöhnter Kinder Art, und hatte ihre Freude daran. Während nun Pietro seine Fischerei jeden Tag fortsetzte und seinen gewohnten an die Mutter gerichteten Ruf in seiner Torheit wiederholte, geschah es eines Tages, daß der arme Teufel einen großen und umfänglichen Fisch von der bei uns Thunfisch genannten Art fing. Er empfand darüber solche Freude, daß er am Ufer herumtanzte und rief: »Das ist ein Abendessen für mich und meine Mutter, das ist ein leckeres Essen für mich und meine Mutter!« und diese Worte mehrmals wiederholte. Als der Thunfisch sich gefangen sah und auf keine Weise zu entwischen vermochte, sprach er zum verrückten Pietro: »He, lieber Bruder, ich bitte dich, habe die Güte, befreie mich aus dieser Gefangenschaft und schenke mir das Leben! Was willst du denn mit mir machen, lieber Bruder? Was kann ich dir weiter für Nutzen bringen, wenn du mich verspeist hast? Wenn du mich aber vom Tode errettest, mag es leicht geschehen, daß ich dir einmal helfen kann.« Allein der gute Pietro, dem mehr am Essen als an Redensarten gelegen war, wollte ihn durchaus auf den Rücken laden und heimtragen, um ihn vergnügt mit seiner Mutter zu verspeisen, die ihn auch sehr gut brauchen konnte. Der Thunfisch ließ jedoch nicht nach, ihn innig zu bitten und bot ihm an, ihm so viel Fische zu verschaffen, wie er nur verlangen würde, und dann versprach er ihm noch, ihm alles zu gewähren, was er von ihm begehren würde. War Pietro auch ein Narr, so hatte er doch kein Herz von Diamant und willigte, von Mitleid übermannt, ein, ihn vom Tode zu erretten. Und er schob ihn so lange mit Händen und Füßen vor sich her, bis er ihn wieder ins Meer geworfen hatte. Als nun der Thunfisch sah, daß Pietro so gut an ihm gehandelt hatte, wollte er sich nicht undankbar zeigen und sagte zu ihm: »Pietro, besteige dein kleines Boot und drücke es mit Hilfe des Ruders und deiner eigenen Schwere so weit auf die Seite, daß das Wasser hineinlaufen kann.« Nachdem Pietro das Boot bestiegen und es so

weit auf die Seite gelegt hatte, daß der eine Rand den Wasser-
spiegel berührte, füllte es sich mit einer solchen Menge von Fischen, daß es in größter Gefahr war zu sinken. Als Pietro, den
die Gefahr nicht kümmerte, dies sah, überkam ihn eine große
Freude, und nachdem er sich mit so vielen Fischen beladen
hatte, wie er zu tragen vermochte, machte er sich auf den
Heimweg, und als er nicht mehr weit von seiner Wohnung entfernt war, begann er nach seiner Gewohnheit mit lauter
Stimme zu schreien: »Wannen her, Zuber her, Eimer her! Pietro hat eine Menge Fische gefangen!« Die Mutter, die daran
dachte, wie sie bisher immer verlacht und verspottet worden
war, wollte sich jedoch nicht von der Stelle rühren. Da der
Narr aber immer lauter schrie, befürchtete sie, er möchte irgendeine noch größere Verrücktheit begehen, wenn er die Ge-
fäße nicht in Bereitschaft fände und bereitete alles vor. Als nun
Pietro anlangte, und die Mutter eine solche Fülle von schönen
Fischen sah, empfand sie eine lebhafte Freude und dankte Gott
dafür, daß ihr Sohn doch wenigstens einmal Glück gehabt habe.
Das Töchterlein des Königs war auf Pietros gewaltiges Geschrei ans Fenster gelaufen und hatte sich wieder über ihn lustig gemacht und ihn ausgelacht. Da der arme Narr sich nun nicht
anders zu helfen wußte, lief er wutentbrannt zum Meeres-
strande und rief mit lauter Stimme nach dem Thunfisch, damit
er ihm helfe. Als der Thunfisch die Stimme vernahm und erkannte, näherte er sich dem Strande, steckte den Kopf aus den
salzigen Fluten heraus und fragte ihn nach seinem Begehr. »Ich
will für den Augenblick nichts weiter«, antwortete ihm der
Narr, »als daß Luciana, die Tochter König Lucianos, schwanger
werde.« Und in weniger als einem Augenblick war sein Befehl
ausgeführt. Es vergingen nicht viele Tage und Monate, da begann der jungfräuliche Leib des Mädchens, das ihr zwölftes
Jahr noch nicht erreicht hatte, anzuschwellen und die deut-
lichsten Zeichen der Schwangerschaft machten sich bemerk-
lich. Als die Mutter des Kindes dies entdeckte, verfiel sie in
große Betrübnis und es wollte ihr gar nicht in den Sinn, daß ein
elfjähriges Mädchen, das noch keine Zeichen der Reife aufwies,
schwanger werden konnte. Sie glaubte vielmehr, das Kind sei
von irgendeiner unheilbaren Krankheit – wie dies öfter vor-
kommt – befallen worden und ließ sie durch erfahrene Frauen
untersuchen. Nachdem diese sie mit Sorgfalt und auf unauffäl-

lige Weise untersucht hatten, erklärten sie, das Mädchen sei unzweifelhaft schwanger. Da die Königin einen so schimpflichen Frevel nicht ertragen konnte, beschloß sie, dem König Luciano, ihrem Gemahl, davon Mitteilung zu machen. Als der König die Kunde vernommen, wollte er vor Herzeleid sterben. Und nachdem er auf alle ehrbare und geheime Weise die erforderlichen Nachforschungen nach dem Schänder des Kindes angestellt, aber nichts herauszubringen vermocht hatte, wollte er seine Tochter, um nicht länger diese Schmach vor Augen zu haben, insgeheim töten lassen. Aber die Mutter, die ihr Töchterlein zärtlich liebte, bat den König, sie so lange zu schonen, bis sie geboren habe, dann möge er tun, was er für das beste halte. Und der König, war er doch ihr Vater, fühlte Mitleid mit dem Mädchen, das seine einzige Tochter war und fügte sich in den mütterlichen Willen. Als die Stunde der Niederkunft gekommen war, gebar das Mädchen ein wunderschönes Kind, und da es so hervorragend schön war, konnte es der König nicht über sich bringen, es töten zu lassen, sondern trug der Königin auf, es bis zur Vollendung seines ersten Lebensjahres stillen und gut nähren zu lassen. Als das Kind ein Jahr alt geworden und zu solcher Schönheit erblüht war, daß kein anderes sich mit ihm vergleichen konnte, beschloß der König einen Versuch zu machen, den Vater herauszufinden. Er ließ daher in der ganzen Stadt verkünden, daß jeder, der das vierzehnte Lebensjahr überschritten, vor seiner Majestät mit einer Frucht oder einer Blume oder irgend etwas anderem in der Hand, was das Kind veranlassen könnte, danach zu greifen, erscheinen solle, widrigenfalls ihm der Kopf vom Rumpfe getrennt werden würde. Dem Befehl des Königs gehorchend, kamen alle in den Palast, der eine mit einer Frucht, der andere mit einer Blume, der dritte mit dem, der vierte mit jenem Gegenstand in der Hand, defilierten vor dem König und setzten sich dann der Reihe nach hin. Als nun ein Jüngling gleich den anderen zum Palaste ging, begegnete er zufällig dem verrückten Pietro und sagte zu ihm: »Wohin willst du, Pietro? Warum gehst du nicht in den Palast wie die anderen und gehorchst dem Befehl des Königs?« »Was soll ich denn unter den vielen Leuten machen?« fragte Pietro zurück, »siehst du nicht, daß ich arm und nackt bin und kein Kleid habe, meine Blöße zu bedecken? und da soll ich mich zwischen so viele Herren und Hofleute mischen? Das werd' ich wohl bleiben lassen.« Da sagte der Jüngling scherzend: »Komm mit mir, ich will dir ein Gewand geben, wer weiß, ob der Knabe nicht etwa gar dein ist.« Pietro folgte dem Jüngling also nach seinem Hause, wo dieser ihm ein Kleid gab, das er anzog, um dann in seiner Gesellschaft in den Palast zu gehen. Dort angekommen, stieg er zwar die Treppen mit ihm hinauf, stellte sich dann aber hinter eine Tür, so daß ihn kaum jemand sehen konnte. Als nun alle vor dem König erschienen waren und sich darauf hingesetzt hatten, befahl der König, das Kind in den Saal zu bringen; denn er dachte, wenn der Vater zugegen wäre, würde sich das väterliche Blut nicht verleugnen. Die Amme nahm das Kind auf den Arm und trug es in den Saal, wo alle es liebkosten und der eine ihm eine Frucht, der andere eine Blume, der dritte dies und der vierte das reichen wollte, aber das Kind wies alle mit der Hand zurück. Die Amme, welche in dem Saal hin und her ging, kam zufällig auch einmal bis an die Türe, und plötzlich lachte das Kind und bog sich mit dem Kopfe und dem ganzen Körper so heftig nach jener Richtung hin, daß es der Amme beinahe aus den Armen gefallen wäre, sie beachtete dieses Verhalten jedoch nicht und ging weiter. Als sie dann abermals an die Tür kam, bezeigte das Kind die größte Freude von der Welt, lachte in einem fort und zeigte mit dem Finger auf die Tür. Der König hatte die Bewegungen des Kindes bemerkt, rief die Amme und fragte sie, wer sich hinter der Tür befände. Diese dachte an nichts und sagte: »ein Bettler«, worauf ihn der König vor sich kommen ließ und erkannte, daß es der verrückte Pietro sei. Das Kind, das dicht bei ihm war, streckte nun die Arme nach ihm aus, umschlang seinen Hals und drückte sich fest an ihn. Als der König dies sah, empfand er größeres Herzeleid denn je, er ließ die Versammlung auseinandergehen und beschloß, daß Pietro samt der Tochter und dem Kinde unter allen Umständen sterben müßten. Allein die Königin, eine sehr verständige Frau, bedachte, welch eine große Schmach und Schande es für den König sein würde, wenn man die drei vor seinem Angesicht enthaupten und verbrennen würde und überredete ihn daher, eine Tonne, so groß wie irgend möglich, anfertigen zu lassen und das Kleeblatt hineinzusetzen und ins Meer zu werfen, worauf man sie ihrem Schicksal überlassen möge. Dem König gefiel dieser Rat, die Tonne wurde gemacht, und nachdem die drei mit einem Korb Brot, einem Fiasko gutem Vernazza* und einem Fäßchen Feigen für das Kind hineingesetzt worden waren, ließ er sie weit draußen ins Meer werfen, im Glauben, die Tonne würde gegen eine Klippe treiben, zertrümmert werden und untergehen. Es kam aber anders als der König und die Königin gedacht hatten. Als die alte Mutter Pietros von dem traurigen Schicksal ihres Sohnes hörte, starb sie, vom Kummer und von den Jahren niedergebeugt, in wenigen Tagen. Wie nun die unglückliche Luciana von den stürmischen Wogen hin und her geschleudert wurde und nicht Sonne noch Mond erblickte, bejammerte sie ihr Elend mit heißen Tränen, und da sie keine Milch hatte, ihr weinendes Kind zu stillen, gab sie ihm hie und da von den Feigen und brachte es auf diese Weise zum Einschlafen. Pietro aber kümmerte sich um nichts und beschäftigte sich nur mit dem Brot und dem Vernazza. Als Luciana dies sah, rief sie: »Weh mir! Pietro, du siehst, wie ich deinetwegen unschuldig leide und du Törichter lachst, ißt, trinkst und denkst gar nicht an unsere gemeinsame Gefahr.« »Deine Schuld ist's, daß uns dies wiederfuhr und nicht meine«, gab er zur Antwort, »warum hast du mich beständig ausgelacht und verspottet. Aber beruhige dich, unsere Not soll bald ein Ende haben.« »Ich glaube«, erwiderte Luciana, »du hast recht, unsere Not wird in der Tat bald zu Ende sein; denn die Tonne wird an irgendeinem Felsen zerschellen, und wir werden untergehn.« »Sei ruhig«, sagte darauf Pietro, »ich habe ein Geheimnis, wenn du das wüßtest, würdest du dich sehr wundern und vielleicht auch vergnügt werden.« »Und was ist das für ein Geheimnis?« fragte Luciana, »das uns retten und aus diesem großen Leid befreien könnte?« »Ich habe einen Fisch, der alles tut, was ich ihm auftrage und wenn es ihm gleich das Leben kosten sollte; der war es auch, der dich schwanger werden ließ.« »Es wäre gar nicht übel, wenn es sich so verhielte«, sagte Luciana. »Wie heißt denn der Fisch?« »Er heißt Thunfisch.« »So übertrage mir deine Macht über ihn und gebiete ihm, alles zu tun, was ich ihm sagen werde.« »Dein Wille geschehe!« sagte Pietro, rief sogleich den Thunfisch und befahl ihm, Lucianas Gebote in allen Stücken zu befolgen. Als die Prinzessin nun die Herrschaft

---

* *Vernazza (Vernaccia):* ital. Weinsorte; rot und herb aus Sardinien, hellgelb und frisch aus der Gegend um San Gimignano; in den Cinque Terre wird zudem ein *Vernaccia di Corniglia* gekeltert.

über den Fisch erlangt hatte, hieß sie ihm sogleich, die Tonne auf eine der schönsten und sichersten Felseninseln in ihres Vaters Reich zu werfen. Dann befahl sie ihm zu bewirken, daß Pietro aus einem unsauberen und närrischen Menschen, der er bisher gewesen, zum allerschönsten und -klügsten auf der Welt werde. Damit noch nicht zufrieden, begehrte sie, daß der Thunfisch ihnen auf dem Eiland einen reichen Palast hinstelle mit prächtigen Loggien, Sälen und Gemächern und hinter demselben einen ansehnlichen, heiteren Garten, reich an Bäumen, die Edelsteine und kostbare Perlen trügen, und in der Mitte des Gartens zwei Springbrunnen, von denen der eine eisfrisches Wasser, der andere köstlichen Wein hervorsprudeln solle. Und alles dieses wurde ohne Zögern auf das freigebigste ausgeführt. Inzwischen hatten der König und die Königin den traurigen Verlust ihrer Tochter und des Kindleins nicht vergessen, und wenn sie daran dachten, daß ihr Fleisch bereits den Fischen zur Speise gedient haben müsse, härmten sie sich sehr und hatten keine frohe Stunde mehr. Um nun ihren bedrückten und geängstigten Herzen ein wenig Erleichterung zu verschaffen, beschlossen sie, nach Jerusalem zu pilgern und das heilige Land zu besuchen. Sie ließen daher ein Schiff zurüsten und mit allem Nötigen versehen, bestiegen es und gingen bei gutem Wind unter Segel. Sie waren noch keine hundert Meilen von der Insel Capraia entfernt, da sahen sie von weitem einen reichen, herrlichen Palast, der auf einem kleinen Eiland etwas erhöht ragte. Er lockte sie durch seine Schönheit an, und da er innerhalb ihres Gebietes lag, wollten sie ihn sich ansehen. Sie hielten auf das Eiland zu, warfen Anker und stiegen ans Land. Sie hatten den Palast noch nicht erreicht, als der verrückte Pietro und Luciana, die Tochter des Königs, sie erkannten, die Treppen herunterkamen, ihnen entgegengingen und sie herrlich und liebreich empfingen. Der König und die Königin erkannten sie jedoch nicht, weil sie ganz verwandelt waren. Sie betraten also den schönen Palast, besahen ihn eingehend und lobten ihn außerordentlich. Dann stiegen sie eine geheime Treppe hinunter in den Garten, der ihnen beiden so sehr gefiel, daß sie beteuerten, in ihrem Leben noch keinen so schönen gesehen zu haben. In der Mitte des schönen Gartens stand ein Baum, an einem von dessen Zweigen drei goldene Äpfel hingen, und auf ausdrücklichen Befehl Lucianas bewachte sie ein

Wächter, damit sie nicht gestohlen würden. Es geschah nun (ich weiß nicht wie), daß, vom König unbemerkt, der schönste von ihnen ihm heimlich in den Busen gelegt ward. Und als der König sich fortbegeben wollte, sagte der Wächter zu Luciana: »Herrin, es fehlt einer von den drei Äpfeln und gerade der schönste, ich weiß nicht, wer ihn gestohlen haben kann.« Da befahl ihm Luciana, bei allen genaue Nachsuchung zu halten, denn es handle sich bei dem Apfel um keine Kleinigkeit. Nachdem der Wächter alle genau durchsucht und wieder durchsucht hatte, kehrte er zu Luciana zurück und sagte, der Apfel sei nicht zu finden. Als Luciana dies hörte, stellte sie sich sehr aufgebracht und sagte zum König gewandt: »Geheiligte Majestät, verzeiht mir, wenn man auch bei Euch nachsucht; denn der goldene Apfel, den wir vermissen, ist von höchstem Wert, und ich schätze ihn mehr als alles in der Welt.« Der König, unbekannt mit der gegen ihn gebrauchten List und seiner Unschuld sich bewußt, riß unbesorgt sein Gewand auf, und siehe da, der Apfel fiel heraus. Als der König dies sah, war er aufs höchste überrascht und bestürzt und wußte nicht, wie er in seinen Busen gekommen sei. »Herr«, sprach darauf Luciana zu ihm, »wir haben Euch freundlich und gastfrei aufgenommen und Euch alle gebührende Liebe und Ehre bezeigt, und zum Lohn dafür nehmt Ihr ohne unser Vorwissen die Früchte unseres Gartens. Es scheint mir in der Tat, als bewieset Ihr hierdurch eine große Undankbarkeit gegen uns.« Der König, der sich unschuldig wußte, bemühte sich nun auf alle Weise, sie zu überzeugen, daß er den Apfel nicht entwendet habe. Da hielt es Luciana für an der Zeit, sich zu entdecken und dem Vater ihre Unschuld zu erkennen zu geben, und mit Tränen in den Augen richtete sie folgende Worte an ihn: »So wisset denn, o Herr, daß ich jene Luciana bin, die Ihr erzeugt und mit dem verrückten Pietro und dem Kinde grausam zum Tode verdammt habt. Ich bin jene Luciana, Eure einzige Tochter, die Ihr, ohne daß sie je einen Mann gekannt gehabt hätte, schwanger fandet. Er, den ich Euch hier vorstelle, ist der von mir ohne Sünde empfangene, unschuldigste Knabe. Jener dort ist der verrückte Pietro, der, durch die Kraft eines Thunfisch genannten Fisches überaus weise geworden, diesen hohen, prächtigen Palast erbaute. Er war es, der, ohne daß Ihr es merktet, Euch den goldenen Apfel im Gewande verbarg. Er war es, der mich, nicht in brünstiger Umarmung, sondern durch Zauber schwanger werden ließ. Und so wie Ihr an dem Diebstahl des Apfels unschuldig seid, ebenso war ich an der Schwangerschaft vollkommen unschuldig.« Da umarmten sich alle unter Freudentränen, und es herrschte ein großer Jubel. Wenige Tage darauf bestiegen sie das Schiff und kehrten nach Capraia zurück, wo ihnen zu Ehren große Feste gefeiert wurden. Der König gab Pietro Luciana zur Frau und setzte ihn als seinen Schwiegersohn in den Stand, auf eine ehrenvolle und angenehme Weise lange Zeit zu leben; und als der König an sein Ende gelangte, bestimmte er ihn zu seinem Nachfolger in der Regierung.

Ein Rätsel zum Schluß:

> *Einer steht hinter dem Baum, im roten Kleid:*
> *Spießbewehrt, bald versteckt, bald blickt er um sich.*
> *Vier tragen, laufen dem Großen, Starken nach über die*
> *   Weid,*
>
> *Und zwei Piker versetzen dem Koloß 'nen Stich.*
> *Derweil einer einem Graben entsteigt,*
> *Und aus dem Versteck hervorstürzt hastiglich;*
> *Zehn werfen ihn nieder, welch Narr und faul Unflat:*
> *Wer es errät, ist ein großer Aristokrat.*

(Die Lösung: Stierjagd)

Giambattista Basile
PERVONTO
(1634)

[...] und da Meneca an der Reihe war, fing sie an zu erzählen wie folgt: Das Gute bleibt nie unbelohnt; wer Dienste säet, erntet Erkenntlichkeit; wer Freundlichkeit pflanzt, sieht Liebe emporsprossen; das einem empfänglichen Herzen erwiesene Wohlwollen ist nie unfruchtbar, sondern gebiert Dankbarkeit und erzeugt betätigte Gunst. Beweise hiervon sieht man im Menschenleben alle Tage, und ein Beispiel werdet ihr in der Erzählung vernehmen, die ich schon auf den Lippen habe, um sie euch mitzuteilen.

Eine wackere Frau in Casoria, namens Ceccarella, hatte einen Sohn, welcher Pervonto hieß und der größte Schöps, der einfältigste Tölpel und der ausgemachteste Dümmling war, den die Welt jemals hervorgebracht. Hierüber nun erschien der armen Mutter alles so schwarz wie ein Küchenhandtuch und tausendmal des Tages verwünschte sie die Knie, welche diesem Erzgimpel die Tür zu dieser Welt aufgemacht hatten; denn er taugte auch nicht einmal, den Hund vom Ofen zu locken, und die unglückliche Frau mochte rufen und schreien soviel sie wollte, der Bärenhäuter rückte und rührte sich nicht, um ihr auch nur den allergeringsten Dienst zu verrichten. Endlich jedoch, nachdem der Blitz tausendmal auf seinem Schädel eingeschlagen, sie ihm tausendmal den Kopf gewaschen, und nach tausendfachem Hin- und Herreden und Zanken brachte sie ihn eines Tages dazu, nach einem Reisbündel in den Wald zu gehen, indem sie zu ihm sagte: »Es ist jetzt Zeit, daß wir einen Bissen zu uns nehmen, lauf daher und hole Holz und vergiß unterwegs nicht, was du vorhast, und komme bald wieder; denn wir wollen ein paar aufgeklaubte Kohlstrünke kochen, um unser ärmliches Leben zu fristen.« Der Faulpelz von Pervonto ging zwar fort, ging aber wie einer, der nichts zu versäumen hat; freilich ging er, bewegte sich aber so langsam, als wäre er eine Elster, als träte er auf Eier, und als zählte er die Fußtritte, indem er ganz gemächlich und bedächtig und Schritt vor Schritt einhertrödelte und den Weg nach dem Walde zur Beherzigung des Sprichwortes benutzte: »Langsam kommt auch zum Ziele.« Als er nun so auf einem freien Felde anlangte, das von einem Fluß durchströmt wurde, welcher über die Unbescheidenheit der ihm den Weg verhindernden Steine murrte und brummte, traf er drei junge Leute an, die sich den Rasen zur Matratze und einen Feldstein zum Kopfkissen genommen hatten und unter der Mittagsglut der Sonne, welche sie mit ihren senkrechten Strahlen durchbriet, wie tot schliefen. Sobald Pervonto diese armen Menschen erblickte, welche sich inmitten eines feurigen Kalkofens zu einer Wasserquelle verwandelt hatten, so fühlte er Mitleid mit ihnen und hieb einige Baumzweige ab, aus denen er ihnen eine hübsche Laube machte. Bald darauf erwachten die Jünglinge, welche Söhne einer Fee waren, und indem sie die Freundlichkeit und Dienstfertigkeit Pervontos wahrnahmen, verliehen sie ihm die Zauberkraft, daß alles, was er wünschte, erfüllt würde. Hierauf setzte Pervonto seinen Weg nach dem Walde fort und machte daselbst ein so ungeheuer großes Reisbund, daß es eine Winde erfordert hätte, um es fortzuschleppen. Da er nun sah, daß gar nicht daran zu denken war, es auf den Schultern wegzubringen, so hockte er rittlings darauf nieder, indem er ausrief: »Tausend noch einmal, wenn dieses Bund mich doch wie ein Pferd forttragen möchte.« Kaum hatte er dies gesagt, so setzte das Bund sich in Trab wie ein Andalusier und machte, vor dem Palast des Königs angelangt, Volten und Kurbetten* zum Erstaunen. Als die Hoffräulein, die am Fenster standen, dieses Wunder erblickten, so riefen sie rasch die Tochter des Königs, namens Vastolla, herbei, welche, vom Fenster aus die Touren des Reisbundes und die Sprünge der Holzknüppel wahrnehmend, in ein lautes Lachen ausbrach, obwohl sie stets so trübsinnig zu sein pflegte, daß sich niemand erinnerte, sie jemals lachen gesehen zu haben. Sobald Pervonto bemerkte, daß man ihn verhöhnte, rief er aus: »Zum Wetter, Vastolla, ich wünsche, daß du von mir schwanger werden möchtest«, und dies sagend, setzte er dem Reisbund die Fersen in den Leib und langte bald darauf im Türkengalopp zu Hause an, indem eine so große Schar von Straßenbuben mit Heulen und Hohngeschrei hinter ihm herlief, daß, wenn seine Mutter nicht rasch die Tür des Hauses zugemacht hätte, er einem Hagel von Zitronen und Kohlstrünken erlegen wäre.

Vastolla aber merkte an gewissen seltsamen Gelüsten und Übelkeiten, daß es mit ihr nicht richtig stände, und bemühte sich, ihre Schwangerschaft solange als möglich zu verheimlichen; da sie indes den Leib, der da anschwoll wie eine Tonne, nicht mehr verbergen konnte, so merkte der König den Braten, und nachdem er einen Höllenspektakel gemacht, berief er seinen Rat und sprach: »Ihr wisset gewiß, daß der Mond meiner Ehre *cornua*** bekommen und daß, um die Chronik oder vielmehr *Cornik* meiner Schande zu schreiben, meine Tochter mich mit endlosem Stoff versehen hat, daß mit einem Wort sie, um mir das Herz zu beschweren, sich hat den Leib beschweren lassen; darum sprechet, ratet mir. Ich wäre der Meinung, daß man sie lieber das Leben von sich zu geben zwänge,

* *Volten und Kurbetten:* Reitfiguren.
** *cornua:* lat. für Hörner.

bevor sie einen Bankert von sich gibt; ich hätte Lust, sie eher die Schmerzen des Todes als die der Geburt empfinden zu lassen; ich wünschte lieber, daß sie aus der Welt reise, ehe sie ein Reis und Sprößling in die Welt setzt.« Die Räte, welche wohl mehr Öl als Wein genossen haben mochten, erwiderten hierauf folgendes: »Allerdings verdient sie eine große Strafe, und aus dem Horn, das sie euch aufgesetzt, müßte man den Griff des Messers machen, womit man ihr das Leben nähme. Wenn wir sie aber jetzt während ihrer Schwangerschaft töten, so wird zugleich jener Freche der Strafe entwischen, der, um euch mit Kummer jeder Art zu hetzen, sich solcher Hörner gegen euch bedient, um euch in einen Kampf von Leiden zu stürzen, euch zu einem gehörnten Kämpen gemacht und, um euch einen wahren Traum der Schande träumen zu lassen, euch durch das Tor von Horn geführt hat. Wir wollen also das Ende abwarten und zu erfahren suchen, welches die Wurzel dieser Schmach gewesen ist, dann aber cum grano salis bedenken und beschließen, was wir zu tun haben.«

Als der König sie auf so verständige und einleuchtende Weise reden hörte, ließ er sich ihren Rat gefallen. Er bezwang daher seinen Zorn und sprach: »Wir wollen in der Tat das Ende des Dinges abwarten.« Dem Willen des Himmels gemäß aber kam endlich die Stunde der Geburt heran, und nach einigen leichten Wehen warf sie bei dem ersten Blasen der Hintertrompete, bei dem ersten Wort der Hebamme, bei dem ersten Druck des Leibes der Wehmutter zwei Knaben wie goldene Äpfel in den Schoß. Der König, welcher noch immer voll Unwillen war, berief jetzt wiederum die Räte zusammen und sprach zu ihnen: »Meine Tochter hat nun endlich geboren, und es ist Zeit, ihr mit Knüppeln beizustehen.« »Nein«, erwiderten diese weisen Greise (und zwar immer, um Zeit zu gewinnen), »wir wollen warten, bis die Schelme heranwachsen, um an ihnen die Physiognomie des Vaters zu erkennen.« Der König, welcher, um nicht krumm zu schreiben, auch nicht eine Zeile ohne das Linienblatt des Rates zu machen pflegte, zuckte die Schultern, hatte Geduld und wartete, bis die Enkel sieben Jahre alt waren, zu welcher Zeit die Räte, von neuem aufgefordert, die Sache gehörig zu erwägen und den Nagel auf den Kopf zu treffen, durch einen unter ihnen antworteten: »Da ihr, Herr König, eure Tochter nicht habet ausforschen und erfahren können, wer der Falschmünzer gewesen, der an eurem Bilde die Krone verfälscht hat, so wollen wir bald den Makel fortschaffen. Befehlet also, daß ein großes Gastmahl veranstaltet werde, und daß bei demselben jeder Vornehme und Edle dieser Stadt erscheine. Wir wollen dann wohl aufpassen und mit Luchsaugen danach spähen, zu wem die Kleinen, von der Natur getrieben, sich am liebsten wenden; denn der ist ohne weiteres der Vater, und wir schaffen ihn dann so schnell beiseite wie einen Haufen Kot.« Dieser Rat gefiel dem König; er veranstaltete ein Gastmahl, lud alle Personen von Geburt und Stande ein, und nachdem man gespeist, ließ er sie in eine Reihe stellen und dann die Kinder bei ihnen vorbeiführen. Diese aber kümmerten sich so wenig um jene Leute wie der Esel um die Leier, so daß der König sich schwer erboste und in die Lippen biß, und obwohl es ihm nicht an andern und weitern Schuhen fehlte, dennoch, da ihn gerade dieser Schuh des Ärgers sehr drückte, mit dem Fuß auf den Boden stampfte. Die Räte aber sprachen zu ihm: »Nur Geduld, Euer Majestät, bezähmet euren Unmut; denn morgen veranstalten wir ein anderes Gastmahl, laden aber keine Leute von hohem Range mehr, sondern nur von niedrigem Stande. Vielleicht werden wir, da die Weiber sich immer an das Schlechte hängen, unter Messerschmieden, Paternosterhändlern und Kammachern die Wurzel eures Zorns entdecken, da wir sie nicht unter den Kavalieren ausfindig gemacht haben.« Die Rede gefiel dem Könige, und er befahl ein zweites Bankett zu veranstalten, bei welchem vermöge öffentlicher Bekanntmachung alles Gesindel und gemeine Pack, alle üblen Subjekte, Schelme, Galgenstricke, Taugenichtse, Herumtreiber, Lumpenkerle, Halunken, Bettelhunde und Leute mit Schurz und Holzschuhen, die nur irgend in der Stadt waren, sich zusammenfanden und, wie die Grafen an einer langen, langen Tafel Platz nehmend, anfingen, tüchtig einzuhauen. Ceccarella nun, welche die Bekanntmachung gleichfalls vernommen hatte, drang ohne Unterlaß in Pervonto, daß er sich bei dem Festgelag einfinden sollte, und brachte ihn auch wirklich endlich dazu, daß er sich zu der Fresserei begab. Kaum aber war er daselbst angelangt, als jene zwei hübschen Buben sich zu beiden Seiten an ihn klammerten und ihn über alle Maßen mit Schmeicheleien und Liebkosungen überhäuften. Als der König dies wahrnahm, so fing er an, sich den Bart auszuraufen, daß der Gewinn dieses Leckerbissens, der Treffer dieses großen Loses einem gar so sehr häßlichen Fratzengesicht zuteil geworden, welches, wenn man es nur sah, Ekel und Brechen erweckte; denn außerdem, daß Pervonto einen struppigen Kopf, triefige Augen, eine Papageinase und ein gewaltiges Maul hatte, war er auch noch barfuß und so zerlumpt, daß man auch, ohne den Fioravanti* zu lesen, eine Ansicht der Heimlichkeiten haben konnte, weswegen der König nach einem tiefen Seufzer also sprach: »Was hat nur das Nickel von meiner Tochter veranlaßt, daß sie sich an dieses abscheuliche Ungeheuer gehängt? Was hat sie nur angewandelt, daß sie sich mit diesem Lumpenhund eingelassen? O du infame, verschmitzte Bestie, was sind das für Metamorphosen? Du machst dich um eines Schweines willen zur Betze, damit ich zum Widder werde? – Jedoch wozu warte ich, wozu zögere ich noch? Sie werde bestraft, wie sie es verdient; sie leide die Züchtigung, die ihr ihr auferleget, und schaffet sie mir aus den Augen; denn ich kann sie nicht länger ansehen.«

Die Räte beratschlagten also und kamen endlich darin überein, daß sowohl sie als der Übeltäter und die beiden Kinder in ein Faß gesteckt und ins Meer geworfen würden, damit sie, ohne daß der König sich die Hände mit seinem eigenen Blute befleckte, den Schlußpunkt ihres Lebens machen sollten. Das Urteil war nicht sobald gefällt, als auch das Faß schon erschien, in welches man sogleich alle vier hineinpackte; ehe man es jedoch zumachte, hatten einige Kammerfräulein der Vastolla, welche weinten, als ob sie der Bock gestoßen, ein Tönnchen mit Rosinen und trocknen Feigen hineingeworfen, damit sie, wenn auch nur auf kurze Zeit, etwas zu leben hätte. Kaum war aber der Deckel des Fasses aufgenagelt, so wurde es auch fortgeschafft und ins Meer geworfen, in welchem es vom Winde getrieben bald da bald dort umherschwamm. Vastolla inzwischen weinte aus ihren Augen ununterbrochene Tränenströme und sagte zu Pervonto: »Wie groß ist doch unser Unglück, daß wir die Wiege des Bacchus zum Sarge bei unserm Tode haben! Ach, wenn ich doch nur wenigstens wüßte, wer meinen Leib vorge-

---

* *Leonardo Fioravanti* (1518–88): Quacksalber-Arzt und populärer Autor von Werken zur Medizin und Schönheitspflege; Basile spielt hier an auf sein Hauptwerk Del Compendio dei secreti rationali libri cinque.

habt und mich so in diesen Kerker gebracht hat! Ach leider bin
ich angebohrt worden, ohne auch nur zu wissen, wie. Sprich,
Krokodil, sprich, welchen Zauber und welche Rute hast du gebraucht, mich in die Reifen dieses Fasses einzusperren? Sage,
sage mir doch, welcher Teufel dich trieb, mir den unsichtbaren
Zapfen einzuschrauben, damit ich keine andere Öffnung vor
Augen habe, als ein schwarzes Spundloch?« Pervonto, welcher
bis dahin sich taub gestellt hatte, antwortete endlich: »Gib mir
Feigen und Rosinen, so will ich dir dienen.« Um nur etwas aus
ihm herauszubringen, gab ihm Vastolla eine Handvoll von beiden: und als er nun den Kropf voll hatte, erzählte er ihr haar-
klein, wie es ihm mit den drei Jünglingen, dann mit dem Holz-
bund und zuletzt mit ihr selbst ergangen war, daß nämlich, weil
sie ihn behandelt als Gauch, er ihr gefüllt den Bauch. Sobald das
arme Ding dies vernahm, faßte sie wieder Mut und sagte zu Pervonto: »Wollen wir denn, Freund, unser Leben in diesem Fasse
auslaufen lassen? Warum machst du denn nicht, daß sich dieses
Gefäß in ein schönes Schiff verwandle, damit wir dieser Gefahr
entrinnen und in einen sichern Hafen einlaufen?«, worauf Pervonto erwiderte: »Gib mir Feigen und Rosinen, so will ich dir
dienen«, und Vastolla füllte ihm alsdann den Schlund, damit er
öffne den Spund, und gleich einer Karnevalsfischerin fischte sie
ihm mit Feigen und Rosinen die Worte frisch aus dem Munde,
worauf mit einem Male, indem Pervonto das sagte, was Vastolla
wünschte, das Faß sich in ein Schiff verwandelte, mit allem zur
Fahrt notwendigen Tauwerk und allen Matrosen, die zur Bedie-
nung des Fahrzeugs erforderlich waren, und alsbald sah man
den einen die Brassen anziehen, einen andern die Taue schießen,
einen dritten das Steuer regieren, einen vierten die Segel stellen,
einen fünften den Mast erklettern, einen sechsten »Links rum«,
einen siebenten »Rechts rum« rufen, einen achten die Trompete
blasen, einen neunten das Geschütz abfeuern, und einen das,
den andern jenes tun, so daß Vastolla sich ganz über Bord fühlte
und in einem Freudenmeer schwamm. Da es nun schon um die
Zeit war, wo der Mond mit der Sonne »Kämmerchen vermie-
ten« zu spielen anfängt, sagte Vastolla zu Pervonto: »Mache
doch, schöner Jüngling, daß dieses Schiff sich in einen schönen
Palast verwandle; denn wir werden dann sicherer sein. Du weißt
ja, daß man zu sagen pflegt: ›Lobe das Meer und halte dich ans
Land.‹« Pervonto erwiderte: »Gib mir Feigen und Rosinen, so

will ich dir dienen«, worauf sie sogleich ihm das Verlangte zukommen ließ und Pervonto, den Mund sich füllend, auch ihren Wunsch erfüllte. Da mit einem Male stieß das Schiff ans Land und verwandelte sich in einen vollständig ausgeschmückten Palast, welcher mit so vielem Gerät und so großer Pracht angefüllt war, daß er nichts zu wünschen übrigließ, weswegen Vastolla, die unlängst ihr Leben für einen Dreier hingegeben hätte, nun nicht mit der vornehmsten Dame in der ganzen Welt getauscht haben würde, indem sie sich wie eine Königin empfangen und bedient sah. Als Schlußstein ihres ganzen, so günstigen Glückswechsels drang sie nun noch in Pervonto, sich die Gnade auszubitten, daß er schön und jung werde, damit sie einander hinfort in Freuden genießen könnten; denn obwohl das Sprichwort sage: »Besser ein Schwein zum Mann, als einen Kaiser zum Geliebten«, so würde sie es doch für das größte Glück auf Erden halten, wenn seine äußere Gestalt sich verwandelte; worauf sowohl Pervonto dieselbe Bedingung stellte wie früher und sprach: »Gib mir Feigen und Rosinen, so will ich dir dienen«, als auch Vastolla alsbald der Hartleibigkeit der Worte Pervontos durch das Laxiermittel der Feigen Abhilfe leistete, und kaum hatte er das Wort gesprochen, so verwandelte er sich aus einem Wiedehopf in eine Nachtigall, aus einem Popanz in einen Narziß, aus einer Vogelscheuche in ein Püppchen. Da Vastolla dies sah, geriet sie vor Freude fast außer sich, und indem sie ihn fest in die Arme schloß, lief ihr vor Wonne der Mund über.

Um dieselbe Zeit geschah es, daß der König, welchen von dem Tage an, wo ihm jenes Unglück widerfahren war, jede Fliege an der Wand geärgert hatte, von seinen Hofleuten zur Zerstreuung auf die Jagd geführt wurde. Auf dieser überfiel ihn die Nacht, und indem er durch ein Fenster jenes Palastes ein Licht schimmern sah, schickte er einen Diener ab, um anzufragen, ob man ihn beherbergen wolle. Er erhielt die Antwort, daß er nicht nur einer Flasche den Hals brechen, sondern, wenn es ihm beliebte, ein ganzes Faß ausleeren könne, so daß er sich alsobald mit seinem Gefolge in den Palast begab. Während er nun die Treppe hinaufstieg und die Zimmer durchschritt, sah er auch nicht ein einziges lebendiges Wesen, ausgenommen die beiden Knaben, die um ihn herumsprangen und dabei riefen: »Großvater, Großvater, Großvater!« Der König, verwundert, erstaunt und verdutzt, stand da wie bezaubert, und nachdem er sich vor Müdigkeit bei einem Tische niedergesetzt, sah er alsbald von unsichtbarer Hand ein damastenes Tischgedeck auflegen und Schüsseln voll Braten und Zubehör erscheinen, so daß er wie ein wirklicher König speiste und trank, während jene zwei hübschen Knaben ihn bedienten, und solange er bei Tische war, eine Musik von Pfeifen und Schellentrommeln ununterbrochen ertönte, deren Lieblichkeit ihn bis in die Fußspitzen durchdrang. Kaum war er nun mit dem Essen fertig, so stand plötzlich vor ihm ein Bett aus lauter Goldschaum, in das er, nachdem er sich die Stiefel hatte ausziehen lassen, sich unverweilt legte, welchem Beispiel auch seine sämtlichen Hofleute folgten, die gleichfalls an hundert in den übrigen Zimmern aufgestellten Tafeln tüchtig zugegriffen hatten. Als aber der Tag anbrach und der König beim Fortgehen die beiden Kleinen mit sich nehmen wollte, so erschien Vastolla nebst ihrem Manne, warf sich ihm zu Füßen und bat ihn um Gnade, indem sie ihm ausführlich erzählte, wie es ihr von Anfang an ergangen war. Da nun der König sah, daß er zwei Enkel wie die Perlen und einen Schwiegersohn wie einen Edelstein gefunden, so umarmte er beide, trug sie fast schwebend in die Stadt und veranstaltete daselbst große Feste, welche um dieses großen Fundes willen viele Tage dauerten, wobei er wider seinen Willen gestand, daß

der Mensch denkt, Gott lenkt«. [...]

Sobald Meneca ihre Erzählung beendet hatte, die wegen der Fülle unterhaltender Ereignisse, durch welche die Aufmerksamkeit der Zuhörer im höchsten Grade war gefesselt worden, nicht weniger schön als die vorhergehende geschienen, fuhr Tolla auf Befehl des Prinzen fort [...]

Christoph Martin Wieland
PERVONTE ODER DIE WÜNSCHE
(1778 / 1779)

Der Weise, spricht man, nimmt zufrieden
das Böse wie das Gute an,
das ihm Frau Nemesis*, nach einem sichern Plan,

---

* *Nemesis:* in der griech. Mythologie Verkörperung der göttlichen Gerechtigkeit, die selbst verborgene Frevel ahndet.

wovon wir Regenwürm hienieden
nicht viel verstehn, zu seinem Los beschieden;
mit Wünschen wird er nie der Götter Ohr ermüden,
und was sie tun, das ist ihm wohlgetan.

In dieser Tugend scheint der Dümmste
von allen Dümmlingen dem Weisen sehr verwandt;
er wünscht aus Dummheit nichts, wie jener aus Verstand:
Es läuft auf Eins hinaus. Auch ist's wohl nicht das
                                        Schlimmste
in wohlbesagtem Plan, daß alles so darin
sich kompensiert, Verlust auf diesem Blatt, Gewinn
auf einem andern ist, und wenn ihr dann am Ende
zusammenrechnet, just die Rechnung sich saldiert.

So gebt einander dann die Hände,
Ihr Weisen und ihr Narrn, und lebt, wie sich's gebührt,
in brüderlicher Lieb als Kinder Einer Mutter!
Die Welt hat Raum genug für euch:
auf Einer Wiese freßt, hascht, schnappt und saugt zugleich
Ochs, Storch und Frosch und Schmetterling sein Futter.

Doch still! wie wenn ich euch, statt aller der Moral,
der hübschen Märchen eins erzählte,
wovon, zu euerm Trost, noch eine feine Zahl
in meinem Schubsack steckt? –

– »O das ist, was uns fehlte!
Nur Märchen, lieber Mann, in vollem Überfluß,
zumal in diesen Nebeltagen,
und Honny soit* dem Herrn Anonymus
dem eure Feen nicht behagen!«

Wohlan! –

[Der häßliche Dummling Pervonte wird von der Mutter zur Reisigsuche in den Wald geschickt und trifft dort auf drei an der prallen Sonne schlafende Feen, denen er ein Dach baut. Sie be-

* *Honni soit qui mal y pense:* frz. für *Ein Schelm, der Schlechtes dabei denkt.*

danken sich, indem sie ihm Wünsche freistellen. So begehrt er,
auf dem Holzbündel heimzureiten, was zum großen Gaudi aller
Einwohner von Salern sogleich geschieht. Die arroganten Kom-
mentare der heftig umschwärmten Erbprinzessin Vastola reizen
Pervonte, ihr eine Zwillingsschwangerschaft anzuwünschen. Der
König ist sehr erbost darüber, und ein dümmlicher Seneschall rät,
auf einem Ballfest den wahren Vater via Instinkt der Kinder fest-
zustellen. Pervonte wird da als dieser entdeckt und mit Vastola
und den Zwillingstöchtern in einem Faß im Meer ausgesetzt. Mit
Hilfe der Frau wünscht sich der Dummling nicht nur Schiff und
Palast, sondern auch ein ideales Aussehen sowie Verstand. Doch
schon nach kurzer Zeit schleicht sich bei Vastola Langeweile ein,
mal steht ihr Sinn nach heiterer Schäferei, mal nach spaßig höfi-
scher Großstadtpracht. Der Gatte, dem jeder Wink Gesetz ist,
wird bald mit einem jungen Claudio gehörnt und verlassen.
Schließlich wünscht sich Pervonte als letztes alles wie früher
zurück.]

Auf einmal steht er in der Mitte
Der alten mütterlichen Hütte,
Sieht wieder fast so plump und kraus
Wie an demselben Morgen aus,
Da scheltend, einer Wurst zu Lieb,
Die Mutter nach der Stadt ihn trieb.
Er findet sie an ihrem Rocken.
Vor Wunder will das Blut ihr stocken.
Ihm däucht, was ihm in Jahres-Frist
Und drüber widerfahren ist,
Ein langer wunderlicher Traum,
Und er besinnt sich dessen kaum.
»Ich hatt' es«, spricht er, »von den Feen;
Ich wünschte nur, so war's geschehen.
Auch wünscht ich euch, zum Zeitvertreib
Von einem launenvollen Weib,
Den Tag lang, Gott verzeih mir's! viel
Gar tolles Zeug; ein Schattenspiel
Von kunterbunten Siebensachen,
Ihr müßtet krank euch drüber lachen!
Genug, ich wünschte mich zuletzt
So wie ich bin zu euch versetzt,
Und hoff, es nun nicht schlimm zu machen:

Ich bring euch aus dem Feenland
Gesunden derben Hausverstand
Notfeste Schultern, tüchtge Hände,
Und mit dem Wünschen hat's ein Ende.«

»Gut! Aber noch ist jemand da,
Von dessen Schicksal wir was Näheres zu wissen
Berechtigt sind. Die arme Vastola
Wird, da sie sich's am wenigsten versah,
Pervontens letzten Wunsch zu grausam büßen müssen!
Denn, daß sie, seit die guten Feen
Die andern Wünsche ungeschehen
Gemacht, beim ersten Pferdewechsel
Wie sie den Beutel zog, nur Häcksel
Statt funkelnder Dukaten fand,
Das gibt schon jedem sein Verstand.
Ihr prächtges Reisekleid sogar,
Ja alles, bis aufs Hemde, war
(So wie Pervontens ganze Habe)
Bekanntlich bloße Feengabe,
Und fiel demnach dem armen Weib
Auf einmal wie versengt vom Leib.« –
Doch, sorget nicht, so weit soll's niemals mit ihr kommen!
Wir haben ihr mit gutem Vorbedacht
Schon einen Rückenhalt an Claudio gemacht;
Der hätt auf allen Fall sich ihrer angenommen.
Allein sie braucht auch diesen Schützer nicht.
Denn kurz, (um euch nicht aufzuhalten)
So bald der Feenzauber bricht,
So stellt sich alles in den alten
Naturstand her, und Vastola
Ist was sie war, bevor der Possen
Ihr durch Pervontens Wunsch geschah;
Sieht sich, vom vorgen Glanz umflossen,
Umringt von Damen und von Herrn,
Die Zier des Hofes zu Salern;
Ist ihres Vaters Liebling wieder,
Ist wieder, oder gilt für eine reine Magd,
So gut als eh ihr klaffend Mieder
Verletzter Zucht sie angeklagt;

Die Zwillingstöchter fliegen wieder
Zurück ins luftge Feenland;
Kurz alles setzet sich in seinen alten Stand.
Nur hielten es die Feen, die so willig
Ein volles Jahr des Fräuleins Übermut
Gefrönt, zu ihrer Besserung für gut,
Und wenigstens zur Züchtigung für billig,
Von jenem Glück, womit ihr Leichtsinn solch ein Spiel
Getrieben, ihr gerade noch so viel
Erinnerung und Nachgefühl zu lassen,
Als nötig war, sich selbst dafür zu hassen,
Daß sie aus eigner Schuld verlor
Was Fürstenstand und Hof ihr nicht ersetzen können.
Stets schwebt ihr, mitten in dem ewgen Ringelrennen
Nach wesenloser Lust, das schöne Traumbild vor,
Wovon die Farben nie ermatten;
In ihrem größten Glanz, beim üppigsten Genuß
Der Welt, dem Zwang und Überdruß
In kurzer Zeit den Reiz genommen hatten,
Scheint sie sich selber oft ein abgeschiedner Schatten,
Und ruft mit Wehmut aus: »Du arme Vastola,

Auch du warst in Arkadia!«

Brüder Grimm
HANS DUMM
(1812)

Es war ein König, der lebte mit seiner Tochter, die sein einziges
Kind war, vergnügt. Auf einmal aber brachte die Prinzessin ein
Kind zur Welt, und niemand wußte, wer der Vater war; der König wußte lang nicht, was er anfangen sollte, am Ende befahl er,
die Prinzessin solle mit dem Kind in die Kirche gehen, da sollte
ihm eine Zitrone in die Hand gegeben werden, und wem es die
reiche, solle der Vater des Kinds und Gemahl der Prinzessin
sein. Das geschah nun, doch war der Befehl gegeben, daß niemand als schöne Leute in die Kirche sollten eingelassen werden.
Es war aber in der Stadt ein kleiner, schiefer und buckelichter

Bursch, der nicht recht klug war und darum der Hans Dumm hieß, der drängte sich ungesehen zwischen den andern auch in die Kirche, und wie das Kind die Zitrone austeilen sollte, so reichte es sie dem Hans Dumm. Die Prinzessin war erschrocken, der König war so aufgebracht, daß er sie und das Kind mit dem Hans Dumm in eine Tonne stecken und aufs Meer setzen ließ. Die Tonne schwamm bald fort, und wie sie allein auf dem Meere waren, klagte die Prinzessin und sagte: »Du garstiger, buckelichter, naseweiser Bub bist an meinem Unglück schuld, was hast du dich in die Kirche gedrängt, das Kind ging dich nichts an.« »O ja«, sagte Hans Dumm, »das ging mich wohl etwas an, denn ich habe es einmal gewünscht, daß du ein Kind bekämst, und was ich wünsche, das trifft ein.« »Wenn das wahr ist, so wünsch uns doch was zu essen hierher.« »Das kann ich auch«, sagte Hans Dumm, wünschte sich aber eine Schüssel recht voll Kartoffel, die Prinzessin hätte gern etwas Besseres gehabt, aber weil sie so hungrig war, half sie ihm die Kartoffel essen. Nachdem sie satt waren, sagte Hans Dumm: »Nun will ich uns ein schönes Schiff wünschen!«, und kaum hatte er das gesagt, so saßen sie in einem prächtigen Schiff, darin war alles zum Überfluß, was man nur verlangen konnte. Der Steuermann fuhr grad ans Land, und als sie ausstiegen, sagte Hans Dumm: »Nun soll ein Schloß dort stehen!« Da stand ein prächtiges Schloß, und Diener in Goldkleidern kamen und führten die Prinzessin und das Kind hinein, und als sie mitten in dem Saal waren, sagte Hans Dumm: »Nun wünsch ich, daß ich ein junger und kluger Prinz werde!« Da verlor sich sein Buckel, und er war schön und gerad und freundlich, und er gefiel der Prinzessin gut und ward ihr Gemahl.

So lebten sie lange Zeit vergnügt; da ritt einmal der alte König aus, verirrte sich und kam zu dem Schloß. Er verwunderte sich darüber, weil er es noch nie gesehen, und kehrte ein. Die Prinzessin erkannte gleich ihren Vater, er aber erkannte sie nicht, er dachte auch, sie sei schon längst im Meer ertrunken. Sie bewirtete ihn prächtig, und als er wieder nach Hause wollte, steckte sie ihm heimlich einen goldenen Becher in die Tasche. Nachdem er aber fortgeritten war, schickte sie ein paar Reuter* nach, die mußten ihn anhalten und untersuchen,

* *Reuter:* Reiter

ob er den goldenen Becher nicht gestohlen, und wie sie ihn in seiner Tasche fanden, brachten sie ihn mit zurück. Er schwur der Prinzessin, er habe ihn nicht gestohlen und wisse nicht, wie er in seine Tasche gekommen sei, »darum«, sagte sie, »muß man sich hüten, jemand gleich für schuldig zu halten«, und gab sich als seine Tochter zu erkennen. Da freute sich der König, und sie lebten vergnügt zusammen, und nach seinem Tod ward Hans Dumm König.

DEN DUMMEN GEHÖRT DIE WELT !

Wenn die Dummheit nicht dem Fortschritt, dem Talent, der Hoffnung oder der Verbesserung zum Verwechseln ähnlich sähe, würde niemand dumm sein wollen.
(Robert Musil, Über die Dummheit) [1]

Frauen, welche die gesellschaftliche Stufenleiter hinansteigen, ziehen oft argwöhnische Blicke der Männer auf sich und werden von diesen wiederum herniedergezogen. Ist es nicht männliches Vorrecht, sich allein kraft Geschäftigkeit und Geschick das eigene Glück selbst zu schmieden? So betrachtet, erzählt uns das *Aschenputtel*-Märchen vom Wert weiblicher Schönheit und ihrer sozialen Erhöhung durch Heirat. In Skandinavien und Rußland nun findet sich überraschenderweise eine mit ihm verwandte populäre Märchenfigur männlichen Geschlechts: der *Aschenhocker*[2], der häufig außerdem auch als Dummling[3] gekennzeichnet ist. Als jüngster von meist drei Söhnen macht er trotz seiner körperlichen oder geistigen Benachteiligung sein Glück, weil er gutherzig und gewitzt ist. Speziell im russischen Volksmärchen wird er angesichts seiner trägen Ofenhockerei häufig verkannt und für dumm gehalten.[4] Dieser Charaktereigenschaft entsprechend spürt er keinerlei Verlangen wie Aschenputtel, die soziale Stufenleiter emporzuklimmen beziehungsweise altes, ihm angetanes Unrecht zu sühnen. Statt dessen vollzieht sich sein Glück beinahe gegen den eigenen Willen. Tugend, Vernunft und gutes Benehmen sind für seinen Aufstieg offensichtlich nicht allzusehr von Belang. *Iwan Durak*, Iwan der Dumme, wie diese Lieblingsfigur des russischen Märchens meist gerufen wird,[5] zeichnet sich nebst schlechten Sitten besonders durch zwei Dinge aus: Lernunfähigkeit und Handeln wider den allgemeinen Menschenverstand.[6] Und dennoch wird diese Unangepaßtheit ans alltägliche Leben[7] nicht selten am Ende belohnt.

Wo immer sich auch das Phänomen Dummheit zeigt, in der

Fiktion wie in der Wirklichkeit, über bloß negative Ausformungen hinaus erscheint es nur sehr schwer faßbar.[8] Entgegen ihrer überragenden Bedeutung im menschlichen Leben, das *an sich schon dumm* ist,[9] ist die Macht der Dummheit – im Gegensatz zu Verstand und Weisheit – erstaunlich selten über knappe Definitionen, schillernde Bonmots und seichte Platitüden hinaus philosophisch ergründet worden.[10] Wenn theoretische Abhandlungen nicht öfter *»von den kahlen Höhen der Gescheitheit in die grünenden Täler der Dummheit«* hinuntersteigen,[11] uns also das Gegenteil der Klugheit kaum erklärlicher machen, so bringen die Dummlingsmärchen um so mehr Verständnis dafür auf, indem sie von den konkreten Ausprägungen dieser Untugend in der Alltagswelt erzählen.

GELD UND GEIST IN DER RENAISSANCE

Der Märchen-Dummling erweist sich als eine vielschichtige Figur, die sich je nach Herkunft, Charakter und sozialem Kontext als Träger von gesellschaftspolitischer Kritik oder als Objekt des Spotts besonders eignet. In seinen Erfolgen beziehungsweise Mißerfolgen spiegeln sich immer auch die Bewegungskräfte innerhalb einer sich wandelnden Gesellschaft. Und je ausgeprägter diese sozialen Bewegungen sind, desto mehr Dummlingsfiguren werden zu ihrer *Klärung* benötigt. Dies gilt speziell für die Epoche der Renaissance.

Die festgefügte mittelalterliche Ständeordnung gerät im Verlauf des 14. und 15. Jahrhunderts mehr und mehr in Bewegung. Neben dem herrschenden Adel gewinnt eine neue gesellschaftliche Schicht, das Handelsbürgertum, an Reichtum und Macht. Um wirtschaftliche Stärke auch politisch geltend zu machen sowie soziales Ansehen zu steigern, verlangt es diese Schicht nach gesellschaftlichen Aufstiegschancen. Umgekehrt versucht der im 16. Jahrhundert vielerorts durch Krieg, Seuchen und wirtschaftliche Misere angeschlagene Adel seine gelichteten Reihen mit wohlhabenden Zuzügern von außen aufzufüllen, um dem eigenen Stand die Zukunft zu sichern. Doch sosehr der damit einhergehende *»beschleunigte soziale Aufstieg«*[12] die gesellschaftliche Hierarchie verändert, sosehr bleibt im Sozialen wie Kulturellen ein ständischer Konservativismus bestehen, der auf Bildung, Sitte und Ordnung größten Wert legt. Innerhalb des aristokratischen Lebens gilt weiterhin die traditionelle Etikette, der sich bürgerliche Aufsteiger oft nur schwer unterzuordnen vermögen. Diese stehen somit nicht selten im Widerstreit zwischen ihrem eigenen Wunsch nach Anpassung und dem Drang nach einer kultivierten, indes weniger förmlichen und weniger ausschweifenden Lebensart.[13] Dergestalt werden die bürgerlichen Aufsteiger zweifach Gegenstand des Spotts: der Geburtsadel vermißt die angeborene Hoffärtigkeit, und der *Pöbel* verspottet ihre beflissene Unterwürfigkeit.

In seiner beliebten lateinischen Schwanksammlung *Facetiae* (1559 ins Deutsche übersetzt) erzählt Heinrich Bebel (1472 bis 1518) *»ein schön Fabel«*[14] vom Sohn einer sehr reichen Witwe, der obwohl er *»von grobem und viehischem Verstand und dazu ganz närrisch«* war, eine schöne Adelstochter zur Frau begehrte. Deren Eltern, durch *»häuslichen Mangel arg bedrängt, konnten derhalben ihrer Tochter nicht leicht einen Mann ihres Stands erwählen, darum sie sich durch den Reichtum des Bauern bewegt nicht lang seiner Bitt gewidert«.*[15] Am Erfolg ihrer Verhandlungen vermag selbst das saudumme Betragen des Bräutigams nichts zu ändern. Setzt er sich auch als *»gag gag gag«* gackernde Gans auf die Eier,[16] verklebt sich den ganzen Körper mit Federn oder wirft statt schöner Blicke der Künftigen die ausgestochenen Augen von Schafen zu, ihm öffnet trotz allem der Reichtum die Tore zum gesellschaftlichen Glück, wie die abschließende Moral unmißverständlich dartut: *»dann so einer Reichtum hat, kann er überkommen Adel, Schoene, Verstand und alles, was er will«*[17].

Reichtum schützt vor Dummheit nicht, er behindert aber ebensowenig ihren Triumph. Eingedenk dessen erhöht Bebel am Ende nicht wie zahlreiche andere Dummlingsmärchen die Dummheit zu klugem Lebenssinn, sondern beschreibt spöttisch eine gesellschaftliche Realität seiner Zeit. Die grobianische Komik, die seiner Geschichte den Stempel aufdrückt, kann zugleich als typisch für eine karnevaleske Lach- und Volkskultur im frühen 16. Jahrhundert angesehen werden. Der russische Literaturwissenschaftler Michail M. Bachtin (1895–1975) schreibt dazu:

»Dummheit ist auf den Kopf gestellte Weisheit, sie ist die

Kehrseite der offiziellen, herrschenden Wahrheit und zeigt sich vor allem in der Unfähigkeit, die Gesetze und Konventionen der offiziellen Welt zu begreifen, und im Verstoß gegen dieselben.«[18]

Speziell in der Fastnachtszeit stürzt das Volk jubelnd und lachend die Hierarchien, kehrt das Oberste nach unten, das Unterste nach oben.[19] Ins Zentrum rücken dabei das Leiblich-Materielle, Essen wie Trinken, Sexualität wie Ausscheidung, kurz, der fröhliche, groteske Körper.[20] Doch diese *Umkehrung aller Werte* verlacht nicht nur die Ordnung, sondern ebenso die Unordnung, also sich selbst. Während das Volk seine Frustrationen abreagiert, stabilisiert sich die eigene Herrschaft. Insofern kann der Karneval von den politischen Eliten als Ventil benutzt werden – auch auf die Gefahr hin, daß die sozialen Dämme bisweilen wirklich brechen.[21] Zugleich steckt im scherzhaften Sturz des Hohen und Heiligen das Element der Neugeburt, *»die fröhliche Relativität jeder Struktur und Ordnung, jeder Macht und jeder (hierarchischen) Position«.*[22] Schließlich eben doch Grund genug für die Herrschenden, dem ungezähmten karnevalesken Treiben im Verlaufe des 16. Jahrhunderts zunehmend mit Reglementen und Verboten zu Leibe zu rücken.[23]

Dies geschah in besonderem Maße in den italienischen Stadtstaaten, deren Karnevalskultur ohnehin nicht die Derbheit und Freizügigkeit jener in Frankreich erreichte. Wiewohl fröhlich und freizügig, gab sie sich hier meist gesitteter und kultivierter. Wenn beispielsweise der dominikanische Bußprediger Savonarola (1452–98) ab Ende des 15. Jahrhunderts in Florenz alle Ausgelassenheit verdammte und statt dessen moralische Einkehr forderte,[24] so funktionierte die tonangebende Kaufmannsfamilie Medici daraufhin den Karneval entsprechend zur *»Lobpreisung und Verherrlichung der Macht«* um.[25] Unter dem Einfluß von bezahlten Künstlern und Literaten, welche die Sinn-Bilder und die erbaulichen Verse für die grandios inszenierten Karnevalsumzüge *(i trionfi)* verfertigten, verblaßte das burlesk anarchische Narrentreiben. Karneval war endgültig zum Fest des Establishments geworden, an dem das Volk gnädigerweise teilhaben durfte. Was für Florenz galt, läßt sich auch im Venedig des frühen 16. Jahrhunderts beobachten.[26]

Hier, genauer auf der *benachbarten Insel* Murano im Palast der Sforza, läßt Giovan Francesco Straparola[27] in seinen *Ergötzlichen Nächten* (1550/53) zur Karnevalszeit 1536 eine erlauchte Gesellschaft von Adligen und Großbürgern zusammenkommen, um das Narrenfest *»möglichst lustig verbringen zu können«*.[28] Murano, heute eine kleine unscheinbare Insel, beherbergte zu Beginn des 16. Jahrhunderts eine blühende Glasindustrie und Fischerei und war mit 30.000 Bewohnern dreimal so dicht bevölkert wie heute. Zudem genoß sie als geschätzter Rückzugsort des venezianischen Patriziats eine Reihe politischer und sozialer Privilegien. Wenn sich Hartmann Schedel im *Buch der Chroniken* (1493) über Venedig wundert, *»darinn schier gar nichts wechst dannoch aller zu menschlicher enthaltung noturftiger ding ein überflüssigkeit oder genugsamkeit gefunden wirdt«*,[29] so kontrastiert dazu Murano mit seinen fruchtbaren Gartenanlagen. Schon der Humanist und Schriftsteller Andrea Navagero (1483–1529) setzte in dieser Hinsicht mit der ersten botanischen Sammlung Europas Akzente, die reichen Villenbesitzer eiferten ihm mit ihren exotischen Lustgärten nach. Der Handlungsort ist somit nicht zufällig gewählt. Die gute Gesellschaft trieb es hinaus aus der Stadt des Alltagslebens und der Normalität auf die karnevalistische Insel des Exotismus.[30] Ähnlich der Rahmenhandlung von Boccaccios *Dekameron* organisieren die versammelten Gäste, mehrheitlich Frauen,[31] eine exklusive Abendunterhaltung mit Tanz und Liedern, welche vor allem die Tochter des Hausherrn Lucrezia verherrlicht, um anschließend fünf Frauen jeweils ein Märchen mit entsprechendem Rätsel vortragen zu lassen. So macht denn in der dritten Nacht Cateruzza, *»die mit ihren herzgewinnenden gütigen Worten nicht nur die Männer in die Liebesnetze verstrickte, sondern den höchsten Jupiter selbst hätte veranlassen können, vom Himmel herabzukommen«*,[32] den Anfang mit ihrem Dümmlingsmärchen vom Narren Pietro.[33]

Wie in den meisten Erzählungen bei Straparola wird am Anfang eine reale Örtlichkeit heraufbeschworen, bevölkert von Einwohnern mit italienischen Namen.[34] Capraia heißt sie hier, eine kleine *»Ziegeninsel«* südlich von Livorno im Liguri-

schen Meer. Sehr schnell wird jedoch klar, daß es sich dabei
nicht um das zu Beginn des 16. Jahrhunderts von Genua ver-
waltete und häufig von Seeräubern heimgesuchte Eiland handeln kann, sondern um ein eigenes Kleinkönigreich, wo nicht
nur der königliche Palast ungewohnt eng an die armseligen
Häuser der Fischer angrenzt, sondern auch die Namensgebung der Prinzessin wie ihr verwöhntes Amüsement über das
Geschrei des nackten und tollen Narren nicht eben von
großartiger höfischer Abwechslung künden. Gerade über
diese so gewöhnliche Insel bricht auf einmal das Ungewöhnliche herein: Der gefräßige, in seiner Narrheit gar die eigene
Mutter verspottende Tor Pietro fängt einen wunderver-
heißenden Thunfisch.[35] Und indem er seine Eßlust[36] für einen
Moment vergißt und statt den Thunfisch zu erschlagen, ihn
mitleidig wieder ins Meer rollt, wird sein Wunschglück vollendet: jederzeit Nahrung in Hülle und Fülle und Rache den
Spöttern. Gerade letzteres wird zum Alptraum der Eltern im
Fürstenhaus. Nicht nur gebiert die einzige minderjährige[37]
Tochter, von einem Unbekannten geschwängert, einen Sohn,
sondern dieser weist als Einjähriger auch noch sein »väter-
liches Blut« mit Lachen und Umarmung[38] in einem kompletten
Außenseiter nach. Die Schmach, speziell vom Vater empfunden,[39] ist perfekt, die Beseitigung von Täter wie Opfer unum-
gänglich. Allerdings vermag die Königin in ihrer »Verständig-
keit« als mildernde Strafe die Aussetzung in einer Tonne[40] zu
erwirken.

Ihr und nicht dem cholerischen Vater schlägt die Tochter
Luciana nach, wenn sie in dem närrischen Faß mit Verstand
und Umsicht die Notlage regelt. Derweil ihr törichter Gemahl nur ans Fressen denkt, läßt sie sich von ihm die Herrschaft über den Fisch geben, um eine heilbringende Märchen-
inselwelt mit reichem Palast und luxuriös heiterem Garten[41]
zusammenzuwünschen. Zum Schluß vergißt sie auch nicht,
dem aus Skrupel herbeipilgernden Vater eine zünftige Lehre
zu erteilen.[42] Sie erinnert damit an ein wohlbringendes »Wei-
berregiment«, wie es im europäischen Wirtschaftsleben des 14.
und 15. Jahrhunderts vielerorts zu beobachten war.[43] Speziell
im Handel und im Handwerk konnten Frauen Einfluß geltend machen, sei es als selbständige Kauffrau und Hand-
werksmeisterin oder als kompetente Geschäftspartnerin und

Stellvertreterin ihres Mannes, wenn er auf Handelsreisen war.[44] Wohl nicht selten mochte ihr Sachverstand dabei jenen des eigentlichen Herrn im Hause übertroffen haben.[45] Daß Luciana jedoch den Zauber vom dummen Pietro erbitten muß, erinnert eher daran, daß in Straparolas Venedig solche Frauenmacht längst der Vergangenheit angehört[46] und sich demnach ein komischer Kontrast zwischen Märchen und Wirklichkeit ergibt. Das »Ehefrauenregiment« scheint eher Anreiz zum Lachen, als daß es mit einer ernst gemeinten Kritik gegenüber der männlichen Vorherrschaft droht. So ist es billig, daß schließlich auch der Narr seiner dümmlich, primitiven Gestalt enthoben und zum strahlenden Prinzen wird, die märchenhafte Verwirrung versöhnt und die hergebrachten Gesellschafts- wie Geschlechter-Hierarchien gerettet werden. Das Glück hat Pietro problemlos[47] von ganz unten nach ganz oben geschwemmt. Um die Glückhaftigkeit dieses wunderlichen Thronfolgers zu verschleiern, geht dabei der zufällig erworbene Wunschfisch gänzlich vergessen.

Die Geschichte insgesamt mag in ihrer provinziellen Unbedarftheit und in ihrer frohgemut naiven Zusammenfügung wunderbarer wie realer Motive erheitern. Eine wichtige Rolle spielt dabei das armselige aristokratische Milieu, zumal wenn die übrigen Geschichten mitbedacht werden, speziell die der dritten Nacht, wo Könige generell als schwach, dümmlich oder unsinnig tyrannisch geschildert werden. Ein Seitenhieb auf die unzähligen kleinen Tyrannien auf dem italienischen Festland?[48] Für solche Art der »Belehrung«, wie der Herausgeber mit dem Pseudonym »Orpheus vom Papier« (»Orfeo dalla Carta«) in seiner Vorrede kundtut,[49] scheint allerdings eine klare politische wie moralische Grundabsicht zu fehlen. Auch das abschließende Stierjagdrätsel macht die Moral und Absicht von Cateruzzas Erzählung über das rein Unterhaltsame und Erheiternde hinaus keineswegs klarer. So versucht denn auch die Vorrede zu beschwichtigen, indem sie von Veröffentlichung wider Willen spricht beziehungsweise vorsichtig über den Autor berichtet:

> »Ferner werdet Ihr Euch nicht an dem schlechten und schwachen Stil des Autors stoßen; denn er schrieb sie nicht, wie er wollte, sondern wie er sie von jenen Damen, welche sie erzählten, hörte, ohne etwas hinzuzufügen oder wegzulassen.«[50]

Weshalb diese Vorsicht? Sie beruht wohl nicht allein auf der Furcht, der Stil könnte kritisiert werden in einem literarischen Klima, das sich gerne an erzählerischen Höchstleistungen auf diesem Gebiet maß, sondern auch auf Selbstschutz, was Herkunft wie Absicht seiner Geschichten betrifft. Straparolas Vorbild und wichtigste Quelle, die lateinische Novellensammlung von Gerolamo Morlini aus dem Jahre 1520, fiel schon bald nach ihrem Erscheinen der Zensur auf dem Scheiterhaufen zum Opfer. So war die Vorsicht tatsächlich begründet, richtete sich angesichts des großen Erfolgs der *Ergötzlichen Nächte* in Venedig doch sehr bald der Argwohn der geistlichen Zensur[51] gegen dieselben. Einige inhaltliche Eingriffe resultierten schließlich daraus, die Sammlung als solche blieb indessen unangetastet.

Straparolas Um- und Vorsicht läßt sich auch in seinem Dummlingsmärchen vom armen Pietro beobachten. Gerade die Versöhnung von Taglöhner- und Adelswelt am Schluß nimmt der durchaus spektakulär anmutenden Schwangerschaft[52] wieder einiges von ihrem sozialen Zündstoff innerhalb einer elitären Kastengesellschaft wie jener Venedigs.[53] Ja, allzu kritische Fragen und Einwände werden spielend auf die Mühle einer harmlos gemeinten populären Volkskultur gelenkt, so daß das Ganze eher einem momentanen Spaß mit gutem Ende, quasi einer Art »*karnevalistischer Mesalliance*«[54] ähnelt. Und alles nur, weil dieser kleinen Inselgesellschaft der Sinn nach starken Worten steht: der dumme Nichtsnutz *zeugt* mit Verwünschungen einen hübschen Sohn, die Prinzessin wird dadurch für ihre Spöttereien bestraft, und dem jähzornigen Vater muß erst der Apfel-Diebstahl gleichnishaft gedeutet werden, damit er kapiert und akzeptiert. Wenn somit jeder ein wenig dümmlich wirkt, so entspricht das Resultat schließlich doch gerade dem Geschmack der vom Autor vorgeschobenen Erzählerin Cateruzza, welcher sowieso nur die Dummlingsgeschichten mit »*gutem Ausgang*« zu gefallen scheinen. So eben auch die Geschichte von der harmlos närrischen Insel Capraia. Schließlich hat schon der italienische Sittenlehrer Baldesar Castiglione 1528 vor allzu direkten Witzen gewarnt, denn diese tun Verbrechern nicht nur zuviel Ehre an und kränken Unglückliche allzusehr, darüber hinaus reizen sie Mächtige gegebenenfalls auch zu unangenehmen Racheaktionen.[55]

Nichts mehr von solcher Zaghaftigkeit ist dagegen in Basiles Dummlingsmärchen *Pervonto* zu spüren. Die Geschichte rankt sich um den gleichen Kern wie bei Straparola, ist aber direkter, unverblümter ausformuliert. Aus der Ziegeninsel[56] wird Casoria, ein verrufener Ort im unmittelbaren Hinterland von Neapel. Allerdings geht bei diesem Schauplatzwechsel das Wichtigste nicht verloren: die Ziegenhörner setzt Basile seinem König, selbst ein Dummkopf, zwischen die Krone.[57] Wegen des verfluchten Mißgeschicks seiner Tochter führt er sich wie ein »*Gehörnter*« auf, den seine Gemahlin hintergangen hat. Der *Mond seiner Ehre* steht im letzten Viertel und zeigt lachend seine Hörner. Dadurch aber, daß ihm nicht eine Frau, sondern ein königlicher Rat mit diplomatischem Geschick aus der Patsche hilft, erhält die *Mesalliance* seiner Tochter mit dem *größten »Lazzaroni«*[58] eine staatspolitische Dimension, mit der es angesichts der zu vermutenden Kleinräumigkeit seines Reiches freilich nicht allzu weit her sein kann. Ihr Lösungsvorschlag zielt auf die Aufschiebung der angedrohten Hinrichtung, indem die Geburt von Zwillingen abgewartet werden soll, damit diese den eigentlichen Täter denunzieren können. Mit einem hübschen, adligen Jüngling hätte sich der Fall ja möglicherweise in Minne auflösen lassen, nicht aber mit Pervonto, diesem Ausbund an fratzenhafter, ekelerregender Häßlichkeit, dessen Papageiennase gleichzeitig obszön auf sein beträchtliches Zeugungsorgan, die *Rute* mit teuflischer Zaubermacht, verweist.[59] Basile indessen beläßt es nicht bei diesen typischen Merkmalen des *grotesken Körpers*. Die Prinzessin bringt ihre Zwillinge – nach mittelalterlicher Vorstellung quasi ein Indiz für Ehebruch – mit einem markigen Furz auf die Welt. Und schließlich zur Faßstrafe verurteilt, denkt Pervonto schicksalsergeben einzig ans leibliche Wohl und füllt sich den Bauch mit Feigen[60] und Rosinen, welche ihm Vastolla wie eine »*Karnevalsfischerin*«[61] bereitwillig reicht, damit ihre vernünftigen Anordnungen ausgeführt werden. Denn im Unterschied zu Straparola gibt der törichte Pervonto seine Zaubermacht nicht mehr aus den Händen, sondern läßt sich jeden Wunsch eigens vergelten. Dummheit steht der männlichen Befehlsgewalt nicht im Wege. Es herrschen somit bei Basile klarere Verhältnisse in bezug auf die Geschlechterrollen: Der Mann befiehlt, die Frau dient ihm. So fehlt denn auch die kleine spielerische Lektion für den Vater am Schluß. Mag er auch dumm sein, die unbedacht fehlbare Tochter hat sich mit ihrem adrett gezauberten Gemahl tränenreich zu unterwerfen. »*Der Mensch denkt, Gott lenkt*« – will heißen, der Mann denkt, sein Gottvater lenkt. Wie sinnreich dies geschieht, bezeugt das ebenso merkwürdige wie rätselhafte Wunder der gefühlsmäßigen Verwandtschaftsbande in den Nachkommen.[62] »*Von der Natur getrieben*« findet das Kind schon bei Straparola seinen Erzeuger, und am Schluß von Basiles Märchen rufen die Zwillinge den König zu dessen Verwunderung mit »*Großvater, Großvater, Großvater!*« an. Woher rührt solche realitätsfremde Gewißheit?

Schon der Denker Aristoteles (384–322 v. Chr.) versuchte, in seiner Schrift *Über die Zeugung der Geschöpfe* den Vorrang und die Überlegenheit des Mannes nicht nur philosophisch, sondern auch biologisch zu begründen. Die väterliche Zeugung erscheint bei ihm recht eigentlich im Lichte eines Geniestreichs: der männliche Same ist die formende Wirkkraft (»*causa efficiens*«), der göttliche Funke der Vernunft, welcher die weibliche Materie beseelt und sie menschliche Form annehmen läßt.[63] Die Frau, »*eine Art zeugungsunfähiger Mann*«,[64] wirkt demgemäß einzig als eine Art Wirtskörper, worin sich der väterliche Funke entfaltet. In diesem Sinne hat auch der frühchristliche Enzyklopädist Isidorus von Sevilla (um 570 bis 636) die Blutsverwandtschaft als Zeugung »*vom selben Samen des Vaters*« definiert. Der mütterliche Beistand bei diesem Akt findet sich erst in einem Abschnitt erwähnt, wo es um illegitime Kinder zwischen »*einer adligen Mutter, jedoch einem plebejischen Vater*«[65] geht. Demnach entspricht die Vaterprobe auch einem Akt der Legitimierung von Kind und ehelicher Verbindung, woran selbst die anschließende Aussetzung nichts zu ändern vermag. Daß jene aber überhaupt gelingt, liegt in der tiefen natürlichen Verbundenheit zwischen Vater und Sohn. Dieser erkennt seinen *genialischen* Schöpfer so wie es im Matthäus-Evangelium geschrieben steht:

> »*Mir ist von meinem Vater alles gegeben worden; niemand kennt den Sohn, nur der Vater, und niemand kennt den Vater,*

nur der Sohn und der, dem es der Sohn offenbaren will.«
(11,27)[66]

Wenngleich die christliche Kirche mit der Zeit die Rolle der Mutter etwas stärker gewichtete, blieb die dargelegte Begründung der Geschlechterhierarchie unangefochten in Kraft. Der maßgebliche Kirchenlehrer Thomas von Aquin (um 1224 bis 74) übernahm die aristotelischen Auffassungen, hob jedoch gegenüber der biologischen Zeugungskraft stärker die erzieherischen Aufgaben des Vaters hervor. Das Kind bildet erst in sich die Selbsterkenntnis aus, um dann den väterlichen »*Freund*« zu erkennen.[67]

Aufgrund so gearteter Überlegungen vermögen allein die schönen Zwillinge ihren Vater, sei er noch so häßlich, zu erkennen, um so Dummling wie König in arge Verlegenheit zu bringen. Dieses Schamgefühl kostet Basile sprachlich voll und ganz aus, wenngleich dabei der unstandesgemäße Emporkömmling und spätere Thronnachfolger einiges mehr von der Ironie mitabbekommt. Ein Zauber macht ihn vom Wiedehopf[68] zur Nachtigall, von der Vogelscheuche zum selbstverliebten Hofpüppchen (»*da mascherone a bambolotto*«), womit er trotz mangelnder Würde nicht länger als bäurischer Tölpel zu erkennen wie abzustempeln ist. Dieser merkwürdige Zauber erläutert überdies in dem bei Basile anschließenden Märchen vom Dummling *Vardiello* die für die adlige Zuhörerschaft alarmierende Botschaft, weshalb »*man die Klugen gewöhnlich arm und die Dummbärte reich sieht*«.[69] Derart gibt die Natur den Unverständigen die männliche Vorherrschaft, und den Verständigen raubt sie den Sinn für einen sicheren, mühelosen Lebenserwerb. Der Adelsstolz sieht sich so bedrohlich in Not.

DER SALONTÖLPEL
ODER DIE PHILOSOPHIE DER DUMMHEIT

Wenn Basile den Emporkömmling als Nachtigall, Narziß und Hofpüppchen dem aristokratischen Treiben unterwirft, so macht er sich zugleich über dessen Verweichlichung lustig, wie sie das Hofleben im Verlaufe des 17. Jahrhunderts mit sich brachte. Aus bürgerlichem Blickwinkel registrierte Johann Michael Moscherosch 1642 in seinem *Philander von Sittewalt* die Entfremdung dessen, der sich dem höfischen *à la mode*-Wesen anpaßt, indem er mehrfach das Hofleben mit der Hölle vergleicht.[70] Doch auch auf seiten des Adels stieß die einschneidende höfische Etikette zunehmend auf Unbehagen und Widerstände. Sie vereinfachte wohl den geschmeidigen, anpasserischen Höflingen das Überleben in der Intrigenwelt, erzwang zugleich aber auch Heuchelei wie unausgesetzte übertriebene Selbstkontrolle. Wo Kriecherei, Intrigen und Opportunismus herrschen, droht der Geburtsadlige seine angestammte Würde und Macht zu verlieren. So beklagt sich etwa der Herzog von Saint-Simon über all die Schurken, »*von denen die Höfe voll sind*«,[71] und selbst ein bürgerlicher Autor wie Johann Beer läßt 1683 einen Landadligen klagen:

> »*Denn in einem solchen Gefängnis, ich will sagen: zu Hof, gehet Lust, Freud und Mut hinweg und gleichsam in die Fessel.*«[72]

Nun ließe sich getrost annehmen, daß diese doppelte Kritik durchaus auch Anlaß zu Dummlingsmärchen geboten hätte. Um so mehr überrascht daher, daß solche für das 17. Jahrhundert im französischen Raum kaum nachzuweisen sind.[73] Die reine Tölpelhaftigkeit aus Komödie, Satire oder Schelmenroman fand als Ausdruck allzu unpassender und unkultivierter Unflätigkeit in der Feenmärchen-Mode offensichtlich keinen Widerhall. Dummlingsgeschichten mit Sauf- und Freßgelagen gehörten in den Bereich des Bäurischen und wurden dort in den abendlichen Erzählrunden *(veillées)* als harmlose Form der Rebellion, als Überlistung der grausamen gesellschaftlichen Verhältnisse kultiviert und belacht.[74] So heißt es bei Perrault in der Vorrede von 1695, daß »*man gelegentlich auf Spuren der Satire*« treffe in seinen Märchen, »*doch sind sie ohne Gift und Galle, so daß sie allen Freude bereiten*«.[75] Und genauso harmlos klingt es auch, wenn er allenfalls doch das Thema Dummheit streift. Ganz in der Tradition des Dümmlings deuten die Eltern des *kleinen Däumlings* die Zartheit und Wortkargheit ihres jüngsten Sohnes als »*ein Zeichen von Dummheit, wo es doch nur auf einen scharfen Verstand hindeutete*«.[76] Wie im Märchen *Riquet mit dem Schopf* die »*Geistlosigkeit*«,[77] so wird auch hier »*Dummheit*« an den äußerlichen Zügen einer Person abgelesen. Es ist nicht mehr die unverschämt faule Haltung, die den Dummling in der höfischen Welt des Absolutismus charakterisiert, sondern allein seine äußerliche Häßlichkeit, die sich am Körper wie am Benehmen ablesen läßt. So gesehen, wird er geradezu als Vorbild für Bescheidenheit gesehen, da er sich mit dem offenen Bekenntnis zu seinem Narrentum keine falschen Verdienste anmaßen kann.[78]

Dieses neue Verständnis zeigt sich deutlich im *Pervonte* in der von Graf Tressan herausgegebenen *Bibliothèque universelle des romans* von 1777. Der Vorankündigung, in der die Rahmenhandlung Basiles als »*lächerlich*« und »*naiv*« abgetan wird,[79] entspricht ebenfalls die modisch literarische Bearbeitung. Pervonte, allerdings mit »*Kavalier*« betitelt,[80] zeichnet sich vor allem durch seine Mißgestalt aus. Seine abartigen Augen, Haare, Lippen, Nase, Haut, Zähne, Schultern und Beine werden ausführlich und abstoßend geschildert, sein törichtes, faules Verhalten dagegen kaum.[81] Dergestalt nur ist es möglich, einen entgegengesetzten moralischen Akzent bei der Prinzessin Vastola zu setzen: sie ist zu stolz und hochmütig, als daß sie das wahre, gutmütige und intelligente Wesen hinter der Häßlichkeit Pervontes erahnen könnte. Die Strafe, die ihr dafür dank dreier Feen[82] angewünscht wird, ist nur knapp angedeutet, und entsprechend ist auch der Zorn des Königs, der sich hier zum Prinzen von Salern verwandelt hat,[83] gemildert. Es geht ja schließlich um das gute Ende, wo Dummling wie Prinzessin sich in völligem Einklang eine schöne heile Welt zusammenwünschen, wie sie eben für ein glückliches Eheleben notwendig ist. Denn anders als bei Basile werden die beiden hier von einem Priester getraut, den eine Fee herbeiführt, damit sie sich anschließend wunschlos glücklich der standesgemäßen Erziehung ihrer Kleinen widmen und später mit dem Vater in Salern versöhnen können.

Gerade diese moralische Auflösung einer an sich absurden Haupthandlung interessierte in Weimar den »*Mährchenträumer*«[84] Christoph Martin Wieland (1733 bis 1813), so daß er im Frühjahr das Fortsetzungsmärchen *Pervonte oder die Wünsche* für seine Zeitschrift *Der Teutsche Merkur* verfaßte. Wie seine französische Vorlage[85] setzt auch er den Akzent auf die äußere Häßlichkeit des Dummlings:

> *»So wie er da, im Kopfe kratzend, stund,*
> *Im dicksten Kopf, den je der weite Sund*
> *Von einem Ochsenmaul in zwei Halbkugeln trennte,*
> *Mit rotem Haar garniert, das kurz und borstig stund*
> *Und um die platte Stirne rund*

Wie angezündte Stoppeln brennte;
Die Ohren ellenlang, die Nase flach und weit,
Der Nacken kurz, die Schultern breit,
Der Rücken hoch, und etwas krumm die Beine...«[86]

Wie der Schweizer Pfarrer Johann Kaspar Lavater (1741 bis 1801) in seinen *Physiognomischen Fragmenten* anschaulich wie erfolgreich vorführte, versucht Wieland hier gleichfalls eine Art Charakterdeutung aus den Gesichtszügen Pervontes.[87] Seine runden, gewölbten, Dummheit anzeigenden Formen erinnern zudem an jene des eher gutmütigen Phlegmatikers,[88] so daß seine Tölpelhaftigkeit scheinbar von der harmlosen Art ist – eine Eigenschaft, welche die Prinzessin Vastola nicht durchschaut beziehungsweise sie als reine gefühllose Dummheit mißversteht. Wenn jene, deren arroganter Stolz hier stärker als in der französischen Fassung betont wird, ihn mit »*Bärenhäuter*«, »*Wechselbalg*« und »*Unhold*« beschimpft,[89] übersetzt sich der Dummling diese Worte später im Faß in »*Kauz*«, »*Murmeltier*« oder gar »*ein dummes Tier, ein Philosoph*« mit »*Eselsohren*« und »*hinten einen Sterz*«[90]. Damit wird sich Pervonte im Gegensatz zu Vastola über den Zusammenhang zwischen äußerer Verunstaltung und innerer, quasi tierischer Gutmütigkeit klar. Zugleich läßt er sich seine Wünscherei von ihr mit erotischen Freiheiten bezahlen, und somit endet der zweite Teil mit den verständigen Worten des in einen Amadisprinzen Verwandelten:

Laß durch Genuß uns nun verdienen was wir haben!
Uns lieben, Vastola, und alles um uns her
Mit unserm Glück erfreuen und beleben,
Sei unser Los! Was können wir noch mehr
Uns wünschen, oder was die Feen mehr uns geben?[91]

Auf daß dieser versöhnliche Rokoko-Schluß mit aufgeklärter Lebensphilosophie bei allem Erfolg[92] nicht allzu leicht genommen würde, erweiterte Wieland seine Dichtung noch um ein »*Die Fortsetzung künftig*«. Doch über verschiedene Textbereinigungen und Versglättungen kam diese Beifügung während der nächsten 15 Jahre nicht hinaus. Erst 1794 beginnt er für seine »*Ausgabe letzter Hand*« den *Pervonte*-Text mit einem neuen Ende zu versehen und vollendet eines seiner »*besten Machwerke*«, wie er dem Schwiegersohn Karl Leonhard Reinold berichtet.[93] Bei dieser Arbeit stehen ihm aller-

dings auch der Prinz August von Gotha sowie Herder hilfreich zur Seite. Letzterer schreibt an Wieland, den »*Dichter
des Feenlandes*«, nach der ersten Manuskriptdurchsicht:

> »*Auch im philosophischen Mährchen, mein lieber H. und
> Freund, muss Recht und Billigkeit herrschen. Die Princessin
> muss von den Narrheiten der durchträumten Nacht Ein-
> drücke behalten, die ihr ausgewünschtes Herz in ihrem neu-
> alten Zustand sich und andern noch unerträglicher machen;
> und Pervonte kann vor seiner Mutter durchaus nicht als der
> alte Lümmel darstehn, oder Sie arbeiten selbst Ihrer Kunst
> entgegen (...). Er muss gewinnen, und Vastola die Kosten be-
> zahlen; Compensation findet hier nicht statt.*«[94]

Und genauso einförmig lehrhaft arbeitete Wieland den
Schluß aus. Der Erfolg im Weimarer Hofkreis gab dem Feen-
märchenautor und seinen Mitarbeitern offenbar recht: Vom
direkten Einbezug der Lesenden mit dem Wörtchen »*wir*«,
über die Kombination von philosophischen Gedanken in jam-
bischer Versform und unterhaltsamen wie humorigen mytho-
logischen Anzüglichkeiten bis hin zum hemdsärmligen moralischen Schluß vom »*alten Naturstand*« mit »*gesundem, derben
Hausverstand*« auf der einen sowie »*Nachgefühl*« und »*Wehmut*« auf der andern Seite. Schließlich ist das Leben nur ein
»*langer wunderlicher Traum*«, den sich Vastola mit ihrer ewigen Unzufriedenheit verwünscht und so statt ihrer Pervonte
der letzte Wunsch bleibt.[95] Selbst Goethe, dem »*Sau Merkur*«-
Herausgeber Wieland eher wenig gewogen,[96] blieb gegenüber
Johannes Falk 1813 von dieser Poeterei nicht unberührt:

> »*Um uns der trüben Gedanken in diesen Tagen zu entheben,
> haben wir kürzlich wieder den ›Pervonte‹ zur Hand genom-
> men. Die Plastik, der Mutwille dieses Gedichts sind einzig,
> musterhaft, ja völlig unschätzbar (...). In der rechten Ausgabe
> mußte das Tolle verständig, das Närrische klug, das Be-
> rauschte nüchtern werden. Ich möchte Sie wohl aufmuntern,
> dergleichen Gedichte wie ›Pervonte‹ und andere öfters in Ge-
> sellschaft vorzulesen.*«[97]

So ist zuletzt aus dem italienischen Dummlingsmärchen
doch noch ein kultiviertes Salonmärchen geworden, das mehr
auf aufgeklärte Unterhaltung und Diskussion denn auf karne-
valeskes Gelächter setzt.

Solches Amüsement am Dummen wollten auch die Brüder Grimm nicht auslassen, und so bemühten sie sich redlich, den Stoff aus diesem literarischen Umfeld wieder hinaus in den Volksmund zu schaffen. Ihren Versuch betitelten sie gut deutsch *Hans Dumm*, und ihre Gewährsleute waren einmal mehr die Geschwister Hassenpflug in Kassel. Doch schon in der zweiten Auflage von 1819 verschwand dieser Dummling aus den *Kinder- und Hausmärchen* zugunsten von »*Der Ranzen, das Hütlein und das Hörnlein*«, zugunsten eines Märchens mit Quellen aus dem 16. Jahrhundert also. In ihren Anmerkungen verweisen die Grimms zwar auf Basile und den »*auch recht guten*« Straparola,[98] erwähnen freilich weder Wieland noch eine der zahlreichen, um 1805 herum beliebten dramatisierten Opernfassungen des *Pervonte*-Stoffes.[99] Ihr eigenes *Hans-Dumm*-Märchen zeichnet sich eher durch sprachliche wie dramaturgische Schwächen aus, die mangelnde Sorgfalt, aber auch Zweifel am Stoff selbst verraten.[100] Die überlieferte Fassung gleicht so eher einem Steinbruch, in der unpräzise und zögerlich die verschiedenen Elemente angedeutet werden, doch gänzlich gereinigt von aller derben Körperlichkeit. Auffallend ist immerhin gleich zu Beginn, wie sowohl die soziale Milieubeschreibung als auch die *karnevalistische* Schwangerschaftsverwünschung weggelassen sind; an ihrer Statt bekommt die Tochter für Lesende wie König überraschend ein Kind, dessen Vater mittels einer Zitrone[101] gesucht werden soll. Ort der Suche ist allerdings nicht ein rauschendes Volksfest, die »*Kokanje*« bei Wieland,[102] sondern die Kirche als geheiligter Raum, an den überdies nur schöne, will wohl heißen wohlhabende Leute zugelassen werden sollen. Per Zufall gerät dennoch auch der fragliche Vater in Person eines buckelichten Tölpels an diesen Ort und wird – zum Schrecken aller – vom eigenen Kind erkannt. Es macht den Anschein, als ob den Brüdern Grimm über der Charakterzeichnung ihres Hans Dumm unwohl geworden sei, weshalb sie ihm wider alle Erwartung gleich selbst die Führung des weiteren Geschehens überlassen. Zuerst wünscht er sich eine Schüssel Kartoffeln,[103] dann folgen standesgemäß Schiff und Schloß, bevor er sich zuletzt selbst zum adretten klugen Prinzen macht, der einst die Herrschaft im Königreich übernehmen wird. Weder braucht es die Liebe der Frau noch deren Klugheit – allein seine Tatkraft schafft das Wunder. So ist der Dummling[104] eben doch kein Dumm-, allenfalls ein Dümmling, der sich eine Jugendposse erlaubt. Die Brüder Grimm schildern dies knapp und ohne die ihnen eigene märchenhafte Poesie, eher im Stile einer trockenen Nacherzählung der italienischen Vorlagen. Die beispielgebende Dummheit taugt dergestalt weder für die Kinderpädagogik noch für eine solide bürgerliche Moral, da die Tüchtigkeit des Helden zuletzt unbegreiflich bleibt beziehungsweise ganz und gar dem Zufall geschuldet scheint. Folglich verschwindet *Hans Dumm* gegen Schluß auch gänzlich von der erzählerischen Bildfläche.

Klarer demonstrieren demgegenüber andere Geschichten von Dummlingen beziehungsweise Dümmlingen innerhalb der *Kinder- und Hausmärchen* die bürgerlichen Tugenden. Darunter finden sich traditionelle Dummlingsgeschichten,[105] in denen meist drei Söhne in die Welt hinausziehen, um ihr Glück zu machen, dieses aber nur dem Jüngsten, dem Dummling, wegen seiner Güte zuteil wird. An ihnen fällt auf, daß bei den Brüdern Grimm kaum mehr etwas von der Vitalität und Ungebärdigkeit der Renaissance-Märchen zu finden ist. Im Gegenteil verwandelt sich Basiles *Der Dummling* (3. Tag, 8. Märchen) in *Sechse kommen durch die ganze Welt* (KHM 71) und *Bruder Lustig* (KHM 81) zur reinen Rachegeschichte, worin je ein Kriegsentlassener mit Hilfe von Gefährten oder des heiligen Petrus den ihm vorbehaltenen Sold eintreibt. Es ist der Gedanke an wirtschaftliche Gerechtigkeit, der sie anspornt. Ausgeprägter noch findet sich diese bürgerlich-kapitalistische Ethik in verwandten Märchen wie *Das tapfere Schneiderlein* (KHM 20), *Tischchen deck dich...* (KHM 36) oder *Daumesdick* (KHM 37). Auch hierin dreht sich das Geschehen um einen sozialen Aufstieg, doch ist er nicht mit so obskuren Mitteln wie einer angewünschten Schwangerschaft zu erreichen. Vielmehr erscheint jener als eine männlich heroische Tat, durch eigenes Geschick gefestigt und so erst wirklich verdient. Sogenannte weibliche Elemente wie ein gutes unschuldiges Herz und Freigebigkeit genügen allein noch nicht: es muß für den Erfolg zusätzlich auch gekämpft werden, oder man verliert wie *Hans im Glück* (KHM 83) seinen

Goldklumpen. Dies vor Augen, wandeln die Brüder Grimm die alten Dummlings-Vorlagen dahingehend ab, daß individuelle wirtschaftliche Tüchtigkeit wie Ausdauer über die Erstgeburt, die »weltliche Klugheit«,[106] obsiegen und die Verbesserung des sozialen Status aus eigener Kraft erlangt werden muß.[107] Die Letzten werden die Ersten sein, so gehört den Dummen die Welt. In diesem Sinne verkehrt sich das Motiv der Dummheit ins Gegenteil: Aus dem Gewand des Tölpels schält sich ein gewitzter Dümmling, der über die Geringschätzung seiner Umwelt und über die hergebrachte Ordnung triumphiert. Max Webers *rationalisiertes Erwerbsstreben*, das die bürgerlich-kapitalistische Gesellschaft antreibt, erscheint hier gleichsam märchenhaft vorgezeichnet.[108]

Spätestens im 18. Jahrhundert, mit dem Aufstieg des Bürgertums zu Macht wie Ehren und mit der Ausbildung von Sitte wie verbindlicher Ethik gab es keinen Platz mehr für die wilden Ausbrüche des Dummlings. Das Vorbild der Brüder Grimm wirkt fort, und so taucht jener in der Literatur fortan als ein strebsames Wirtschaftsindividuum auf, das derart verharmlost und fest ins veränderte gesellschaftliche Gefüge eingebunden ist. Wenn der Dummling sich in den Büchern von Jean Paul und Ludwig Tieck, von Christian Dietrich Grabbe und Karl Leberecht Immermann bis 1850 noch als romantischer Kauz wiederfindet, der einfach und still im kleinen seiner Umwelt trotzt, so erscheint er parallel dazu bei Georg Büchner oder Heinrich Heine bereits auch im Gewand des dümmlichen Prinzen oder philisterhaften Spießers, der gleichsam in eigener Person ein satirisch gezeichnetes Sittenbild der Gegenwart entwirft. Der Dummling im Lichte der sozialen und politischen Wirklichkeit, diese Form hat sich in den mannigfachsten und witzigsten Ausprägungen bis heute erhalten. Weit seltener dagegen ist in der Literatur des 19. und 20. Jahrhunderts die reine Narretei geworden.[109] Weniger in der Literatur als im zeitgenössischen Erzählgut tauchen dennoch immer wieder Dummlingsgeschichten auf, speziell in den populären Witzen. Bekanntlich ist ja immer, wo zwei zusammenkommen, einer der Dümmere, meist der andere. Das gilt speziell für den Vergleich unterschiedlicher Nationen, Regionen, Religionen, Rassen, Geschlechter oder sozialer Schichten. Dergestalt erlauben die *Dummlingswitze* eine spontane und flexible Anpassung an jeweils vorhandene Vorurteile. Zugleich kristallisieren sich dabei Erzählmuster heraus, die eigenen Erwartungen wie Selbsteinschätzungen entsprechen, indem in ihnen das Fremde der reinen Tölpelei überführt wird.

Gehört so die Welt tatsächlich den Dummen, kann dennoch nicht für alles die Dummheit verantwortlich gemacht werden. Allein, was stiftet mehr Unheil: Pervontos lustvoller Anarchismus oder eine sich vernünftig gebende Charakterlosigkeit?

Peter Bichsel

DIE WAHRHEIT ÜBER PRINZ RAMA

Beim Untergang der Titanic hat die Bordkapelle *»Näher mein Gott zu Dir«* gespielt, wird oder wurde erzählt – oder besser: Wir wissen es. Wir wissen zwar nicht, von wem wir das wissen, eben eigentlich von allen, weil alle es wissen. Das braucht gar nicht erzählt zu werden. Das ist einfach so, und wir wissen es. Wir erwarten, es zu sehen und zu hören im Film über die Titanic.

Aber es ist in Wirklichkeit nicht geschehen. Niemand, kein Augenzeuge, hat so etwas gehört, hat so etwas bestätigen können. Es ist nicht *»wahr«*. (Erzählen Sie keine Märchen, sagt der Richter zum Angeklagten, wenn dieser nicht bereit ist, die nackte Wahrheit zu erzählen.) Es ist nicht wahr, also ist es ein Märchen; in diesem Falle – und oft wohl auch im Falle der richtigen Märchen – ein Märchen über ein Ereignis, das wirklich – 1912 – stattgefunden hat. Ein Ereignis hat eine Melodie gefunden, irgendein Erzähler, wohl ein damaliger Journalist oder mehrere zugleich, haben die Melodie gefunden, nach der diese Geschichte zu erzählen ist.

Gegen diese Erzählmelodie, gegen diesen Erzählton kommt keine exakte Wirklichkeit mehr an, alles Forschen und alles Tauchen ändert daran nichts: Wir haben uns entschieden, wie dies zu erzählen sei: Es war einmal ein großes, stolzes Schiff, das hieß Titanic. Es war einmal ein Tenor, der hieß Caruso. Es war einmal ein Geiger, der hieß Paganini. Und das vielleicht jüngste Märchen: Es war einmal eine Filmschauspielerin, die hieß Marilyn Monroe.

Es mag (ganz sicher) größere Schauspielerinnen geben und gegeben haben, das ändert nichts daran, daß die Monroe eben *die* Schauspielerin ist. Sie hat eine Melodie gefunden, wir haben ihr einen Ton, den Ton einer eigenartigen und traurigen Sentimentalität erfunden.

Was das ist, dieser Ton? Wir wissen es alle, ohne es zu wissen. Es ist so - wir haben uns nicht darüber verständigt - wir haben Marilyn der Wirklichkeit entrissen. Über sie braucht nicht erzählt zu werden: Der Name selbst ist das Märchen, das Märchen heißt Marilyn.

Das Märchen heißt Schneewittchen. Schneewittchen selbst ist das Märchen. Dornröschen ist das Märchen. Die kluge Else ist das Märchen. Es gibt eine gesicherte Wahrheit über Schneewittchen, keine Realität kommt dagegen an.

Lügen haben mit Märchen nichts zu tun. (Der Richter und der Volksmund täuschen sich.) Lügen sind variantenreich, fantasievoll; Märchen sind gesicherte Erzählwahrheiten, sie benötigen keine Realität oder Scheinrealität.

»*Glaubst Du*«, fragte ich meinen balinesischen Freund, »*daß die Geschichte von Prinz Rama, die Ramajana, wahr ist?*«

»*Ja*«, sagte er.

Die Ramajana ist eines der heiligen Bücher der Hindus.

»*Du glaubst also*«, sagte ich, »*daß er auf dieser Welt gelebt hat.*«

»*Das weiß ich nicht*«, sagte er.

»*Vielleicht hat jemand diese Geschichte nur geschrieben*«, sagte ich.

»*Ja, sicher*«, sagte er, »*jemand hat sie geschrieben.*«

»*Dann kann er sie ja auch erfunden haben*«, sagte ich.

Und er sagte: »*Was willst Du wissen, ob sie real ist, oder ob sie wahr ist?*«

Mein Lexikon nennt sogar einen mutmaßlichen Autor der Ramajana. Das würde nach dem, was wir über Volksmärchen in der Schule lernten, heißen, daß es sich bei dem heiligen Buch der Hindus nicht einmal um ein Volksgut handelt, sondern um ein Kunstmärchen.

Einer hat es geschrieben, das »*Mädchen mit den Schwefelhölzern*«, »*Das häßliche Entlein*«, nämlich Andersen. Also ist es ein Kunstmärchen. Niemand hat »*Hänsel und Gretel*« geschrieben, also ist es ein Volksmärchen.

Und wie steht das nun mit der Titanic? Ein Volksmärchen ist es wohl nicht, die Realität ist bekannt. Autoren, zeitgenössische Journalisten zum Beispiel, wären auszumachen. Aber wem ist das mit dem »*Näher mein Gott zu Dir*« eingefallen? Mein balinesischer Freund hätte darauf eine einfache Antwort: »*Irgendeinem wird es schon eingefallen sein.*«

Es gibt viele Schiffskatastrophen, große und schreckliche, die einzige aber, die zur dauernden Formel wurde, ist die Geschichte der Titanic. Sie hat offensichtlich einen Erzähler gefunden. Ich glaube nicht, daß nun alle Leute immer noch die Sache mit der Bordkapelle kennen. Aber ich bin fast überzeugt, daß die Sache mit »*Näher mein Gott zu Dir*« das Ereignis Titanic zur Geschichte gemacht hat. Und die Geschichte heißt »*Titanic*«, und wenn einer auch nur noch diesen Namen weiß - Titanic - dann kennt er schon die ganze Geschichte, der Name selbst ist bereits die Erzählung.

Und das Kind, das abends von der Mutter das Schneewittchen erzählt haben will - das will das Schneewittchen erzählt haben, weil es das Schneewittchen kennt. Und es wird sich wehren, wenn die Mutter neue Varianten erfindet. Es will die Geschichte genauso erzählt haben wie gestern und vorgestern. Es will nämlich nichts anderes als Erzähltbekommen.

Das Erzählen ist die Wahrheit, nicht die Geschichte.

Und zwar Wahrheit nicht als moralischer Wert. Es gibt im Märchen nichts zu lernen, das Dornröschen enthält keine Moral. Es gibt im Märchen nichts zu lernen, außer das Erzählen an und für sich, die erzählerische Wirklichkeit. (Bereits für das illustrierte Buch gilt das nur noch bedingt, und für den Dornröschen-Film überhaupt nicht mehr.) Meine Lieblingsgeschichte in den Märchen der Gebrüder Grimm (sie sind die Autoren) ist »*Die Kluge Else*«, und dies aus dem einzigen Grund, weil ich sie gern erzähle. Mein Lieblingswitz ist nicht jener, der am lustigsten ist, sondern jener, den ich gern erzähle. »*Erzähl doch wieder einmal den Witz mit den Hühnern*«, bitten mich Freunde. Sie kennen ihn schon längst, und ich erzähle ihn immer wieder. Und dann beklagen sie sich, daß sie sich keine Witze merken können. Man kann sich keine Witze merken, man kann sich nur das Erzählen merken.

Ob die Gebrüder Grimm nun Märchen gesammelt haben oder erfunden oder gar geklaut und abgeschrieben, das mag für die Forschung von Interesse sein. Für die Zuhörer ist nur wichtig, daß sie sie erzählt haben. Und daß sie von allen und zu allen erzählt wurden. Ich nehme immer noch an, daß mein Nachbar - der kein einziges Buch besitzt, der mit solchem Zeug auch nichts zu tun haben will - einige Geschichten kennt, die ich auch kenne: Das Dornröschen, das Schneewittchen, Hänsel und Gretel. Ob er will oder nicht, er kennt sie. Und so lange er sie kennt, kennen wir uns, weil wir Ähnliches kennen.

Das Ende der gemeinsamen Geschichten wäre nichts anderes als das Ende des Erzählens. Und wir leben in einer Welt, einer Medienwelt zum Beispiel, die uns vorgaukelt, nur die Neuigkeit sei erzählenswert. Aber nur jene, die Geschichten kennen, können Neuigkeiten als Geschichten erkennen. Zwar gewinnt Rominger den Giro d'Italia zum ersten Mal. Trotzdem erscheint mir das wie eine alte Geschichte, sie würde von niemandem verstanden, und niemand würde sich für sie interessieren.

ANMERKUNGEN

1 Vgl. *Die Bremer Stadtmusikanten* (J./W. Grimm, *Kinder- und Hausmärchen* [= KHM], Nr. 27): »*Und der das zuletzt erzählt hat, dem ist der Mund noch warm*« (Bd. 1, S. 164); J. Grimm spricht auch vom »*warmen Munde des Volks*« (J./W. Grimm, *Schriften und Reden*, S. 145); und bei Pietro Aretino heißt es: »*Ich hab' die Geschichte eben von der Pfanne genommen, drum ist sie noch ganz warm.*« (*Die Gespräche des Pietro Aretino*, S. 211).

2 *Aschengrübel*, in: O. Sutermeister, *Kinder- und Hausmärchen aus der Schweiz*, Aarau 1869 (in der Ausgabe von 1977, S. 35 ff.).

3 S. Singer, *Aschengrübel*, in: ders., *Schweizer Märchen*, S. 13.

4 Es steht außer Frage, daß sich Shakespeare dabei auch im *Gesta Danorum* von Saxo Grammaticus, in Holinsheds *Chronicles of England, Scotland and Ireland* sowie in englischen Dramen des 16. Jh. diverse Anregungen geholt hat.

5 Daß dieser Märchengeist bis in die Neuzeit nachwirkt, zeigt Walter Anderson, der sich 1927–30 in San Marino von Schulkindern hat Märchen erzählen lassen – u.a. das von *Rotkäppchen*. Obgleich Einflüsse von Perrault oder den Brüdern Grimm keinesfalls auszuschließen sind, spricht die Forschung hierbei unkritisch von »*selbständigen Varianten*« in Italien (vgl. M. Rumpf, *Rotkäppchen*, S. 29 bzw. S. 79): kindlicher Spaß an primitiver, brutaler und derber Umformung bekannter Vorlagen wird so zur ernst zu nehmenden Quelle alter mündlicher Tradition; vgl. auch R. Schenda, *Von Mund zu Ohr*, S. 219 f.

6 R. Musil, *Der Mann ohne Eigenschaften*, Bd. 1, S. 361; vgl. auch den Bauern, der mühselig beten lernt, in Wickrams *Rollwagenbüchlin*, S. 64, bzw. *Ein scheffer lehrnet betten* in Kirchhofs *Wendunmuth* (Nr. 244, Bd. 1, S. 297); vgl. P. Camporesi, *Bauern, Priester, Possenreißer*, S. 100.

7 Zur geschichtlichen Entstehung der Schriftsysteme vgl. J. Goody, *The interface*, S. 18 f. u. S. 27 f., bzw. W. J. Ong, *Oralität und Literalität*, S. 88; zum psychologischen Hintergrund gesprochener und geschriebener Sprache vgl. P. Heimann, *Bemerkungen zur analen Phase*, S. 435 f..

8 V. Flusser, *Die Schrift*, S. 35.

9 Vgl. ebd., S. 11 u. S. 20.

10 Vgl. J. Assmann, *Das kulturelle Gedächtnis*, S. 54, und J. Vansina, *Oral Tradition*, S. 37.

11 Vgl. J. Vansina, *Oral Tradition*, S. 42–47.

12 Vgl. J. Assmann, *Das kulturelle Gedächtnis*, S. 37 ff.

13 Vgl. ebd., S. 48–55, und R. van Dülmen, *Kultur und Alltag*, Bd. 3, S. 153–160; der Vergänglichkeit mündlichen Erzählens bewußt, gebieten märchensüchtige Herrscher in den *Erzählungen aus den Tausendundein Nächten* häufig die schriftliche Aufbewahrung interessanter Geschichten (vgl. 946. Nacht, Bd. 11, S. 302); Achim v. Arnim befürchtet 1812 freilich den »*Tod der gesammten Märchenwelt*« durch »*fixierte Märchen*« (zit. in: R. Steig, *Achim von Arnim*, S. 223).

14 J. Assmann, *Das kulturelle Gedächtnis*, S. 267.

15 Vgl. L. Röhrich, *Märchen – Mythos – Sage*, S. 21. Dennoch datiert August Nitschke verschiedene Grimmsche Märchen wie *Von dem Machandelboom* (KHM 47), *Aschenputtel* (KHM 21) oder *Hänsel und Gretel* (KHM 15) in die Steinzeit rund 10 000 v. Chr. zurück (vgl. *Aschenputtel*, S. 83, oder *Soziale Ordnungen*, Bd. 1, S. 216 f.).

16 In: *Fabliaux*, S. 124–159 u. S. 275–279, hier S. 125. Bis zum Ende des 13. Jh. war Lesen immer Laut-Lesen (vgl. J. A. Brundage, *Law, Sex, and Christian Society*, S. 549 f.).

17 Vgl. D. Diderot: »*Wenn man eine Geschichte erzählt, dann muß einer da sein, der zuhört, und wenn die Geschichte einigermaßen lang ist, wird der Erzähler wohl meist ein oder das andere Mal von seinem Zuhörer unterbrochen werden.*« (*Dies hier ist kein Märchen*, in: ders. *Erzählungen und Gespräche*, S. 67–90, hier S. 67.)

18 Vgl. T. Garzoni, *Piazza Universale*, S. 857–860.

19 Vgl. R. Schenda: »*Die hohe Kunst des mündlichen Erzählens bedarf der literarischen Vorbilder und der lauten Lektüre dieser Modelle.*« (*Von Mund zu Ohr*, S. 44); zur Komplexität der Austauschbeziehungen vgl. G. B. Bronzini, *Schrift + Bild = Mündlichkeit*, S. 318–325.

20 Vgl. W. Benjamin: »*Der große Erzähler wird immer im Volk wurzeln, zuvörderst in den handwerklichen Schichten*«, aus dieser Zugehörigkeit schöpft er seinen »*Erfahrungsschatz*« (*Der Erzähler*, in: ders., *Gesammelte Schriften*, Bd. 2, S. 438–465, hier S. 457).

21 Vgl. R. Schenda, *Von Mund zu Ohr*, S. 222–234; vgl. ders., *Volk ohne Buch*, S. 271 bis 325, sowie R. Chartier, *Lesewelten*, S. 63–87. Diesbezüglich besonders wichtig waren die sogenannten *Blauen Bibliotheken* (*Bibliothèques bleues, blue books*).

22 R. Schenda, *Von Mund zu Ohr*, S. 217 f.

23 Ebd., S. 123; vgl. ebd., S. 164. Nicht zu vergessen ist auch das je nach Gedächtnis beschränkte Erzählrepertoire: J. Bolte und G. Polívka geben dafür Zahlen von 14 bis 122 Märchen an (*Anmerkungen zu den Kinder- und Hausmärchen*, Bd. 4, S. 8); je freier allerdings die Nacherzählungen werden und je öfter Neuerfindungen hinzukommen, desto umfangreicher kann dieses Repertoire ausfallen.

24 Zur Herkunft des Begriffs *Mythos* (griech. für *sprachliche Äußerung*) und seiner komplexen *Wahrheits*-Struktur vgl. J.-P. Vernant, *Mythos und Gesellschaft*, S. 188 bis 209, und P. Veyne, *Glaubten die Griechen an ihre Mythen?*, S. 15–39.

25 C. Lévi-Strauss, *Mythos und Bedeutung*, S. 53; die Geschlossenheit bezüglich der Mythen-Sprache verhindert die Weiterentwicklung von Mythen aber nicht (C. Lévi-Strauss, *Finale*, S. 741).

26 Vgl. J. Assmanns Unterscheidung von mythischem und auslegebedürftigem »*kulturellem Gedächtnis*« sowie märchenhaft unterhaltendem und an der Lebenspraxis orientiertem »*kommunikativem Gedächtnis*« (*Das kulturelle Gedächtnis*, S. 52 f. u. S. 75 ff.); über die historischen Bedingungen der homerischen Mythen vgl. ebd., S. 272–280, und B. Patzek, *Homer und Mykene*, S. 136–143; vgl. auch F. Fühmann, *Das mythische Element in der Literatur* (1974), in: ders., *Gesammelte Werke*, Bd. 6, S. 82–140.

27 Die Unterscheidung von Mythos und Märchen beruht folglich mehr auf sozialer Ungleichheit denn auf dem Gegensatz ›unwirklich – wirklich‹. Wie Märchen spiegeln Mythen die Wirklichkeit, allein die Perspektive ist eine *von oben*; vgl. L. Röhrich, *Märchen – Mythos – Sage*, S. 18 f.

28 Vgl. W. Benjamin, *Der Erzähler*, in: ders., *Gesammelte Schriften*, Bd. 2, S. 457 f., L. Petzold, *Die Geburt des Mythos*, S. 141, sowie M. Horkheimer / T. W. Adorno, *Dialektik der Aufklärung*, S. 38.

29 Wie sehr gerade auch scheinbar festgefügte Mythen einem permanenten zeitgebundenen Wandel unterliegen, zeigen Untersuchungen zur Herakles-Gestalt (R. Kray, *Wider ›eine engbrüstige Imagination‹*, in: *Herakles/Herkules II*, S. 9–112); vgl. W. Burkert, *Vom Nachtigallenmythos zum »Machandelboom«*, in: W. Siegmund (Hg.), *Antiker Mythos in unseren Märchen*, S. 113–125, hier S. 124. Zur Kritik an archetypischen Interpretationen von Mythen und Märchen vgl. J. Assmann, *Das kulturelle Gedächtnis*, S. 47 f.

30 *Unterhaltsam* wie *lehrreich* blieb das Motto auch für künftige Sammler, wobei seit dem Mittelalter der volkstümliche Dialekt als zusätzliches Amüsement und als Verständnishilfe wirkte: vgl. *Il Novellino. Das Buch der hundert alten Novellen* (spätes 13. Jh.), *Die Hundert Neuen Novellen* (*Les cent nouvelles nouvelles*, 1462), mittelalterliche Fabliaux, Gian Francesco Poggios *Liber facetiarum* (1438–52), gesammelte Novellen von Girolamo Morlini (um 1520) und Matteo Bandello (1554) sowie Historien, Anekdoten und Exempel-Geschichten bei Johannes Pauli (*Schimpf & Ernst*, 1522), Jörg Wickram (*Rollwagen-Büchlein*, 1555), Jakob Frey (*Die Gartengesellschaft*, 1556), Martin Montanus (*Die Gartengesellschaft*, 1559–66)

oder Hans Wilhelm Kirchhof (*Wendunmuth*, 1563–1603); und nicht zu vergessen sind die Einflüsse orientalischen Erzählens, die mit der lateinischen Übersetzung des indischen *Pañcatantra* um 1265 einsetzten und 1704 mit der ersten Übertragung der *Märchen aus Tausendundeiner Nacht* von Jean Antoine Galland (1646 bis 1715) zu einer eigentlichen Modeströmung wurden.

31 F. Liebrecht übersetzt *Lo Cunto de li Cunti* 1846 unter dem Eindruck der Brüder Grimm mit *Das Märchen aller Märchen*; und Jacob Grimm erklärt in der Vorrede, daß der frivole Charakter dieser Geschichten »*für die Kleinen*« mit der ursprünglichen Unschuld einer gleichsam rohen, primitiven Epoche zu erklären sei (*Kleinere Schriften*, Bd. 8, S. 191–201, hier S. 192).

32 G. Basile, *Das Märchen aller Märchen*, Bd. 1, S. 22.

33 Jeder der fünf Tage beginnt mit Spiel und Musik und endet mit einem scherzhaften »*ländlichen Zwiegespräch*«, jeweils von zwei Bediensteten vorgetragen; F. Liebrecht hat diese umfangreichen *Eklogen* nicht ins Deutsche übertragen, sondern nur resümiert.

34 Zum grotesken Körper vgl. M. Bachtin, *Rabelais*, S. 357–364. Dieser Körperlichkeit entspricht ein ausgeprägter Materialismus in den *Märchen aller Märchen*: es geht ums Fressen und Saufen, um Vorräte und Geld, nicht aber um individuelle Psychologie.

35 Vgl. D. Richter, *Das fremde Kind*, S. 192–196. Daß Basile seine *Pentamerone*-Geschichten in Dialekt schrieb, war für die damalige Zeit eher eine Ausnahme: von der literarischen Produktion Neapels sind im 17. Jh. nur gerade 0,5 % im regionalen Dialekt verfaßt (J.-M. Sallmann, *Naples et ses saints*, S. 38; vgl. M. Praz, *Das Märchen aller Märchen von Giovanni Battista Basile*, S. 183). Diese Literarisierung der *Volkskultur* dient zugleich auch zu deren Ausgrenzung bzw. Kontrolle (vgl. P. Camporesi, *Bauern, Priester, Possenreißer*, S. 76; zur daraus folgenden Krise der *Volkskultur* im 17. Jh. vgl. R. Muchembled, *Kultur des Volks*, S. 277).

36 Vgl. M. Bachtin, *Rabelais*, S. 61–65 u. S. 166 ff. bzw. P. Camporesi, *Bauern, Priester, Possenreißer*, S. 36.

37 Vgl. die *Nota biografica* in: G. Basile, *Lo Cunto de li Cunti*, S. 1048–1053, den *Dizionario biografico degli italiani*, Bd. 7, Roma 1975, S. 76–81, und M. Praz, *Das Märchen aller Märchen von Giovanni Battista Basile*, S. 181–184.

38 G. Basile, *Das Märchen aller Märchen*, Bd. 5, S. 108–112, hier S. 111.

39 Bekannt auch unter dem Manuskript-Titel von 1695 *Märchen meiner Mutter Gans (Contes de ma Mère l'Oye)*.

40 Ein direkter Zusammenhang kann nur vermutet werden, da es zu Perraults Zeiten vom *Pentamerone* keine frz. Übersetzung gab; zu dessen Editionsgeschichte vgl. die *Nota bibliografica*, in: G. Basile, *Lo Cunto de li Cunti*, S. 1042–1047.

41 Vgl. C. Perrault, *Contes*, S. 392–405.

42 Marc Soriano hat sich in *Les Contes de Perrault* ausführlich mit der Verfasserfrage auseinandergesetzt.

43 Dies, obwohl erstmals bei Perrault Kinder selbst zu Märchenhelden werden, vgl. D. Richter, *Das fremde Kind*, S. 202–209.

44 C. Perrault, *Sämtliche Märchen*, S. 5; vgl. H. Krüger, *Die Märchen von Charles Perrault*, S. 133.

45 Vgl. F. Apels Vorwort zu *Das Kabinett der Feen*, S. 17–31.

46 Vgl. *Enzyklopädie des Märchens*, Bd. 2, Sp. 1123–1130; schon 1761–65 war unter dem Titel *Cabinet der Feen* auf deutsch eine neunbändige Auswahl daraus erschienen, die beträchtlichen Erfolg erzielte.

47 Vgl. ebd., Sp. 283–287, R. Chartier, *Die blauen Bücher*, in: ders. *Lesewelten*, S. 169 bis 190, R. Schenda, *Volk ohne Buch*, S. 300–303, und A. Morin, *Catalogue descriptif de la Bibliothèque Bleue de Troyes*, S. 496–501.

48 F. Apel im Vorwort zu *Das Kabinett der Feen*, S. 17.

49 Vgl. ebd., S. 32–40.

50 Die Brüder Grimm besaßen u. a. Ausgaben der Märchen von Perrault, Mme d'Aulnoy, Hamilton, Straparola und Basile (vgl. L. Denecke u.a. [Hg.], *Die Bibliothek der Brüder Grimm*); zu ihrer Lektüre von Feenmärchen vgl. R. Steig, *Clemens Brentano*, S. 68 u. S. 116.

51 J. Grimm, *Über die Altertümer des deutschen Rechts*, in: J./W. Grimm, *Schriften und Reden*, S. 100–108, hier S. 101 f.; vgl. auch R. Steig, *Clemens Brentano*, S. 6, und ders., *Achim v. Arnim*, S. 7, S. 44 u. S. 238.

52 J. Grimm, *Lebensabriß*, in: J./W. Grimm, *Schriften und Reden*, S. 34–37, hier S. 35. Die vorteilhaften Arbeitsbedingungen, welche die Brüder Grimm unter frz. Herrschaft genossen (vgl. H.-B. Harder, *Die amtliche und publizistische Tätigkeit der Brüder Grimm*, S. 30, und R. Steig, *Achim von Arnim*, S. 51, S. 72 u. S. 280), veranlaßte sie in ihrem Urteil über die Franzosen vorerst zu einer vorsichtigen Zurückhaltung.

53 J. Grimm, *Über die Altertümer des deutschen Rechts*, in: J./W. Grimm, *Schriften und Reden*, S. 102.

54 W. Grimm, *Selbstbiographie*, in: ebd., S. 163–186, hier S. 182; vgl. J. Grimm, *Selbstbiographie*, in: ebd., S. 15–34, hier S. 27, und R. Steig, *Achim von Arnim*, S. 287.

55 J. Grimm, *Selbstbiographie*, in: J./W. Grimm, *Schriften und Reden*, S. 27; »hessische Anhänglichkeit« trieb W. Grimm 1809 dazu, der hessischen Kurprinzessin in Berlin persönlich seine »*Verehrung zu bezeigen*« (ebd., S. 178 f.); vgl. auch sein rechtfertigendes Bewerbungsschreiben an den Kurfürsten 1813 (zit. in: H.-B. Harder, *Die amtliche und publizistische Tätigkeit der Brüder Grimm*, S. 30 f.).

56 J. Grimm, *Ansprache an die Studenten* 1843, in: J./W. Grimm, *Schriften und Reden*, hier S. 157.

57 J. Grimm, *Selbstbiographie*, in: J. / W. Grimm, *Schriften und Reden*, S. 25.

58 Zunächst als Mitarbeiter an Achim v. Arnims und Clemens Brentanos Volksliedersammlung *Des Knaben Wunderhorn* (1806/08; vgl. H. Rölleke, *Die Beiträge der Brüder Grimm zu ›Des Knaben Wunderhorn‹*, in: ders., ›*Nebeninschriften*‹, S. 50 bis 63), welche bereits eine Tendenz zur nationalen Akzentuierung aufweist (vgl. ders., *Nachwort*, in: *Des Knaben Wunderhorn*, Bd. 3, S. 557–581, hier S. 563 f.); zum biographischen Interesse der Brüder Grimm an Märchen vgl. ders., *Die Märchen- und Sagensammlung der Brüder Grimm*, in: D. Hennig / B. Lauer (Hg.), *200 Jahre Brüder Grimm*, Bd. 1, S. 101–111, hier S. 103.

59 W. Grimm, *Über das Wesen der Märchen*, in: J./W. Grimm, *Schriften und Reden*, S. 192–198, hier S. 193.

60 Möglicherweise wollten die Brüder Grimm sich auch nicht mit einem »*deutsch*« im Titel zu stark an Johann Carl August Musäus' bereits sehr erfolgreichen *Volksmährchen der Deutschen* (1782) bzw. Christiane Benedicte Eugenie Norberts *Neue Volksmärchen der Deutschen* (1789–93) oder Joseph Görres' *Die teutschen Volksbücher* (1807) messen lassen; schon A. v. Arnim schlug einen eher pädagogischen Zusatz im Titel vor: »*für Aeltern zum Wiedererzählen nach eigner Auswahl*« (zit. in: R. Steig, *Achim von Arnim*, S. 263). Zum Titel *Kinder- und Hausmärchen* vgl. die Vorrede von 1819, in: J./W. Grimm, *Schriften und Reden*, S. 192–198, hier S. 192 f., bzw. R. Steig, *Achim von Arnim*, S. 269 ff.

61 J./W. Grimm, *Kinder- und Hausmärchen* (1989), Bd. 1, S. 20.

62 J. Bolte/G. Polívka, *Anmerkungen zu den Kinder- und Hausmärchen*, Bd. 4, S. 437.

63 J. Grimm, zit. in: R. Steig, *Achim von Arnim*, S. 608.

64 J. Grimm, *Kinder- und Hausmärchen* (1989), Bd. 1, S. 19; vgl. dazu den Aufsatz von H. Rölleke, *Die ›stockhessischen‹ Märchen der ›Alten Marie‹ – Das Ende eines Mythos um die frühesten KHM-Aufzeichnungen der Brüder Grimm*, in: ders., »*Wo das Wünschen noch geholfen hat*«, S. 29–54. Die Befragung der »Gewährsleute« (vgl. ihre Vorstellung in: W. Schoof, *Zur Entstehung der Grimmschen Märchen*, S. 59–130 u. S. 227–230) war allerdings nicht immer einfach (vgl. R. Steig, *Clemens Brentano*, S. 118). Zur Belohnung der Gewährsleute vgl. H. Rölleke, *Die Frau in den Märchen der Brüder Grimm*, in: ders., »*Wo das Wünschen noch geholfen hat*«, S. 220–235, hier S. 225.

65 Schon im *Zirkular wegen Aufsammlung der Volkspoesie* von 1815 fällt auf, wie wenig Bedeutung Grimms heimatliche Feldforschung den mündlichen Quellen beimißt: »*Schließlich werden Sie ersucht, der ordentlichen Aufbewahrung des Eingehenden halben, jeden Gegenstand auf ein einzelnes Blatt zu bringen, auch darauf Ort und Landschaft und Zeit, wo er gesammelt worden, und neben Ihrem Namen nötigenfalls den des Erzählers mit zu bemerken*« (in: J. / W. Grimm, *Schriften und Re-*

den, S. 44–47, hier S. 47; vgl. C. Brentanos Kritik, in: R. Steig, *Clemens Brentano*, S. 192); daß die Brüder Grimm selbst ihre Aufzeichnungen nach deren Auswertung beseitigt haben, mag ebenso bezeichnend sein.

66 Vgl. H. Rölleke, *Die Brüder Grimm in Spinnstuben, dämmrigen Küchenwinkeln und an Kohlenmeilern? Oder: Über die Fragwürdigkeit tertiärer Überlieferungen*, in: ders., *»Wo das Wünschen noch geholfen hat«*, S. 121–132, hier S. 121.

67 Vgl. die Vorrede zur Ausgabe von 1815: »*Alles aber, was aus mündlicher Ueberlieferung hier gesammelt worden, ist sowohl nach seiner Entstehung als Ausbildung (...) rein deutsch und nirgendher erborgt*« (*Die Kinder- und Hausmärchen* [1913], S. 6 f.), somit liegt in diesen Volks-Märchen »*lauter urdeutscher Mythus, den man für verloren gehalten*« (ebd., S. 4).

68 Vgl. A. Romain, *Zur Gestalt des Grimmschen Dornröschenmärchens*, S. 97 ff.

69 So waren etwa Basile-Ausgaben damals so selten, daß an eine Entdeckung der Quelle oder einen kritischen Vergleich nicht zu denken war (vgl. H. Rölleke, *Unbekannte Märchen*, S. 12).

70 Vgl. J. Bolte / G. Polívka, *Anmerkungen zu den Kinder- und Hausmärchen*, Bd. 4, S. 449.

71 J. Grimm in bezug auf den Märchensammler Johann Gustav Gottlieb Büsching (1783–1829), zit. in: R. Steig, *Achim von Arnim*, S. 219.

72 J./W. Grimm, *Kinder- und Hausmärchen* (1989), Bd. 3, S. 9; 1811 heißt es bei J. Grimm in einem Entwurf: »*Die Unternehmung soll durchaus kein sogenannt unterhaltendes Buch liefern; (...)*« (zit. in: J. Bolte/G. Polívka, *Anmerkungen zu den Kinder- und Hausmärchen*, Bd. 4, S. 424); zu den Vorbildern vgl. R. Steig, *Achim von Arnim*, S. 253.

73 Zit. in: R. Steig, *Clemens Brentano*, S. 192; A. v. Arnim trifft den wunden Punkt der Sammlung, wenn er den Grimms schreibt: »*(...) ich glaube es Euch nimmermehr, selbst wenn Ihr es glaubt, daß die Kindermärchen von Euch so aufgeschrieben sind, wie Ihr sie empfangen habt, der bildende, fortschaffende Trieb ist im Menschen gegen alle Vorsätze siegend und schlechterdings unaustilgbar*« (zit. in: R. Steig, *Achim von Arnim*, S. 248 f.); diese Kritik, auf welche die Brüder Grimm nur sehr ausweichend antworteten (ebd., S. 255 u. S. 267), ist allerdings auch im Fall der *Wunderhorn*-Sammlung berechtigt (vgl. H. Rölleke, *Nachwort*, in: *Des Knaben Wunderhorn*, S. 575, und R. Steig, *Achim von Arnim*, S. 131 f. u. S. 137 f.).

74 Zit. in: J. Bolte/G. Polívka, *Anmerkungen zu den Kinder- und Hausmärchen*, Bd. 4, S. 450, Anm. 1.

75 In dem Sinne ließ auch Bertuch seiner populären *Blauen Bibliothek* 1808 eine Version für die Kleinen folgen unter dem Titel *Kinder-Moral in Feen-Mährchen* (vgl. D. Richter, *Das fremde Kind*, S. 213 f.). Ein solches Interesse am Kind wie am Kindlichen als Symbol des Neuen, Reinen und Göttlichen läßt sich auch in der Literatur um 1800 generell beobachten. Entsprechenden Richtlinien unterwarf schließlich auch Gustav Schwab seine einflußreiche Nacherzählung der griechischen Mythen, wenn er dafür sorgt, »*daß alles Anstößige entfernt bleibe*« (G. Schwab, *Die schönsten Sagen des klassischen Altertums*, Bd. 1, S. 8).

76 J./W. Grimm, *Kinder- und Hausmärchen* (1989), Bd. 1, S. 17; vgl. R. Steig, *Achim von Arnim*, S. 297. Damit wurden anfängliche Editionsgrundsätze vollends aufgegeben (vgl. ders., *Clemens Brentano*, S. 162); vgl. Arnims Vorschlag zur Illustration, zit. in: R. Steig, *Achim von Arnim*, S. 252.

77 J. Grimm weiß »*kein besseres Beispiel*« für ein »*Muster*« (zit. in: R. Steig, *Clemens Brentano*, S. 167), und noch 1853 lobt W. Grimm Runges plattdeutsche Märchen, »*in welchen bei warmer und ausführlicher Darstellung kein unwahres Wort gesagt ist*« (*Albanesische Märchen*, in: J./W. Grimm, *Schriften und Reden*, S. 250–254, hier S. 251).

78 Grimms Märchen sind unter ihrer Hand derart zu Lesetexten geworden, daß sie sich in dieser Gestalt kaum mehr mündlich frei erzählen lassen; zu den Stiltendenzen der Märchenbearbeitungen vgl. G. Ginschel, *Der junge Jacob Grimm*, S. 216 f. u. S. 423 f.

79 Zur Auswahl vgl. H. Rölleke, *Nachwort*, in: J./W. Grimm, *Kinder- und Hausmärchen* (1989), Bd. 3, S. 590–617, hier S. 606.

80 Zit. in: R. Steig, *Achim von Arnim*, S. 319.

81 In seinem Handexemplar findet sich etwa folgender Eintrag: »*Wh.* [Wilhelm] *war bei Ausarbeitung dieser neuen Ausgabe des Materials nicht mächtig.*« (zit. in: J. Bolte/G. Polívka, *Anmerkungen zu den Kinder- und Hausmärchen*, Bd. 4, S. 461.)

82 Ebd., S. 462; zum genauen Anteil der beiden Brüder an der Märchensammlung vgl. *Enzyklopädie des Märchens*, Bd. 6, S. 174 f. u. S. 188 ff. Wenn Jacob mehr das wissenschaftliche Interesse wie die »*Treue*« der Wiedergabe betont und Wilhelm mehr den poetischen Charakter, so läßt sich doch keine eigentliche Differenz in den Märchenbearbeitungen der Brüder ausmachen (vgl. G. Ginschel, *Der junge Jacob Grimm*, S. 219 u. S. 253).

83 Vgl. Jacobs Brief vom 11. 5. 1815 an Wilhelm (J./W. Grimm, *Briefwechsel*, S. 438); möglicherweise auch durch Friedrich Schlegel (1772–1829) darin bestärkt, daß sich Kinderbuch und wissenschaftliche Sammlung in diesem Falle nicht völlig vereinigen ließen. Zur Pädagogisierung der Hausmärchen bemerkt J. Grimm 1816: »*Vaterländische Geschichte und Poesie muß gleichsam mit der Muttermilch gesogen und in dem Hause erzählt und besprochen werden, ehe das Kind die Schule betritt und wenn es aus der Schule nach Haus kommt.*« (J./W. Grimm, *Schriften und Reden*, S. 142.)

84 J. Grimm, *Rede auf Wilhelm Grimm*, in: J./W. Grimm, *Schriften und Reden*, S. 115 bis 132, hier S. 124.

85 Ebd., S. 132.

86 J. Grimm, *Lebensabriß*, in: J./W. Grimm, *Schriften und Reden*, S. 37. Die Beziehung der beiden Brüder war überaus innig: Bett- (ebd., S. 18), Wohn-, Güter- (ebd., S. 34) und Arbeitsgemeinschaft (ebd., S. 37) ließen trotz charakterlichen Differenzen (J. Grimm, *Rede auf Wilhelm Grimm*, in: J./W. Grimm, *Schriften und Reden*, S. 124 f. u. S. 129, bzw. R. Steig, *Achim von Arnim*, S. 157) eine längere Trennung für beide als unerwünscht erscheinen (W. Grimm, *Selbstbiographie*, in: J./W. Grimm, *Schriften und Reden*, S. 183, bzw. R. Steig, *Clemens Brentano*, S. 53 u. S. 56, sowie ders., *Achim von Arnim*, S. 38). Arnim nannte sie denn auch einmal scherzhaft »*Eheleute*« (ebd., S. 524).

87 Wilhelm an Jacob Grimm 1838, zit. in: H. Rölleke, *Unbekannte Märchen von Wilhelm und Jacob Grimm*, S. 17; vgl. Goethes *Wunderhorn*-Rezension: »*Wer weiß nicht, was ein Lied auszustehen hat, wenn es durch den Mund des Volkes, und nicht etwa nur des ungebildeten, eine Weile durchgeht! Warum soll der, der es in letzter Instanz aufzeichnet, mit andern zusammenstellt, nicht auch ein gewisses Recht daran haben?*« (Goethe, *Werke*, Bd. 12, S. 283.) Mit dieser Haltung geraten die Brüder Grimm zwangsläufig in Konflikt mit anfänglich geäußerten Vorstellungen (R. Steig, *Achim von Arnim*, S. 256).

88 J./W. Grimm, *Kinder- und Hausmärchen* (1989), Bd. 3, S. 418; vgl. R. van Dülmen, *Kultur und Alltag*, Bd. 3, S. 212–226.

89 J./W. Grimm, *Kinder- und Hausmärchen* (1989), Bd. 1, S. 15; vgl. auch ihr *Zirkular wegen Aufsammlung der Volkspoesie* von 1815, in: J./W. Grimm, *Schriften und Reden*, S. 44; »*daß es mit der Kunst des Erzählens zu Ende geht*« (W. Benjamin, *Der Erzähler*, in: ders., *Gesammelte Schriften*, Bd. 2, S. 439) bzw. daß zum Beschreiben und Erzählen die Zeit fehlt (J.-P. Sartre, *Was ist Literatur?*, S. 221), ist auch Resultat gesellschaftlicher Veränderungen in der Moderne.

90 J. Bolte/G. Polívka, *Anmerkungen zu den Kinder- und Hausmärchen*, Bd. 4, S. 4; fast zwangsläufig mußten ältere Märchen wie jene Straparolas, Basiles oder auch Perraults gegen diese enge Definition verstoßen (vgl. J. Grimm, *Der Pentamerone*, in: ders., *Kleinere Schriften*, Bd. 8, S. 191–201, hier S. 201).

91 *Die Wünsche, die der heilige Martin dem Habgierigen und dem Neidischen gewährte*, in: *Fabliaux*, S. 232–237, hier, S. 233; vgl. auch die pädagogischen Absichten in *Il Novellino*, S. 17.

92 Als positivistische Reaktion auf die romantische, mythologische und irrationalistische Märchenforschung des 19. Jh. begründeten Kaarle Krohn und Antti Aarne um die Jahrhundertwende die sogenannte *finnische Schule*, die davon ausgeht, daß sich die Geschichte des Märchens aufgrund der Entwicklungen jedes einzelnen Märchentyps schreiben läßt. Ihr Kernstück ist die *historisch-geographi-*

sche *Methode*, welche von den vorhandenen Märchenfassungen mittels Textvergleichen eine sogenannte *Urform*, eine Art Archetypus, rekonstruiert, deren Heimat und Entstehungszeit Aufschluß über Ursprung und geographische Verbreitung des entsprechenden Typs geben soll; vgl. A. Aarne, *Leitfaden der vergleichenden Märchenforschung*; L. Röhrich, *Geographisch-historische Methode*, in: *Enzyklopädie des Märchens*, Bd. 5, S. 1012–1030.

93 Lutz Röhrich hat diesen Aspekt 1956 im Buch *Märchen und Wirklichkeit* untersucht, doch wurde sein Ansatz kaum ernsthaft gewürdigt; verdienstvolle Ausnahmen bilden die Arbeiten von Robert Darnton (*Bauern erzählen Märchen*, in: *Das große Katzenmassaker*, S. 17–88), Peter Burke (*Helden, Schurken und Narren*) und Dieter Richter (*Das fremde Kind*); vgl. auch die Märchen-Def. von Max Lüthi: »*Das Märchen ist eine welthaltige Abenteuererzählung von raffender, sublimierender Stilgestalt*« (*Das europäische Volksmärchen*, S. 77) und von Gerhard Kahlo: »*Das Märchen ist also ein Gemisch aus schöpferischer Einbildungskraft und Tatsachen, durch die es an die Wirklichkeit gebunden ist*« (*Die Wahrheit im Märchen*, S. 7). Dabei hat schon C. M. Wieland im 18. Jh. darauf verwiesen: »*(...) jede [Nation] hat (...) ihren Vorrath uralter Mährchen, die mit ihrer eigenen Vorstellungs- und Lebens-Weise, mit ihrer Geschichte, Religion, klimatischen, sittlichen und bürgerlichen Verfassung so stark verwebt ist, daß keine Zeitfolge sie ganz daraus vertilgen kann.*« (*Wielands Gesammelte Schriften*, 1. Abt., Bd. 18, S. 5–9, hier S. 9.)

94 Übers. aus: *Rodulfus Glaberi Historiarum sui temperis libri quinque*, Sp. 676; vgl. weitere Beispiele von mittelalterlichen Kindstötungen infolge Hungersnöten: J. Boswell, *The Kindness of Strangers*, S. 402 f. u. S. 412, bzw. P. Camporesi, *Das Brot der Träume*, S. 25, S. 59 u. S. 109.

95 »*Folgende Begebenheit hat Prätorius von einem Studenten erfahren, dessen Mutter gesagt hatte, sie sei zu Dessau geschehen*« (J./W. Grimm, *Deutsche Sagen* [1994], 1. Teil, *Die zwei unterirdischen Weiber*); vgl. auch in: *Die Erzählungen aus den Tausendundein Nächten*, *Die Geschichte des zwölften Wachthauptmanns* (719. Nacht, Bd. 8, S. 820).

96 Zusätzlich gefördert durch wachsenden Buchhandel und erstarkende Lesekultur nutzten zahlreiche populäre Märchenbücher die günstige Ausgangslage: etwa die 23 Nummern der *Billigen Märchenbücher für Kinder* (Paderborn 1894–97) oder die 37 Bände der *Märchen der Weltliteratur*, hg. v. Fr. v. d. Leyen und P. Zaunert, Jena 1919–40, deren neue Folge seit 1953 bereits auf 110 Bände angewachsen ist (vgl. das *Gesamtverzeichnis des deutschsprachigen Schrifttums* [GV] 1700–1910, Bd. 92, S. 430–442, und R. Schenda, *Volk ohne Buch*, S. 299–305).

97 Fritz Ernst, *Dornröschen in drei Sprachen*, S. 142 f.

98 Vgl. die *Aschengrübel*-Fassung des Gewährsmannes von S. Singer, in: ders., *Schweizer Märchen*, S. 10 u. S. 12, sowie die Bearbeitung des *Däumling*-Märchens durch die Brüder Grimm (R. Hagen, *Perraults Märchen*, S. 399 f.).

99 Vgl. Fritz Ernst: »*Wer wiederholt mit diesem Geschichtchen umging, versteht Sainte-Beuves Meinung, was Perrault erreicht habe, sei ›la perfection du conte pour la race française‹. War es eine ernsthafte Angelegenheit, sich mit dem französischen Märchen abzugeben, so ist es ein sozusagen feierlicher Augenblick, wenn in unserem europäischen Gespräch das deutsche Märchen nun zum Worte kommt. Ein abendlicher Lichterglanz, entzündet von einem innerlichsten Brüderpaar, erhellt ihn liebevoll*« (*Dornröschen in drei Sprachen*, S. 149).

100 Vgl. H. Bausinger, *Volkskultur in der technischen Welt*, S. 15 ff.

101 Volksaufklärung und Bildungsprogramme förderten zusätzlich »*gute Lektüren*« und zensurierten »*schlechte*« Lesestoffe (R. Schenda, *Volk ohne Buch*, S. 66–73 bzw. S. 91–141).

102 Für das 20. Jh. erfüllen die Trickfilme von Walt Disney (1901–66) wohl diese Funktion.

103 Vgl. R. Darnton: »*Und also führt uns der Psychoanalytiker mit einer unheimlichen Sensibilität für Einzelheiten, die in dem ursprünglichen Volksmärchen gar nicht vorkamen, in ein geistiges Universum, das niemals existiert hat, jedenfalls nicht vor dem Aufkommen der Psychoanalyse*« (*Bauern erzählen Märchen*, in: ders., *Das große Katzenmassaker*, S. 19); damit sollen allerdings allfällige therapeutische Erfolge nicht in Abrede gestellt werden.

104 K. Ranke, *Die Welt der einfachen Formen*, S. 41.

105 U. Timm, *Erzählen und kein Ende*, S. 126 f.

106 P. Bichsel, *Schulmeistereien*, S. 10; vgl. auch ders.: »*Unser Leben wird dann sinn-voll, wenn wir es erzählen können*« (*Der Leser. Das Erzählen*, S. 78); bzw. W. Ben-jamin, für den die Begabung des Erzählers im erfahrungsgesättigten Leben wur-zelt und seine Würde darin, »*sein ganzes Leben erzählen zu können*« (*Der Erzähler*, in: ders., *Gesammelte Schriften*, Bd. 2, S. 464).

107 U. Timm, *Erzählen und kein Ende*, S. 76.

108 Vgl. B. af Klintberg, *Der Elefant auf dem VW*, oder R. W. Brednichs drei Bestsel-ler-Bände voller *Sagenhafter Geschichten von heute* (*Die Spinne in der Yucca-Palme*, *Die Maus im Jumbo-Jet*, *Das Huhn mit dem Gipsbein*).

109 Vgl. R. W. Brednich, *Die Spinne in der Yucca-Palme*, S. 16. Am 24. 11. 1993 mel-dete der Zürcher *Tages-Anzeiger* in einer kurzen Notiz eine typische *Urban Le-gend*, wonach in Wien »*ein U-Bahn-Passagier schwarzer Hautfarbe eine ältere Weiße, die ihn auf der Linie 3 andauernd mit rassistischen Parolen beschimpft hatte, listig zur Schwarzfahrerin*« machte. Zwei Tage später stand in derselben Zeitung, daß die Wiener Geschichte zuvor schon im Schweizer Kurzfilm *Schwarzfahrer* (1992) aufgetaucht sei (Martin O. Hedinger, *Die keifende Frau, der billettfressende Neger: Wien (und die »Kronenzeitung«) sind überall*, 26. 11. 1993, S. 72). Im Früh-jahr 1994 schließlich berichtete auch *Der Spiegel* über die U-Bahn-Geschichte aus Anlaß eines Oscar-gekrönten deutschen Kurzfilms mit dem Titel *Schwarzfahrer* (*Alles selbst erlebt*, Nr. 13, 28. 3. 1994, S. 230 f.), der nochmals dieselbe Geschichte erzählt – die überdies bereits 1987 in einem Werbespot der Osloer Verkehrsbe-triebe aufgetaucht sei. Damit nicht genug, R. W. Brednich gibt eine Version aus Berlin bzw. Helsinki zum besten, in welcher der Schwarze durch einen Punker er-setzt ist (*Die Spinne in der Yucca-Palme*, Nr. 24, S. 50).

110 Vgl. Lucien Febvre: »*Die Geschichte, die man uns lehrte, die Geschichte, zu der man uns anhielt, war in Wirklichkeit nur eine Vergottung der Gegenwart mit Hilfe der Vergangenheit.*« (*Ein Historiker prüft sein Gewissen*, in: ders., *Das Gewissen des Historikers*, S. 14).

DAS DORNRÖSCHEN-MÄRCHEN

Geschichte von Troylus und Zellandine (*Histoire de Troylus et de Zellandine*. Auszug aus: *Le Roman de Perceforest*), in: J. Lods, *Le Roman de Perceforest* (Appendice), S. 290 f.; für diese Ausgabe aus dem Altfranz. übers. v. Katharina Oechslin.

Frayre de Joy e Sor de Plaser (Auszug), basierend auf der ital. Nacherzählung von Ester Zago in: G. Franci / E. Zago, *La bella addormentata*, S. 65–70; für diese Ausgabe aus dem Ital. übers. v. Bruno Grütter.

Giambattista Basile: *Sonne, Mond und Talia*, in: ders., *Das Märchen aller Märchen*, Bd. 5, S. 55–65.

Charles Perrault: *Die schlafende Schöne im Walde*, in: ders., *Sämtliche Märchen*, S. 55 bis 69.

Brüder Grimm: *Dornröschen*, Ölenberger Handschrift, in: ders., *Die älteste Märchen-sammlung der Brüder Grimm*, S. 106/108.

– : *Dornröschen*, in der Version der fünften Auflage, in: ders., *Kinder- und Hausmär-chen* (1989), Bd. 1, S. 257–260.

1 Gemäß der allgemeinen Märchentypologie von Antti Aarne und Stith Thompson handelt es sich hierbei um den Märchen-Typus Nr. 410: *Die schlafende Schöne* – von uns im weiteren mit *Dornröschen* bezeichnet; vgl. A. Aarne / S. Thompson, *The Types of the Folktale*, S. 137 f.

2 A. Jolles, *Einfache Formen*, S. 241 ff.; vgl. J. Bolte/G. Polívka, *Anmerkungen zu den Kinder- und Hausmärchen*, Bd. 4, S. 4.

3 Die These eines älteren, indisch-orientalischen Ursprungs, wie ihn E. Cosquin (*L'épingle enchantée*, 30. Jg., S. 14 ff. u. S. 78) behauptet, läßt sich kaum halten; vgl. G. Franci / E. Zago, *La bella addormentata*, S. 15 f.

4 Vgl. E. Zago, *Frayre de Joy e Sor de Plaser Re-examined*, S. 273.

5 M. de Riquer, *Història de la literatura catalana*, Bd. 2, S. 76.

6 Folglich widerspiegelt der *Perceforest*-Roman am Vorabend des Hundertjährigen Kriegs (1339–1453) mit seinen furchtbaren Niederlagen gegen die englischen Volksheere die wirtschaftliche (Konkurrenz durch Soldritter) und ideologische Krise (Auflösung des Templerordens 1307) der französischen Ritterschaft; vgl. J. Lods, *Le Roman de Perceforest*, S. 234–245.

7 Themis fühlt sich wegen eines fehlenden Messers, das bei Zellandines Geburtstagsfeier an ihrer Tafel fehlt, beleidigt – ein literarisches Motiv, das sich schon im 13. Jh. findet; vgl. J. Lods, *Le Roman de Perceforest*, S. 85; G. Franci / E. Zago, *La bella addormentata*, S. 10. Ebenfalls schon im 13. Jh. taucht das Motiv des todähnlichen Schlafs auf; vgl. die *Legende vom schlafenden Kreter Epimenides*, die *Legende der Siebenschläfer von Ephesus* oder die *Kyffhäuser*-Sage.

8 Das Betrachten einer Schönen gilt in der provenzalischen Dichtung des 14. Jh. als erste von fünf Stufen der Liebe: Begierde, Anbetung, Minnedienst, Kuß und Tat (vgl. R. Nelli, *L'Erotique des Troubadours*, S. 181). Früher schon, in der frz. *Pastourelle*-Dichtung des 13. Jh., findet sich die Vergewaltigung als literarisches Thema besonders ausgeprägt (vgl. W. S. Paden, *Rape in the Pastourelle*, S. 332). Im Verhalten von Troylus kommt überdies die zeitgenössische sexuelle Vorstellung zum Ausdruck, daß die Frau immer zum Geschlechtverkehr bereit ist, auch ohne Vorbereitung dazu (J. A. Brundage, *Law, Sex, and Christian Society*, S. 427).

9 Troylus' Zögern mag mit den noch im 16. und 17. Jh. zahlreichen Warnungen vor der »Liebesbegierde« zu tun haben, die selbst die stärksten Männer bezwingen soll; dennoch obsiegt der geheimnisvolle »sextus sensus« (sechste Sinn), die »titillantissima voluptas« (überaus kitzelnde Begierde), die Giulio Cesare Scaligero (1484 bis 1558) zu ergründen suchte (P. Camporesi, *Geheimnisse der Venus*, S. 20-25). vgl. auch: ebd., S. 49).

10 Die von P. Meyer konstatierte Textlücke im Pariser Manuskript (P. Meyer, *Nouvelles Catalanes inédites*) läßt sich anhand einer zweiten Handschrift in Palma de Mallorca schließen (J. Massó Torrents, *Repertori de l'antiga literatura catalana*, Bd. 2, S. 516–524) und ist in die hier verwendete Übersetzung von G. Franci und E. Zago eingearbeitet.

11 Zur Figur des sprechenden Vogels im Mittelalter vgl. E. Zago, *Frayre de Joy e Sor de Plaser Re-examined*, S. 271, Anm. 11.

12 Über die frz. Quellen der katalanischen Verserzählung vgl. E. Zago, *Some Medieval Versions of Sleeping Beauty*, S. 426–429. Zu Beginn des 14. Jh. findet sich im katalanischen Gedicht *Blandin de Cornoualha* übrigens eine weniger anspielungsreiche höfische *Dornröschen*-Episode: Der Ritter Blandin befreit die von ihrem Vater grundlos durch Zauberei eingeschläferte Brianda dank den Ratschlägen ihres Bruders und nach Art mittelalterlicher Rittergeschichten (er muß eine Schlange, einen Drachen und einen wilden Sarazenen töten, um einen weißen Vogel zu befreien, der erst den Schlafzauber lösen kann), um sie schließlich zu heiraten (vgl. P. Meyer, *Le Roman de Blandin de Cornouailles et de Guillot Ardit*).

13 Vgl. J. Grimm, *Über die Notnunft an Frauen*, in: ders., *Recensionen*, Bd. 7, S. 27 bis 50, bzw. *Deutsche Rechts-Alterthümer*, S. 633 f.

14 Vgl. S. Brownmiller, *Gegen unseren Willen*, S. 19–37; J. Rossiaud, *Dame Venus*, S. 18 ff.; R. van Dülmen, *Kultur und Alltag*, Bd. 1, S. 233 ff.

15 M. de Montaigne, *Von der Völlerey* (2. Buch, 2. Hauptstück), in: ders., *Essais*, Bd. 1, S. 668.

16 So wurde 1563 auf dem Konzil von Trient die Institutionalisierung der Eheschließung vor dem zuständigen Pfarrer mit zwei Zeugen und damit der Vollzug des seit 1184 geltenden Ehesakraments festgelegt; vgl. H. Wunder, *»Er ist die Sonn', sie ist der Mond«*, S. 59 ff.

17 Eine Unsicherheit, die sich möglicherweise auch im mittelalterlichen Volksglauben vom Incubus widerspiegelt, jenem dämonischen Kobold, der mit schlafenden Frauen Kinder zeugt.

18 Zit. nach T. Laqueur, *Auf den Leib geschrieben*, S. 39.

19 Vgl. ebd., S. 58–67, S. 117–122 und S. 207–219; die Theorie von Aetios steht im Widerspruch zu jener von Aristoteles, der aus philosophischen Gründen dem Orgasmus keine die Fortpflanzung bestimmende Funktion zuweist.

20 Vgl. etwa L. Röhrich, *Erzählungen des späten Mittelalters*, Bd. 2, S. 425, oder H. W. Kirchhof, *Wendunmuth*, Bd. 1, S. 375 f. (Nr. 334: »*Einer beschlafft ein magd*«).

21 T. Laqueur: »*Kurz gesagt, Erfahrung wird so erinnert und wiedergegeben, daß sie sich mit den herrschenden Paradigmen [Vorstellungen] deckt.*« (*Auf den Leib geschrieben*, S. 118.)

22 Die Brüder Grimm verwandeln im Verlaufe ihrer *Dornröschen*-Bearbeitung die Feen wieder in *weise Frauen* zurück, ohne ihnen allerdings die Hebammenfunktion zurückzugeben; A. Wesselski vermutet dahinter ein Ablenken von der französisch beeinflußten Feenmärchen-Mode des späten 18. Jh. zugunsten eines deutschen, »bodenständigen Erzählguts« (*Deutsche Märchen vor Grimm*, S. 9 f.).

23 In der italienischen *Perceforest*-Übersetzung von 1558 verwandelt sich dieser erotische Seufzer – in der katalanischen Novelle noch als Aufforderung und Einwilligung der Frau in die Vergewaltigung verstanden (G. Franci/E. Zago, *La bella addormentata*, S. 65) – ins Gähnen einer bald Erwachenden (ebd., S. 83); folglich fehlt auch die Traurigkeit, wie sie die erwachende Zellandine im *Perceforest*-Roman noch befällt (J. Lods, *Le Roman de Perceforest*, S. 292), denn nach Augustinus kann »die Heiligkeit des Leibes«, solange die »Heiligkeit der Seele« besteht, auch »bei geschändetem Leib« nicht verlorengehen: »*Darum hat eine Frau, die ohne ihren Willen gewaltsam geschändet und durch fremde Sünde zum Beischlaf gezwungen wurde, keine Schuld, die sie durch einen freiwilligen Tod bestrafen müßte.*« (*Der Gottesstaat*, Buch 1/18, S. 41/43).

24 T. Laqueur, *Auf den Leib geschrieben*, S. 13; dieses Fallbeispiel aus J.-J. Bruhiers *Dissertation sur l'incertitude des signes de la mort* (2. Aufl., 1749) wurde bis ins 19. Jh. nicht nur häufig zitiert und diskutiert, sondern fand auch als beliebtes Motiv Eingang in die Trivialliteratur (M. Thalmann, *Der Trivialroman des 18. Jh.*, S. 48 f.). In *Die Marquise von O....* (1807) hat auch H. von Kleist eine verwandte Geschichte literarisch verarbeitet, als Quelle dafür diente eine Anekdote aus Montaignes Essay *Von der Völlerey* (*Essais*, Bd. 1, S. 668). Voltaire dagegen spottet in *Der Mann mit den vierzig Talern* über diesen Disput unter Naturwissenschaftlern (in: Voltaire, *Sämtliche Romane*, S. 366–437, hier S. 403 f.).

25 T. Laqueur, *Auf den Leib geschrieben*, S. 14.

26 L. Röhrich, *Erzählungen des späten Mittelalters*, Bd. 2, S. 416; für weitere Geschichten vgl. J. Lods, *Le Roman de Perceforest*, S. 77 f.

27 Vgl. M. Vasold, *Pest, Not und schwere Seuchen*, S. 70–93.

28 Vgl. G. Boccaccio, *Das Dekameron*, S. 16 f.

29 Vgl. S. T. Strocchia, *Death and Ritual in Renaissance Florence*, S. 62.

30 Vgl. T. Laqueur, *Auf den Leib geschrieben*, S. 14. So wurde etwa 1511 Papst Julius II. wegen einer mehrstündigen Ohnmacht für tot gehalten (J. Burckhardt, *Die Kultur der Renaissance*, S. 151, Anm. 42). Nicht zuletzt ist auch die medizinische Forschung in Francis Bacons Utopie *Neu-Atlantis* (1624) speziell auf die Wiederbelebung von Scheintoten ausgerichtet (S. 47).

31 Vgl. Chrétien de Troyes, *Erec und Enide*, S. 281 f., wo der totgeglaubte Erec auf die Zurufe der durch Unholde bedrängten Enide hin aus seinem Koma erwacht und sich auf die umstehenden Feinde wirft, welche glauben, »es sei der Teufel« (Vers 4870).

32 E. A. Poe, *Erzählungen*, S. 414.

33 P. Ariès, *Geschichte des Todes*, S. 515.

34 Ebd., S. 504 f.

35 Ebd., S. 35 ff.; das Verhältnis von Tod und Schlaf in der Antike untersucht schon G. E. Lessings Schrift *Wie die Alten den Tod gebildet* (in: ders., *Werke*, Bd. 6 (1767 bis 69), S. 715–778 u. S. 1080–1134).

36 Vgl. J./W. Grimm, *Deutsche Sagen* (1994), 2. Teil, *Sankt Arbogast*.

37 L. Röhrich, *Erzählungen des späten Mittelalters*, Bd. 2, S. 418; vgl. Ludwig Uhland, *Die Todten von Lustnau* (in: *Uhlands Schriften zur Geschichte der Dichtung und Sage*, Bd. 8, S. 452–460) bzw. J./W. Grimm, *Deutsche Sagen* (1994), 1. Teil, *Die Pferde aus dem Bodenloch* bzw. *Des Knaben Wunderhorn*, I/322 u. II/298.

38 Vgl. Apuleius, *Das Märchen von Amor und Psyche*, 5. Buch, 4. Abs. (S. 23), und L. Röhrich, *Erzählungen des späten Mittelalters*, Bd. 2, S. 417 f.

39 Im Gegensatz zum antiken Mythos von der Mondgöttin Selene, die ihren Geliebten Endymion in einer Höhle mit ewigem Schlaf beschenkt, um ihn besser küssen zu können, vermeiden die besonders im Orient verbreiteten Märchen, in denen eine Frau einen schlafenden Mann weckt (vgl. E. Cosquin, *L'épingle enchantée*, 28. Jg., S. 97 f., 29. Jg., S. 241 ff., u. 30. Jg., S. 6 ff.), bezeichnenderweise erotische zugunsten tragischer Aspekte; vgl. auch die Rahmenhandlung von Basiles *Pentamerone*, in der die weinende Zoza den »scheintoten« Prinzen Taddeo wieder zum Leben erweckt, bzw. das neapolitanische Barockmärchen *Die belohnte Barmherzigkeit* von Pompeo Sarnelli (*Posilecheata*), wo die Heldin Pacecca einen massakrierten Königssohn sowie dessen Gefolge mit Hilfe einer Fee zum Leben erweckt (»*wie aus einem Schlaf erwacht*«; *Die fünf Märchen*, S. 43–47).

40 *Sonne, Mond und Talia* wird im *Pentamerone*-Zyklus am 5. (und letzten) Tag als 5. Märchen von der buckligen Popa erzählt.

41 Vgl. J. Lods, *Le Roman de Perceforest*, S. 87; G. Franci / E. Zago, *La bella addormentata*, S. 89; da Basile spanisch sprach, ist denkbar, daß er die katalanische Version kannte (E. Zago, *Some Medieval Versions of Sleeping Beauty*, S. 431); ein Verbindungsglied zwischen dem *Perceforest*-Roman und Basile stellt auch die Legende vom Zauberer Vergil her, welche speziell im neapolitanischen Raum weit verbreitet war (vgl. C. v. Chledowski, *Neapolitanische Kulturbilder*, S. 22–26).

42 Obwohl das Christentum die antike Astrologie als Zauberei verdammte, gelangten ihre Kenntnisse im Verlauf des Mittelalters aus dem orientalischen Raum über Spanien und Sizilien ins Abendland, wo sie gerade in der Renaissance für das Geburtshoroskop eine wichtige Bedeutung erlangten (vgl. J. Gélis, *Die Geburt*, S. 297–302, und J. Burckhardt, *Die Kultur der Renaissance*, S. 552 f.). Das Motiv des Horoskops taucht in den orientalischen Märchen häufig bei lange vergeblich herbeigesehnten Geburten auf (vgl. *Die Erzählungen aus den Tausendundein Nächten*, Bd. 1, S. 169, Bd. 6, S. 764 u. S. 814, Bd. 9, S. 240 u. S. 276, Bd. 11, S. 216, bzw. *Das Papageienbuch*, S. 9).

43 Gemäß mittelalterlicher Ikonographie sind die Toten Sitzende; vgl. Ph. Ariès, *Geschichte des Todes*, S. 39. Ein Thron findet sich auch neben dem Bett der schlafenden Sœur-de-plaisir in der katalanischen Novelle.

44 Gerade im Italien der Renaissance setzte häufig auch die Adelsschicht ihre Kinder aus bzw. überantwortete sie Waisenhäusern oder fremden Ammen (vgl. J. Boswell, *The Kindness of Strangers*, S. 404 f., S. 420 u. S. 433); zum Aussetzen älterer bzw. mit Unglücksprophezeiungen belasteter Kinder vgl. J. Grimm, *Deutsche Rechts-Alterthümer*, Bd. 1, S. 460 u. S. 456.

45 Vgl. die ähnlichen Geschichten bei Basile (*Bestrafter Hochmut*, 4. Tag, 10. Märchen), Boccaccio (*Dekameron*, 2. Tag, 9. Geschichte) und in den *Erzählungen aus den Tausendundein Nächten* (Bd. 2, S. 557). Der Mann, der eine schlafende Schöne betrachtet, ist seit der Antike ein ausgesprochen populäres Motiv in der erotischen Literatur (vgl. F. Rigolot, *Les songes du savoir*, S. 92 f., P. Camporesi, *Bauern, Priester, Possenreißer*, S. 27, und G. Franci/E. Zago, *La bella addormentata*, S. 29 f.); um die erotische Spannung noch zu erhöhen, legt etwa der Ritter Peter im Volksbuch von 1535 der schlafenden schönen Magelone die Brüste frei (in: K. O. Conrady, *Deutsche Volksbücher*, S. 7–58, hier S. 36).

46 Zu denken ist dabei auch an den Versuch des Priapus, die schlafende Nymphe Lotis (Hestia / Vesta) zu vergewaltigen, die Vergewaltigung der schlafenden Rea durch den Kriegsgott Mars, die danach ebenfalls Zwillinge (Romulus und Remus) zur Welt bringt, oder an den von Homer in der *Odyssee* (11. Gesang, Verse 246 bis 254) festgehaltenen Mythos vom Meeresgott Poseidon, der die Tyro einschläfert, um sich an ihr zu vergehen: »*Aber nachdem der Gott vollendet die Werke der Liebe, / Gab er ihr fest die Hand und sprach die Worte und sagte: / ›Freue dich, Frau, der Liebe! Du wirst im Laufe des Jahres / Strahlende Kinder gebären; denn unfruchtbar sind nicht die Lager / Der Unsterblichen, und du sollst sie ernähren und aufziehn. / Nun aber geh nach Haus, halt an dich und nenne nicht meinen / Namen; doch dir bin ich Poseidon, der Erdenerschütterer.‹ / So sprach er und tauchte ins Meer, das wogende,*

unter. / Und die Schwangere kam mit Pélias nieder und Neleus [...].« Zwillingsge-
burten wurden im Mittelalter häufig als Zeichen des Ehebruchs der Frau gedeutet
(vgl. J. Boswell, The *Kindness of Strangers*, S. 106, Anm. 45, und S. Shahar, *Kindheit
im Mittelalter*, S. 145).

47 In der Vorrede zum zweiten Teil ihrer Märchensammlung in erster Auflage von
1814 lassen die Brüder Grimm daran keinen Zweifel: »*Das von der Spindel zum
Schlaf gestochene Dornröschen ist die vom Dorn entschlafene Brunhilde, nämlich
nicht einmal die nibelungische, sondern die altnordische selber.*« (*Kinder- und Hausmärchen* [1913], Bd. 2, S. 3.)

48 Vgl. J./W. Grimm, *Literatur*, in: ders., *Kinder- und Hausmärchen* (1989), Bd. 3, S.
304: »*Basile hat ganz im Geiste eines lebhaften, witzigen und scherzhaften Volks erzählt, mit beständigen Anspielungen auf Sitten und Gebräuche, selbst auf alte Geschichte und Mythologie, deren Kenntnis bei den Italienern überhaupt ziemlich verbreitet ist. Darin erscheint der Gegensatz zu dem ruhigen und einfachen Stil deutscher
Märchen.*« Vgl. auch J. Grimm, *Der Pentamerone*, Vorrede, in: ders., *Kleinere
Schriften*, Bd. 8, S. 192.

49 Die Brüder Grimm haben daraus ein eigenes Märchen gemacht, *Die böse Schwiegermutter* (Bruchstück Nr. 5), welches ihnen zufolge in der *deutschen Überlieferung* vom *Dornröschen*-Stoff fehle (*Kinder- und Hausmärchen* [1989], Bd. 3, S. 97
und S. 281).

50 Vgl. R. Zapperi, *Der schwangere Mann*, S. 132 ff.

51 Vgl. J. Grimm, *Deutsche Rechts-Alterthümer*, Bd. 2, S. 699.

52 Mit »*Barbarin vom Phasis*« bezeichnet Ovid in der *Ars amatoria* auch seine Medea
(2. Buch, Vers 382).

53 Rund 350 Jahre vor Basile läßt Marie de France im Lais *Eliduc* eine vergleichbare
Ehebruchsgeschichte weniger *barbarisch* enden: Der Ritter Eliduc entführt seine
junge englische Geliebte Guilliadun in die Bretagne und informiert sie auf der
Überfahrt, daß er bereits verheiratet sei, worauf sie in Ohnmacht fällt, ohne das
Bewußtsein wieder zu erlangen. Verzweifelt bettet er die Scheintote in einer abge-
legenen Kapelle vor dem Altar auf. Eliducs Ehefrau Guildeluëc erfährt davon
durch ihren Diener und begibt sich in Abwesenheit ihres Gatten dorthin, um das
Mädchen, »*das einer frischen Rose glich*«, nicht nur zu bestaunen, sondern auch zu
beklagen. Mit Hilfe eines Wieselweibchens (im Volksmund auch ein magisches
Tier des Lebens- und Liebesgenusses) gelingt es ihr, ein Heilkraut zu finden, das
die Geliebte ihres Mannes aus ihrem »*tiefen Schlaf*« erlöst. Die Erwachende erzählt
ihre ganze Lebensgeschichte (»*Eine Frau, die einem Mann vertraut, ist schön
dumm!*«), worauf Guildeluëc, statt auf Rache zu sinnen, sich freiwillig und in
gutem Einvernehmen von ihrem Gatten trennt und in ein Kloster eintritt. Diese
beispielhafte Aufopferung veranlaßt schließlich auch Eliduc und seine neue Gemahlin Guilliadun, sich dem Klosterleben zu weihen (*Novellen und Fabeln*, S. 154
bis 164).

54 Obgleich Basiles im neapolitanischen Dialekt verfaßte Märchensammlung gewiß
nicht leicht zu verstehen war (vgl. M. Soriano, *Les Contes de Perrault*, S. 113 u.
S. 409, Anm. 3), wurde sie in der französischen Aristokratie des 17. Jh. dennoch
sehr geschätzt. Perrault hat sie vermutlich über seinen intimen literarischen Protek-
tor und engen Freund Jean Chapelain, seinerseits befreundet mit Basiles Lehrmeister
Giambattista Marino, kennengelernt; sein Bruder Pierre Perrault, der nicht nur
ausgezeichnet Italienisch (und mehrere seiner Dialekte) verstand, sondern auch
als Übersetzer dilettierte, mag ihm dabei geholfen haben (ebd., S. 115 f.); möglicherweise kannte er auch die Fassungen aus dem 14. Jh. (E. Zago, *Some Medieval
Versions of Sleeping Beauty*, S. 431).

55 Gerade das 17. Jh. beschäftigte sich intensiv mit Problemen der Gattung und der
Geschichte des Märchens; vgl. Mlle Lhéritier de Villandon, die 1695 die Hypothese vertrat, daß das Märchen auf die Lyrik der französischen Troubadours des
12. Jh. zurückgehe (vgl. M. Soriano, *Les Contes de Perrault*, S. 477 u. S. 482).

56 Vgl. F. Rigolot, *Les songes du savoir*, S. 92 ff.; das Motiv vom Mann, der auf eine
allein von der Natur geschützte Schlafende stößt, erweist sich bei Perraults Zeitgenossen als sehr beliebt (vgl. etwa F. Pétis de la Croix, *Tausendundein Tag*, S. 311 f.,

bzw. P. Flemings Gedicht *Als Er Sie schlafend funde*, in: ders., *Deutsche Gedichte*, S. 127 f.).

57 Aufschlußreich ist, wie Perrault die naiv anmutenden Personencharakterisierungen in einer frühen Fassung stärker höfisch, aristokratisch stilisiert hat (*La Belle au bois dormant – conte*, in: ders., *Contes*, S. 243–253).

58 Für die Zeitgenossen Perraults galt wildes Dornengestrüpp natürlich als nutzlos, und sein Wuchern deuteten sie bibelfest (»*Der Weg des Faulen ist wie eine Dornenhecke, der Pfad des Fleißigen ist gebahnt*«, *Sprichwörter* 15,19) als Zeichen des faulen, im Kampf gegen die Natur unterlegenen Landmannes (vgl. Fénelon, *Die Abenteuer des Telemach*, S. 76). Die Schöne unter dem Dornengestrüpp erinnert zugleich an die Geliebte im biblischen Hohelied, die sich mit einer Blume unter Dornen vergleicht (2, 1 f.).

59 Im Mittelalter galt ein solcher Vergleich noch nicht als Blasphemie (E. Zago, *Some Medieval Versions of Sleeping Beauty*, S. 428). Der Bezug zu den vielen Totenerweckungen (»*aus dem Schlaf*«, Johannes 11,11) durch Christus (Tochter des Jairus, Jüngling von Nain, Lazarus) ist in dieser Hinsicht weniger problematisch.

60 Vgl. die Vergewaltigung Psyches im literarischen Rokoko-Rahmen bei Jean de La Fontaine, *Amor und Psyche*, S. 25 f.

61 Beispiele für diese Vorstellung aus Mythos, Legende und Volksglaube finden sich bei P. Saintyves, *Les Contes de Perrault*, S. 72–75.

62 Vgl. H. Krüger, *Die Märchen von Charles Perrault*, S. 117 f., u. G. Rouger (Hg.), *Histoires ou Contes du Temps Passé*, S. 297 ff. Hinter der Zurücksetzung der achten Fee läßt sich unschwer auch der Konflikt zwischen den gutnachbarlichen Verhältnissen innerhalb der alten Dorfgemeinschaften und dem immer stärkeren individualistischen Gebaren des 16. und 17. Jh. ausmachen: gebot der ethische Kodex, zu Taufen, Begräbnissen, Hochzeiten oder Erntefesten die Nachbarn einzuladen, verlor sich dieses Brauchtum infolge neuer Wertvorstellungen zusehends. Wirtschaftliche Veränderungen bewirkten die vermehrte Ausschließung der Bedürftigen, oft älterer Witwen, von der gemeinschaftlichen Wohlfahrt. Trotzdem fürchteten viele aus schlechtem Gewissen, die derart Behandelten würden sich mittels Hexerei (Verfluchung) dafür rächen (K. Thomas, *Die Hexen und ihre soziale Umwelt*, S. 282 f.).

63 Zur Spindel als gefährlichem und verbotenem Gegenstand im europäischen Volksglauben vgl. P. Saintyves, *Les Contes de Perrault*, S. 79–82.

64 L. Röhrich, *Märchen und Wirklichkeit*, S. 140; die Dornenhecke wird im übrigen in der Landwirtschaft des 17. Jh. häufig als Schutzzaun eingesetzt. In der Bibel ist es der ergrimmte Gott, der die verödeten Paläste und Burgen von Edom mit Dornengestrüpp überzieht (Jesaja 34,13).

65 F. Apel, *Die bezauberte Vernunft*, in: ders. / N. Miller (Hg.), *Das Kabinett der Feen*, S. 9. Bettina von Arnim (1785–1859) schreibt in ihrem Buch *Die Günderode* (1839): »*In Feenmärchen ist die heiligste Politik und auch die mächtigste; ich wollt der größte Staatsmann werden und die ganze Welt unter meinen Fuß bringen, bloß daß die blaue Bibliothek mein geheimer Kabinettsrat wär; und die Leut würden sich erstaunen, was ich als für Weisheit besäß*« (S. 339).

66 In der Fassung von 1696 ist beim Liebesgespräch noch ein Abschnitt eingeschoben, der später fortgelassen wurde und in dem davon die Rede ist, daß die Fee der Prinzessin im Schlaf ein Bild des Prinzen zukommen ließ (C. Perrault, *Contes*, S. 248, Anm. 4). In der Feerie des 17. Jh. spielt das hypernaturalistische Konterfei eine zentrale Rolle, wenn es darum geht, erfolgreiche familiäre Heiratspolitik zu betreiben: Das gelungene künstlerische wie literarische Porträt erweckt schon Liebe bei Abwesenheit des eigentlichen Liebesobjekts; vgl. Comtesse d'Aulnoy, *La Biche en bois* bzw. F. Pétis de la Croix, 63.–66. u. 100. Tag in: *Tausendundein Tag* (»*... den Gemälden von Prinzessinnen sollte man nie trauen, denn allzu oft werden sie schöner dargestellt, als sie es in Wirklichkeit sind!*«, S. 314).

67 M. de Montaigne, *Von den Cannibalen* (1. Buch, 30. Hauptstück), in: ders., *Essais*, Bd. 1, S. 362–387.

68 Trotz ihres Namens war Anna von Österreich eine spanische Habsburgerin, die Schwester Philipps IV. von Spanien; demnach richteten sich wie schon bei ihren

Vorgängerinnen die Vorwürfe ihrer französischen Feinde gerade auch auf ihren exotischen Makel, ihr Ausländertum.

69 *Die Memoiren des Herzogs von Saint-Simon*, Bd. 3, S. 261.

70 Mme. de Motteville, *Mémoires*, Bd. 4, S. 447.

71 Ludwig XIV. schreibt von seiner Mutter in den *Memoiren*: »Denn durch ihren völligen Verzicht auf die Ausübung der Macht hatte sie mir hinreichend zu erkennen gegeben, daß ich von ihrem Ehrgeiz nichts zu fürchten habe; daher zwang mich nichts, sie durch eine erheuchelte Zärtlichkeit zu verpflichten« (S. 165).

72 Zur Bedeutung des Krieges in der höfischen Prinzenerziehung des 17. Jh. vgl. J. Cornette, *Le roi de guerre*, S. 151–176. Daß der Sohn hierbei seiner Mutter die eigene Familie anvertraut, ist ein häufiges Sagenmotiv (vgl. J./W. Grimm, *Deutsche Sagen* [1994], 2. Teil, *Der Ritter mit dem Schwan*, S. 621, bzw. M.R. Cox, *Cinderella*, S. L f.).

73 Vgl. das ausgesprochen beliebte Motiv vom griechischen König Tantalos bis zu den Grimmschen Märchen *Schneewittchen* oder *Hänsel und Gretel*. Bei Perrault wird das Fleisch allerdings mit einer zeittypischen *Sauce Robert* serviert, einer Senfsauce mit Essig und Zwiebeln.

74 Die reichlich exotische Hinrichtungsart (vgl. J. Grimm, *Deutsche Rechts-Alterthümer*, Bd. 2, S. 701) – Kröten wie Schlangen galten im 17. Jh. gleichermaßen als giftig – ist nicht nur barocke Vorliebe für Greuelszenen, sondern weist die Urheberin auch in den Bereich der Hexerei (vgl. den damit gefüllten Hexenkessel zu Beginn des 4. Aktes in Shakespeares *Macbeth*), was Rückschlüsse auf Perraults ambivalentes Verhältnis zur damaligen Hexenverfolgung in Frankreich zuläßt (vgl. M. Soriano, *Les Contes de Perrault*, S. 281); die gleiche Hinrichtung einer bösen Schwiegermutter findet sich auch im Märchen *Das Stumme Mädchen* (J./W. Grimm, *Kinder- und Hausmärchen* [1989], Bd. 3, S. 20).

75 Zeitgenössische Reaktionen in der Zeitschrift *Mercure galant*, zit. nach M. Soriano, *Les Contes de Perrault*, S. 25 u. S. 32.

76 Übersetzt aus Fénelon, *Histoire d'une jeune princesse*, in: ders., *Œuvres* I, S. 180. Das ironische Verfluchungsmotiv findet schon 1684 in Pompeo Sarnellis Märchen *Die treue Magd*, als das sechste der sieben barfüßigen Feen an einer Nußschale blutig tritt und »wie der Teufel« die neugeborene Tochter Pomponia verflucht: beim Berühren des Hochzeitsbettes solle sie in eine Schlampe verwandelt werden; allerdings vermag die letzte Fee noch Erlösung zu prophezeien (*Die fünf Märchen*, S. 56 ff.).

77 Vgl. etwa den rührenden Reim »Und der Wind legte sich, / und auf den Bäumen vor dem Schloß regte sich, / kein Blättchen mehr«, der sich im Gegensatz zu vielen naturlärmigen Waldszenen der Romantik an der ruhigen Klassik von Schillers lyrischer Operette *Semele* von 1779/80 (*Werke und Briefe*, Bd. 2, S. 823) oder Goethes Gedichten *Wandrers Nachtlied* und *Ein gleiches* von 1780 (*Werke*, Bd. 1, S. 142) zu orientieren scheint.

78 So werden z. B. aus Prinzessin und Prinz eine Königstochter und ein Königssohn.

79 Der Titel *Dornröschen* taucht sinngemäß erstmals im orientalischen Märchen *Fleur d'épine* des schottischen Schriftstellers Antoine d'Hamilton (1645–1719) auf, welches 1790 im 2. Band der *Blauen Bibliothek aller Nationen* unter dem deutschen Titel *Dornröschen* erschienen ist; zur Beeinflußung der Namensgebung vgl. Georg Greflinger, *Poetische Rosen und Dörner / Hülsen und Körner* (1655), Andreas Gryphius, *Die geliebte Dornrose* (1660), den beliebten *Rosamunda*-Stoff, Clemens Brentano, *Von dem Rosenblättchen* (um 1810) oder die Liedsammlung *Ganz neue Lust-Rose* (1801).

80 Allerdings wollten auch die Brüder Grimm diesem Märchen nicht ganz den Stachel des Erotischen ziehen, vielmehr hält er sich im Titel *Dornröschen* sublim verborgen: »mein kleiner Dorn« (»ma pine«) für das männliche Glied findet sich im 1. Buch, 11. Kapitel von François Rabelais' *Gargantua* (1532); Johann Fischart rät seinen Lesern in *Aller Praktik Großmutter* (1613), »daß ihr in kein Dorn tritt, wie die Magd, deren der Bauch davon geschwol« (S. 622), und Georg Wickram läßt in seinem *Rollwagenbüchlin* (1555) einen Mönch einer jungen Frau schnell sexuell beiwohnen, »den Dorn aus dem Fuß ziehen« (S. 39); der schlesische Mystiker An-

gelus Silesius deutet im *Cherubinischen Wandersmann* (1675) den Dorn generell für alle *»Fleischeslust«* (3. Buch, 91, S. 126). Aber auch die Rose als Venusblume bzw. das Rosenpflücken ist im gleichen Zusammenhang zu sehen (vgl. Clemens Brentano, *Romanzen vom Rosenkranz*, in: ders., *Werke*, Bd. 1, S. 663, sowie *Des Knaben Wunderhorn*, Bd. 1, S. 71 f., Bd. 2, S. 19, Bd. 3, S. 306). Daß diese Bedeutungen auch den Brüdern Grimm bekannt waren, zeigen die Stichworte *Dorn*, *Röschen* und *Rose* im *Deutschen Wörterbuch* (Bd. 2 bzw. Bd. 8).

81 Der aus dem Aulnoy-Märchen entliehene Krebs etwa wird von den Brüdern Grimm für die zweite Ausgabe von 1819 in einen Frosch verwandelt – wohl um der Assoziation zum kinderbringenden Klapperstorch willen und getreu dem Sprichwort, daß ein dem Wasser entstiegener Frosch viel Freude bereitet; zugleich wird sein Quaken als Geschrei ungeborener Kinder gedeutet (*Handwörterbuch des deutschen Aberglaubens*, Bd. 3, S. 129). Entsprechend problematisch wird eine psychologische Märcheninterpretation, wenn sie den Frosch archetypisch deutet, als wäre er schon in vorbürgerlichen Zeiten ins Märchen gesetzt worden (vgl. M. Jacoby, *Dornröschen und die böse Fee*, in: ders. u. a. [Hg.], *Das Böse im Märchen*, S. 175–194, S. 180 f.).

82 Vgl. A. Romain, *Zur Gestalt des Grimmschen Dornröschenmärchens*; L. Röhrich, *Märchen und Wirklichkeit*, S. 174 f.; F. Apel, *Die bezauberte Vernunft*, in: ders./N. Miller (Hg.), *Das Kabinett der Feen*, S. 13 ff.

83 Vgl. H. Rölleke, *Die Stellung des Dornröschenmärchens zum Mythos und zur Heldensage*, in: W. Siegmund (Hg.), *Antiker Mythos in unseren Märchen*, S. 135; zwölf Gedecke finden sich auch in den *Deutschen Sagen* der Brüder Grimm (1993, Bd. 3, Nr. 105, S. 103). Daß nur 12 Feen eingeladen werden, soll wohl zugleich an die in mittelalterlichen Dichtungen häufig verbreitete Zwölfzahl der Ratgeber erinnern.

84 Vgl. L. Uhland, *Die Todten von Lustnau*, worin er hinter dem *Dornröschen*-Märchen eine alte mißverstandene Rechtsformel *(»Wiedergeburt«)* vermutet, welche einer Leibeigenen, die einen Freien heiratet, ihre Freiheit zurückgibt (*Uhlands Schriften zur Geschichte der Dichtung und Sage*, Bd. 8, S. 457 f.).

85 Vgl. C. Brentanos Anspielung in Kinderlied Nr. 90b, in: *Des Knaben Wunderhorn*, Bd. 3, S. 308 f.; in L. Bechsteins *Dornröschen* ist die Rede von königlichem *»Regierungsmandat«* (*Sämtliche Märchen*, S. 241–246 u. S. 813 f., hier S. 243) und in A. von Platens *Der gläserne Pantoffel* von *»Spindel-Confiscirmandat«* (S. 115).

86 Interessant ist in diesem Zusammenhang, daß sich das Vergewaltigungsmotiv in zwei Überlieferungsvarianten zu *Das Wasser des Lebens* (KHM 97) und *Der gelernte Jäger* (KHM 111) erhalten hat, welche die Brüder Grimm in die Anmerkungen verbannten.

87 Vgl. *Des Knaben Wunderhorn*, Bd. 2, S. 194: *»Doch treue Lieb fürcht Dornen nicht«* (vgl. ebd., III/132a).

88 Vgl. F. Apel in: ders./N. Miller (Hg.), *Das Kabinett der Feen*, S. 14; F. Ernst, *Dornröschen in drei Sprachen*, S. 159.

89 Die Namensneckereien, *»Ihr lieben Grimmigen!«* (Clemens Brentano, zit. in: R. Steig, *Clemens Brentano*, S. 14; vgl. ders., *Achim von Arnim*, S. 76), empfanden die Brüder schon bald einmal als *»verbrauchten Namensspaß«* (zit. in: ebd., S. 239).

DAS BLAUBART-MÄRCHEN

Die Legende von der Hl. Trifina (Auszug), in: *Vita Gildae*, Cap. 20–24, S. 97–99; für diese Ausgabe übersetzt von Christine Stuber.

Ulrich und Aennchen, in: *Des Knaben Wunderhorn*, Bd. 1, S. 249–251.

Charles Perrault: *Blaubart*. Ein Märchen, in: ders., *Sämtliche Märchen*, S. 74–81.

Friedrich Wilhelm Gotter: *Blaubart – Romanze*, in: ders., *Gedichte*, Bd. 1, S. 47–56.

Ludwig Tieck: *Die sieben Weiber des Blaubart* (Achtes Kapitel), in: ders., *Volksmährchen*, Bd. 2, S. 9–268, hier S. 68–80.

Jacob/Wilhelm Grimm: *Blaubart*, in: ders., *Kinder- und Hausmärchen* (1985), S. 821 bis 824.

Ludwig Bechstein: *Das Märchen vom Ritter Blaubart*, in: ders., *Sämtliche Märchen*, S. 323–326.

1 Vgl. Torquato Tasso, *Die Befreiung Jerusalems* (1575): »*Die Frau bedient sich jeder Kunst, um neue / Verliebte noch in ihrem Netz zur fangen.*« (4. Gesang / 87, in: *Werke und Briefe*, S. 181–674, hier S. 272.)

2 *Dunkelmännerbriefe*, S. 39.

3 Vgl. A. Wulff, *Die frauenfeindlichen Dichtungen*, S. 20–32, K. M. Rogers, *The Troublesome Helpmate*, S. 14–22, P. Ketsch, *Frauen im Mittelalter*, Bd. 2, S. 44–52, und D. Strahm, *Aufbruch*, S. 97–101.

4 Vgl. die Anekdote des griechischen Philosophen Diogenes (404–323 v. Chr.): »*Als er einst Weiber an einem Ölbaum erhängt sah, sagte er: ›Möchten doch alle Bäume solche Frucht tragen.‹*« (Diogenes Laertius, *Leben und Meinungen*, Buch 6, 2. Kap., 52, Bd. 1, S. 320).

5 In der jüdisch-kabbalistischen Tradition von Mose ben Schemtow de Leon (1250 bis 1305) ist es zunächst die Figur der Lilith, die sich als Herrin der Geister an den Körper Adams heftet und mit Dämonen schwanger wird, bevor sie vor dessen zweiter Frau Eva flieht (vgl. *Handwörterbuch des deutschen Aberglaubens*, Bd. 5, Sp. 1302 ff., und H. R. Hays, *Mythos Frau*, S. 187 ff.).

6 Hesiod, *Werke und Tage*, V. 82 ff.; vgl. K. M. Rogers, *The Troublesome Helpmate*, S. 22 ff., und H. R. Hays, *Mythos Frau*, S. 106–116. In diesen Bereich gehört auch der antike Sex-Mythos von der »*vagina dentata*«, der Vagina mit Zähnen (vgl. J. A. Brundage, *Law, Sex, and Christian Society*, S. 467, u. H. P. Duerr, *Intimität*, S. 219 ff.).

7 Vgl. K. M. Rogers, *The Troublesome Helpmate*, S. 38 ff.

8 Vgl. D. Strahm, *Aufbruch zu neuen Räumen*, S. 37; vgl. auch C. de Pizan, *Der Sendbrief vom Liebesgott*, S. 34 f.

9 Vgl. H. R. Hays, *Mythos Frau*, S. 144 f.

10 Hieronymus, *Adversus Jovinianum*, Buch 1, Kap. 48, Sp. 291; im allgemeinen Volksempfinden gesellten sich dazu noch das zweckentfremdete Cicero-Zitat »*Der Frau eignet nichts Gutes*« (»*Femina nulla bona*«) sowie der Gemeinplatz »*Die Frau ist ganz Geschlecht*« (»*tota mulier sexus*«); vgl. A. Wulff, *Die frauenfeindlichen Dichtungen*, S. 28, F. Brietzmann, *Die böse Frau*, S. 133, Anm. 1, und D. Strahm, *Aufbruch zu neuen Räumen*, S. 110.

11 Der Erfolg solcher Klischees mag auch damit zu tun haben, daß in Liebesdingen meist Frauen die Initiative ergriffen haben (vgl. P. Camporesi, *Geheimnisse der Venus*, S. 44 f. u. S. 112–127).

12 Vgl. K. M. Rogers, *The Troublesome Helpmate*, S. 71.

13 So der Titel einer populären misogynen Schrift des Spätmittelalters, vgl. A. Wulff, *Die frauenfeindlichen Dichtungen*, S. 77.

14 Die orientalische Misogynie, etwa in den *Erzählungen aus den Tausendundein Nächten* (vgl. Bd. 11, S. 116, S. 135 u. S. 142), geht ebenfalls auf dieselben biblischen Quellen zurück (vgl. *Der Koran*, 12. Sure, 28).

15 Vgl. A. Wulff, *Die frauenfeindlichen Dichtungen*, S. 57 ff., S. 129 ff., S. 164 f., S. 175 f., S. 181 ff., u. F. Brietzmann, *Die böse Frau*, S. 124 f.; in Heinrich Wittenwilers *Der Ring* (um 1408/10) erinnert sich der Arzt Chrippenchra an die »*gschrift, / Die von weiben also spricht: / ›Den frawen ist der ars ze prait, / Daz hertz ze smal‹*« (Vers 2101 ff.; vgl. ebd. die Ehedebatte: V. 2668–3525 bzw. V. 5075–5091). Zur Misogynie in der mittelalterlichen Theologie vgl. P. Ketsch, *Frauen im Mittelalter*, Bd. 2, S. 67 f., 75 ff. u. S. 83 ff..

16 Sie finden sich wieder in Versen wie: »*Ihr [Frauen] seid, werdet oder wart alle / Huren, durch die Tat oder durch den blossen Willen*« (V. 9155 f.).

17 M. L. King, *Frauen in der Renaissance*, S. 259; zur Person der Pizan vgl. die Arbeiten von R. Pernoud und S. Tanz.

18 G. Brinker-Gabler (Hg.), *Deutsche Literatur von Frauen*, S. 51; vgl. M. L. King, *Frauen in der Renaissance*, S. 259–268, J. Rossiaud, *Dame Venus*, S. 163–173, sowie R. Pernoud, *Christine de Pizan*, S. 88–109.

19 C. de Pizan, *Der Sendbrief vom Liebesgott*, Vers 18 ff.

20 Ebd., Vers 418.

21 Bezeichnend das Kompliment ihres Hauptgegners, des königlichen Sekretärs Jean de Montreuil, daß es Pizan »*nicht ganz und gar an Verstand gebricht – soweit eine Frau überhaupt einen haben kann*« (zit. in: R. Pernoud, *Christine de Pizan*, S. 99).

22 C. de Pizan, *Das Buch von der Stadt der Frauen*, S. 36.

23 Vgl. M. Rullmann u. a., *Philosophinnen*, S. 107–184, M. L. King, *Frauen in der Renaissance*, S. 212–230, E. Gössmann (Hg.), *Das wohlgelahrte Frauenzimmer*, S. 8 bis 20, sowie B. Marx, *Zwischen Frauenideal und Autorenstatus* (in: *Frauen Literatur Geschichte*, S. 35–57), u. R. Baader, *Die verlorene weibliche Aufklärung* (in: ebd., S. 58–82).

24 Nicht zu vergessen ist dabei, daß zuvor schon Reformatoren etwelche misogyne Vorstellungen der mittelalterlichen Menschenkunde zurückgewiesen hatten (vgl. J. A. Brundage, *Law, Sex, and Christian Society*, S. 560).

25 Lucretia Marinella reagierte mit *Le Nobiltà et Eccellenze delle Donne et i Diffetti e Mancamenti de gli Huomini* (1600) auf misogyne Programmschriften wie *Der erste Trompetenstoß gegen die monströse Weiberherrschaft* von John Knox (1558), *Neue Disputation gegen die Frauen, worin bewiesen wird, daß sie keine Menschen sind* von Valens Acidalius (1595), *Die weiblichen Mängel* von Giuseppe Passi (1599) oder *Die Frau als Ursache allen Übels* von Abate Tondi (um 1600).

26 L. Marinella, *Le Nobiltà ...*, in: E. Gössmann (Hg.), *Eva – Gottes Meisterwerk*, S. 23–44, hier S. 28.

27 Vgl. ebd., S. 31 u. S. 44.

28 Die von de Gournay selbst gewählte Bezeichnung *Fille d'alliance* leitet sich von Montaignes außerordentlich großem Lob über sie her (*Essais*, Bd. 2, S. 499).

29 Vgl. M. de Gournay, *L'Egalité des hommes et des femmes*, S. 70 f. Der Streit um die männliche Gott-Ebenbildlichkeit ist begleitet von einer seit 1530 immer dominanter werdenden Bartmode (vgl. E. W. Zeeden, *Deutsche Kultur in der frühen Neuzeit*, S. 176, bzw. G. Constable, Introduction, S. 102, Anm. 264; zur Kritik vgl. *Nürnberger Kupferstich* um 1640, in: W. Harms, *Deutsche Illustrierte Flugblätter*, Bd. 1, S. 280 f.); Christian Weise schreibt 1685: »*Der Bart ist ein Zeichen der Mannheit / wer innwendig im Kopffe einen Bart hat / der hat auch einen Männlichen Verstand.*« (*Ein wunderliches Schau-Spiel vom Niederländischen Bauer*, S. 39); vgl. *Die Erzählungen aus den Tausendundein Nächten*, Bd. 10, S. 666: »*Wenn je dem Mann mit langem Bart / Der Bart die äußre Würde wahrt, / So wird, je kürzer sein Verstand, / Doch immer länger ihm der Bart.*« Entsprechend spielt auch im europäischen Geschlechterkampf des 17. Jh. der männliche Bart eine wichtige Rolle, vgl. J. Beer, *Weiber-Hächel*, in: ders., *Sämtliche Werke*, Bd. 5, S. 5–58 u. S. 213–218, hier S. 23 u. S. 35); in den Sagen hilft den Frauen deswegen bisweilen auch nur ein von Gott gesandter Bart, um männlichen Nachstellungen zu entgehen (J./W. Grimm, *Deutsche Sagen* [1994], 1. Teil, *Der Hülfenberg* bzw. *Die Jungfrau mit dem Bart*).

30 Zum Widerstand von Kirchenleuten im 17. Jh. gegen die Mode, sich glattzurasieren (vgl. U. Herzog, *Der deutsche Roman des 17. Jh.*, S. 53; J. M. Moscherosch, *Visiones, Anderer Theil der Gesichte*, S. 77 f.; J. Beer, *Narren-Spital*, in: ders., *Sämtliche Werke*, Bd. 5, S. 141–210 u. S. 222–236, hier S. 204).

31 Vgl. K. Thomas, *Die Hexen und ihre soziale Umwelt*, S. 296.

32 M. de Gournay, *L'Egalité des hommes et des femmes*, S. 89.

33 Vgl. H. Wunder, »*Er ist die Sonn'...*«, S. 192–203, S. Shahar, *Die Frau im Mittelalter*, S. 253–260, sowie C. Daxelmüller, *Zauberpraktiken*, S. 196–217.

34 Der *Malleus Maleficarum* galt für zwei Jahrhunderte als das Standardwerk zur Behandlung der Frauen innerhalb der Inquisitionsprozesse; dieses in mehrere Sprachen übersetzte Werk erfuhr 1580 eine wesentliche Modernisierung durch das Werk *De la Démonomanie des Sorciers* des frz. Juristen Jean Bodin.

35 Im *Malleus Maleficarum* tauchen Hebammen durchwegs in der Wortverbindung »*Hexenhebammen*« auf (Teil I, S. 157 ff., u. Teil II, S. 135 ff.); vgl. auch R. Jütte, *Geschichte der Abtreibung*, S. 71 bis 90, P. Ketsch, *Frauen im Mittelalter*, Bd. 1, S. 263, und H. Wunder, »*Er ist die Sonn'...*«, S. 139–144.

36 Tertullian, *Über den weiblichen Putz*, in: *Tertullians private und katechetische Schriften*, S. 177.

37 Übers. aus: Fletcher / Beaumont, *Works*, Bd. 10, S. 257.

38 Übers. aus: ebd., S. 251.

39 Übers. aus: Molière, *Œuvres complètes*, Bd. 1, S. 477 (III/2); *Bart / Barbe* steht bei Molière vielfach im Zusammenhang mit männlicher Vorherrschaft, vgl. *Les Femmes savantes* II/9 und *Tartuffe* II/2.

40 Übers. aus: ebd., S. 488 (IV/1).

41 *Kritik der ›Schule der Frauen‹*, in: Molière, *Komödien II*, S. 91–123, hier S. 107.

42 Molière, *Komödien V*, S. 161.

43 Ebd., S. 146; eine Entgegnung auf Molières Preziösen-Kritik in *Die gelehrten Frauen* findet sich bei Mme de Lambert (1647–1733), der Perrault 1694 sein Märchen von der *Eselshaut* widmete (*Sämtliche Märchen*, S. 34): *Reflexions Nouvelles sur les femmes*, in: *Œuvres de Madame la Marquise de Lambert*, S. 173–213, hier S. 176.

44 Vgl. P. Seibert, *Der literarische Salon*, S. 33–56, V. von der Heyden-Rynsch, *Europäische Salons*, S. 37–52, sowie I. MacLean, *Woman Triumphant*, S. 119–154.

45 In seinem *Blaubart*-Musiktheater von 1798 nennt George Colman the Younger das verbotene Zimmer interessanterweise »*Blue Chamber*«.

46 Vgl. B. Anderson / J. P. Zinsser, *Eine eigene Geschichte*, Bd. 2, S. 128.

47 Troussets provozierende Schrift taucht vielfach unter dem Pseudonym Jacques Olivier auf. Zur *Querelle des Alphabets* vgl. I. MacLean, *Woman Triumphant*, S. 25 bis 63.

48 Vgl. H. Krüger, *Die Märchen von Charles Perrault*, S. 145 f.

49 Vgl. M. H. Rigault, *Histoire de la Querelle des Anciens et des Modernes*, S. 245.

50 N. Boileau-Despréaux, *Satire X*, in: ders., *Œuvres complètes*, S. 62–80 u. S. 926 bis 939, hier S. 79.

51 C. Perrault, *Satire du Sr. Despréaux contre les Femmes avec L'Apologie des Femmes*; mit geringfügigen Änderungen wurde die *Apologie* übrigens mit Vorwort zu Beginn des 17. Jh. in der *Bibliothèque bleue* popularisiert, abgedruckt in: A. Farge (Hg.), *Le miroir des femmes*, S. 345–353 (indes fehlt auf S. 349, zwischen 15. und 16. Zeile, der Vers »*S'il joint à ces talen[t]s l'amour de l'Antiquaille*«).

52 Übers. aus: C. Perrault, *Satire du Sr. Despréaux contre les Femmes*, S. 25.

53 Ebd., S. 37.

54 Vgl. ebd., S. 46, bzw. in: A. Farge, *Le miroir des femmes*, S. 353.

55 Vgl. C. Perrault, *Satire du Sr. Despréaux contre les Femmes*, S. 37.

56 Vgl. L. Stone, *The Family*, S. 322.

57 J. Locke, *Zwei Abhandlungen über die Regierung*, S. 248; damit verknüpft sich auch die Vorstellung des »*Amts einer Ehefrau*« als Mittelweg zwischen »herrschen« und »dienen« (F. v. Logau, *Sinngedichte*, III/2. Zugabe, Nr. 27, S. 204).

58 Vgl. H. Wunder, »*Er ist die Sonn'...*«, S. 89–117.

59 Vgl. M. L. King, *Frauen in der Renaissance*, S. 83 f.

60 Vgl. F. Irsigler, *Kaufmannsmentalität im Mittelalter*, S. 64 bzw. S. 70.

61 Vgl. Erasmus von Rotterdam, *Das Lob der Torheit*, S. 63.

62 J. Le Goff, *Kaufleute und Bankiers im Mittelalter*, S. 84.

63 Vgl. J. Favier, *Gold und Gewürze*, S. 334.

64 G. Ruggiero nimmt an, daß solche Kaufmannsehen gerade wegen der häufigen Trennungen so lange hielten (*The Boundaries of Eros*, S. 180, Anm. 57); in der letzten der *Hundert Neuen Novellen* rät z. B. der abreisende Ehemann seiner Gattin: »*Ich beabsichtige und wünsche nicht, irgend jemanden über Euch wachen zu lassen, damit Ihr nicht von rechten Weg abweicht, ich wünsche vielmehr, Ihr selbst sollt für Euch sorgen und über Euch wachen. (...) Wenn Ihr also Eure Keuschheit nicht mehr bewahren könnt, so gebt wenigstens acht darauf, daß Ihr nicht in aller Leute Mund kommt*« (S. 595 f.). Auch die Kirche kritisierte diese häufigen Trennungen (J.A. Brundage, *Law, Sex, and Christian Society*, S. 506). Zur Stellung der Kaufmannsfrauen im Geschäft ihres Mannes vgl. E. Uitz, *Die Frau in der mittelalterlichen Stadt*, S. 44.

65 Vgl. die Predigten von San Bernardino, zit. in: I. Origo, »*Im Namen Gottes und des Geschäfts*«, S. 153 f.

66 Zit. in: ebd., S. 170; dieses männliche Mißtrauen (H. W. Kirchhof läßt einen Adligen im *Wendunmuth* sagen: »*Ir kaufleut müsset sonder zweyfel, wenn ir so in gar fernen landen umbreiset, auch langsam heim kommet, in stäten und großen sorgen stehen, dann ir lasset euwere schöne junge weiber dahim in den großen stetten, da viel feiner junger gesellen, und zum theil von adel sein*«, S. 88) findet in den verschiedensten Variationen auch Ausdruck im zeitgenössischen Erzählgut (vgl. H. R.

Brennig, *Der Kaufmann im Mittelalter*, S. 189 ff.), wobei häufig auf Beispiele ehelicher Treue der Antike, etwa die Odysseus-Gattin Penelope, zurückgegriffen wurde.

67 G. Boccaccio, *Das Dekameron*, Bd. 2, S. 924–940; das darin zentrale Motiv der Frauen-Prüfung findet sich schon seit dem 12. Jh. in der europäischen Literatur, z. B. im *Lais de Frêne* von Marie de France, in: *Novellen und Fabeln*, S. 41–55; vgl. M. R. Cox, *Cinderella*, S. LVII.

68 G. Boccaccio, *Das Dekameron*, Bd. 2, S. 935.

69 Ebd., S. 929.

70 Ebd., S. 924.

71 Vgl. den Schluß der Novelle: »*Denn wäre es vielleicht nicht unrecht geschehn, wenn er an eine geraten wäre, die sich, wenn er sie im Hemde aus dem Hause gejagt hätte, von einem andern das Pelzchen hätte so striegeln lassen, daß das Hemd zu einem hübschen Kleide geworden wäre*« (ebd., S. 937).

72 Etwa G. Chaucers ergötzliche *Erzählung des Scholaren* (*Canterbury-Erzählungen*, S. 283–319); bemerkenswert, daß auch die Nachbearbeitungen weder das willkürliche Aussetzen der Kinder noch den Inzest-Gedanken Gualtieris, die eigene 12jährige Tochter zu ehelichen, speziell problematisieren.

73 Perrault benutzte dazu eine popularisierte *Bibliothèque bleue*-Version von 1546 (M. Soriano, *Les Contes de Perrault*, S. 99 f.).

74 C. Perrault, *Sämtliche Märchen*, S. 11.

75 Ebd., S. 14.

76 Vgl. H. Krüger, *Die Märchen von Charles Perrault*, S. 151, Anm. 1, sowie M. Soriano, *Les Contes de Perrault*, S. 29.

77 Gemäß der allgemeinen Märchentypologie von A. Aarne und S. Thompson handelt es sich hierbei um den Typus Nr. 311/312: *Die drei geretteten Schwestern* (*The Types of the Folktale*, S. 101–104), von uns im weiteren mit *Blaubart* bezeichnet.

78 Vgl. L. Mackensen (Hg.), *Handwörterbuch des deutschen Märchens*, Bd. I, S. 269; Fischart rühmt die Wirkung von einem »*solchen knebelbartfressigen Namen (...) als [wie] Eisenbart*« (*Geschichtsklitterung*, S. 153); vgl. auch mittelalterliche Beinamen wie »*Belle-Barbe*« für den Grafen Baldwin IV. von Flandern; allerdings tragen furchterregende Wüteriche in Erzählungen meist rote Bärte, wie etwa Kaiser Otto in Konrad v. Würzburgs *Heinrich v. Kempten und des Kaisers Bart* (in: F. H. von der Hagen [Hg.], *Gesammtabenteuer*, Bd. 1, S. 59–83) oder Judas bzw. der Teufel selbst (G. Constable, *Introduction*, S. 68; zur Furcht vor Rotbärtigen vgl. auch bei J. Beer, in: *Der kurtzweilige Bruder Blau-Mantel*, S. 42 bzw. *Narren-Spital*, in: ders., *Sämtliche Werke*, Bd. 5, S. 153; entsprechend auch eine Beleidigung in: ders., *Die teutschen Winter-Nächte*, S. 800 f.); Grimmelshausen verwehrt sich allerdings in seinem *Bart-Krieg* von 1673 nicht nur gegen »*Neid und leidig Mißgunst*« der Schwarzbärte gegenüber Rotbärtigen (in: *Kleine Schriften*, S. XVII–XX u. S. 51 bis 71, hier S. 64), sondern sieht in dieser Auseinandersetzung sogar im »*Blaw-Bart*« einen Verbündeten (ebd., S. 62). Wenn allerdings das schwarze Färbemittel für den Bart zu stark ins Türkisblau geriet, waren die gesellschaftlichen Folgen überaus peinlich (*Die Gespräche des Pietro Aretino*, S. 317, Anm. 139).

79 Verschiedene orientalische und antike Gottheiten, zum Beispiel Jupiter, werden mit einem blauen Bart in Verbindung gebracht (vgl. C. Deulin, *Les Contes de Ma Mère L'Oye*, S. 180); hier haben auch die Deutungen Blaubarts als leichenfressenden Totengott ihren Ursprung (vgl. im Volksglauben den Unterweltsdämon Eurynomos in: P. Camporesi, *Das Brot der Träume*, S. 119). Vgl. auch den Sohn des blauen Königs, der Frauen raubt und sich an ihnen vergeht, in den *Erzählungen aus Tausendundein Nächten* (Bd. 9, 768.–778. Nacht; Bd. 8, 657. ff. Nächte bzw. Bd. 9, 768. u. 778. Nacht); diese Farbgebung findet sich hier häufig zur Charakterisierung bösartiger Figuren (vgl. Bd. 5, S. 213) und ist als Zeichen der Täuschung durchaus älteren deutschen Redensarten vergleichbar (L. Röhrich, *Das große Lexikon der sprichwörtlichen Redensarten*, Bd. 1, S. 209; vgl. weitere Bedeutungen in: R. Keil, *Von Blaustrümpfen*, S. 222–231). Die negative Bedeutung der Farbe Blau kontrastiert allerdings bei Perrault nicht nur die europäische mittelalterliche Farbensymbolik, wo sie für Beständigkeit steht, sondern steht in bemer-

kenswertem Gegensatz zur zeitweiligen Wertschätzung derselben in Kunst und Mode am Hofe Ludwigs XIV.

80 Vgl. M. de Gournays Aufsatz *Die Gleichheit der Männer und der Frauen*, wo davon die Rede ist, daß Männer die Gott-Ebenbildlichkeit *»an ihrem Bart festbinden«* (S. 71).

81 Vgl. *Die Schule der Frauen*, worin Arnolphe mehrfach seine Einwürfe gegen die klugen Frauen mit *»Par bleu!«* einleitet.

82 Die 43. Novelle in den *Nouvelles récréations et joyeux devis* (1558) von Bonaventure des Périers berichtet von einem ähnlichen Mißtrauen einer Tochter in Lyon gegenüber einem um sie werbenden Mann, den sie fälschlicherweise für den Mörder seiner vorherigen Gattin hält (in: *Conteurs français du XVI. siècle*, S. 359–594, hier S. 465 f.); vgl. Liselotte von der Pfalz und ihre Warnung vor tyrannischen Ehemännern in einem Brief von 1684 (*Briefe*, S. 57).

83 Vgl. J./W. Grimms *Deutsches Wörterbuch* zum Stichwort *Schlüssel*: Der *Schlüssel Petri* ist Symbol für die Macht über das ganze Himmelreich, der *Schlüssel Salomonis* erschließt die Geister- und Höllenwelt. J. Grimm führt den Schlüssel auch als *»symbol hausfräulicher gewalt«* in seinen *Deutschen Rechtsalterthümern* an (Bd. 1, S. 176); vgl. entsprechend den *»ehebrecherischen Schlüssel«* (*»adultera clavis«*) in Ovids *Ars amatoria*, 3. Buch, Vers 643.

84 Die weibliche Schlüsselgewalt ist auch ein Zeichen für die ökonomische Teilhabe der Frau am gemeinsamen Geschäft (vgl. J.-L. Flandrin, *Familien*, S. 138, bzw. J. Locke, *Gedanken über Erziehung*, S. 162), ein altes Thema auch in literarischen Erzählungen (vgl. etwa *Die Bürgersfrau von Orléans* in: W. Widmer [Hg.], *Ein französisches Hexameron*, S. 122–128, die 61. Novelle in: *Die Hundert Neuen Novellen*, S. 418-425, oder die 71. Erzählung in: Marguerite de Navarre, *Das Heptameron*, S. 748–753); entsprechend ist der Schlüssel auch ins Brauchtum eingegangen: wirft man der Braut einen Schlüssel nach, so wird sie *haushälterisch*, wenn sie ihn fangen kann, läßt sie ihn aber fallen, kann es Unannehmlichkeiten bringen, verliert sie ihn gar, so muß sie sterben (*Handwörterbuch des deutschen Aberglaubens*, Bd. 7, S. 1125 u. S. 1227). Zur sexuellen Bedeutung im 17. Jh. vgl. F. v. Logau: »*Bonna hat zu allen Schlössern / Schlüssel an dem Gürtel hangen // Nur zu dem / daß ihr am nützten / muß der Nachbar einen langen.*« (*Sinngedichte*, II/Zugabe, Nr. 54, S. 129).

85 Zu Türverboten vgl. *Die Erzählungen aus den Tausendundein Nächten*: Bd. 7, S. 17, S. 306 f. u. S. 310 f., bzw. Bd. 10, S. 343 u. S. 403.

86 An geradezu absurden misogynen Proben nach dem Motto »*Was man den Frauen verbietet, das tun sie zumeist*« (J./W. Grimm, *Deutsche Sagen* [1994], 2. Teil, *Der Ritter mit dem Schwan*, S. 627) mangelt es in der abendländischen Literatur wahrlich nicht. So etwa in Andreas Capellanus' höfischem Regelbuch *Von der Liebe* (*De amore*) von 1174, worin ein Mann kühl berechnend seine Frau vergiftet, indem er ihre Neugier anstachelt: »*(...) berühre dieses Gefäß hier nicht und versuche nicht von diesem Getränk zu kosten, denn es ist vergiftet und für das menschliche Leben schädlich*« – worauf die Frau natürlich umgehend davon trinkt (übers. aus: *Andreae Capellani regii francorum, liber tertius*, S. 348); vgl. die ähnliche *Geschichte vom Schlangenbeschwörer* in: *Die Erzählungen aus den Tausendundein Nächten*, Bd. 11, S. 38 f. Trotzdem gibt es, etwa aus dem Bereich der höfischen Minnedichtung, Einsprüche gegen ein *»übertriebenes Auf-die-Probe-stellen«* der Frau (vgl. Reinmar, *Lieder*, XIII, 2, Zeile 1–4, S. 161).

87 Vgl. P. Ariès/G. Duby (Hg.), *Die Geschichte des privaten Lebens*, Bd. 3, S. 411 ff.

88 Vgl. ebd., Bd. 2, S. 430–439, und Bd. 3, S. 230–233, L. Stone, *The Family*, S. 253 ff., und J.-L. Flandrin, *Familien*, S. 110 f.

89 Ein solcher Rückzugsort ist, so Virginia Woolf in ihrem Aufsatz *Ein eigenes Zimmer*, eine der unabdingbaren Voraussetzungen für ein eigenständiges, kreatives Schaffen der Frau (S. 5 f.).

90 Vgl. Abraham a Sancta Clara (1644–1709): »*... auch tragen sie gleichförmig den Titel Frauenzimmer, wodurch sattsam erwiesen wird, daß sie auf Schneckenart sollen zu Hause bleiben; widrigenfalls müsse man den Namen ändern, und anstatt Frauen-Zimmer, Frauen-Gassen setzen.*« (*Judas der Ertzschelm*, Bd. 1, S. 61; vgl. ders., *Wunderlicher Traum von einem großen Narrennest*, S. 48.)

320

91 Zur männlichen Angst vor aktiven Frauen, den *Femmes fortes* (Le Moyne, *La Galerie des femmes fortes*, Paris 1647; Grimmelshausen nennt sie im *Bart-Krieg* auch »Siemänner«, in: *Kleine Schriften*, S. 55), im »*Haus-Regiment*« (F. v. Logau, *Sinngedichte*, I/3, Nr. 82, S. 48) vgl. I. MacLean, *Woman Triumphant*, S. 64–87, sowie E. Fuchs, *Illustrierte Sittengeschichte*, Bd. 1, S. 248–258.

92 Vgl. *Die Erzählungen aus den Tausendundein Nächten*, Bd. 11, S. 143.

93 Blut, welches sich nicht mehr entfernen läßt, gilt als Indiz für besonders schwere Verbrechen wie zum Beispiel Inzest (vgl. die Geschichte Nr. 13 in: *Gesta Romanorum*, S. 42–45).

94 M. Soriano nimmt an, daß hier Perrault den Striptease einer oralen Fassung durch das christliche Gebet ersetzt habe (*Les Contes de Perrault*, S. 169); die Anrufung der Schwester Anne deutet ebenfalls auf eine starke Tendenz zur Katholisierung hin (die hl. Anna ist u. a. die Schutzheilige der Schwangeren und Eheleute; Anna selbdritt steht für die hl. Anna, Maria und Christus).

95 Ausführlich berichtet Perrault von der Verwendung des erworbenen bürgerlichen Kapitals durch die Adlige, um so die Geschichte als durchaus zeitgenössisch enden zu lassen, im Gegensatz zur Aussage in der zweiten, später hinzugefügten Moral (C. Perrault, *Contes*, S. 262, Anm. 1). Spätere *Blaubart*-Märchen verzichten auf diesen »*materialistisch*« ausgemalten Schluß.

96 Mme de Lambert rückt in ihrem *Avis d'une mère à sa fille* (1728) die weibliche Neugierde ins Zentrum emanzipatorischer Erziehungsbemühungen (in: *Œuvres de Madame la Marquise de Lambert*, S. 55–116, hier S. 80), wobei sie u. a. vom Grundsatz des griechischen Philosophen Aristoteles ausgeht, daß alle Menschen von Natur aus nach Wissen streben (*Metaphysik*, S. 17).

97 N. Boileau-Despréaux, *Œuvres complètes*, S. 80. Bereits zu Beginn des 18. Jh. finden die Aufklärer diese pedantische Abrechnung mit den Frauen als Thema gänzlich »*wertlos*« (Montesquieu, *Mes Pensées*, in: *Œuvres complètes*, S. 973–1574 u. S. 1636–1657, hier S. 1246 f.). So wird aus der moralischen Weiberschelte früherer Zeiten in der Rokoko-Literatur eine reizvoll-maliziöse Belustigung (vgl. C. F. Gellert, *Das Unglück der Weiber* [1748], in: ders., *Werke*, Bd. 1, S. 106 ff.).

98 Vgl. S. Bovenschen, *Die imaginierte Weiblichkeit*, S. 17–43.

99 Vgl. die alttestamentarische Geschichte von Sara, die ihre sieben Ehemänner mit Hilfe eines Dämons, bisweilen auch Eheteufel Asmodäus genannt, ermordete (Tobit 3,8); in der Mythologie die Erzählungen von Amazonen, den Lemnierinnen unter der Königin Hypsipyle oder den 49 Danaiden, die alle ihre Gatten umbrachten, und von den Empusen, die mit Jünglingen schliefen, um ihr Blut auszusaugen; in der Sage den Bericht von der Königin Semiramis, die alle Männer tötete, die mit ihr verkehrt hatten (vgl. J./W. Grimm, *Deutsche Sagen* (1993), Bd. 3, Nr. 115 bzw. *Des Knaben Wunderhorn*, II/237) oder von Valasca, die 7 Männer im Streit erschlug und nach dem Tod der böhmischen Königin Libussa eine Frauenherrschaft errichtete; in der röm. Geschichte den Fall der Kaisergattin Messalina, die Männer aus erotischen Motiven beseitigte; und schließlich in den *Erzählungen aus den Tausendundein Nächten* (Bd. 2, 33. Nacht, bzw. Bd. 8, 675. Nacht). Noch im 16. Jh. sollte der misogyne Prediger John Knox vor den »*monströsen Weibern*« warnen, »*die das Regiment des Mannes nicht ertragen konnten und deshalb ihre Gatten töteten*« (übers. aus: *Against the Regiment of Women*, S. 11); dieses Mißtrauen gegenüber Frauen zeigt sich auch in den verschiedenen Giftaffären unter Ludwig XIV. (u. a. um die Marquise de Brinvilliers oder Mme de Montespan).

100 Je nach Sprachregion sind die Mädchenräuber unter den Namen Halewijn, Rymer, Renaud und Ulinger bekannt; vgl. E. Heckmann, *Blaubart*, S. 137–141, sowie W. Scherf (Hg.), *Räuber- und Landsknechtslieder*, S. 13–21 u. S. 179.

101 Übers. aus Walter Scherf (Hg.), *Räuber- und Landsknechtslieder*, S. 15.

102 Wie schon im *Griseldis*-Märchen wird hier die männliche Skrupellosigkeit durch die weibliche Bindungslosigkeit bzw. Mutterlosigkeit begünstigt.

103 Vgl. die Erweckung der zerstückelten Kinder durch einen Eremiten in der Sage von Offa, dem König der West-Angeln (M. R. Cox, *Cinderella*, S. XLVII f.), bzw. durch den heiligen Vinzenz Ferrer (S. Shahar, *Kindheit im Mittelalter*, S. 345, Anm. 73).

104 Hieronymus, *Commentariorum in Epistolam ad Ephesios*, Buch 3, Kap. 5, col. 567 (»... *mulier esse cessabit, et dicetur vir ...*«); vgl. V. L. Bullough, *Medieval Medical Views*, S. 499.

105 Georges Bataille geht von einem nachweislichen Minimum von 35 Opfern aus (*Gilles de Rais*, S. 265).

106 E. Bossard, *Gilles de Rais*, S. 399; ein halbes Jahrhundert zuvor hat schon Stendhal in den *Memoiren eines Touristen* (Nantes, 1. Juli 1837) die Lebensgeschichte des Maréchal de Retz (mit Bezug auf die *Biographie universelle* von Michaud) nachgezeichnet und ihn »*Original des Blaubarts für die Kinder*« genannt (Bd. 1, S. 468–477, hier S. 468).

107 Die sieben ermordeten Ehefrauen finden sich bezeichnenderweise häufig in der Forschung wieder, vgl. etwa E. Heckmann, *Blaubart*, S. 170. Die unheilvolle Zahl sieben (vgl. im Neuen Testament *Die Offenbarung des Johannes*, Kap. 15 f.) spielt auch in J. Rachels *Das Poetische Frauen-Zimmer oder Böse Sieben* eine Rolle: sieben verwerflichen bösen Frauen wird die achte gute Hausfrau entgegengehalten (*Satyrische Gedichte*, S. 13, zudem in: *Die gewünschte Haußmutter*, ebd., S. 36). Die *sieben Weiber* tauchen im 18. Jh. auch im Zusammenhang mit dem modischen Orientalismus auf, vgl. *Des Knaben Wunderhorn*, III/130.

108 Vgl. P. Delarue, *Le Conte populaire français*, S. 198.

109 J. K. Huysmans, *Tief unten*, S. 189 f.

110 P. Saintyves gibt eine inhaltliche Zusammenfassung der beiden verwandten Fassungen (*Les Contes de Perrault*, S. 361); sie stimmen im wesentlichen überein mit der in der Sammlung *Bretonische Märchen* (S. 192–201) abgedruckten Übersetzung einer Textvariante aus dem Jahr 1845 (ediert von E. Souvestre). Interessant ist, daß François Rabelais im 16. Jh. den Namen des Heiligen Gildas im 1. Buch, 45. Kapitel seines *Gargantua* als Schutzpatron der Verrückten erwähnt – in Anlehnung an eine lautliche Verwandtschaft mit den *gilles*, der frz. Bezeichnung für die *Einfaltspinsel* auf dem Jahrmarkttheater.

111 Die Grausamkeiten *Comorres* ähneln Geschichten vom frz. Hochadligen Charles de Bourbon, Graf von Charolais (1700-1760), dem Sohn des Prinzen Condé, der u. a. Dachdecker von den Häusern herunterzuschießen pflegte, um sich an ihrem Todeskampf zu weiden; Vergleichbares berichtet auch W. Hildesheimer ohne nähere Quellenangabe vom Markgrafen Wilhelm Friedrich von Ansbach, der um 1750 herum seiner Mätresse zu Gefallen einen Schornsteinfeger vom Dach geschossen haben soll (*Masante*, in: *Gesammelte Werke*, Bd. 2, S. 236 f.).

112 E. Friedell, *Kulturgeschichte der Neuzeit*, Bd. 1, S. 348.

113 Unverständlich, daß selbst in neueren Publikationen diesbezüglich die Zahlen sieben (Anm. in: L. Tieck, *Phantasus*, S. 1347) bzw. acht (Anm. 248 in: M. Bandello, *Novellen*, 1988, Bd. 2, S. 360) auftauchen.

114 Vgl. das populäre Drama *Incendia* von Thomas Naogeorgus (1541), zit. in: H. Holstein, *Die Reformation im Spiegel der dramatischen Literatur des 16. Jh.*, S. 214.

115 Vgl. Erasmus v. Rotterdam, *Ausgewählte Schriften*, Bd. 2, S. 327; Thomas Morus, *Werke*, Bd. 2, S. 68–75, oder Ariost, *Der rasende Roland*, S. 13.

116 Luther, zit. in: E. Jacobs/E. de Vitray, *Heinrich VIII.*, S. 238.

117 M. Bandello, *Novellen* (1919), S. 244.

118 Ders., *Novellen* (1988), Bd. 2, S. 247.

119 Vgl. A. Fiorato, *Bandello et le Règne du Père*, S. 138, und ders., *Bandello entre l'histoire et l'écriture*, S. 561.

120 Vgl. Sir Walter Raleigh 1614 im Vorwort seiner *Weltgeschichte*, in: ders., *Selected Writings*, S. 124–150, hier S. 133.

121 England war neben Japan wichtigstes Missionsziel, vgl. David M. Loades, *Relations between the Anglican and Roman catholic churches in the 16th and 17th centuries*, in: J. C. H. Aveling u. a. (Hg.), *Rome and the Anglicans*, S. 1–53, hier S. 36.

122 Vgl. P. Philippe d'Oultreman, *Le Pédagogue chrestien*, S. 252 f.

123 J. C. Hallmann in seinem 1684 erschienenen Operndrama *Die sterbende Unschuld oder die Durchlauchtigste Catharina Königin in Engelland*, S. 216; Hallmann vergleicht übrigens Heinrich VIII. mit der biblischen Herrschergestalt Herodes (ebd., S. 213).

124 J. Swift in seiner Schrift *Concerning that universal hatred which prevails against the clergy* von 1736, in: ders., *The Works*, Bd. 9, S. 269–272, hier S. 272.

125 Es ist im Französischen bewußt die Rede von »*homme*« / »*Mann*« (C. Perrault, *Contes*, S. 257) und nicht von »*gentilhomme*« / »*Edelmann*« (ebd., S. 262), welchen Anne am Schluß heiratet.

126 Im Französischen ist die Rede von einer »*Dame de qualité*« (ebd., S. 257).

127 Vgl. H. Suhrbier, *Blaubarts Geheimnis*, S. 27–55, bzw. C. Perrault, *Contes*, S. 510 (Perrault ist übrigens nicht unbedeutend für den französischen Exotismus gerade auch in der Musik: vgl. T. Betzwieser, *Exotismus und »Türkenoper«*, S. 63). Das Märchen vom Blaubart dient im 18. Jh. entsprechend häufig als anschauliche Metapher im Gespräch (vgl. Oliver Goldsmith in: J. Boswell, *Dr. Samuel Johnson*, S. 273 f.).

128 Die Türkei figuriert dabei stets als Paradies der uneingeschränkten männlichen Herrschaft über die Frau. So wünscht sich der »*moderne Ehemann*« 1731 dorthin, um seine emanzipierte Frau im Zaum halten zu können (H. Fielding, *The Modern Husband*, S. 293); vgl. Blaubart-Figuren in *Die Erzählungen aus den Tausendundein Nächten*, Bd. 9, S. 309, u. Bd. 11, S. 310.

129 Die *Querelle des femmes* ist im Zuge der Aufklärung des frühen 18. Jh. weitgehend eingeschlafen.

130 D. Diderot, *Unterredungen über den »natürlichen Sohn«*, in: ders. / G. E. Lessing, *Das Theater des Herrn Diderot*, S. 81–179, hier S. 161.

131 Sie besteht aus einem *Volksmährchen (Die sieben Weiber des Blaubart)*, das die Jugend Blaubarts sowie die Morde an sechs Ehefrauen schildert, sowie einem Märchendrama *(Der Blaubart)*, das sodann die siebte Ehe und Blaubarts Untergang beschreibt. Im übrigen besaß Tieck auch die Gedichtausgabe Gotters von 1787 (*Catalogue de la Bibliothèque célèbre de M. Ludwig Tieck*, S. 20).

132 Schon im Roman *Abdallah* (1795) hat sich Tieck an einer orientalischen Schauermär versucht; Stücke von Fletcher oder Grétry waren ihm ebenfalls bestens bekannt (R. Paulin, *Ludwig Tieck*, S. 16 bzw. S. 44).

133 Hinter dieser standesmäßigen Erhöhung des Perraultschen Blaubart läßt sich Adelskritik ebenso wie eine ironische und romantische Anlehnung an die modischen Ritterdramen seit Goethes *Götz von Berlichingen* (1773) vermuten. Nicht zuletzt tauchen in vielen Liedern *Des Knaben Wunderhorn* sowie in den gesammelten deutschen Volksmärchen und -sagen von Johann Carl August Musäus (1782–86) bzw. den Brüdern Grimm und ihren Nachfolgern bevorzugt Raubrittergestalten des ausgehenden Mittelalters auf. Die Namensgebung Peter Berner spielt hier auf typische Gestalten der populären Ritterliteratur an (vgl. Ritter Peter im Volksbuch von der *Schönen Magelone*, in: K. O. Conrady [Hg.], *Deutsche Volksbücher*, S. 7–58), sondern mag auch mit der misogynen Rittersage von *Herrn Peter Dimringer von Staufenberg* (Brüder Grimm, *Deutsche Sagen* [1994], 2. Teil; vgl. *Des Knaben Wunderhorn*, Bd. 1, Nr. 407) zusammenhängen.

134 Tieck versteht darunter die plötzliche Desillusionierung des Lesers, welcher ganz in ein Geschehen oder eine Empfindung gezogen, plötzlich in eine andere Wirklichkeit hineinversetzt wird. So ist alles nur ein freies Spiel der Einbildungskraft.

135 L. Tieck, *Die sieben Weiber des Blaubart*, in: ders., *Volksmährchen*, S. 9–268, hier S. 52.

136 Ebd., S. 66.

137 Vgl. Mme d'Aulnoy, *Finette Aschenbrödel*, S. 129, *Die Erzählungen aus den Tausendundein Nächten*, Bd. 11, S. 222, bzw. F. Pétis de la Croix, *Tausendundein Tag*, S. 297.

138 L. Tieck, *Die sieben Weiber des Blaubart*, in: ders., *Volksmährchen*, S. 9–268, hier S. 79.

139 Ebd., S. 99.

140 Ebd., S. 255.

141 Ebd., S. 232.

142 Ebd., S. 190.

143 L. Tieck, *Der Blaubart*, Märchen in 5 Akten, in: ders., *Phantasus*, S. 394–483, hier S. 477.

144 L. Tieck, *Die sieben Weiber des Blaubart*, S. 154; vgl. den Zornesausbruch von Blaubart: »*Die Sünde der ersten Mutter des Menschengeschlechts hat alle ihre nichtswürdigen Töchter vergiftet, und wehe dem betrogenen Manne, der eurer falschen Zärtlichkeit, euren unschuldigen Augen, eurem Lächeln und Händedruck vertraut! Betrug ist euer Handwerk, und um bequemer betrügen zu können, seid ihr schön. Man sollte euer ganzes Geschlecht von der Erde vertilgen. (...) Ja zur Hölle, in die Umarmung der Teufel werdet ihr gelockt, um diese Lust zu büßen.*« (L. Tieck, *Der Blaubart*, S. 477.)

145 Vgl. Bernards Einspruch gegen das dumme Verhalten Blaubarts: »*Ich wette, daß seine einfältige Geschichte noch einmal ein altes Weibermärchen wird; daß man seinen Nahmen gebraucht, um unruhige Kinder in den Schlaf zu bringen*« (L. Tieck, *Die sieben Weiber des Blaubart*, S. 194).

146 L. Tieck, *Der Blaubart*, S. 459.

147 Ebd.

148 Ebd., S. 460.

149 G. C. Lichtenberg, *Schriften und Briefe*, Bd. 2, S. 135; vgl. ebd., S. 581, bzw. ders., *Schriften und Briefe*, Bd. 1, S. 290.

150 L. Tieck, *Der Blaubart*, S. 462.

151 Vgl. J.-J. Rousseau, *Emile*, S. 720; diese kultivierte Differenz kommt besonders gut in Denis Diderots *Kleinen Papieren* zum Ausdruck, wo er u. a. »*Über die Frauen*«, diese »*merkwürdigen Kinder*« (in: *Erzählungen*, S. 169–181, hier S. 176) eine Mischung aus höchstem Lob (S. 179: »*Wenn man über Frauen schreibt, muß man seine Feder in den Regenbogen tauchen und den Staub von Schmetterlingsflügeln auf das Papier streuen...*«) und niedrigster Misogynie verbreitet (S. 171 f.: »*Sie sind undurchdringlich, wenn sie sich verstellen, grausam in der Rache, unerschütterlich in ihren Plänen, skrupellos in ihren Mitteln, voll tiefen, geheimen Hasses gegen die Herrschaft des Mannes [...]. Liebt ihr sie, so werden sie euch ins Verderben stürzen [...].*«).

152 Vgl. S. Bovenschen, *Die imaginierte Weiblichkeit*, S. 158–200, und H. Wunder, »*Er ist die Sonn'...*«, S. 244–260.

153 C. Perrault, Vorwort zur Ausgabe von 1695, in: ders., *Sämtliche Märchen*, S. 5–10, hier S. 10.

154 Ebd., S. 9.

155 C. Perrault, *Widmungsschreiben* zur Ausgabe von 1697, in: ebd., S. 53 f., hier S. 53; so beweisen denn neunjährige Zwillingsschwestern noch im frz. *Pervonte*-Märchen von 1777 ihre Lesekünste, indem sie ihrem Großvater das Märchen vom Blaubart vorlesen (*Bibliothèque Universelle des Romans*, Sept. 1777, S. 162–180, hier S. 179).

156 J./W. Grimm, *Kinder- und Hausmärchen* (1989), Bd. 1, S. 21.

157 Ebd., Bd. 3, S. 86.

158 Vgl. *Die Erzählungen aus den Tausendundein Nächten*, Bd. 4, S. 809 u. S. 811, bzw. J./W. Grimm, *Deutsche Sagen* (1994), 1. Teil, *Die Männer im Zottenberg*.

159 Schon Bertuch machte in seiner Perrault-Übersetzung in der *Blauen Bibliothek* aus dem »*großen Hirschfänger*« (»*coutelas*«) ein »*großes Schlachtmesser*«, in: Apel / Miller (Hg.), *Das Kabinett der Feen*, S. 50.

160 In den Hassenpflug-Märchen finden sich derart formulierte Bedingungssätze relativ häufig: »*Hätt ich dich, so wollt ich dich!*« (KHM, Anhang Nr. 7) oder »*Wenn du es nicht tust, so fresse ich dich*« (KHM 5).

161 J./W. Grimm, *Kinder- und Hausmärchen* (1989), Bd. 1, S. 17; möglicherweise reagierten sie hierbei u. a. auch auf die pädagogische Kritik von Albert Ludwig Grimm (vgl. A. Wesselski, *Deutsche Märchen vor Grimm*, S. 19 ff.). Bemerkenswert, daß W. Grimm in seiner Einleitung *Über das Wesen der Märchen* in der gleichen KHM-Auflage ein romantisches Verständnis der Märchen als »*wahrer Poesie*« vom »*Herzen*« aus fordert, da sie »*der mannigfaltigsten Auslegung fähig*« seien und somit »*keinen didaktischen Zweck*« hätten (in: J. / W. Grimm, *Schriften und Reden*, S. 192–198, hier S. 194 f.); so gesehen müssen an Perraults *Blaubart* vor allem die dramatisierenden wie moralisierenden Elemente stören, da sie allzu sehr auf ein künstlerisch geformtes Märchen verweisen, das entsprechend ohne belehrende »*Wahrheit*« (ebd., S. 192) ist.

162 In ihrer etwa seit 1807 existierenden Stoff- und Motivdatei ist das *Blaubart*-Mär-
chen unter »*Stütze alter Volkssage*« registriert (J./W. Grimm, *Deutsche Sagen*
[1993], Bd. 2, S. 558).

163 J. G. Herder, *Werke*, S. 106 f.; Brentano und Arnim ergänzten in der 11. Strophe
die zweite und in der 12. Strophe die beiden letzten Zeilen; vgl. auch Anm. in: *Des
Knaben Wunderhorn*, Bd. 1, S. 505.

164 Vgl. etwa I/37, I/218, II/200, II/258, III/102 bzw. J./W. Grimm, *Deutsche Sagen*
(1993), Bd. 3, Nr. 23/24, S. 38.

165 J./W. Grimm, *Kinder- und Hausmärchen* (1989), Bd. 1, S. 87.

166 Ebd., S. 87 u. S. 526.

167 *Der arme Heinrich*. Nacherzählung der Brüder Grimm (1815), in: Hartmann von
Aue, *Der arme Heinrich*, S. 11–32, hier S. 14; vgl. J./W. Grimm, *Kinder- und Haus-
märchen* (1989), Bd. 3, S. 87. Das Baden in Menschenblut findet sich nicht nur von
Plinius d. Ä. bis zu Paracelsus in der medizinischen Literatur, sondern auch als
häufiges Motiv in der mittelalterlichen Literatur wieder (vgl. R. Steig, *Achim von
Arnim*, S. 343).

168 Die 1. Erzählung der 2. Nacht in: G. Straparola, *Die Novellen und Mären*, Bd. 1,
S. 69–79.

169 J./W. Grimm, *Kinder- und Hausmärchen* (1989), Bd. 1, S. 526.

170 Vgl. R. Hagen, *Perraults Märchen und die Brüder Grimm*, S. 407.

171 Bei Perrault ist mit »*cabinet*« noch das kleine, eher unwichtige Nebenzimmer gemeint.

172 Vgl. die Schwesternbeziehung in G. Colman, *Blue Beard*, S. 202.

173 Vgl. ebd., S. 203; generell ist bei den Romantikern eine Vorliebe für Blasinstru-
mente, speziell Hörner, festzustellen (vgl. M. Thalmann, *Der Trivialroman des 18.
Jahrhunderts*, S. 220).

174 Was sich schließlich gegen Ende des 19. Jh. in der Misogynie durchaus wiederfindet: »*... alle Frauen sind Mörderinnen am Manne.*« (H. Bahr, *Die Mutter*,
S. 62.)

175 Christian Ludwig Neuffer, *Die Gattin*, in: H. J. Schneider (Hg.), *Idyllen der Deut-
schen*, S. 280 ff., hier S. 282; Jakob v. Mauvillon (1743–94) schreibt über die bür-
gerliche Ehefrau: »*Zum Glück hat sie von der Natur Sanftmuth zum Nachgeben,
Geduld zum Ertragen, und eine große natürliche Anhänglichkeit an den Mann, dem
sie sich ergeben hat, bekommen.*« (*Mann und Weib*, S. 143; vgl. Joachim Heinrich
Campe, *Väterlicher Rath für meine Tochter*, in: *Kinder- und Jugendliteratur*, S. 154 f.)
Der Gatte wird so »*natürlicher, nächster Repräsentant der Gottheit*« (J. L. Ewald,
Eheliche Verhältnisse, Bd. 1, S. 254).

176 Stendhal, *Rot und Schwarz*, S. 164.

177 H. Suhrbier dokumentiert in seiner Anthologie *Blaubarts Geheimnis* die ganze Pa-
lette moderner *Blaubart*-Märchen bis zu neuern Versuchen von Max Frisch (*Blaubart*, 1981/82) oder Peter Rühmkorf (*Blaubarts letzte Reise*, 1982).

178 Vgl. Friedrich Glauser in der Erzählung *Der alte Zauberer* von 1933: Ein Bauer
mordet seine Gattinnen, weil »*nach der siebenten toten Ehefrau, da bekommt man
die Gewalt, da kann man fliegen (...) bis ans Ende der Tage der Welt*« (*Das erzählerische Werk*, Bd. 2, S. 217).

179 O. Kokoschka, *Mörder, Hoffnung der Frauen*, S. 52.

DAS ROTKÄPPCHEN-MÄRCHEN

Jean de La Fontaine: *Der Wolf, die Mutter und das Kind*, in: ders., *Sämtliche Fabeln*
(Buch IV, Nr. 16), S. 289/91.

Charles Perrault: *Rotkäppchen*, in: ders., *Sämtliche Märchen*, S. 70–73.

Anonymus: *[Bauernmärchen]*, in: R. Darnton, *Das große Katzenmassaker*, S. 17 f.

Kurt Bartsch: *Rotkäppchen und Herr Wolf*, in: ders., *Weihnacht ist und Wotan reitet*,
S. 14.

Ludwig Tieck: *Leben und Tod des kleinen Rotkäppchens*. Eine Tragödie, Dritte Szene, in:
ders., *Phantasus*, S. 362–384, hier S. 373–379.

Jacob und Wilhelm Grimm: *Rotkäppchen*, in: ders., *Kinder- und Hausmärchen* (1985), KHM 26, S. 133–137.

Ludwig Bechstein: *Das Rotkäppchen*, in: ders., *Sämtliche Märchen*, Nr. 9, S. 66–72; Druckfehler sind stillschweigend korrigiert.

Eduard Mörike: *[Rotkäppchen und der Wolf]*, in: ders., *Sämtliche Werke und Briefe*, Bd. 1, S. 285 f.

Anonymus: *[Das BDM-Mädel Rotkäppchen]*, zit. nach: H. Ritz, *Die Geschichte vom Rotkäppchen*, S. 147 f.

(Pierre Henri) Cami: *Das kleine Grünkäppchen*, unveröff. (Österreichischer Bühnenverlag Kaiser & Co., Wien).

Günter de Bruyn: *[Rotkäppchens Aufruf zur nationalen Erhebung]*, in: ders., *Märkische Forschungen*, S. 66–69.

Erich Fromm: *Rotkäppchen* [Tiefenpsychologische Deutung], in: ders., *Märchen, Mythen, Träume*, S. 295–297.

1 Unter *Fabel* als literarischem Gattungsbegriff versteht man seit dem 18. Jh. im allgemeinen eine Geschichte, in der Tiere, Pflanzen oder Dinge eine führende Rolle spielen und in der eine bestimmte Lehre verdeutlicht werden soll (vgl. E. Leibfried, *Fabel*, S. 1).

2 *D. Martin Luthers Werke*, Bd. 50, S. 441.

3 Der Titel verweist auf den freigelassenen griechischen Sklaven Aesop, der im 6. Jahrhundert v. Chr. die Fabeln erfunden haben soll; verschriftlicht wurden sie erstmals Ende des 4. Jh. v. Chr. durch Demetrius von Phaleron.

4 *Steinhöwels Äsop*, S. 4.

5 Vgl. *Der Wolf und die Ziege* (S. 88 f.), *Der Wolf und das Schaf* (S. 89), *Wolf und Schaf* (S. 105 f.), *Der Wolf und das Böckchen* (S. 138 f.) in: L. Mader (Hg.), *Antike Fabeln*.

6 *Wolf und Lamm*, in: T. Poser (Hg.), *Fabeln*, S. 13; zur Verbreitung im Mittelalter, vgl. *Wolf und Lamm* im Index bei A. Schirokauer (Hg.), *Texte zur Geschichte der Altdeutschen Tierfabel*, S. 66.

7 Vgl. *Vridankes Bescheidenheit*, S. 137, bzw. die Predigt von Geiler v. Kaysersberg von 1498/99 in: ders., *Ausgewählte Schriften*, S. 199.

8 Strabo, *Erdbeschreibung*, 1. Buch, 2. Abschnitt, § 6, S. 30 ff.; vgl. Horaz, *Das Buch von der Dichtkunst*, in: *Sämtliche Werke*, Teil 2, S. 251, Vers 339 f., und Geiler von Kaysersberg, *Der Bilger mit seinen Eygenschaften* (in: *Die ältesten Schriften*, S. 225 bis 316 bzw. S. 318 f., hier S. 269). Diese Auffassung steht im Widerspruch zu Platon, der meint, daß dadurch die Kinder nur noch »schrecksamer« würden (*Der Staat*, 2. Buch, S. 151); vgl. Fénelon, der in seiner ersten Version *Über die Erziehung der Mädchen* ausdrücklich die Angstmacherei vor dem Wolf verurteilt (*De l'éducation des filles – Première version*, in: *Œuvres*, Bd. 1, S. 1201–1230, hier S. 1204), und Grimmelshausen, welcher sich über dieselbe lustig macht (*Der abenteuerliche Simplicissimus Teutsch*, S. 52 bzw. S. 62), bzw. Johann Beer, der im durch Prügel angsteinflößenden Schulmeister selber den Wolf sieht (*Narren-Spital*, in: ders., *Sämtliche Werke*, Bd. 5, S. 141–210 u. S. 222–236, hier S. 151 u. S. 153).

9 In: L. Mader (Hg.), *Antike Fabeln*, S. 132 f.; vgl. Babrios *Der Wolf und die Amme* (ebd., S. 272), Avianus *De nutrice et infante* (Nr. 1, in: *Aviani Fabulae XXXXII ad Theodosium*, S. 6 f.), U. Boner, *Von einer vrouwen und einem wolfe* (Nr. 63, in: *Der Edelstein*, S. 110 ff. u. S. 216); Johannes Agricola (um 1494–1566) führt die Geschichte unter dem Titel *Beschissene kynder soll man nicht weg werffen* in seinen Sprichwörtern an (ders., *Die Sprichwörter-Sammlungen*, Bd. 1, Nr. 593, S. 431 f.).

10 So werden Romulus und Remus von einer Wölfin aufgezogen, und. die verärgerte Göttin Themis schickt den Thebanern einen Wolf, der ihre Herden verwüstet; vgl. E. Zimen, *Der Wolf*, S. 386–390.

11 Matthäus 7,15 bzw. Aesop, *Der Hirt und der Wolf*, in: L. Mader (Hg.), *Antike Fabeln*, S. 149 f.

12 Cäsarius von Heisterbach, *Dialogus Miraculorum*, IV.65, S. 309 f.; zur Wolfsfurcht bis ins 18. Jh. vgl. P. Camporesi, *Das Brot der Träume*, S. 129.

13 F. Villon, *Das Kleine und das Große Testament*, S. 81.

14 *Das Papageienbuch*, S. 161; vgl. bei Cäsarius von Heisterbach die Erzählung vom Wolf, der eine junge Frau entführt, damit sie einem andern Wolf ein Bein aus dem Rachen ziehe, danach hieß er sie »*sunder an all schaden*« wieder heimkehren (*Dialogus Miraculorum*, IV.66, S. 310).

15 Die Ammen in Fischarts *Geschichtsklitterung* nennen etwa Gargantuas Penis »*Wolffszänlin*« (S. 189).

16 G. Boccaccio, *Das Dekameron*, Bd. 1, S. 333.

17 Ebd., Bd. 2, S. 871.

18 Vgl. Marguerite de Navarre, *Heptameron*, Nr. 53, S. 241, W. Widmer (Hg.), *Ein französisches Hexameron*, S. 349, und Montanus, *Gartengesellschaft*, S. 351; vgl. weiter *Egberts von Lüttich fecunda ratis*: »*Der Wolf bald Mönch bald Laie*« (S. 195): dieses Bild findet sich bis in die Märchenwelt des angehenden 18. Jh. (vgl. F. Pétis de la Croix, *Tausendundein Tag*, S. 586).

19 Vgl. die zahlreichen Wolf-Schaf-Vergleiche in dem pädagogischen Roman *Die Abenteuer des Telemach* des Geistlichen Fénelon (S. 126, S. 255, S. 304 f., S. 336, S. 361 u. S. 385) sowie in *Das heilige, allgültige und allgemeine Concilium von Trient* (S. 117 u. S. 356); darin findet sich 1563 die Warnung, daß kirchliche Würdenträger nicht als Hirten im Wolfspelz, »*unter Verlassung ihres Schafstalls, und mit Vernachlässigung der Obsorge ihrer anvertrauten Schafe*« auftreten dürfen (S. 68).

20 B. Gracían, *Handorakel*, Nr. 219, S. 109.

21 »*Der Chaperon war nach Art der Perücke gefaltet; man verlängerte ihn, die Spitze auf der Stirn ist hochgesteckt, das Ende mit Nadeln hinten am Kopf befestigt*« (übers. aus: P. L. de Giafferri, *L'Histoire du Costume Féminin Français*, S. 19); in diesem Sinne finden wir das Wort im 17. Jh. bei Furetière (*Le Roman bourgeois*, in: *Romanciers du XVIIe siècle*, S. 905/1445), in einem Brief La Fontaines an seine Frau von 1663 (zit. im *Dictionnaire du français classique* unter dem Stichwort *chaperon*) sowie bei Bussy-Rabutin in den Versen einer Kokotte: »*Nach der Koketterie, / welch ein Übel, behütet [chaperonnettes] zu sein, / gar die Haube zu tragen / mit irgendwelchem andern Putz [affiquet], / genau wie die Bourgeoisie*« (übers. aus: *Histoire amoureuse*, Bd. 1, S. 274; im Sg. bezeichnet *affiquet* eigentlich *Stricknadel-Etui*, im Pl. steht es für *Putz, Schmuck*); als modisches weibliches Kleidungsstück hat es auch F. Pétis de la Croix »*rosenfarben*« in seine Märchensammlung aufgenommen (*Tausendundein Tag*, S. 233).

22 Vgl. Furetières *Dictionnaire universelle* von 1690: »*Für Mädchen ist es nicht anständig spazieren zu gehen, wenn sie niemanden dabei haben, der ihnen als Beschützerin dient [leur serve de grand chaperon]*« (übers. aus: *Trésor de la langue française*, Bd. 5, S. 527).

23 Speziell in Haushalten des Adels und des höheren Bürgertums sahen sich im 17. und 18. Jh. junge Mädchen aus der Unterschicht oder vom Lande als Hausmägde und Kammerzofen oft ganz den Launen und Gelüsten der männlichen Familienmitglieder ausgesetzt; vgl. E. Fuchs, *Illustrierte Sittengeschichte*, Bd. 4, S. 104, und Bussy-Rabutin, *Histoire amoureuse*, Bd. 2, S. 403.

24 Übers. aus: Mme de Maintenon, *Lettres sur l'Education des Filles*, S. 27. Schon Jacqueline Pascal, Mitte des 17. Jh. Erzieherin am Mädchenpensionat von Port-Royal, schreibt: »*Kinder müssen ständig überwacht werden und dürfen, ob gesund, ob krank, nirgendwo allein gelassen werden*« (zit. nach P. Ariès, *Geschichte der Kindheit*, S. 193); vgl. die Mutter, welche im Wald ihre schlafenden Kinde vor dem Wolf bewacht (Mme d'Aulnoy, *Finette Aschenbrödel*, S. 112).

25 Nebst der ursprünglichen Bedeutung von *Taufpate* wurde *Gevatter* (gleich wie das frz. *compère*) häufig im erweiterten Sinne von »*verwandter, freund, nachbar*« verwendet (J. / W. Grimm, *Deutsches Wörterbuch*, S. 4651), bezeichnet hier also ein engeres Bekanntschafts- oder Verwandtschaftsverhältnis.

26 Vgl. unter dem Stichwort *Loup* im *Trésor de la langue française* (Bd. 11, S. 17) sowie im *Grand Robert* (Bd. 6, S. 79 f.); *loup* ist zu Perraults Zeiten auch die Bezeichnung für eine *Halbmaske* im venezianischen Stil (vgl. Bussy-Rabutin, *Histoire amoureuse*, Bd. 1, S. 275).

27 Jack Zipes' These, Perrault habe sich von Vorfällen mit Werwölfen zu Beginn des 17. Jh. in der Touraine anregen lassen (*Rotkäppchens Lust und Leid*, S. 17), scheint

angesichts der zeitlichen Differenz zu Perrault sowie der mittelalterlichen Herkunft entsprechender Geschichten eher unwahrscheinlich (vgl. dazu F. Irsigler / A. Lassotta, *Bettler und Gaukler*, S. 152–155, bzw. K. Völker (Hg.), *Von Werwölfen*, S. 419 f.). Zu Kinderunfällen mit Wölfen im Mittelalter vgl. S. Shahar, *Kindheit im Mittelalter*, S. 167.

28 Vgl. J. C. Bologne, *Histoire de la pudeur*, S. 66 ff., E. Leites, *Puritanisches Gewissen und moderne Sexualität*, S. 16–25, und R. Muchembled, *Die Erfindung des modernen Menschen*, S. 129 ff. u. S. 355 ff.

29 Übers. aus: Voltaire, *Siècle de Louis XIV*, Bd. 1, S. 516.

30 Vgl. J. C. Bologne, *Histoire de la pudeur*, S. 117 ff., sowie N. Elias, *Über den Prozeß der Zivilisation*, Bd. 1, S. 220 f.

31 E. Fuchs, *Illustrierte Sittengeschichte*, Bd. 4, S. 103.

32 Vgl. P. Ariès / G. Duby (Hg.), *Geschichte des privaten Lebens*, Bd. 3, S. 426, und Voltaire, *Siècle de Louis XIV*, Bd. 1, S. 466 f.

33 Seinem ausschweifenden Lebenswandel schwörte Ludwig XIV. mit folgenden Liebesversen an Mme de Maintenon ab: »*Es [mein Herz] hat in dieser Kunst einer / langen Lehre bedurft, / Um wissender zu werden, diskreter und weiser, / In einem Wort Eurer würdiger*« (Übers. aus: Bussy-Rabutin, *Histoire amoureuse*, Bd. 2, S. 212).

34 Ebd., S. 307.

35 Ebd., hier zit. nach: *Der Hof Ludwigs XIV.*, S. 194. In exakt diesem Wortlaut ließ sich die zitierte Passage weder in den benutzten noch in der 1868 von Sainte-Beuve herausgegebenen Ausgabe der *Histoire amoureuse des Gaules* finden.

36 Mme de La Fayette, *Die Prinzessin Clèves*, S. 50; vgl. Fénelon, *Die Abenteuer des Telemach*, S. 209 f., S. 297 u. S. 378; F. de La Rochefoucault, *Maximen und Reflexionen*, Nr. 119, Nr. 197 u. Nr. 256; *Die Memoiren des Herzogs von Saint-Simon*, Bd. 4, S. 104 f., S. 107 u. S. 110; F. Pétis de la Croix, *Tausendundein Tag*, S 359.

37 Molière, *Don Juan oder der steinerne Gast*, in: *Komödien IV*, S. 66.

38 La Bruyère, *Charaktere*, S. 29 f.

39 B. Gracían, *Handorakel*, Nr. 240, S. 119.

40 In John Drydens Stück *Marriage A-La-Mode* (1671) spricht der Liebhaber Palamede zu seiner Geliebten Doralice: »*Aber wenn du nur irgendeinen Funken von wahrer Freundschaft in dir hast, so zieh dich mit mir in den Nebenraum zurück, wo es ein Sofa oder ein Bett hat...*« (übers. aus: S. 304).

41 Die Töchter wurden im 17. Jh. oft schon mit 7 Jahren außer Haus gegeben (H. Wunder, »*Er ist die Sonn'...*«, S. 41) und entsprechend zeitig auch verheiratet. Im Adel waren Eheschließungen im Alter von 12–14 Jahren durchaus üblich (vgl. L. Stone, *The Family*, S. 375, und P. Ariès, *Geschichte der Kindheit*, S. 178).

42 Gliedmaßen, Augen, Ohren und Mund sind im Zeitalter Ludwigs XIV. wichtige Kennzeichen bei der Beurteilung von menschlicher Schönheit sowohl in erotischer wie moralischer Hinsicht.

43 Zum Begriff des *Warnmärchens* vgl. M. Rumpf, *Rotkäppchen*, S. 99–103.

44 M. Soriano, *Les Contes de Perrault*, S. 256, Anm. 5.

45 Jean Paul, *Flegeljahre*, S. 354.

46 Im Widmungsschreiben von 1697 schreibt Perrault: »*(...) schaut man die Erzählungen nur einmal genau an, so wird man sehen, daß ich dafür doch nicht so sehr zu tadeln bin, wie es zunächst scheinen mag. Einer jeden ist eine sehr vernünftige Moral zu eigen, die sich dem Scharfblick des Lesers entsprechend mehr oder weniger deutlich offenbart.*« (*Sämtliche Märchen*, S. 53.)

47 C. Deulin, *Les Contes de Ma Mère L'Oye*, S. 96.

48 *Egberts von Lüttich fecunda ratis*, S. 232 f., und J. Bolte / G. Polívka, *Anmerkungen zu den Kinder- und Hausmärchen*, Bd. 1, S. 236; vgl. auch M. Rumpf, *Rotkäppchen*, S. 66 f.

49 Vgl. M. Rumpf, *Rotkäppchen*, S. 93, P. Delarue, *Le Conte populaire français*, Bd. 1, S. 383, M. Soriano, *Les Contes de Perrault*, S. 148 u. S. 153, sowie J. Zipes, *Rotkäppchens Lust*, S. 18 ff.

50 Vgl. M. Rumpf, *Rotkäppchen*, S. 93, und P. Delarue, *Le Conte populaire français*, Bd. 1, S. 383.

51 Vgl. Y. Verdier, *Grands-Mères*, S. 25; trotzdem hält sie an mündlichen Fassungen vor Perrault fest (S. 18 f.).

52 R. Darnton, *Das große Katzenmassaker*, S. 17; in P. Delarues *Le Conte populaire français* findet sich eine zweite, verwandte Version (S. 373 f., übers. in: J. Zipes, *Rotkäppchens Lust*, S. 18 f.).

53 Das Ausziehen und das Sich-zum-Wolf-ins-Bett-Legen muß skandalös wirken, soll die Geschichte funktionieren. Im 17. Jh. war solcherlei aber durchaus nichts Ungewöhnliches. Zudem ist die *Schürze*, außerhalb der Arbeit getragen, frühestens ab Mitte des 18. Jh. Teil einer repräsentativen bürgerlichen Kleidermode (vgl. E. Thiel, *Geschichte des Kostüms*, S. 272). Die Rettung Rotkäppchens und die Bestrafung des Wolfs sind beschwichtigende Hinzufügungen im Sinne bürgerlichen Rechtsempfindens, somit nicht einer Fassung vor Perrault anzurechnen. Daher erstaunt es nicht, daß Perraults Rotkäppchen im 18. Jh. eine außerordentliche Popularität genoß (vgl. J. Zipes, *Rotkäppchens Lust*, S. 31 f.).

54 Lessing demonstriert dies schon am Beispiel der traditionellen Fabel *Der Wolf und das Schaf* (*Werke in drei Bänden*, Bd. 1, S. 1038), indem er den einzelnen Handlungselementen symbolisch-politische Funktionen zuweist.

55 *Vorbericht*, in: *Ludwig Tieck's Schriften*, Bd. 1, S. XXXVII.

56 C. Perrault, *Sämtliche Märchen*, S. 53.

57 K. Günzel, *König der Romantik*, S. 186.

58 »*Nahe dich, Freiheit, / Daß ich mich stürze / Dir in die Arme!*« (*Lied des Gefangenen* von 1790, in: *Tiecks nachgelassene Schriften*, S. 185); vgl. zu Tiecks Revolutionsbegeisterung R. Paulin, *Ludwig Tieck*, S. 35 f.

59 In: W. H. Wackenroder, *Sämtliche Werke und Briefe*, S. 114.

60 Enttäuschung und politische Desillusionierung äußern sich bei Tieck allerdings nur sehr indirekt (vgl. ders., *Peter Lebrecht*, S. 15, bzw. R. Paulin, *Ludwig Tieck*, S. 49); zur Enttäuschung der deutschen Jakobiner vgl. G. Koziélek in: F. Schulz, *Geschichte der großen Revolution*, S. 299–307, und K. Harprecht, *Die Lust der Freiheit*, S. 526–548.

61 Ernst Bloch schreibt im *Prinzip Hoffnung*, daß um 1789 allenthalben eine große Zahl »*Rettungsmärchen*« auftauchten (Bd. 1, S. 428).

62 Seitenzahlen nach: L. Tieck, *Leben und Tod des kleinen Rotkäppchens*, in: ders., *Phantasus*, S. 362–384.

63 Vgl. die Senatsrede am 10. 11. 1799 (in: Napoleon I., *Mein Leben und Werk*, S. 231) oder *Das Souper von Beaucaire* von 1793 (ebd., S. 94–109); von seinen Gegnern wird er gern als »*Jakobiner*« bezeichnet und gefürchtet, vgl. auch Willy Andreas, *Napoleons Jugend und Aufstieg*, in: H.-O. Sieburg (Hg.), *Napoleon und Europa*, S. 57–74, hier S. 63–66 u. S. 70.

64 H. v. Kleist, *Werke*, S. 433; diese Verse spricht übrigens ein deutscher Fürst namens Wolf. Weitere Beispiele zur antifranzösischen Wolfssymbolik in Dichtung und Publizistik finden sich bei H.- W. Jäger, *Trägt Rotkäppchen eine Jakobiner-Mütze?*, S. 164 ff.

65 Vgl. die Jagdsymbolik in H. v. Kleists *Kriegslied der Deutschen* von 1809, in: *Sämtliche Werke und Briefe*, Bd. 3, S. 434.

66 Vgl. G. Forster, *Darstellung der Revolution in Mainz*, in: *Forsters Werke*, Bd. 1, S. 152–214, hier S. 204.

67 L. Tieck, *Erinnerungen*, Bd. 1, S. 92.

68 J./W. Grimm, *Kinder- und Hausmärchen* (1913), Bd. 1, S. 1 u. S. 7; sie verweisen hier ausdrücklich auf den literarischen Quell der Märchen (Fischart, Rollenhagen) und bestätigen, daß diese »*in dem Fortgange der Zeit beständig neu erzeugt*« werden (ebd., S. 7).

69 Vgl. H.-W. Jäger, *Trägt Rotkäppchen eine Jakobiner-Mütze?*, S. 160 ff., und. H. Gerstner, *Die Brüder Grimm*, S. 51 ff.; vgl. auch den Zusatz von Jakob Grimm an der Sage *Der Wolf und der Tannenzapf* (*Deutsche Sagen* [1994], S. 795; vergleichbar ist auch ebd. [1993], Bd. 3, Nr. 64; vgl. F. P. Grimm, *Der unbekannte Grimm*, Nr. 4). Der Franzose, der 1813 die kostbarsten Bücher aus der Kasseler Schloßbibliothek als Kriegsbeute für den Abtransport nach Frankreich zusammenpackte, hieß, wie der damalige Bibliothekar Jacob Grimm im nachhinein süffisant

bemerkt, *Leloup*, zu deutsch *Der Wolf* (*Selbstbiographie*, in: J./W. Grimm, *Schriften und Reden*, S. 15–34, hier S. 27).

70 Mit verschiedenen Versprechungen versuchte der von Wilhelm Grimm so wenig geliebte Napoleon (*Bericht über das Deutsche Wörterbuch*, in: J./W. Grimm, *Schriften und Reden*, S. 227–239, hier S. 230) 1806 gegenüber den süddeutschen Fürstentümern seine Aufforderung zu versüßen, sie sollten dem von ihm dominierten *Rheinbund* bei- und aus dem deutschen Reich austreten (vgl. T. Nipperdey, *Deutsche Geschichte 1800–1866*, S. 13 f.).

71 Es ist auch eine Rückkehr zur einfachen und klaren Märchenstruktur von Perraults *Rotkäppchen*, um Tiecksche Peinlichkeiten, wie Rotkäppchens trunksüchtigen Vater, zu vermeiden.

72 L. Tieck, *Leben und Tod des kleinen Rotkäppchens*, S. 370.

73 Zur Verbürgerlichung und Ausräumung unsittlicher Anspielungen der Perraultschen Vorlage vgl. H. Ritz, *Die Geschichte vom Rotkäppchen*, S. 24 ff.

74 Bemerkenswert, daß neben der romantischen Waldessehnsucht (vgl. J./W. Grimm, *Schriften und Reden*, S. 194) gleichzeitig Kindern ein abschreckend gefährlicher Wald, voller Unholde und wilder Tiere, geschildert wird (vgl. *Kinder- und Hausmärchen* [1989], Anhang Nr. 16, oder E. M. Arndts *Klage um den kleinen Jakob*, abgedruckt in K. O. Conrady, *Das große deutsche Gedichtbuch*, S. 391). Es soll gleichsam das Kind »*vor dem gefährlichen aus dem Hause seyn, warnen, und ihm die Wiege und das Schlafen vorzugswerther machen*« (J. F. Schütze, *Holsteinisches Idiotikon*, Bd. 3, S. 6).

75 Vgl. E. Canetti, *Masse und Macht*, S. 190 f., bzw. R. P. Harrison, *Wälder*, S. 202 ff.

76 Daß es sich in einem Untiermagen durchaus überleben läßt: vgl. *Das Drachenloch*, in: J./W. Grimm, *Deutsche Sagen* (1994), 1. Teil; zum anschließenden chirurgischen Eingriff des Jägers vgl. ebd., *Die wilde Berta kommt*.

77 Wie sich mit dieser politischen Lesart spielen läßt, zeigt auch der Napoleon-Bewunderer Heinrich Heine, der 1831 den Wolf die politische Front wechseln läßt und ihn zum antifranzösischen Reaktionär macht: »*Ach! Der alte Wolf hat die Garderobe der Großmutter angezogen, und zerreißt Euch armen Rotkäppchen der Freiheit!*« (*Kahldorf über den Adel*, in: *Sämtliche Schriften*, Bd. 5, S. 666); vgl. die weitere Variation in *Deutschland, ein Wintermärchen* von 1844 (ebd., Bd. 7, Caput XII, S. 604) oder von W. Majakowski (1893-1930) das russ. Revolutionsgedicht *Das Märchen vom Rotkäppchen* (*Werke*, S. 33 u. S. 374 f.).

78 J./W. Grimm, *Kinder- und Hausmärchen* (1989), Bd. 3, S. 59. Wein und Kuchen gibt auch die Mutter im Dummlings-Märchen *Die goldene Gans* (KHM 64) ihren Söhnen mit in den Wald.

79 Vgl. M. Rumpf, *Rotkäppchen*, S. 88, bzw. R. Hagen, *Perraults Märchen*, S. 405.

80 Die Lust auf die so seltene Wurst weist ihn in der Dorfgemeinschaft zugleich als armen Schlucker aus; vgl. S. Mennell, *Die Kultivierung des Appetits*, S. 278.

81 Bemerkenswert, daß die Grimms eine Ähnlichkeit mit einer schwedischen Sage, wo nur noch der blutige Arm des Mädchens übrigbleibt, allein für ihre Anmerkungen verwendeten (*Kinder- und Hausmärchen* [1989], Bd. 3, S. 59).

82 In *Deutsche Sagen* der Brüder Grimm lockt damit ein verkleideter Mörder Frauen in den Wald (1994, 1. Teil, *Schwarzach*).

83 »*Aber im Winter, zu Nacht, wenn es schneit und stöbert, am Ofen, / Rief' ich, o Muse, dich auch, märchenerfindende, an!*« (*Wald-Idylle*, 1837, in: E. Mörike, *Gedichte*, Bd. 1, S. 114). Mörike hat Tiecks Märchendrama sehr gemocht und ihm für eine kleine Aufführung mit Puppen als »*besondere Zugabe*« einen neuen Schluß gedichtet (*Briefe 1811–1828*, S. 125 f.); weitere »bürgerliche Moralstücke« des 19. Jh., denen das *Rotkäppchen*-Märchen zugrunde liegt, erwähnt J. Zipes (*Rotkäppchens Lust und Leid*, S. 39–56).

84 »*Eine Parodie ist ein literarisches Werk, das aus einem anderen Werk beliebiger Gattung formal-stilistische Elemente, vielfach auch den Gegenstand übernimmt, das Entlehnte aber teilweise so verändert, daß eine deutliche, oft komisch wirkende Diskrepanz zwischen den einzelnen Strukturschichten entsteht.*« (E. Rotermund, *Die Parodie in der modernen Lyrik*, S. 9.)

85 Nicht von ungefähr hat sich die völkisch-nationale Märchenforschung für dieses »*am weitesten verbreitete von allen deutschen Märchen*« (W. v. Bülow, *Märchendeu-*

tungen, S. 28) interessiert. Entsprechend provozierte das Märchen auch parodisti-sche Veränderungen (vgl. Witz Nr. 214, in: H.-J. Gamm, *Der Flüsterwitz im Drit-ten Reich*, S. 117).

86 »*Von der engsten Umgebung ließ er sich gern Wolf nennen (...) er verstand den Na-men als die germanische Urform von Adolf, er entsprach seinem Dschungelbild der Welt und suggerierte die Vorstellung von Stärke, Aggressivität und Einsamkeit. (...) Auch der Name der Volkswagenstadt kam daher: ›Nach Ihnen, mein Führer, soll die Stadt Wolfsburg heißen‹, erklärte ihm Robert Ley kurz bevor das Werk gegründet und errichtet wurde.*« (J. C. Fest, *Hitler*, S 227.)

87 Zur Entstehungsgeschichte und zu den Folgen vgl. H. Ritz, *Die Geschichte vom Rotkäppchen*, S. 83–86, wo auch L. Röhrich (*Gebärde, Metapher, Parodie*, S. 137) korrigiert wird. Zur politischen Ambivalenz des »*regimekritischen Witzes*« im Fa-schismus vgl. H.-J. Gamm, *Der Flüsterwitz im Dritten Reich*, S. 9 f. u. S. 18.

88 H. Ritz gibt Beispiele für *Rotkäppchen*-Versionen im Jargon von Juristen, Chemi-kern oder Bürokraten (*Die Geschichte vom Rotkäppchen*, S. 135–154); vgl. auch P. Wawerzinek, *Es war einmal...*, 61 literarische Parodien im Rotkäppchen-Stil.

89 Vgl. James Thurber, *Das kleine Mädchen und der Wolf* (1939): »*Es ist heutzutage nicht mehr so leicht wie ehedem, kleinen Mädchen etwas vorzumachen*« (in: J. Zipes, *Rotkäppchens Lust und Leid*, S. 152 f., hier S. 153).

90 So hatte die Germanistik in der DDR auch ein positiveres Grimm-Bild als jene in der BRD, vgl. H. Kolb, *Karl Marx und Jacob Grimm*, S. 98 f. u. S. 112 f.; das *Rot-käppchen*-Märchen scheint sich im übrigen ebenso brauchbar in der Diskussion um die deutsche Wiedervereinigung zu erweisen, wenn etwa damit die *Aktion Ge-meinsinn e. V.* 1992 unter dem Motto »*Haben wir nicht jahrelang dieselben Märchen gehört*« für eine »*faire Zusammenarbeit zwischen Ost und West*« wirbt oder der Lie-dermacher Wolf Biermann als *Wolf* in Jena herumstreunt: »*Ich werde (...) kein ver-welktes Rotkäppchen fressen, ich werde keine jungfräulich gewendete Großmutter mit roten Socken verschlingen (...). Kein frisch verbeamteter Stasi-Offizier wird mir hier den Bauch aufschneiden und mir irgendwelche Wackersteine reinlegen.*« (*Wir bleiben auf ewig im selben Boot – und fahren längst auf verschiedenen Flüssen*, in: *Die Zeit*, Nr. 10, 4. 3. 1994, S. 65 f.).

91 Fromm ist darin kein Einzelfall, sondern gehört einer tiefenpsychologischen Richtung an, deren Vertreter wie Bruno Bettelheim (1903–90) oder Verena Kast sich mit therapeutischem Erfolg dieses Deutungsmusters bedienen. Sigmund Freud (1856–1939) hat sich explizit zur Wolfsfigur als Vater-Ersatz im *Rotkäpp-chen*-Märchen in seinen Studien *Märchenstoffe in Träumen* (*Gesammelte Werke*, Bd. 10, S. 2–9, hier S. 9) und *Aus der Geschichte einer infantilen Neurose* geäußert (*Gesammelte Werke*, Bd. 12, S. 27–157); vgl. auch den an Freud orientierten, feministischen Deutungsversuch von N. Lykke (*Rotkäppchen und Ödipus*, S. 153–196).

92 Bei Tieck ist es gerade sieben Jahre alt.

93 Vgl. R. Zapperi, *Der schwangere Mann*, der immerhin 280 Seiten für die Darlegung des komplexen Themas benötigt, welches Fromm auf wenigen Zeilen abhandelt.

DAS ASCHENPUTTEL-MÄRCHEN

Palladios: *Die Törichte im Kloster Tabennese*, das Kapitel 34 der *Historia Lausiaca*, übers. aus René Draguet (Hg.), *Les formes syriaques de la matière de l'Histoire Lausiaque*, S. 163–167 (Version R3c).

Geiler von Kaysersberg: *Am XVII. sontag nach Pfingste*, in: *Die brösamlin doct. Keiser-pergs*, S. LXXIX–LXXXI; das Original wurde behutsam modernisiert und im Schriftsatz angepaßt.

Herodot: [*Rhodopis*], in: ders., *Geschichten und Geschichte* (Buch II, S. 134 f.), Bd. 1, S. 193 ff.

Strabo: *Beschreibung der Pyramiden bei Memphis*, nebst Fabelsagen über die dritte, in: ders., *Erdbeschreibung in siebzehn Büchern*, 17. Buch, Erster Abschnitt, Paragraph 33, S. 374 f.

Gaius Plinius Secundus d. Ä.: *Buch XXXVI – Die Steine*, in: ders., *Naturalis historia – Naturkunde*, S. 63.

Älian: *Die Hetäre Rhodopis*, in: ders., *Bunte Geschichten*, Buch XIII, Kapitel 33, S. 188.

Giambattista Basile: *Die Aschenkatze* (Erster Tag, Sechstes Märchen, Auszug), in: ders., *Das Märchen aller Märchen*, S. 86–97.

Charles Perrault: *Aschenputtel oder Der kleine gläserne Schuh*, in: ders., *Sämtliche Märchen*, S. 95–104; bzgl. der Absatzgliederung folgen wir hier dem frz. Original.

Mme d'Aulnoy: *Finette Aschenbrödel* (Auszug), in: *Die Blaue Bibliothek aller Nationen*, Bd. 4, S. 128–136.

Laskopal und Miliwka. Eine Erzählung aus den böhmischen Feenzeiten (Auszug), in: *Sagen der böhmischen Vorzeit*, S. 14–18.

J./W. Grimm: *Aschenputtel* (1837), in: ders., *Kinder- und Hausmärchen* (1985), S. 116 bis 122.

August von Platen: *Der gläserne Pantoffel* (II. Akt, 1. Szene), in: ders., *Gesammelte Werke*, Bd. 3, S. 81–86.

Christian Dietrich Grabbe: *Aschenbrödel* (1. Aufzug, 1. Szene), in: ders., *Werke und Briefe*, Bd. 2, S. 479–482.

1 Platon: *Phaidros*, Kap. 58, S. 85.

2 In der Märchen-Forschung werden grundsätzlich vier Grundtypen des *Aschenputtel*-Märchens unterschieden: *Aschenputtel*- (AT 510 A), *Erdkühlein*- (AT 511/ KHM 130), *Allerleirauh*- (AT 510 B/KHM 65) und *König-Lear*-Typ (AT 923/ KHM 179 bzw. anhang Nr. 12). Wir beschäftigen uns im weiteren allein mit dem ersten Typ; zur allgemeinen Typologie vgl. M. R. Cox, *Cinderella*, A. B. Rooth, *The Cynderella Cycle*, und M. Lüthi, *Der Aschenputtel-Zyklus*.

3 Tertullian, *Über den weiblichen Putz*, in: *Tertullians private und katechetische Schriften*, Bd. 1, S. 175–202, hier S. 180.

4 »Denn wo Sittlichkeit herrscht, da hat Schönheit keinen Zweck« (ebd., S. 189).

5 Ebd., S. 202.

6 Die Überlieferung der *Historia Lausiaca* (griech. *Lausiakon*) basiert auf einer Vielzahl von Abschriften in griechischer, lateinischer oder syrischer Sprache, die sich nur in Details voneinander unterscheiden. Wir stützen uns hier auf die französische Übersetzung einer syrischen Variante.

7 Sie handelt damit gemäß dem Paulus-Wort: »*Wenn einer unter euch meint, er sei weise in dieser Welt, dann werde er töricht, um weise zu werden. Denn die Weisheit in dieser Welt ist Torheit vor Gott*« (1 Korinther 3,18).

8 Diese hießen sie »*tuvelhaftec*« (teuflisch) und schlugen und stießen sie (*Das Väterbuch*, S. 338, Vers 23100 f.).

9 E. J. D. Douglass, *Justification in Late Medieval Preaching*, S. 37 u. S. 205; überhaupt war der Einfluß Gersons in Deutschland um 1500 bedeutend (ebd., S. 41).

10 J. Gerson, *Opera Omnia*, Bd. 3, S. 605–616.

11 Erstmals taucht im Deutschen die Verbindung des Hauptworts *Asche* mit dem Verb *grüdeln*, *brodeln* oder *putteln* (in der Bedeutung von *wühlen*, *scharren*) für niedriges Küchenpersonal in der Schrift *Sanct Oswalds Leben* auf, die aus der ersten Hälfte des 14. Jh. datiert (S. 100). Das *Aschenhocker*-Motiv selber findet sich schon in der Antike, wenn etwa Odysseus als Fremdling demütig wie das Gesinde in der Asche neben Alkinoos Herd hockt (Homer, *Odysseus*, 7. Gesang, Vers 153, bzw. 11. Gesang, Verse 190 f.) oder biblische Figuren in »Staub und Asche« gesetzt werden (Hiob 42,6 bzw. Klagelieder 3,16).

12 Vgl. *Oikos*, S. 39 ff., und R. van Dülmen, *Kultur und Alltag*, Bd. 1, S. 58–67.

13 In der frühen Neuzeit gelten Köchinnen häufig als sexuelles Freiwild (*Dunkelmännerbriefe*, S. 115) oder als »albern« (Shakespeare, *Sämtliche Werke*, Bd. 4, S. 540) bzw. naschhaft und verlogen (E. Pauli, *Schimpf und Ernst*, Nr. 363, S. 224). Vgl. dazu J./W. Grimm, *Deutsches Wörterbuch*, Bd. 5, S. 1562, *Deutsche Sagen* (1994), 1. Teil, *Der Kobold* bzw. KHM Nr. 51 und Nr. 77 oder *Handwörterbuch des deutschen Aberglaubens*, Bd. 5, S. 48; selbst die heilige Martha von Bethanien, Patronin der Köchinnen, Dienstmägde und Hausfrauen, findet sich in der Malerei des spä-

ten 16. Jh. wiederholt frei von Ruß, mit sauberem Kopftuch sowie mit Kochlöffel und andern Küchengeräten dargestellt, wie sie das Gespräch zwischen Jesus und ihrer Schwester Maria mit unachtsamer Betriebsamkeit stört (vgl. Lukas 10,40 ff.); in den *Erzählungen aus den Tausendundein Nächten* ist der Küchendienst oft auch eine Strafe (Bd. 4, 264. Nacht, u. 266. Nacht bzw. Bd. 5, 314.–316. Nacht).

14 Cäsarius von Heisterbach (um 1180–um 1240) berichtet in einem »Predigtmärlein« von einem Metzger, der an Asche erstickte, weil er das »*sacrament der aschen verspott*« (*Dialogus Miraculorum*, IV.53, S. 302 f.).

15 Vgl. die Geschichtensammlung *Schimpf & Ernst* des Geiler-Schülers Ernst Pauli (Nr. 690, S. 384 f.); Geilers »*Eschengrüdel*« erscheint auch in der *Geuchmatt* des bekannten gegenreformatorischen Predigers Thomas Murner (Kap. 5, Art. 4, S. 32) sowie als »*Küchengeist*« in den *Deutschen Sagen* der Brüder Grimm (1994, 1. Teil, *Hütchen*, S. 109 f., u. *Hinzelmann*, S. 114 f.).

16 Vgl. E. J. D. Douglass, *Justification in Late Medieval Preaching*, S. 134.

17 Vgl. M. Hein, *Aschenputtel und die »Geistliche Hausmagd«*, S. 11 f., bzw. den Artikel von Wolfgang Brückner in: *Enzyklopädie des Märchens*, Bd. 5, S. 944–948; dieser Typus findet sich bis ins 19. Jh. hinein wieder (vgl. *Die fromme Magd*, in: *Des Knaben Wunderhorn*, Bd. 1, S. 277 f.).

18 Vgl. J. Agricola, *Die Sprichwörter-Sammlungen*, Bd. 1, Nr. 594 bzw. Nr. 515. Gerade Geilers Kirchen- und Sozialkritik bzw. seine entsprechenden Reformvorschläge in den Predigten brachten ihm im 16. Jh. teilweise zu Unrecht den Ruf eines *Vorläufers der Reformation* ein und sicherten ihm zugleich bis etwa 1880 einen Platz auf dem päpstlichen Index der verbotenen Bücher.

19 Luther, *Wochenpredigt über Matth 5,7.8*, 1530 / 2, in: *Werke*, Bd. 32, S. 325; vgl. auch *Predigt am Tage Mariä Heimsuchung*, 1535, in: *Werke*, Bd. 41, S. 361 f.; als Schimpfwort für Frauen verwendet es Johann Beer im *Kurzweiligen Bruder Blau-Mantel* (1700), S. 120.

20 G. Rollenhagen, *Froschmeuseler*, S. 22.

21 Ebd., S. 23; übrigens ein Motto, das aus dem *Buch von der Dichtkunst* des römischen Schriftstellers Horaz (65–8 v. Chr.) abgeleitet ist (in: *Sämtliche Werke*, S. 230–259, hier Vers 333).

22 Häufig findet sich der Name auch als Rhodope geschrieben (vgl. Strabo's *Geographie*, hg. v. Karl Kärcher, Bd. 12, S. 1448).

23 Vgl. die von Tuan Ch'eng-shih im 9. Jh. aufgezeichnete Legende seines alten Dieners aus Kwangsi bzw. Nordvietnam, wo ein von der Stiefmutter geplagtes Mädchen mit Hilfe seines toten Fisches zum Tanzfest gelangt und dort einen seiner Pantoffeln verliert. Da dieser niemandem paßt, wird er weiterverkauft und gelangt in die Hände eines Königs, der etwas Zweifelhaftes hinter dieser Geschichte vermutet und entsprechend nach der Besitzerin fahndet, welche er schließlich findet und heiratet (Lin Yutang, *Cinderella*, in: ders., *Famous Chinese Short Stories*, S. 211–214); inwiefern ein Bezug zur ägyptischen Rhodopis-Geschichte besteht, läßt sich nicht exakt nachweisen (vgl. Nai-tung Ting, *The Cinderella Cycle in China and Indochina*, S. 39 f.); zur problematischen Annahme eines asiatischen Ursprungs des *Aschenputtel*-Märchens: M. R. Cox, *Cinderella*, S. XLII.

24 Im neapolitanischen Original heißt sie Zezolla, was einer familiären, verkleinernden Form von Lucrezia entspricht.

25 Vgl. I. Origo, »*Im Namen Gottes und des Geschäfts*«, S. 177 ff., bzw. G. Basile, *Das Märchen aller Märchen*, Bd. 2, S. 99.

26 Vgl. die Possen des Dienstpersonals nach jedem Erzähltag in Basiles *Pentamerone*-Rahmenhandlung bzw. die unterhaltsame Küchenmagd Licisca in Boccaccios *Dekameron*, Bd. 2, S. 530 f.

27 Die Hypothese, Basile habe das Märchen aufgrund dieses Namens aus der Provence importiert (vgl. S. Singer, *Aschengrüdel*, in: ders., *Schweizer Märchen*, S. 22), läßt sich angesichts fehlender Textvorlagen nicht halten.

28 Vgl. G. Basile, *Das Märchen aller Märchen*, Bd. 3, S. 137.

29 Vgl. R. Darnton, *Arbeiter proben den Aufstand: Das große Katzenmassaker in der Rue Saint-Séverin*, in: ders., *Das große Katzenmassaker*, S. 90–123 u. S. 307–311, hier S. 112 f. bzw. R. Delort, *Der Elefant*, S. 344 f.

30 Der speziell der Liebesgöttin Venus zugeordnete Vogel wird bei Basile häufig in schlüpfriger Absicht verwendet: vgl. *Das Märchen aller Märchen*, Bd. 3, S. 9, u. Bd. 5, S. 107.

31 Vgl. G. Basile, *Das Märchen aller Märchen*, Bd. 1, S. 37.

32 Ebd., S. 20.

33 Vgl. das von Basile benutzte *Compendio dei secreti rationali libri cinque* (Venedig 1564) von Leonardo Fioravanti, worin sich das 4. Buch ausschließlich mit der Schönheitspflege für Frauen beschäftigt (S. 118–145).

34 Basile knüpft hier u.a. auch an die erotische Schuhmode des 15. Jh. an, wo von Frauen wie Männern Schnabelschuhe mit eindeutig sexuellem Charakter getragen wurden (vgl. Rolf Haubl, W*em der Schuh paßt, der zieht ihn sich an – Die Schuh(an)probe als Sexualsymbol*, in: M. Andritzky u.a. (Hg.), *Z.B. Schuhe*, S. 176 bis 183, hier S. 176; zur Schuherotik im 17. Jh.: vgl. F. v. Logau, *Sinngedichte*, II/Zugabe, Nr. 131, S. 131); die Lobrede des Königs erinnert auch an die mittelalterlichen, von König Salomons im Alten Testament angeregten *(Hohelied)*, katalogartigen Körperlobpreisungen (*»laus membrorum«*) bis hin zur literarischen Mode der *Blasons anatomiques* in Frankreich Mitte des 16. Jh., welche die erotischen Qualitäten weiblicher Körperteile besangen, vom Haar bis zum *»o so würdigen Fuße, der alle Sinne übersteigt«* (übers. aus: A. Saunders, *The Sixteenth Century Blason Poétique*, S. 113–139, hier S. 133), oder der ital. Volkskomödie des 16. Jh. (vgl. O. Logan, *Culture and Society in Venice*, S. 107) bzw. den zahlreichen dichterischen Verherrlichungen der Geliebten im barocken Petrarkismus; vgl. auch die merkwürdige weibliche Fußerotik in der Sage *Herr Peter Dimringer von Staufenberg* (J./W. Grimm, *Deutsche Sagen* [1994], 2. Teil, S. 593; vgl. *Des Knaben Wunderhorn*, Bd. 1, S. 370 f.).

35 G. Basile, *Das Märchen aller Märchen*, Bd. 5, S. 12.

36 Vgl. Basiles Lied:*»Ich wollte, Grausame, zum Pantoffel werden / Und unter deinem Fuß mich befinden! / Doch wüßtest du, ich wäre dort, / So trätst du mich in einem fort!«* (ebd., Bd. 4, S. 10).

37 Schon der römische Dichter Ovid, als Liebeszauberer im Neapel König Alfons I. verehrt (C. v. Chledowski, *Neapolitanische Kulturbilder*, S. 26), rät Männern in seinem berühmten Buch über die Liebeskunst, der Geliebten *»bedenkenlos«* den Schuh an- oder auszuziehen (*Ars amatoria*, 2. Buch, Vers 212); Schuhproben in Sagen und Brauchtum verweisen ebenfalls ins Erotische, wenn die Frau sich dabei auf das Knie des Mannes setzt (vgl. M. R. Cox, *Cinderella*, S. XI ff., bzw. J. Grimm, *Deutsche Rechts-Alterthümer*, Bd. 1, S. 155 ff.).

38 *Die Gespräche des Pietro Aretino*, S. 105; vgl. etwa die berühmte römische Kurtisane Lucrezia Portia (ebd., S. 309, Anm. 65).

39 Wie verbreitet das Lucretia-Bild gerade noch im 16. Jh. war, zeigt etwa Marguerite de Navarres *Heptameron*, wo die dortige Hofgesellschaft sexuelle männliche Aufdringlichkeiten am Beispiel der römischen Lucretia diskutiert, S. 667.

40 Vgl. die Liebesgeschichte *Euryalus und Lucretia* (1444) von Enea Silvio Piccolomini, dem späteren Papst Pius II.

41 Der Gesandte Piccolomini schreibt 1452: »*In ihrer Gegenwart vergißt der König alles, denkt nur an sie und wendet kein Auge von ihr ab; er bewundert ihre Gesprächsweise, ihren Verstand, ihre Bewegungen und ihre unvergleichliche Schönheit. Er beschenkt sie mit reichen Gütern, ehrt sie wie eine Königin und steht in letzter Zeit so sehr in ihrem Bann, daß gegen Lucreziens Willen niemand etwas von ihm erlangen kann. (...) Der große König (...) dient nun einem jungen Weibe wie ein Sklave!«* (zit. in: C. v. Chledowski, *Neapolitanische Kulturbilder*, S. 166 f.).

42 Seit dem Altertum gilt die Dattel als hilfreiches Abwehrmittel gegen Unheil; als Märtyrerin ist der heiligen Lukretia ebenfalls eine Palme zugeordnet. Das Motiv einer hilfreichen Pflanze taucht bei Basile häufig auf: *Der Heidelbeerzweig* (1. Tag, 2. Märchen) oder *Die drei Zitronen* (5. Tag, 9. Märchen). Im Neapel des 16. Jh. galt das Blatt der Dattelpalme schließlich auch als exklusives Modeornament (C. v. Chledowski, *Neapolitanische Kulturbilder*, S. 171).

43 Dieser Motivstrang entspricht dem Märchentypus ATT 425 c, vgl. G. Basile, *Das Märchen aller Märchen*, Bd. 2, S. 99 f.; die Taube, die sich in eine hilfreiche Frau

verwandelt, findet sich schon in Älians Geschichte von Aspasia (*Bunte Geschichten*, Buch 12, S. 145 u. S. 148).

44 C. v. Chledowski, *Neapolitanische Kulturbilder*, S. 168.

45 Ebd., S. 162.

46 Mal lud er 120 Frauen ein, mal die 25 schönsten Prostituierten Neapels (vgl. ebd., S. 369–374).

47 Sorianos Hinweis auf die eher nüchterne Sprache bzw. die Verwendung einer oralen Quelle (*Les contes de Perrault*, S. 141) schließen eine Kenntnis des Basile-Märchens bei Perrault noch keineswegs aus; eine Briefstelle der Herzogin Sophie von Hannover an Kurfürst Karl Ludwig von 1659, wo die Rede von der 7jährigen Liselotte von der Pfalz ist, welche zur Genugtuung ihrer Gouvernante Mme Hoard vom durch falsche Versprechungen getäuschten »Eschen pudelgen« spricht (*Briefwechsel der Herzogin Sophie von Hannover*, S. 20), deutet auf eine gewisse Verbreitung der Basile-Fassung an europäischen Fürstenhöfen hin.

48 Widmungsschreiben an Elisabeth-Charlotte d'Orléans von 1697, in: C. Perrault, *Sämtliche Märchen*, S. 53 f., hier S. 53.

49 Vgl. J. Swifts *Regeln für Dienstboten* (1706–36), wo er sich etwa in den *Anweisungen an die Köchin* ironisch darüber aufhält, wie Köchinnen aus Faulheit fürs Hühnerrupfen den ganzen Haushalt bis zu den »*kleinen Töchtern des Hauses*« miteinbeziehen (*Satiren*, S. 399–409 bzw. S. 541, hier S. 402); gerade der Einbezug der Kinder in Tisch- wie Küchendienst (P. Ariès, *Geschichte der Kindheit*, S. 544 f.) stieß auf den Widerstand vieler Eltern, die eine zu starke Vermischung mit der Dienerschaft fürchteten (ebd., S. 523). Demgegenüber bezeichnete die in barocken Herrschaftssitzen meist ausgelagerte Küche für den Adel einen Bereich, der nicht nur kaum bekannt, sondern auch verpönt war (vgl. F. Pétis de la Croix, *Tausendundein Tag*, S. 547); im übrigen läßt auch das Interesse an »Küchenstücken« in der bildenden Kunst im Verlauf des 17. Jh. merklich nach (vgl. G. Aillaud u.a., *Vermeer*, S. 174).

50 C. Perrault, *Sämtliche Märchen*, S. 54; er dürfte dabei wohl gewußt haben, daß, wenn Adlige in den »*kleinsten Häusern und Hütten*« ihres Dienstpersonals herumschnüffelten, um »*aus nächster Nähe und mit eigenen Augen zu sehen, was sich dort wirklich abspielte*« (ebd.), ihre Erwartungen eher auf niedliche Schäfereien und ungehemmte Landfreude denn auf rußige Räume und verdorbene Sitten eingestellt waren.

51 Vgl. Fénelon, *Œuvres*, S. 1263; teilweise verdankt sich dieses neue Interesse der *Querelle des Alphabets* zu Beginn des 17. Jh., wo Frauen wie Anna Maria von Schurmann (1607–78) mit Nachdruck auf die vernachlässigte Mädchenerziehung hingewiesen hatten.

52 Dabei hatte er großen Einfluß auf die pädagogischen Vorstellungen von Mme de Maintenon, der zweiten Frau von Ludwig XIV. (vgl. I. Hardach-Pinke, *Die Gouvernante*, S. 108 f., bzw. Mme de Maintenon, *Lettres sur l'éducation*, S. 99).

53 Vgl. R. Kuhn, *The Demon of Noontide*, S. 126 f.

54 Vgl. die »*continuierliche langeweil*« bei Liselotte von der Pfalz (*Briefe*, S. 84) bzw. Mme de Maintenon (*Entretiens*, S. 198), die sich langweilenden Frauen bei Herzog v. Saint-Simon (*Die Memoiren*, Bd. 2, S. 274 u. Bd. 4, S. 245) sowie bei Bussy-Rabutin (*Histoire amoureuse*, Bd. 2, S. 436).

55 Fénelon, *Über die Erziehung der Mädchen*, S. 5 f. u. S. 55.

56 Mme de Maintenons pädagogische Erziehungsideale für Frauen heißen Arbeitsamkeit, Duldsamkeit, Schweigsamkeit (*Lettres sur l'éducation*, S. 368 ff.).

57 Steife schwere Seidenbrokatgewänder, geschnürte Wespentaille, lange Schleppen, hochgetürmte *Fontange*-Frisuren nebst Schönheitspflästerchen waren die augenfälligsten Kennzeichen der legendären Versailler-Mode zu Perraults Zeit.

58 Vgl. H. Krüger, *Die Märchen von Charles Perrault*, S. 119, bzw. C. Perrault, *Contes*, S. 411.

59 Auch aufgrund der Tatsache, daß sich um Mitternacht nicht alle Kleider in Luft auflösen – den zweiten Glasschuh behält Aschenputtel eigenartigerweise –, ließe sich vermuten, daß dem Gebot der Fee nicht magische, sondern erzieherische Motive zugrunde liegen.

60 »...nichts ist so niedrig als sich zu rächen« (übers. aus: Mme de Lambert, *Avis d'une mère à sa fille*, in: *Œuvres*, S. 55–116, hier S. 107). Schon in Descartes' Schrift *Die Leidenschaften der Seele* (1649) gilt die großherzige Gesinnung (»*Générosité*«) als »*Schlüssel zu allen anderen Tugenden*« (S. 257).

61 Vgl. Liselotte von der Pfalz: »(...) Gott der allmächtige ja die weisheit selber ist, so deucht mir, ist es ganz ungereimbt, daß man, ihm zu gefallen, die einfalt erwehlt« (*Briefe*, S. 117).

62 Als Synonym für *graciouseté* gibt der *Dictionnaire de l'Académie Française* von 1695 auch *honnêteté* und *civilité*, also höfisches Benehmen, an. Zum Begriff *Anmut* in der zeitgenössischen Pädagogik vgl. J. Locke, *Gedanken über Erziehung*, S. 61 f.

63 »*Guter Geschmack verwirft das übertrieben Feine und legt dem Geringfügigen keinen unverhältnismäßigen Wert bei*« (Fénelon, *Über die Erziehung der Mädchen*, S. 56); vgl. La Rochefoucauld, *Maximen und Reflexionen*, Nr. 258, S. 93.

64 Fénelon, *Über die Erziehung der Mädchen*, S. 52.

65 Fénelon, *Die Abenteuer des Telemach*, S. 409.

66 Dieses phantastische, opulente Feen-Märchen, eingebettet in den Roman *Don Gabriel Ponce de Leon*, vereinigt nicht nur zahlreiche Motive aus *Hänsel und Gretel*, *Räuberbräutigam* und *Däumling*, sondern zugleich auch modische Märchenthemen wie etwa das unfreiwillige Herrscherexil (S. 108; vgl. F. Pétis de la Croix, *Tausendundein Tag*, S. 156).

67 Mme d'Aulnoy, *Finette Aschenbrödel*, S. 110 f.

68 Ebd., S. 116.

69 Ebd., S. 117.

70 Demgegenüber behauptet Balthasar Graciàn, daß Schönheit gerade in der Kunst der Nachhilfe und der Pflege bestehe (*Handorakel*, S. 9 bzw. S. 134).

71 Der französische Schriftsteller Honoré de Balzac schreibt in seinem Roman *Katharina von Medici* von 1843: »*Das französische Wort ›vair‹ [Hermelin] ist so außer Gebrauch geraten, daß in einer unendlich großen Zahl von Perrault-Ausgaben der berühmte Pantoffel Aschenputtels, statt von winzigem Grauwerk, als ›aus Glas‹ dargestellt wird. Schließlich fühlte sich einer unserer hervorragendsten Dichter verpflichtet, die wahre Schreibweise dieses Wortes wiederherzustellen, zur Instruktion seiner Kollegen, den Feuilletonisten, indem er vom Märchen Cenerentola berichtete, wo der symbolische Pantoffel durch einen Ring, der nicht viel bedeutet, ersetzt wurde*« (Übers. aus: *La Comédie humaine*, Bd. 15, S. 505); diese Stelle wird in den deutschen »ungekürzten Übersetzungen« nicht wiedergegeben (*Werke*, Bd. 7, S. 324, bzw. *Die Menschliche Komödie*, Bd. 130 / XL, S. 70); möglicherweise hat das moderne Verständnis von Pantoffel als Hausschuh Balzacs These beeinflußt, doch wurde darunter zeitweilig auch ein Schuh mit Holzsohle verstanden.

72 Nach J. B. de La Salle stellt der Schuhverlust allerdings einen schweren Verstoß gegen die Hofetikette dar (*Les Règles de la Bien-Séance*, S. 72).

73 Fénelon, *Über die Erziehung der Mädchen*, S. 52.

74 Vgl. G. Duby/P. Ariès (Hg.), *Geschichte des privaten Lebens*, Bd. 3, S. 472 ff.

75 Dieser Zwiespalt äußert sich auch im *Neuen Traktat über höfliches Benehmen* (1671) des frz. Diplomaten Antoine de Courtin (1622–85), der zwischen dem Ideal christlich-individueller Tugend und der Unterwerfung unter Hofregeln schwankt, wobei ein Verstoß gegen diese letztlich schwerer wiegt (vgl. ebd., S. 87).

76 Beim Abbé de Bellegarde gilt die Vorliebe für »frivole Dinge« und gekünsteltes Gehabe als Zeichen von schlechter Erziehung (*Réflexions sur le ridicule*, S. 238), und La Salle definiert 1703: »*Obgleich das äußere Erscheinen nichts Einstudiertes haben darf, muß man dennoch sein ganzes Benehmen zu bemessen und die Haltung aller Körperteile zu kontrollieren wissen*« (übers. aus: *Les Règles de la Bien-Séance*, S. 2).

77 Stark davon geprägt sind ebenfalls die Perrault-Märchen *Die Feen* (*Sämtliche Märchen*, S. 90–94) und *Riquet mit dem Schopf* (ebd., S. 105–115).

78 Vgl. G. Kohler (Hg.), *Die schöne Kunst der Verschwendung*, S. 60–86.

79 Vgl. R. Braun/D. Gugerli, *Macht des Tanzes*, S. 146.

80 Die Memoiren des Herzogs von Saint-Simon, Bd. 1, S. 28 f.; vgl. auch den Tanzexperten Michel de Pure: »*Alle eure Schritte und alle eure Taten zollen den Augen der Zu-*

schauer Tribut und zeigen ihnen das Gute wie das Schlechte, womit die Kunst und die Natur eure Person begünstigt und benachteiligt hat. So verdient der Ball etwas Anstrengung, und ein Ehrenmann befleißige sich daher, keine Fehltritte zu machen« (zit. nach R. Braun/D. Gugerli, *Macht des Tanzes*, S. 150).

81 R. Braun / D. Gugerli, *Macht des Tanzes*, S. 101; vgl. Christian Weise: »*Man gewöhnt sich dadurch zu einer anständigen Mine*« (*Schauspiel vom niederländischen Bauer*, S. 35), bzw. John Locke: »*Das Tanzen gibt für das ganze Leben Anmut der Bewegung ...*« (*Gedanken über Erziehung*, S. 249).

82 Aschenputtels Erfolg bemißt sich nicht zuletzt daran, daß ihre Kleider im höfischen Wettstreit gleich auch zur neuen Mode werden; vgl. R. König, *Kleider und Leute*, S. 92 ff.

83 Vgl. R. Braun / D. Gugerli, *Macht des Tanzes*, S. 148 f.

84 Fénelon, *Über die Erziehung der Mädchen*, S. 52. Wie vergeblich ihr Bemühen ist, zeigt der Name der älteren Schwester Javotte. Lautmalerisch spielt er auf den unfeinen *Gavotte*-Tanz (*Gavot* bezeichnet urspr. einen Alpenbewohner, mit der Nebenbedeutung von *Grobian, Lümmel*), einen derben Holzschuh (*sabot*) und eine alberne Närrin (*sotte*) an; auch M. Soriano deutet den Namen negativ (C. Perrault, *Contes*, S. 467).

85 Analog zu den neuen Verhaltensnormen macht sich gegen Ende des 17. Jh. eine steigende Beliebtheit von unterhaltsameren neuen Tänzen bemerkbar (vgl. R. Braun / D. Gugerli, *Macht des Tanzes*, S. 161 f.) sowie ein neuer Schönheitsbegriff, der weniger Wert auf wohlproportionierte Regelmäßigkeit legt als auf erstaunliche Zufälligkeit und überwältigende Ungeordnetheit (»*belle négligence*«), was Boileau in seiner Kunstauffassung »*eine hübsche Unordnung*« nennt (*L'Art Poétique*, in: Œuvres complètes, S. 155–185 u. S. 989–1004, hier *chant 2*, S. 164).

86 Perraults märchenhafte Hoffnung auf wirkliche Veränderungen ermißt sich nicht zuletzt an der durchlässigen Grenze zwischen Wunder und Rationalität, für welche die Patin steht: Ist sie Abgesandte aus dem Feenreich oder Heirats-Vermittlerin?

87 Vgl. *Die wahre Braut* (KHM Nr. 186): »...*der Königssohn eilte ihr entgegen, und ganz von Liebe erfüllt, tanzte er mit ihr allein und blickte keine andere mehr an.*« (*Kinder- und Hausmärchen* [1989], Bd. 2, S. 375; vgl. auch Nr. 65, Bd. 1, S. 356.)

88 Seine Modernität beschreibt der Schriftsteller Adolf Freiherr von Knigge (1751 bis 1796) in dem Anstandsbuch *Über den Umgang mit Menschen* (1788): »*Wenn das Blut in Wallung kommt, so ist die Vernunft nicht mehr Meister der Sinnlichkeit (...). Der Tanz versetzt uns in eine Art von Rausch, in welchem die Gemüter die Verstellung vergessen. – Wohl dem, der nichts zu verbergen hat*« (S. 278 f.).

89 Damals wurde der Walzer wilder und schneller getanzt als später der eher graziöse Wiener Walzer (vgl. R. Braun / D. Gugerli, *Macht des Tanzes*, S. 212 f.). Die von Medizinern wie Sittenwächtern wiederholt heraufbeschworenen Gefahren (ebd., S. 216 f.) lassen vielfach die Grimmschen Märchen vor einer allzu ausgelassenen Tanzwut warnen: sie eignet Ehebrechern (Nr. 38 – Zweites Märchen, KHM, Bd. 1, S. 215), Verzauberten (Nr. 133), diebischen Juden (Nr. 110) und als Strafe »*gottlosen*« Stiefmüttern (Nr. 53, ebd., S. 278) bzw. Hexen (Nr. 56, ebd., S. 290); vgl. auch das Liebespaar, das es »*in der Mitte des reißenden Walzers hinaus in den gähnenden Abgrund gewirbelt*« (J./W. Grimm, *Deutsche Sagen* [1993], Bd. 3, Nr. 146).

90 J. W. von Goethe, *Die Leiden des jungen Werther*, in: ders., *Werke*, Bd. 6, S. 25.

91 Vgl. R. Braun/D. Gugerli, *Macht des Tanzes*, S. 178 ff.

92 Diese älteste *Aschenputtel*-Version in deutscher Sprache muß den Brüdern Grimm bekannt gewesen sein (R. Hagen, *Perraults Märchen*, S. 401; Hagen bezieht sich dabei auf eine Prager Ausgabe von 1808), wenngleich sie als Hauptquellen »*drei Erzählungen aus Hessen*« vermerken (*Kinder- und Hausmärchen* [1989], Bd. 3, S. 46).

93 *Sagen der böhmischen Vorzeit*, S. 7; vgl. R. van Dülmen, *Kultur und Alltag*, Bd. 2, S. 132 ff.

94 Vgl. das Volkslied *Das Mädchen und die Haselstaude*: »*Wenn aber ein Mädchen ihren Kranz will behalten, / Zu Hause muß sie bleiben, / Darf nicht auf alle Narrentänz' gehn; / Die Narrentänz' muß sie meiden.*« (J. G. Herder, *Werke*, Bd. 3, S. 120 f., bzw. *Des Knaben Wunderhorn*, Bd. 1, S. 172; vgl. ebd., Bd. 3, S. 68.)

95 *Sagen der böhmischen Vorzeit*, Vorbericht, unpaginiert.

96 Vgl. H. Kiesel, »*Bei Hof, bei Höll*«, S. 263 f.

97 Freiherr von Knigge, *Über den Umgang mit Menschen*, S. 306.

98 Diese Szene findet sich nur in der der Erstauflage der *Kinder- und Hausmärchen* von 1812 (in: *Die älteste Märchensammlung*, S. 299–313), die bezüglich *Aschenputtel* von der geläufigen Fassung von 1837 abweicht. Vor allem dadurch, daß Aschenputtel in jener als völlig passive Heldin (vgl. C. Dowling, *The Cinderella Complex*, S. 28) erscheint, die sich nicht nur das Glück förmlich von den freundlichen Tauben herantragen läßt, sondern auch heuchlerisch ihre Schwestern wegen ihrs Mißerfolgs neckt. Dafür fehlt hier noch der brutal moralisierende Schluß der späteren Fassung.

99 Mit dem Tod des Landgrafen Friedrich II. 1785 war etwa auch im hessischen Kassel, wohin die Brüder Grimm 1798 übersiedelten, eine Epoche aufgeklärt-absolutistischer Machtentfaltung zu Ende gegangen und durch die glanzlose Herrschaft patriarchalischer Kleinfürsten abgelöst worden (vgl. U. Schultz [Hg.], *Die Geschichte Hessens*, S. 140 ff. u. S. 163 ff.).

100 Freiherr von Knigge, *Über den Umgang mit Menschen*, S. 314 f.

101 Vgl. ebd., S. 321.

102 Zur Küche als »*angenehmer Aufenthalt*« vgl. Gottlob Wilhelm Burmann, *Die Küche* (1772 f.), in: *Kinder- und Jugendliteratur*, S. 75.

103 J./W. Grimm, *Die älteste Märchensammlung*, S. 299.

104 Zum goldenen Pantoffel vgl. J./W. Grimm, *Deutsche Sagen* (1994), 1. Teil, *Die Jungfrau mit dem Bart*, S. 355; zum Verlust eines Pantoffels als sexuelle Anspielung vgl. *Das Straßburger Mädchen*, in: *Des Knaben Wunderhorn*, Bd. 1, S. 168 f.

105 Stendhal, *Über die Liebe*, S. 65, Anm. 1; vgl. die Kammerzofe Franziska in G. E. Lessings *Minna von Barnhelm* (1763): »*Wenn wir schön sind, sind wir ungeputzt am schönsten*« (II/7, in: *Werke in drei Bänden*, Bd. 1, S. 581).

106 Knigge bekräftigt, daß die Familienbande nebst den Vaterlandsbanden Quell seien für »*Eigentum, Moralität und alles, was den Menschen auf dieser Erde irgend teuer sein kann*« (*Über den Umgang mit Menschen*, S. 145 f.). Mit dieser bürgerlich moralischen Absicht schiebt auch schon Johann Gottfried Schnabel in seinem Roman *Die Insel Felsenburg* (1731–43), den die Brüder Grimm kannten, eine Stiefmutter-Episode à la *Aschenputtel* ein (S. 298–310).

107 Vgl. die starke Bindung der Brüder Grimm an ihre »*beste*« Mutter (Jacob Grimm in seiner *Selbstbiographie* von 1831, in: J./W. Grimm, *Schriften und Reden*, S. 15 bis 34, hier S. 24); Wilhelm schreibt in seiner *Selbstbiographie* von 1830: »*Die Liebe zu meiner Mutter ist noch jetzt, nachdem sie länger als zwanzig Jahre im Grab liegt, unvermindert in meinem Herzen, der Traum führt mich manchmal zu ihr hin, sie sitzt meist, wie in den letzten Jahren ihres Lebens, auf einem kleinen Teppich vor einem Arbeitstischchen, reicht mir die magere, aber sanfte Hand und fragt, warum ich so lange nicht bei ihr gewesen sei?*« (ebd., S. 163–186, hier S. 168; vgl. R. Steig, *Achim von Arnim*, S. 558).

108 E. Badinter, *Die Mutterliebe*, S. 159–188, hier S. 167.

109 »*Satanisches Hausgerät*« nennt sie etwa Knigge (*Über den Umgang mit Menschen*, S. 177).

110 Vgl. ihr biedermeierliches Ideal vom »*einwärts gewandten Sinn deutscher Frauen*« (zit. in: R. Steig, *Clemens Brentano*, S. 169), die »*im guten Fall unbewußte heilige Gewalt auf das Leben gehabt haben*«, ohne daß dabei je »*große Thaten*« durch sie geschehen wären (zit. in: R. Steig, *Achim von Arnim*, S. 141). Zur pädagogischen Verwendung des *Aschenputtel*-Märchens seit den Brüdern Grimm vgl. B. Dolle, *Märchen und Erziehung*, S. 173 f.

111 Wie wichtig W. Grimm solche »*schönen Züge*« waren, vgl. 1817 seine Rezension der Nagelschen *Wundergeschichten und Legenden der Deutschen* (in: J. / W. Grimm, *Schriften und Reden*, S. 247 ff., hier S. 248).

112 *Aschenputtel*-Anm. der Brüder Grimm, *Kinder- und Hausmärchen* (1989), Bd. 3, S. 50; ebd. verkörpern weiße Tauben häufig Engel, die Seele oder »*Gottes Zauber*« (Nr. 33, Nr. 76 bzw. Anm. zu Nr. 96, Bd. 3, S. 188) bzw. verzauberte Prinzen (Nr. 123, Anhang Nr. 10 bzw. Anhang Nr. 22); vgl. ders., *Deutsche Sagen* (1994),

1. Teil, *Taube zeigt einen Schatz* u. *Taube hält den Feind ab* bzw. *Seeburger See*, S. 185, u. 2. Teil, *Sage von Attalus und Leo*, S. 471.

113 Vgl. Apuleius, *Das Märchen von Amor und Psyche*, wo die »*häßliche Magd*« Psyche für die Göttin Venus durcheinandergeschüttete Samen von Weizen, Gerste, Hirse, Mohn, Erbsen, Linsen und Bohnen auseinanderlesen soll, um so ihren Sohn Amor zu gewinnen (6. Buch, 10/1–3), bzw. J./W. Grimm, *Deutsche Sagen* (1993), Bd. 3, Nr. 48; zum Beschwörungsreim für die Tauben vgl. P. Delarue/M.-L. Tenèze, *Le Conte populaire*, Bd. 2, S. 279.

114 Asche als Symbol der Demut diente den christlichen Asketen als Schlafunterlage oder ins Essen gemischt dazu, den Geschmackssinn abzutöten; vgl. *Dictionnaire de la spiritualité*, Bd. 2, S. 404.

115 Vgl. Prolog u. Schlußszene: A. von Platen, *Der gläserne Pantoffel*, S. 37 f. bzw. S. 124; schon um 1810 fallen in Frankreich die vielen komischen, melodramatischen Opern auf, welche sich mit dem *Aschenputtel*-Stoff beschäftigen (vgl. M. Sorianos Liste von *Cendrillon*-Stücken, in: C. Perrault, *Contes*, S. 512 f.) und sich auch im deutschsprachigen Raum großer Beliebtheit erfreuen (vgl. H. Spiel [Hg.], *Der Wiener Kongreß*, S. 166 f.). Vgl. auch Bechsteins *Aschenbrödel*-Märchen (*Sämtliche Märchen*, S. 289–292) sowie die mythische *Aschenbrödel*-Version des nationaldeutschen Dichters Ernst Moritz Arndt (*Märchen*, S. 326–353).

116 A. von Platen, *Der gläserne Pantoffel*, S. 45 f.

117 Der geheime Cabinetsrath Ernst Brandes, zit. nach R. Schenda, *Volk ohne Buch*, S. 290. Sophie von La Roche sieht 1783 in ihnen allerdings ein wichtiges »*Verwahrungsmittel gegen weibliche Seelen-Krankheiten*« (in: *Kinder- und Jugendliteratur*, S. 146); zu den modischen Journalen für ein weibliches Publikum vgl. G. Wilkendings Einleitung in: ebd., S. 7–70, hier S. 46 f. bzw. D. Grenz, *Mädchenliteratur*, S. 31 ff.

118 Knapp 80 Jahre später treibt der Schweizer Schriftsteller Robert Walser (1878 bis 1956) mit diesem einfachen, heiteren Schluß seinen Spaß, indem er Platens »*würdg'e Hausfrau*« Aschenbrödel (*Der gläserne Pantoffel*, S. 46) zur Masochistin macht, die von ihren Schwestern nur loskommt, weil sie dem neuen Ehemann »*dienen*« kann, »*verliebt in unverdiente Züchtigung*« (*Aschenbrödel*, in: *Dichtungen*, S. 32–76, hier S. 74).

119 Eine erste Fassung stammt aus dem Jahre 1829 (C. D. Grabbe, *Werke*, Bd. 2, S. 239–313 u. S. 587–609) und die endgültige Fassung aus dem Jahre 1835 (ebd., S. 473–521 u. S. 772–780).

120 Dabei soll der Tee für Frauen doch ebenso schädlich wie der Tanz sein, wie Johann Ludwig Ewald in seinem populären Handbuch *Die Kunst ein gutes Mädchen, eine gute Gattin, Mutter und Hausfrau zu werden* (1798) betont (in: *Kinder- und Jugendliteratur*, S. 173 f.).

121 C. D. Grabbe, *Werke*, Bd. 2, S. 250; vgl. J./W. Grimm, *Deutsche Sagen* (1994), 1. Teil, *Geister-Mahl* bzw. *Kinder- und Hausmärchen* (1989), Bd. 1, S. 48 f.; vgl. auch Grimmelshausen, *Der abenteuerliche Simplicissimus*, 2. Buch, 31. Kap., S. 257 f.

122 Vgl. H. Denkler, »*Lauter Juden*«, S. 155 f., bzw. Brüder Grimm, zit. in: R. Steig, *Achim von Arnim*, S. 99 u. S. 368.

123 C. D. Grabbe, *Werke*, Bd. 2, S. 519 (diese Erklärung fehlt in der ersten Fassung, so daß am Schluß allein Isaaks »*wahnwitzige*« Geldgier steht: ebd., S. 311); vgl. H. Denkler, *Restauration und Revolution*, S. 240.

124 Auffällig ist, wie problemlos Grabbe von der ersten zur gekürzten zweiten Fassung der Aktualität geschuldete Anspielungen neu einfügt (vgl. u.a. die Hinweise auf Julirevolution von 1830 oder die sozialistischen Saint-Simonisten, in: *Werke*, Bd. 2, S. 478 u. S. 498).

125 C. D. Grabbe, *Werke*, Bd. 2, S. 246 f.

126 Schon Fénelon warnt, daß die Putzsucht der Töchter die Familie zugrunde richtet (*Über Erziehung der Mädchen*, S. 51).

127 C. D. Grabbe, *Werke*, Bd. 2, S. 248: »*Schönheit ist ein totes Bild, und blendet auf einen Augenblick; wer interessant ist, fesselt auf immer.*«; vgl. S. Kierkegaard: »*Was das Schönste sei, ist schwer, was das Interessanteste sei, leicht zu entscheiden.*« (*Das Tagebuch des Verführers*, in: *Entweder – Oder*, Teil I, S. 351–521, hier S. 390).

128 C. D. Grabbe, *Werke*, Bd. 2, S. 507.

Giovan Francesco Straparola: *Der verrückte Pietro*, in: ders., *Die Novellen und Mären der Ergötzlichen Nächte*, Bd. 1, Nr. 11, S. 126–138; Einleitung sowie *Rätsel* hat Bruno Grütter übers. aus: ders., *Le piacevoli notti*, Bd. 1, S. 104 f. bzw. S. 246.

Giambattista Basile: *Pervonto* (Erster Tag, Drittes Märchen, Auszug), in: ders., *Das Märchen aller Märchen*, Bd. 1, S. 51–64.

Christoph Martin Wieland: *Pervonte oder Die Wünsche* (Auszug), in: ders., *Werke*, Bd. 5, S. 113–161.

Jacob/Wilhelm Grimm: *Hans Dumm* (KHM 54 a / Anhang Nr. 8), in: ders., *Kinder- und Hausmärchen* (1989), Bd. 2, S. 463 f.

1 R. Musil, *Über die Dummheit*, S. 1270.

2 Vgl. das Stichwort *Askeladden* in der *Enzyklopädie des Märchens*, Bd. 1, S. 873–878.

3 Max Lüthi unterscheidet zwischen dem *Dummling* und dem *Dümmling*, also zwischen reinem, lernunfähigem Tölpel und unterschätztem, naivem Helden, wozu etwa Parzival oder Grimmelshausens Simplicius zählen (vgl. Stichwort *Dümmling/Dummling*, in: *Enzyklopädie des Märchens*, Bd. 3, S. 937–944). Davon abzugrenzen ist ebenfalls die Figur des Narren oder Toren als geistig-körperlich Behinderter, verblendeter Sünder oder listiger Hofnarr (vgl. B. Könneker, *Wesen und Wandlung der Narrenidee im Zeitalter des Humanismus*, S. 21, W. Nigg, *Der christliche Narr*, S. 17–26, bzw. M. Lever, *Zepter und Schellenkappe*, S. 101).

4 Vgl. A. N. Afanasjews *Russische Volksmärchen: Grauchen – Braunchen* (Nr. 179), *Iwan Popjalow* (Nr. 135), *Die drei Reiche* (Nr. 128) oder *Der dumme Jemelja* (Nr. 166), die allesamt Motive aus *Aschenputtel-* wie *Dummlings*-Märchen verknüpfen.

5 A. N. Afanasjew versammelt in seinen *Russischen Volksmärchen* eine ganze Reihe dieses Typus': *Die weise Ehefrau* (Nr. 216), *Der Dumme* (Nr. 401), *Der Dumme und die Birke* (Nr. 402), *Ein ganzer Dummkopf* (Nr. 403) und *Der dumme Iwan* (Nr. 430).

6 Vgl. S. Geier im Nachwort zu A. N. Afanasjew, *Russische Volksmärchen* (Buchklubausgabe), S. 313 sowie Taja Gut, *Iwan der Dumme?*; vgl. auch *I. Kant's Menschenkunde*, S. 218.

7 Vgl. den reinen, unschuldigen Dummling in: M. Saltykow-Schtschedrin, *Der Dummling*, in: ders., *Die Tugenden und die Laster*, S. 235-248, hier S. 247. J. Grimm stellt übrigens in seiner Rezension der Dietrichschen *Russischen Volksmärchen* Ähnlichkeiten zwischen dem Narren im russ. Volksmärchen und dem ital. Dummling *Pervonto* fest (in: J. / W. Grimm, *Schriften und Reden*, S. 83–87, hier S. 86).

8 Vgl. M. Foucault, *Wahnsinn und Gesellschaft*, S. 256–267.

9 Michail Lwowitsch Astrow zu Beginn von Anton Tschechows *Onkel Wanja* (S. 6).

10 Obwohl J. Ortega y Gasset im *Aufstand der Massen* den fehlenden Essay über die Dummheit beklagt (S. 74), so kann doch zumindest auf die entsprechenden Arbeiten von J. E. Erdmann, R. Musil und H. Geyer bzw. M. Kemmerich verwiesen werden.

11 L. Wittgenstein, *Vermischte Bemerkungen*, S. 144.

12 F. Braudel, *Der Handel*, S. 527 bzw. S. 532–539; vgl. W. Schulze (Hg.), *Ständische Gesellschaft*, S. 8–17.

13 Der Soziologe Pierre Bourdieu hat in *Die feinen Unterschiede* das komplexe Beziehungsgefüge beschrieben, in dem soziale Position, Geschmack und Lebensstil stehen und sich verändern. Emporkömmlinge versuchen nicht zuletzt auch einen neuen Lebensstil zu kopieren, doch fehlt es ihnen hierbei an Sicherheit und Geschmack, was ihre Herkunft verrät (vgl. P. Bourdieu, *Die verborgenen Mechanismen*, S. 31–47).

14 *Heinrich Bebels Schwänke*, Bd. 1, S. 15 ff. (1. Buch, Nr. 26); vgl. H. W. Kirchhof, *Wendunmuth*, Bd. 1, S. 101–105 (Nr. 81: »Ein reicher bauwer heurhat zum adel«).

15 *Heinrich Bebels Schwänke*, Bd. 1, S. 15.

16 Das Motiv des brütenden Narren auf den Eiern (in ihrer freizügigen Nacherzählung des Kirchhofschen Schwanks dichten die Brüder Grimm einen neuen Schluß

hinzu und lassen junge Narren aus den Eiern schlüpfen, *Kinder- und Hausmärchen*, Bd. 3 (1989), S. 74) mag sowohl von merkwürdigen wie komischen Mythen der Antike herrühren, wonach etwa Leda von Zeus befruchtete Eier legte oder Eros einem »*Urei*« entstammte (vgl. E. Wind, *Heidnische Mysterien in der Renaissance*, S. 193–196 sowie K. Kerényi, *Die Mythologie der Griechen*, S. 106), bzw. vom Umstand, daß Eier eine spezielle Fastnachtsspeise darstellen (D.-R. Moser, *Fastnacht*, S. 32) und Narren gerne mit dem Kuckuck assoziiert werden (S. Brant, *Von Faßnachtnarren*, in: ders., *Das Narrenschiff*, S. 430–434, hier S. 430). Zur sexuellen Bedeutung vgl. A. Kopp (Hg.), *Volks- und Gesellschaftslieder*, Lied 118, S. 131 f., hier S. 132.

17 *Heinrich Bebels Schwänke*, Bd. 1, S. 17; vgl. Kirchhof: »*Der geltsack ietzund manchen ziert, / Daß er als edel gehalten wirt, / Voll geschicklichkeit und großer witz, / Ob man in schon weiß seyn kein nütz. / Niemandt die tugend schier mehr kennt, / Also hats gelt die leut verblendt*« (*Wendunmuth*, Bd. 1, S. 105).

18 M. Bachtin, *Rabelais*, S. 302; allerdings ließ sich die kirchliche wie weltliche Elite durchaus auch vom karnevalesken Spiel und Lachen beeinflussen (vgl. P. Camporesi, *Bauern, Priester, Possenreißer*, S. 42).

19 Vgl. M. Bachtin, *Rabelais*, S. 194.

20 Vgl. ebd., S. 357–366; im 19. Jh. wird der frz. sozialistische Theoretiker Paul Lafargue (1842–1911) dieser »*Mußezeit*« und »*Nichtsthuerei*« nachtrauern (*Das Recht auf Faulheit*, S. 18).

21 Vgl. den *Karneval in Romans*, der 1580 tatsächlich in einem Massaker endete oder die blutige Revolution des neapolitanischen Fischhändlers Masaniello, die 1647 in einem harmlosen Belagerungsspiel mit Verkleidungen ihren Anfang nahm.

22 M. Bachtin, *Probleme der Poetik Dostojevskijs*, S. 138; vgl. ders., *Rabelais*, S. 456 bis 480.

23 Vgl. R. van Dülmen, *Kultur und Alltag*, Bd. 2, S. 156 f. sowie J. Heers, *Vom Mummenschanz*, S. 302 f..

24 J. Heers, *Vom Mummenschanz*, S. 297; vgl. auch ebd., S. 15 f. u. S. 302-334.

25 Ebd., S. 308.

26 Vgl. zu den »*Trionfi*« in Venedig: J. Burckhardt, *Die Kultur der Renaissance in Italien*, S. 456 f..

27 Vom Autor (um 1480 - um 1557), dessen Name sich mit »*Wortschwall*« übersetzen läßt, ist biographisch so gut wie nichts überliefert.

28 G. F. Straparola, *Die Novellen und Mären*, Bd. 1, S. XIX.

29 H. Schedel, *Buch der Chroniken*, Blatt XLIIII r..

30 Vgl. G. Cozzi, *Authority and the Law in Renaissance Venice*, in: J. R. Hale (Hg.), *Renaissance Venice*, S. 293–345, hier S. 329 f., bzw. *Die Gespräche des Pietro Aretino*, S. 327, Anm. 298; vgl. die kritische Beschreibung des »*epikuräischen Lebens*« im Venedig von 1536 des frz. Dichters Clément Marot (zit. in: O. Logan, *Culture and Society in Venice*, S. 1).

31 Vgl. auch das Ansprechen der »*freundlichen und liebreichen Damen*« als eigentliches Zielpublikum in der Vorrede zu G. F. Straparola, *Die Novellen und Mären*, Bd. 1, S. IX.

32 Ebd., S. XVII.

33 Vgl. den gefräßigen, homosexuellen Ehemann namens Pietro di Vinciolo in Boccaccios *Dekameron*, Bd. 2, 5. Tag, 10. Geschichte.

34 Vgl. auch den Einbezug realer Personen wie Ottaviano Maria Sforza, Beltramo Ferier, dem Bischof und Gesandten Giambattista Casale und dem Literaten und späteren Kardinal Pietro Bembo (1489-1547) in Straparolas Rahmenhandlung.

35 Vgl. den hilfreichen Fisch in der nächstfolgenden Geschichte (G. F. Straparola, *Die Novellen und Mären*, Bd. 1, S. 147); zur Bedeutung der Thunfischerei im Mittelmeer vgl. F. Braudel, *Das Meer*, in: ders. u. a., *Die Welt des Mittelmeeres*, S. 35–60, hier S. 42 f.. Die primitive, närrische Fischerei Pietros wirkt wie eine Karikatur der idyllisch verklärten und heroisierten Fischerei in den berühmten Eklogen des neapolitanischen Dichters Jacopo Sannazaro (1456–1530; *Opera omnia*, S. 58–77).

36 »*Die Kultur der Unterschichten ist, im Hunger geboren, gerade deshalb vitalistisch, gefräßig, auf ihre Weise optimistisch. Sie bleibt dem Bauch wie dem Körperlichen ver-*

bunden und dem physiologischen Rhythmus treu.« (P. Camporesi, *Bauern, Priester, Possenreißer*, S. 106). Vgl. das Sprichwort »*Der Hund träumt von Brot, der Fischer von Fischen*« (»*canis panem somniat, piscator pisces*«).

37 Mit 12 wurden Mädchen in Venedig als heiratsfähige Frauen betrachtet, wobei sich allmählich im 15. Jh. die Altersgrenze nach oben verschob (vgl. G. Ruggerio, *The Boundaries of Eros*, S. 102). Zum mittelalterlichen Heiratsalter vgl. S. Shahar, *Kindheit im Mittelalter*, S. 255 f. u. S. 264. Vergewaltigung minderjähriger Mädchen wurde im 16. Jh. äußerst streng geahndet (vgl. J. A. Brundage, *Law, Sex, and Christian Society*, S. 531).

38 Die Szene gemahnt an bildnerische Darstellungen der Renaissancemalerei, speziell an die verschiedenen *Sacra Conversazione*-Darstellungen des Venezianischen Malers *Lorenzo Lotto* (1480-1557), wo das Jesuskind lächelnd nach von Heiligen und Klerikern dargereichten Blumen bzw. Früchten greift (B. Berenson, *Lorenzo Lotto*, S. 8 f.); derselbe Gestus findet sich in Lottos wiederholten Darstellungen von Jesuskind und Johannisknabe, welche den Moment illustrieren, in dem die Göttlichkeit des Jesuskindes erkannt wird (ebd., S. 86 ff.). Zur kindlichen Vorliebe für Früchte und Blumen in der pädagogischen Literatur des Mittelalters vgl. S. Shahar, *Kindheit im Mittelalter*, S. 23 u. S. 303, Anm. 22.

39 Vgl. dazu G. Ruggiero, *The Boundaries of Eros*, S. 18 u. S. 21 bzw. das Stichwort »*Cruel father*« in D. P. Rotunda, *Motif-Index*, S. 179 f..

40 Nicht nur spielt das Faß im Mittelalter eine wichtige Rolle bei Strafen, sondern das Aussetzen einer Frau in derselben taucht auch häufig in Sagen als Bestrafung einer zu Unrecht Verdächtigten auf; M. R. Cox, *Cinderella*, S. LXII–LIX, S. LIV f., S. LI, S. XLVI u. S. XLIX; dem durch Hungersnöte bewirkten Zustrom von Bettlern nach Venedig begegneten 1529 die Behörden mit einem Gesetzsstatut, das u. a. die zwangsweise Einziehung derselben für Schiffsdienste bzw. Ausschaffung in ihre Herkunftsorte vorsah (vgl. B. Pullan, *Rich and Poor in Renaissance Venice*, S. 252 f., S. 269 u. S. 271). Juristen des 16. Jh. schlugen Deportation als Strafe auch für Vergewaltigung vor (J.A. Brundage, *Law, Sex, and Christian Society*, S. 532).

41 Zur Beliebtheit von Gartenmotiven in der Literatur vgl. Boccaccio, *Das Dekameron*, Bd. 2, S. 573, S. 860 u. S. 866 bzw. Dantes Paradiesgarten in der *Göttlichen Komödie*, *Das Paradies*, 23. Gesang, Verse 69 ff..

42 Vgl. eine ähnliche Diebstahl-Lehre in: *Il Novellino*, Nr. 20.

43 Vgl. M. L. King, *Frauen in der Renaissance*, S. 77-91, H. Wunder, »*Er ist die Sonn'*...«, S. 91–112 u. S. 120–30 sowie G. Duby/M. Perrot (Hg.), *Geschichte der Frauen*, Bd. 2, S. 310–324.

44 Frauen übten recht oft ein eigenes (Neben-) Gewerbe aus und erwarben so der Familie einen Zusatzverdienst (vgl. M. L. King, *Frauen in der Renaissance*, S. 83); in Handelsstädten wie insbesondere Köln betätigten sie sich auch erfolgreich im Fernhandel (Margret Wensky, *Frauen in der Hansestadt Köln*, in: B. Vogel/U. Weckel (Hg.), *Frauen in der Ständegesellschaft*, S. 49–68).

45 Vgl. dazu Straparolas Märchen von der Kaufmannsfrau Madonna Modesta, die einen schwunghaften Handel mit Schuhen zu eigenem, freilich nicht ehrbarem Nutzen betreibt (*Die Novellen und Mären*, Bd. 2, Nr. 25, S.57–63).

46 Seit dem 15. Jahrhundert schon ist die venezianische Frau weitgehend aus dem öffentlichen Leben ins private Haus verdrängt worden (vgl. E. S. und G. Rösch, *Venedig im Spätmittelalter*, S. 203 f.; vgl. weiterführend G. Duby/M. Perrot (Hg.), *Geschichte der Frauen*, Bd. 2, S. 321–324 und A. Wolf-Graaf, *Frauenarbeit im Abseits*, S. 373–379); trotzdem sollte die aktive Rolle der Frauen im aristokratischen Milieu nicht unterschätzt werden (vgl. G. Ruggiero, *The Boundaries of Eros*, S. 62).

47 Analog den Redensarten wie »*Das Glück ist eine leichte Dirne*« (H. Heine, *Sämtliche Schriften*, Bd. 11, S. 78; vgl. J./W. Grimm, *Deutsches Wörterbuch*, Bd. 4.I.5, Sp. 250-54 u. Sp. 272 f.) erscheint die Fortuna ikonographisch häufig in Gestalt einer Frau, die auf einer Kugel steht und so die Wankelmütigkeit und Blindheit des Glücks symbolisiert (vgl. J. Starobinski, *Gute Gaben*, S. 54/58 f. u. G. Rollenhagen, *Sinn-Bilder*, S. 344 f.); dann beschenkt sie selbst Narren reichlich (vgl. die Holbein-Vignette in Erasmus v. Rotterdam, *Das Lob der Torheit*, S. 126).

48 Eine große Anzahl von bezahlten Heerführern (»*Condottieri*«) erwarben sich als erfolgreiche Emporkömmlinge kleinere Fürstentümer, so daß sich etwa der Literat und spätere Papst Pius II. beklagte: »*In unserem veränderungslustigen Italien, wo nichts fest steht und keine alte Herrschaft existiert, können leicht aus Knechten Könige werden.*« (zit. in: J. Burckhardt, *Die Kultur der Renaissance in Italien*, S. 51).

49 G. F. Straparola, *Die Novellen und Mären*, Bd. 1, S. IX.

50 Ebd..

51 Eine Verschärfung in den Häretiker-Prozessen zu Beginn der 40er Jahre des 16. Jh. zerstörte viele liberale wie reformatorische Hoffnungen in Venedig (O. Logan, *Culture and Society in Venice*, S. 9).

52 D. P. Rotunda gibt in seinem Motiv-Index für die ital. Prosanovellen unter dem Stichwort »*Miraculous conception*« außer Straparola keine weiteren Beispiele an (S. 199); es findet sich allerdings in der Literatur des 16. Jh. das umstürzlerische Motiv, den Herrschenden Übles wie etwa »*Gebärmutterkrankheit*« anzuwünschen (P. Camporesi, *Bauern, Priester, Possenreißer*, S. 81; vgl. *Die Gespräche des Pietro Aretino*, S. 205).

53 Das venezianische Patrizier-Regime weniger auserwählter und seit 1506 im *Goldenen Buch* eingetragener Adliger, rund 1 Prozent der Gesamtbevölkerung, (vgl. J. C. Davis, *The Decline of the Venetian Nobility*, S. 23) bildet im Europa des 16. Jh. eher eine Ausnahme. Zwischen 1381 und 1646 blieb die venezianische Aristokratie eine in sich geschlossene Kaste, die sich finanziell mit Handel, höheren Staatsämtern und Heiraten im eigenen Milieu sowie durch eine geschickte Einbeziehung unterer Schichten in niedrige Verwaltungsberufe und einer gut ausgebauten Armenfürsorge gegen soziale Unruhen absicherte; vgl. B. Pullan, *Rich and Poor in Renaissance Venice*, S. 7 ff., A. F. Cowan, *The Urban Patriciate*, S. 215 bzw. E. S. und G. Rösch, *Venedig im Spätmittelalter*, S. 204 f.

54 M. Bachtin, *Probleme der Poetik Dostojewskijs*, S. 138.

55 B. Castiglione, *Il libro del Cortegiano*, Buch 2, LXXIV., S. 303 f..

56 Unweit der Ziegeninsel Capraia an der Küste nördlich von Rom lag das Städtchen *Corneto* (heute Tarquinia), die sprichwörtliche Heimat der gehörnten Ehemänner (vgl. P. Camporesi, *Geheimnisse der Venus*, S. 55).

57 Vgl. J. in seiner *Weiber-Hächel* (1680): »*Ach ! brächte mir ein Horn nur eine Herrschaft ein / Ich wolte in der Welt der gröste Herrscher seyn.*« (in: *Sämtliche Werke*, Bd. 5, S. 24), J. M. Moscherosch im Kapitel *Ala mode Kehrauß*: »*Ich glaub daß die grösseste und meiste Hörner / zu Hoffe zu finden seyen.*« (in: *Visiones*, Anderer Theil der Gesichte, S. 47) bzw. Rabelais: »*So sagen die Astrologen, bei der Nativität der Könige und der Narren ergebe sich ein und dasselbe Horoskop.*« (*Gargantua und Pantagruel*, Bd. 1, S. 714). In der südlichen Romagna wurden übrigens auch die Charivaris, Veranstaltungen zur Verspottung gehörnter Ehemänner, mit Hornmusik eingeleitet (P. Camporesi, *Das Brot der Träume*, S. 125).

58 Die ärmsten der Armen bildeten in Neapel eine eigene Volksklasse, welche die Spanier nach dem Heiligen Lazarus »*los Lazaros*« nannten. Diese Lazzaroni spielten nicht nur im Bereich der Kriminalität (»*Camorra*«), sondern auch bei zahlreichen sozialen Aufständen (etwa der Masaniello-Revolution 1647) eine wichtige Rolle (C. v. Chledowski, *Neapolitanische Kulturbilder*, S. 34).

59 In seiner einflußreichen *Physiognomie des Menschen* von 1586 weist G. B. della Porta nach, daß die Nase dem männlichen Glied »antwortet« und weite Nasenlöcher die Größe der Hoden anzeigen (*La Fisonomia dell' huomo*, S. 82); besondere Aufmerksamkeit erweist er dabei der »gekrümmten Nase«, wie sie der Hahn oder auch Basiles Pervonto besitzen: sie ist Zeichen größter, ja sogar »perverser Lüsternheit«, also Zeichen für Homosexualität und Sodomie (ebd., S. 87 f.); vgl. das barocke Scherz-Sonnett *Die Schöne Groß-Nase* von Hans Assmann von Abschatz (*Gedichte des Barock*, S. 311). Die große Nase ist auch wichtiges Element der Possenreißer des 17. Jh. (vgl. P. Camporesi, *Bauern, Priester, Possenreißer*, S. 127); diese Beziehung von Nase und Genital wirkte bis in die Lehre der nasalen Reflexneurose Ende des 19. Jh. nach (vgl. E. Shorter, *Moderne Leiden*, S. 115–123).

60 Die Doppelbedeutung von *Feige* teilt sich im Italienischen in die verwandten Worte *fico* (botanisch für Feige) und *fica* (vulgär für weibliche Scham); vgl. auch

343

die obszöne Geste »*jemandem die Feige weisen*«. Während er diese in sich hinein-stopft, bezeichnet ihn die Prinzessin als Krokodil: ein Tier nicht nur mit großer *Nase*, sondern laut der *Iconologia* (1613) des Cesare Ripa ein »*Zeichen der Un-zucht*« (P. Camporesi, *Geheimnisse der Venus*, S. 51).

61 Eine neapolitanische Karnevalsmaske, die Süßigkeiten ins Publikum wirft (G. Ba-sile, *Lo cunto de li cunti*, S. 92, Anm. 20).

62 D. P. Rotunda listet in seinem Motiv-Index für die ital. Prosanovellen unter dem Stichwort »*Father Test*« keine derartigen Geschichten auf (S. 24).

63 Vgl. Aristoteles, *Über die Zeugung der Geschöpfe*, 732a, S. 72 bzw. 735a, S. 81 f., und T. Laqueur, *Auf den Leib geschrieben*, S. 42–49; entsprechend läßt schon Ai-schylos im Drama *Die Eumeniden* den Gott Apoll entscheiden, daß der Sohn mit dem Vater und nicht mit der Mutter blutsverwandt sei (*Orestie III*, Verse 658–661, in: ders., *Tragödien*, S. 255).

64 Aristoteles, *Über die Zeugung der Geschöpfe*, 728a, S. 59.

65 Isidorus von Sevilla, *Etymologiarum*, IX.VI.4, coll. 357.

66 Vgl. Wolfram v. Eschenbach, *Parzival*, Bd. 2, 15. Buch, 752, Zeile 11–14, S. 544; vgl. S. Freud, der in *Totem und Tabu* von der »Vatersehnsucht« am Ursprung der mono-theistischen Religionen spricht und eine Beziehung zwischen dem Glauben an Gott und jenem an die Väter herstellt (S. 164 f.; vgl. auch ders., *Der Mann Moses*, 147 ff.).

67 Vgl. Rainer Specht, *Über Funktionen des Vaters nach Thomas von Aquin*, in: H. Tel-lenbach (Hg.), *Das Vaterbild im Abendland*, S. 95–109, hier S. 106 f. Das Motiv der Begegnung von Vater und Sohn auf dem Schlachtfeld oder Turnierplatz, welche einander erst nach einiger Zeit erkennen, ist gerade in der mittelalterlichen Lite-ratur äußerst beliebt.

68 In der Bildsprache des Mittelalters gilt der Wiedehopf mit seinem Schopf als *gehörnter* Vogel und wegen der stinkenden Flüssigkeit, die er gegen Feinde ver-spritzt, als Vogel des Teufels.

69 G. Basile, *Das Märchen aller Märchen*, Bd. 1, S. 65.

70 »*Zu Hoff / zu Höll*« (J. M. Moscherosch, *Visiones*, S. 406; vgl. weiter die Stich-worte zu *Hölle* und *Hoff* im Register im Anschluß an den ersten Teil); vgl. dazu Friedrich v. Logaus Sinngedicht *Das Dorff*: »*Die Höfe / sind die Höll...*« (*Sinnge-dichte*, Deß Dritten Tausend - Zweite Zugabe, Nr. 56, S. 206).

71 *Die Memoiren des Herzogs von Saint-Simon*, Bd. 4, S. 258. Der niederösterreichische Freiherr Wolf Helmhard v. Hohberg sieht 1682 die Hofwelt nicht nur als höllisches »*Feuer*«, sondern auch als »*grosses Meer*«, »*Babylonischen Thurn*« und »*öffentliches Siechen-Hauß für die kranken Hoffnungen*« (*Georgica Curiosa*, Kap. 8, S. 155 f.).

72 J. Beer, *Die teutschen Winter-Nächte*, S. 682; vgl. auch: »*Wer sein eigen sein kann und keinem Herrn aufwarten darf, den schätze ich viel glückseliger als die Fürsten selbst (...)*« (ebd., S. 631 f.).

73 Die gleichzeitige Abschaffung der Institution des Hofnarren durch Ludwig XIV. ist ein anderes Indiz für die Unduldsamkeit gegenüber allen Verhaltensformen, die sich der gesellschaftlichen Norm entziehen (vgl. M. Lever, *Zepter und Schellenkappe*, S. 230–235).

74 Vgl. R. Darnton, *Bauern erzählen Märchen: Die Bedeutung von Gänsemütterchens Märchen*, in: ders., *Das große Katzenmassaker*, S. 17-88 u. S. 299-307, hier S. 70 u. S. 74.

75 C. Perrault, *Sämtliche Märchen*, S. 9 f..

76 Ebd., S. 116.

77 Ebd., S. 106 f.

78 Vgl. G. Rollenhagen, *Sinn-Bilder*, S. 319.

79 Übers. aus: *Bibliothèque Universelle des Romans*, Sept. 1777, S. 162–180, hier S. 162.

80 Übers. aus: ebd., S. 167; immerhin besitzt seine Mutter ein Landhäuschen mit ei-ner Dienerin (ebd., S. 163).

81 Ebd.

82 Vermutlich hielt der französische Bearbeiter den in der neapolitanischen Mundart eigentümlichen männlichen Plural auf »e« der drei Feensöhne fälschlicherweise für eine weibliche Form (F. Muncker, *Wielands »Pervonte«*, S. 139 f.).

83 *Bibliothèque Universelle des Romans*, Sept. 1777, S. 167.

84 J. G. Herder an J. G. Hamann 13.1.1777 (ders., *Briefe*, Bd. 4, S. 25).

85 Wieland hat das Basile-Original offensichtlich nicht beigezogen (vgl. F. Muncker, *Wielands »Pervonte«*, S. 131 f.).

86 C. M. Wieland, *Werke*, Bd. 5, S. 116.

87 Vgl. die Beschreibung der fleischig-runden, gewölbten und borstigen Formen, die nach Lavater den dummen, schwachen Menschen kennzeichnen (*Physiognomische Fragmente*, Bd. 4, S. 127 f., Abb. a.); zum beliebten Rückschluß von der Physiognomie auf die Seele (vgl. B. de Saint-Pierre, *Paul et Virginie*, S. 60).

88 Ebd., Taf. XXVI zu S. 353, vgl. auch »*die gebohrne, gutmüthige, geschwätzige, Närrinn fröhlicher Art*« (ebd., Bd. 2, Abb. 4 zu S. 185).

89 C. M. Wieland, *Werke*, Bd. 5, S. 121; wenn Pervonte daraufhin Vastola mit »*Fräulein Jesabell*« anspricht, so erinnert er an die biblische Geschichte der israelitischen Königin Jesebel, die nicht nur aus Gewinnsucht falsch anklagt und ihren Gatten Achab zum Götzendienst verführt (1 Könige 21), sondern auch den neuen König Jehu beim Einzug in Jezreel aus dem Fenster verspottet und dies mit dem Tod büßt (2 Könige 9).

90 Ebd., S. 129 f.

91 Ebd., S. 138.

92 Vgl. F. Muncker, *Wielands »Pervonte«*, S. 173 f.; vor allem Frauen schien dieses Märchen zu gefallen (vgl. B. Seuffert, *Wielands Pervonte*, S. 80).

93 Zit. in: F. Muncker, *Wielands »Pervonte«*, S. 180.

94 Zit. in: ebd., S. 175.

95 Dieses Rollenspiel entspricht nicht nur den verbreiteten Wunsch-Märchen wie etwa *Von dem Fischer un syner Fru* (Typus 555 bei A. Aarne und S. Thompson), sondern deutet auch das vom »*launenvollen Weib*« am Schluß herbeigewünschte nie leere Geldbeutelchen nicht als Möglichkeit weiblicher ökonomischer Unabhängigkeit, sondern als Verstoß gegen die männliche Feenschatz-Schlüsselgewalt (Wieland, *Werke*, Bd. 5, S. 157). Wie im Volksbuch die beiden Söhne des *Fortunatus*, erweist sie sich der ökonomischen Feengabe als unwürdig.

96 I. Brender, *Christoph Martin Wieland*, S. 102.

97 J. Falk, *Goethe aus näherem persönlichem Umgange*, S. 151 ff.

98 J./W. Grimm, *Kinder- und Hausmärchen* (1989), Bd. 3, S. 525.

99 Vgl. Georg Gustav Fülleborns komische Oper *Pervonte oder die Wünsche* von 1802 (vertont 1804 u. 1808) sowie das Melodrama *Pervonte ou le don des souhaits* des frz. Komponisten Larousse (1805; vgl. F. Muncker, *Dramatische Bearbeitungen*, S. 84); dazu kommt später die erfolgreiche parodistische Oper von August von Kotzebue *Pervonte oder die Wünsche* (1814), wo sich der Dummling die Prinzessin Vastola nur »*bis über beide Ohren*« in ihn verliebt, nicht aber schwanger wünscht (1. Akt / 10. Szene, S. 88).

100 Vgl. Joseph von Eichendorffs Märchen *Von dem Faulpelz und der Prinzessin* (1808/09, in: ders., *Ahnung und Gegenwart*, *Erzählungen I*, S. 36 f. u. S. 610 f.), das wohl aus ähnlichen Unlust-Gefühlen bloß Fragment blieb (W. Paulsen, *Das Märchen vom Faulpelz*, S. 45).

101 Die Zitrone anstelle eines goldenen Apfels (J. v. Eichendorff, *Werke*, S. 37) mag ein Hinweis auf die südländische Herkunft des Pervonto-Stoffes darstellen (vgl. Mignon-Lied »*Kennst du das Land, wo die Zitronen blühn*« in Goethes *Wilhelm Meisters Lehrjahre*, in: ders., *Werke*, Bd. 7, S. 145); sie verweist zugleich auch auf eine kultische Funktion im Rahmen von Begräbnis- oder Hochzeitsfeierlichkeiten (vgl. *Handbuch des deutschen Aberglaubens*, Bd. 9, S. 940 ff.; J. Grimm erinnert sich 1831 noch an die Sargträger »*mit gelben Zitronen*« in der Hand beim Begräbnis seines Vaters 1796: *Selbstbiographie*, in: J. / W. Grimm, *Schriften und Reden*, S. 15–34, hier S. 15).

102 C. M. Wieland, *Werke*, Bd. 5, S. 125; frz. *cocagne* ist eine Karnevalsbelustigung mit Eßwaren.

103 Wielands *Pervonte* möchte sich Bäume mit Brezeln und Leberwürsten wie im Schlaraffenland wünschen, wird aber von Vastola daran noch gehindert (*Werke*, Bd. 5, S. 133).

104 Vgl. Freiherr von Knigge: »*Gutmütige Dumme sind nicht zu verachten; klar, daß höchste Tugend, Kraft und Festigkeit den Dummen nicht eigen ist*« (*Über den Umgang mit Menschen*, S. 117).

105 *Die Bienenkönigin* (KHM 62), *Die drei Federn* (KHM 63), *Die goldene Gans* (KHM 64), *Der gescheite Hans* (KHM 32).

106 W. Grimm, *Einleitung zur 2. Auflage der Kinder- und Hausmärchen von 1819*, in: J./W. Grimm, *Schriften und Reden*, S. 192–198, hier S. 195.

107 Vgl. Freiherr von Knigge: »*Jeder Mensch gilt in der Welt nur soviel, als wozu er sich selbst macht.*« (*Über den Umgang mit Menschen*, S. 37).

108 Vgl. M. Weber, *Wirtschafts-Geschichte*, S. 303 ff.

109 In Gustave Flauberts enzyklopädischem Roman des Dilettantismus, *Bouvard und Pécuchet* (postum 1881), findet sie sich noch, oder in jüngster Zeit etwa in Luis Landeros fein gesponnener Dummlingsgeschichte *Späte Spiele* (*Juegos de la edad tardía*, 1989).

BIBLIOGRAPHIE

QUELLENTEXTE

Abraham a Sancta Clara: *Judas der Erzschelm für ehrliche Leut', oder eigentlicher Entwurf und Lebensbeschreibung des Iscariotischen Böswicht*, in: *Sämmtliche Werke*, Bde. 1-7, Passau 1835 / 36.
-: *Wunderlicher Traum von einem großen Narrennest*. Stuttgart 1982.
Älian: *Bunte Geschichten*. Leipzig 1990.
Afanasjew, Alexander N.: *Russische Volksmärchen*. 2 Bde., München 1985.
-: *Russische Volksmärchen*. München 1989 (= Buchklubausgabe).
Agricola, Johannes: *Die Sprichwörter-Sammlungen*. Bd. 1, Berlin / New York 1971.
Aischylos: *Tragödien*. München 1990.
Angelus Silesius: *Cherubinischer Wandersmann*. Krit. Ausg., Stuttgart 1985.
Apel, Friedmar / Norbert Miller (Hg.): *Das Kabinett der Feen*. Französische Märchen des 17. und 18. Jahrhunderts, München 1984 [Darin enthalten Märchen von Perrault u. der Mme d'Aulnoy].
Apuleius: *Das Märchen von Amor und Psyche*. Lat. / Dt., Stuttgart 1988.
[Aretino:] *Die Gespräche des Pietro Aretino*. Leipzig 1921.
Ariost: *Der rasende Roland*. München 1980.
Aristoteles: *Über die Zeugung der Geschöpfe*. Paderborn 1959 (= Lehrschriften VIII.3).
-: *Metaphysik*. Schriften zur Ersten Philosophie, Stuttgart 1993.
Arndt, Ernst Moritz: *Märchen*. München o.J..
-: *Märchen aus dem Norden*. Frankfurt a. M. 1990.
Arnim, Bettina von: *Die Günderode*. Frankfurt a. M. 1983.
Augustinus, Aurelius: *Der Gottesstaat – De Civitate Dei*. Bd. 1, Paderborn / München / Wien / Zürich 1979 (= Werke, Bd. 17).
Aulnoy, Marie Catherine Jumelle de Barneville, Comtesse d': *Finette Aschenbrödel*, in: *Die Blaue Bibliothek aller Nationen*, Bd. 4, S. 108–136 [Vgl. auch F. Apel u. a., *Das Kabinett der Feen*].
Aviani Fabulae XXXXII ad Theodosium. Leipzig 1862.

Bacon, Francis: *Neu-Atlantis*. Stuttgart 1992.
Bahr, Hermann: *Die Mutter*. Berlin 1891.
Balzac, Honoré de: *Etudes philosophiques*, Bd. 2, Paris 1863 (= *La comédie humaine*, Bd. 15).
-: *Katharina von Medici*. Roman, Zürich 1977 (= *Die Menschliche Komödie* Bd. 130/XL).
-: *Die Chouans – Katharina von Medici*. Romane, Zürich 1964 (= Werke, Bd. 7).
Bandello, Matteo: *Novellen*. München 1919.
-: *Novellen*. 2 Bde., Berlin 1988.
Bartsch, Kurt: *Weihnacht ist und Wotan reitet*. Berlin 1985.
Basile, Giambattista: *Lo Cunti de li Cunti*. Neapolit. / Ital., Mailand 1986.
-: *Das Märchen aller Märchen. Der Pentamerone*. 5 Bde., Frankfurt a. M. 1982.
[Bebel, Heinrich:] *Heinrich Bebels Schwänke*. 2 Bde., München / Leipzig 1907.
Bechstein, Ludwig: *Sämtliche Märchen*. Deutsches Märchenbuch – Neues Deutsches Märchenbuch – Thüringische Volksmärchen, München 1965.
Beer, Johann: *Die teutschen Winter-Nächte & Die kurzweiligen Sommer-Täge*. Frankfurt a. M. 1963.

-: *Der kurtzweilige Bruder Blau-Mantel*. Bern/Frankfurt a. M./Las Vegas 1979 (= *Nachdrucke deutscher Literatur des 17. Jahrhunderts*, Bd. 29).

-: *Sämtliche Werke*, Bd. 5: *Weiber-Hächel, Jungfer-Hobel, Bestia-Civitatis, Narren-Spital*. Bern/Berlin/Frankfurt a. M./New York/Paris 1991.

Bellarmin, Robert (Kardinal): *Ausführliche Erklärung der christlichen Lehre*. München 1844.

Bellegarde, Morvain l'Abbé de: *Réflexions sur le ridicule et sur les moyens de l'éviter*. 7. erweit. Aufl., Amsterdam 1707.

[Bibel:] *Neue Jerusalemer Bibel*. Einheitsübersetzung mit den Kommentaren der Jerusalemer Bibel, Freiburg/Basel/Wien 1985.

Bibliothèque Universelle des Romans. Paris [Populäre Salonzeitschrift des 18. Jh.].

Bichsel, Peter: *Schulmeistereien*. Darmstadt 1985.

-: *Der Leser. Das Erzählen*. Frankfurter Poetik-Vorlesungen. Darmstadt/Frankfurt a. M. 1982.

Die Blaue Bibliothek aller Nationen. Gotha 1790-1800 [Darin enthalten die *Feen=Märchen* von Perrault (Bd. 1), der Frau Gräfin v. Aulnoy (Bde. 3, 4 u. 9) sowie Geschichten aus der *Tausend und einen Nacht* (Bde. 6–8)].

Boccaccio, Giovanni: *Das Dekameron*. 2 Bde., Frankfurt a. M. 1972.

Boileau-Despréaux, Nicolas: *Œuvres complètes*. Paris 1966.

Boner, Ulrich: *Der Edelstein*. Leipzig 1844.

Boswell, James: *Dr. Samuel Johnson. Leben und Meinungen*. Mit dem Tagebuch einer Reise nach den Hebriden, Zürich 1981.

Brant, Sebastian: *Das Narrenschiff*. Stuttgart 1985.

Brednich, Rolf Wilhelm (Hg.): *Die Spinne in der Yucca-Palme*. Sagenhafte Geschichten von heute. München 1990.

- (Hg.): *Die Maus im Jumbo-Jet*. Neue sagenhafte Geschichten von heute. München 1991.

- (Hg.): *Das Huhn mit dem Gipsbein*. Neueste sagenhafte Geschichten von heute. München 1993.

Brentano, Clemens: *Werke*. 4 Bde., München/Darmstadt 1963 / 68.

Bretonische Märchen. Düsseldorf / Köln 1959.

Bruyn, Günter de: *Märkische Forschungen*. Erzählung für Freunde der Literaturgeschichte, Frankfurt a. M. 1979.

Bussy-Rabutin, Roger de: *Histoire amoureuse des Gaules, suivie de La France Galante*. Romans satiriques du XVIIe siècle, 2 Bde., Paris 1930.

[Caesarius von Heisterbach:] *Johann Hartliebs Übersetzung des Dialogus Miraculorum* von Caesarius von Heisterbach. Berlin 1929 (= *Deutsche Texte des Mittelalters*, Bd. 33).

[Capellanus, Andreas:] *Andreae Capellani regii francorum. De amore libri tres*. 2. Aufl., München 1972.

Castiglione, Baldesar: *Das Buch vom Hofmann*. München 1986.

-: *Il libro del Cortegiano* con una scelta delle Opere minori. 3. veränd. Aufl., Turin 1981.

Chaucer, Geoffrey: *Die Canterbury-Erzählungen*. Frankfurt a. M. 1987.

Chrétien de Troyes: *Erec und Enide*. Altfrz./Dt., München 1979.

[-:] *Erec et Enide*. Paris 1981 (= *Les Romans de Chrétien de Troyes*, Bd. 1).

Coleman the Younger, George: *Blue Beard or Female Curiosity*, in: *Plays by George Coleman the Younger and Thomas Morten*, Cambridge 1983, S. 181–210.

Conrady, Karl Otto: *Das große deutsche Gedichtbuch*. Kronberg / Ts. 1977.

Conteurs français du XVI. siècle. Paris 1971.

Courtin, Antoine de: *Nouveaus Traité de la civilité qui se pratique en France parmi les honnêtes gens*. 2. erweit. Aufl., Brüssel 1675.

Descartes, René: *Die Leidenschaften der Seele*. Frz./Dt., Hamburg 1984 (= *Philosophische Bibliothek*, Bd. 345).

Dictionnaire des passions, des vertus et des vices. 2 Bde., Paris 1777.

Diderot, Denis: *Sämtliche Romane und Erzählungen*. Bd. 2, München 1979.

-: *Erzählungen und Gespräche*. Frankfurt a. M. 1981.

- / Gotthold Ephraim Lessing: *Das Theater des Herrn Diderot*. Stuttgart 1986.

Diogenes Laertius: *Leben und Meinungen berühmter Philosophen*. Buch 1–10, 2 Bde., Hamburg 1967 (= *Philosophische Bibliothek*, Bde. 53 u. 54).

Dryden, John: *An Evening Love or the Mock-Astrologer*, in: ders.: *The Works*. Bd. 10, Berkeley/Los Angeles/London 1970, S. 195–314, S. 433–481 u. S. 514–536.

–: *Marriage A-la-Mode*, in: ders.: *The Works*. Bd. 11, Berkeley/Los Angeles/London 1978, S. 219–316, 460–505 u. 601–613.

Dunkelmännerbriefe. Epistola obscurorum virorum an Magister Ortuin Gratius. Frankfurt a. M. 1991.

Egberts von Lüttich fecunda rattis. Halle 1889.

Eichendorff, Joseph von: *Ahnung und Gegenwart*. Erzählungen 1, Frankfurt a. M. 1985 (= *Werke*, Bd. 2).

Erasmus von Rotterdam: *Ausgewählte Schriften*. Darmstadt 1975.

–: *Das Lob der Torheit*. Encomium Moriae. Stuttgart 1969.

Ewald, Johann Ludwig: *Eheliche Verhältnisse und Eheliches Leben in Briefen*. Bd. 1, Leipzig 1810.

Fabliaux – Französische Schwankerzählungen des Hochmittelalters. Altfrz./Dt., Stuttgart 1985.

Fénelon: *Die Abenteuer des Telemach*. Stuttgart 1984.

–: *Oeuvres*. Bd. 1, Paris 1983.

–: *Über die Erziehung der Mädchen*. Paderborn 1918.

Fielding, Henry: *The Modern Husband*. A Comedy, in: ders., *The Works*, Bd. 2, London 1783, S. 243–332.

Fioravanti, Leonardo: *Del Compendio dei secreti rationali libri cinque*. Venedig 1564.

Fischart, Johann: *Aller Praktik Großmutter*, in: J. Scheible, *Das Kloster – weltlich und geistlich*. Bd. 8., Stuttgart 1847, S. 543–663.

–: *Geschichtsklitterung*. Düsseldorf 1963.

Fleming, Paul: *Deutsche Gedichte*. Stuttgart 1986.

[Forster, Georg:] *Forsters Werke in zwei Bänden*. 2. Aufl., Berlin / Weimar 1979.

Fortunatus. Studienausgabe nach der *Editio Princeps* von 1509, Stuttgart 1981.

Fülleborn, Georg Gustav: *Pervonte oder die Wünsche*, in: Johann Gottlieb Schummel, *Garve und Fülleborn*. Breslau 1804, S. 33–51.

Garzoni, Tomaso: *Piazza Universale* d. i. Allgemeiner Schawplatz, Marckt & Zusammenkunfft aller Professionen, Künsten, Geschäften, Händeln & Handwercken [...]. Frankfurt a. M. 1641.

[Geiler von Kaysersberg:] *Die ältesten Schriften Geilers von Kaysersberg*. XXI Artikel – Briefe – Todtenbüchlein – Beichtspiegel – Seelenheil – Sendtbrieff – Bilger, Freiburg i.Br. 1882.

–: *Ausgewählte Schriften nebst einer Abhandlung über Geilers Leben und echte Schriften*. 4 Bde., Trier 1881.

[–:] *Die brösamlin doct. keiserpergs uffgelesen von Frater Johann Paulin*. Strassburg 1517.

Gellert, Christian Fürchtegott: *Fabeln und Erzählungen. Geistliche Oden und Lieder. Moralische Gedichte und moralische Charaktere. Lustspiele*. Frankfurt a. M. 1979 (= *Werke*, Bd. 1).

Gerson, Johannes: *Opera Omnia*. 5 Bde., 2. Aufl., Den Haag 1728.

Gesta Romanorum. Geschichten von den Römern. Ein Erzählbuch des Mittelalters, Frankfurt a. M. 1973.

[Gildas:] *Vita Gildae*. Auctore Monacho Ruiensi, in: Theodorus Mommsen (Hg.): *Monumenta Germaniae Historica*. Auctorum Antiquissimorum, Bd. 13, Saec. IV.V.VI.VIII, Berlin 1898, S. 91–106.

[Glaber, Radolphus:] *Rodulfus Glaberi Historiarum sui temporis libri quinque*, in: *Patrologia Latina*, Bd. 142, Sp. 611–698, Paris 1880 (= Nachdruck, Turnhout 1969).

Glauser, Friedrich: *Der alte Zauberer* (1930–1933). Zürich 1992 (= *Das erzählerische Werk*, Bd. 2).

Gössmann, Elisabeth (Hg.): *Das wohlgelahrte Frauenzimmer*. München 1984 (= *Archiv für philosophie- und theologiegeschichtliche Frauenforschung*, Bd. 1) [Darin Texte u. a. von M. Jars de Gournay].

- (Hg.): *Eva – Gottes Meisterwerk*. München 1985 (= *Archiv für philosophie- und theologiegeschichtliche Frauenforschung*, Bd. 2) [Darin Texte u. a. von L. Marinella].
Goethe, Johann Wolfgang von: *Werke*. Hamburger Ausgabe in 14 Bänden, Hamburg:
- Bd. 1: *Gedichte und Epen* 1, 3. Aufl., 1956;
- Bd. 6: [*Die Leiden des jungen Werther, Die Wahlverwandtschaften*], 2. Aufl., 1955;
- Bd. 7: [*Wilhelm Meisters Lehrjahre*], 1950;
- Bd. 12: *Schriften zur Kunst, Schriften zur Literatur, Maximen und Reflexionen*, 1953.
Gotter, Friedrich Wilhelm: *Gedichte*. Bd. 1, Gotha 1787.
Gournay, Marie de: *L' Egalité des hommes et des femmes und Grief des Dames*, in: Mario Schiff, *La fille d'alliance de Montaigne, Marie de Gournay*, S. 55–99.
Grabbe, Christian Dietrich: *Werke und Briefe*. Historisch-kritische Gesamtausgabe in sechs Bänden, Emdstetten 1960–73.
Gracián, Balthasar: *Handorakel und Kunst der Weltklugheit*. Stuttgart 1983.
[Grimm, Ferdinand Philipp]: *Der unbekannte Bruder Grimm*. Deutsche Sagen von Ferdinand Philipp Grimm. Köln 1979.
Grimm, Jacob: *Deutsche Rechts-Alterthümer*. Göttingen 1828.
-: *Kleinere Schriften*, Bd. 8: *Vorreden, Zeitgeschichtliches und Persönliches*. Gütersloh 1890 (= Nachdruck, Hildesheim 1966).
-: *Recensionen und vermischte Aufsätze*. 8 Bde., Berlin 1884.
Grimm, Jacob und Wilhelm: *Altdeutsche Wälder*. Neudruck, 3 Bde., Darmstadt 1966.
[-:] *Die älteste Märchensammlung der Brüder Grimm*. Synopse der handschriftlichen Urfassung von 1810 und der Erstdrucke von 1812, Genf 1975.
[-]: *Briefwechsel zwischen Jacob und Wilhelm Grimm aus der Jugendzeit*. 2. Aufl., Weimar 1963.
[-:] *Die Brüder Grimm*. Ihr Leben und Werk in Selbstzeugnissen, Briefen und Aufzeichnungen. Ebenhausen 1952.
-: *Deutsche Sagen*. 3 Bde., München 1993.
-: *Deutsche Sagen*. Ausgabe auf der Grundlage der ersten Auflage, Frankfurt a. M. 1994.
-: *Deutsches Wörterbuch*. Weitergeführt von der Deutschen Akademie der Wissenschaften zu Berlin in Zusammenarbeit mit der Akademie der Wissenschaften zu Göttingen, Leipzig 1854–1954.
-: *Die Kinder- und Hausmärchen der Brüder Grimm* in ihrer Urgestalt. 2 Bde., München 1913.
-: *Kinder- und Hausmärchen*. Vollständige Ausgabe auf der Grundlage der dritten Auflage (1837), Frankfurt a. M. 1985.
-: *Kinder- und Hausmärchen*. Ausgabe letzter Hand mit den Originalanmerkungen der Brüder Grimm. Mit einem Anhang sämtlicher, nicht in allen Auflagen veröffentlichter Märchen und Herkunftsnachweisen, 3 Bde., Stuttgart 1989.
-: *Schriften und Reden*. Hg. v. Ludwig Denecke, Stuttgart 1985.
Grimmelshausen, Johann Jacob Christoph von: *Kleinere Schriften*. Tübingen 1973 (= *Gesammelte Werke in Einzelausgaben*, Bd. 10).
-: *Der abenteuerliche Simplicissimus Teutsch*. Stuttgart 1983.

Hallmann, Johann Christian: *Die sterbende Unschuld oder die Durchlauchtigste Catharina Königin in Engelland*, in: ders., *Sämtliche Werke*, Bd. 2, Berlin/New York 1980, S. 157–234 u. S. 400–404.
Hartmann von Aue: *Der arme Heinrich*. Mit einer Nacherzählung der Brüder Grimm, Stuttgart 1977.
Das heilige, allgültige und allgemeine Concilium von Trient, das ist dessen Beschlüsse und heiligen Canones. Luzern 1825.
Heine, Heinrich: *Sämtliche Schriften*. 12 Bde., Frankfurt a. M./Berlin/Wien 1981.
Herder, Johann Gottfried: *Werke. Volkslieder – Übertragungen – Dichtungen*. Bd. 3, Frankfurt a. M. 1990.
-: *Briefe*. Gesamtausgabe 1763-1803, Bd. 4: *Oktober 1776–August 1783*, Weimar 1979.
Herodot: *Geschichten und Geschichte*. Buch 1–4, Zürich/München 1973.
Hesiod: *Werke und Tage. Vom Landbau* [u.a.]. München 1990.
Hieronymus: *Adversus Jovinianum*, in: *Patrologia latina*, Bd. 23, Sp. 211–351, Paris 1884 (= Nachdruck, Turnhout 1969).

-: *Commentariorum in Epistolam ad Ephesios*, in: *Patrologia latina*, Bd. 26, Sp. 467–590, Paris 1884 (= Nachdruck, Turnhout 1969).

Hildesheimer, Wolfgang: *Monologische Prosa*. Frankfurt a. M. 1991 (= *Gesammelte Werke*, Bd. 2).

Hohberg, Wolf[f] Helmhard von: *Georgica curiosa aucta*. Bd. 1, Nürnberg 1716.

Homer: *Odyssee*. Stuttgart 1986.

[Horaz] Horatius Flaccus, Quintus: *Sämtliche Werke*. Lat. / Dt., München 1957.

Die Hundert Neuen Novellen. Vollst. Ausg., München 1965.

Huysmans, Joris Karl: *Tief unten*. Zürich 1987.

Isidorus von Sevilla: *Etymologiarum*, in: *Sancti Isidori Hispalensis Episcopi opera omnia. Patrologia latina*, Bd. 82, Rom 1797 (= Nachdruck, Turnhout 1969).

Jacobus de Voragine: *Legenda aurea*. Das Leben der Heiligen. Aschaffenburg 1986.

Jean Paul: *Flegeljahre*. Eine Biographie, Frankfurt a. M. 1986.

Juvenal, Decimus Junius: *Satiren*. Lat./Dt., München/Zürich 1993.

[Kant, Immanuel] *Immanuel Kant's Menschenkunde* oder philosophische Anthropologie. Nach handschriftl. Vorlesungen, Leipzig 1831.

Kleist, Heinrich von: *Erzählungen, Anekdoten, Gedichte, Schriften*. Frankfurt a. M. 1990 (= *Sämtliche Werke und Briefe*. Bd. 3).

-: *Werke in einem Band*. 2. Aufl., München 1978.

Des Knaben Wunderhorn. Alte deutsche Lieder gesammelt von Achim von Arnim und Clemens Brentano. Kritische Ausgabe, 3 Bde., Stuttgart 1987.

Kierkegaard, Sören: *Entweder – Oder*. 2 Bde., München 1988.

Kinder- und Jugendliteratur – Mädchenliteratur. Vom 18. Jahrhundert bis zum Zweiten Weltkrieg. Eine Textsammlung, hg. v. Gisela Wilkending, Stuttgart 1994.

[Kirchhof, Hans Wilhelm:] *Wendunmuth von Hans Wilhelm Kirchhof*. Bd. 1, Tübingen 1869 (= *Bibliothek des Litterarischen Vereins in Stuttgart* 95).

Klintberg, Bengt af: *Der Elefant auf dem VW*. Und andere moderne Sagen und Großstadtmythen, München 1992.

Knigge, Adolph Freiherr von: *Über den Umgang mit Menschen*. Frankfurt a. M. 1977.

Knox, John: *The First Blast of the Trumpet against the Monstruous Regiment of Women*. Genf 1558 (= Nachdruck, Amsterdam 1972).

Kokoschka, Oskar: *Mörder, Hoffnung der Frauen*, in: Horst Denkler (Hg.): *Einakter und kleine Dramen des Expressionismus*. Stuttgart 1987, S. 47-53.

Konrad von Megenberg: *Werke*, Stück 5: *Ökonomik* = [*Yconomica*], 3 Bde., Stuttgart 1973–84 (= *Monumentae Germaniae historica*, Staatsschriften des späteren Mittelalters, Bd. 3,5).

Kopp, Arthur (Hg.): *Volks- und Gesellschaftslieder des XV. und XVI. Jahrhunderts*. I. *Die Lieder der Heidelberger Handschrift* Pal. 343, Berlin 1905 (= *Königlich Preussische Akademie der Wissenschaften*, Bd. 5).

Der Koran. Stuttgart 1966.

Kotzebue, August von: *Pervonte oder die Wünsche*. Eine komische Oper in drei Acten (nach einem bekannten Mährchen von Wieland), in: ders., *Opern-Almanach für das Jahr 1815, Leipzig 1815*, S. 61–128.

La Bruyère, Jean de: *La Bruyères Charaktere*. 2 Bde., München 1914.

Lafargue, Paul: *Das Recht auf Faulheit*. Hottingen-Zürich 1887 (= *Sozialdemokratische Bibliothek*, Bd. 19).

La Fayette, Mme de: *Die Prinzessin von Clèves und die Prinzessin von Montpensier*. Zürich 1957.

La Fontaine, Jean de: *Amor und Psyche*. Karlsruhe 1966.

-: *Sämtliche Fabeln*. Vollst. Ausg., Frz./Dt., München 1978.

[Lambert, Mme de:] *Œuvres de Madame la Marquise de Lambert*. 3. Aufl., Lausanne 1751.

La Rochefoucault, François de: *Maximen und Reflexionen*. Frz./Dt., München 1987.

La Salle, Jean Baptiste de: *Les Règles de la Bien-Séance et de la Civilité chrétienne*, in: *Cahiers lasalliens*, Nachdruck der Ausg. v. 1703, Bd. 19, Rom [1964].

Lavater, Johann Caspar: *Physiognomische Fragmente zur Beförderung der Menschen-kenntnis und Menschenliebe*. 4 Bde., Leipzig/Winterthur 1775–78 (= Nachdruck, Zürich 1968–69).

Lessing, Gotthold Ephraim: *Werke in drei Bänden*. Nach den Ausgaben letzter Hand, München 1969.

-: *Werke und Briefe* in zwölf Bänden. Bd. 6 (1767–69), Frankfurt a. M. 1985.

Lichtenberg, Georg Christoph: *Schriften und Briefe*.
- Bd. 1: *Sudelbücher, Fragmente, Fabeln, Verse*, Frankfurt a. M. 1983;
- Bd. 2: *Sudelbücher II*. Materialhefte, Tagebücher, München 1991.

[Liselotte von der Pfalz:] *Briefe der Liselotte von der Pfalz*. Frankfurt a. M. 1981.

Locke, John: *Gedanken über Erziehung*. Stuttgart 1990.

-: *Zwei Abhandlungen über die Regierung*. Frankfurt a. M. 1977.

Logau, Friedrich von: *Sinngedichte*. Stuttgart 1984.

[Ludwig XIV.]: *Der Hof Ludwigs XIV. in Augenzeugenberichten*. München 1981.

-: *Memoiren*. Basel/Leipzig 1931.

-: *Mémoires historiques et politiques*. 2 Bde., Paris 1806 (= Œuvres de Louis XIV., Bde. 1–2).

[Luther, Martin:] *D. Martin Luthers Werke*. Kritische Gesamtausgabe, Weimar:
- Bd. 1 [Tischreden 1531–46], 1912;
- Bd. 22 [*Crucigers Sommerpostille* 1544], 1929;
- Bd. 32 [Predigten 1530], 1906;
- Bd. 41 [Predigtregister], 1910;
- Bd. 50 [Schriften 1536–1539], 1914.

Mader, Ludwig (Hg.): *Antike Fabeln*. Hesiod – Archilochos – Aesop – Ennius – Horaz – Phaedrus – Babrios – Avianus – Romulus, Zürich 1951.

Maintenon, Mme de: *Entretiens sur l'éducation*. Paris 1854.

-: *Lettres sur l'Education des Filles*. Paris 1854.

Majakowski, Wladimir: *Gedichte*. Frankfurt a. M./Berlin 1966 (= *Werke*, Bd. 1).

Malleus Maleficarum/Der Hexenhammer. Verfaßt von den beiden Inquisitoren Jakob Sprenger und Heinrich Institoris, drei Teile, 2. Aufl., Berlin 1920.

Marguerite de Navarre: *Das Heptameron*. Vollst. Ausg., München 1960.

Marie de France: *Novellen und Fabeln*. Zürich 1977.

Ménéstrier, Claude-François: *L'art des emblêmes ou s'enseigne la Morale par les Figures de la Fable, de l'Histoire et de la Nature*. Paris 1684 (= Nachdruck, Mittenwald 1981).

Mercier, Louis Sébastien: *Mein Bild von Paris*. Frankfurt a. M. 1979.

Meyer, Paul (Hg.): Nouvelles *Catalanes inédites*, in: *Romania*, 13. Jg., Paris 1884, S. 264–284.

- (Hg.): *Le Roman de Blandin de Cornouailles et de Guillot Ardit*, in: *Romania*, 2. Jg., Paris 1873, S. 170–202.

[Molière:] *Molières Komödien*. 7 Bde., Zürich [1975/1982].

-: *Oeuvres complètes*. 2 Bde., Paris 1956 (= *Bibliothèque de la Pléiade*, Bde. 8/9).

Montaigne, Michel de: *Essais* [Versuche] nebst des Verfassers Leben nach der Ausgabe von Pierre Coste. 3 Bde., Zürich 1992.

-: *Reisen durch die Schweiz, Deutschland und Italien*. In den Jahren 1580 und 1581, 2 Bde., Halle 1777.

Montesquieu: *Oeuvres complètes*. Bd. 1, Paris 1949.

Mörike, Eduard: *Briefe 1811-1828*. Stuttgart 1982 (= *Werke und Briefe*. Hist.-krit. Gesamtausgabe, Bd. 10).

-: *Gedichte, Dramatisches, Erzählendes*, 2. erw. Aufl., Stuttgart 1961 (= *Sämtliche Werke und Briefe*, Bd. 1).

Morus, Thomas: *Werke*. München 1983.

Moscherosch, Johann Michael: *Visiones de Don Quevedo. Wunderliche und Wahrhaff-tige Gesichte Philanders von Sittewalt*, Straßburg 1642 (= Nachdruck Hildesheim/New York 1974).

[Motteville, Mme de:] *Mémoires de Mme de Motteville sur Anne d'Autriche et sa cour*. Bd. 4, Paris 1904.

Musäus, Johann Karl August: *Volksmärchen der Deutschen.* Vollst. Ausg. nach dem Text der Erstausg. von 1782–86, München 1961.

Murner, Thomas: *Die Geuchmatt.* Berlin/Leipzig 1931 (= *Thomas Murners Deutsche Schriften,* Bd. 5).

Musil, Robert: *Der Mann ohne Eigenschaften.* Roman, 2 Bde., Reinbek 1978 (= *Gesammelte Werke,* Bd. 1).

–: *Über die Dummheit,* in: ders., *Prosa und Stücke,* Reinbek 1978, S. 1270–1291 (= *Gesammelte Werke,* Bd. 2).

Napoleon I.: *Mein Leben und Werk.* Schriften, Briefe, Proklamationen, Bulletins, Wien/Leipzig 1936.

Il Novellino. Das Buch der hundert alten Novellen. Ital./Dt., Stuttgart 1988.

Ovid: *Ars amatoria – Liebeskunst.* Lat./Dt., Stuttgart 1991.

–: *Metamorphosen.* Frankfurt a. M., 1990.

Palladios: *Historia Lausiaca,* in: René Draguet (Hg.), *Les formes syriaques de la matière de l'Histoire Lausiaque,* Louvain 1978 (= *Corpus Scriptorum Christianorum Orientalium,* Bd. 399).

Das Papageienbuch – Tuti-Nameh. Eine Sammlung orientalischer Erzählungen, Darmstadt 1979.

Pauli, Johann: *Schimpf & Ernst.* Stuttgart 1866.

Père Philippe d'Oultreman: *Le Pédagogue Chrestien,* ou la manière de vivre Chrestiennement. Lyon 1664.

Perrault, Charles: *Contes.* Paris 1989.

–: *Sämtliche Märchen.* Stuttgart 1986.

–: *Satire du Sr. Despréaux contre les Femmes avec L'Apologie des Femmes par Mr. Perrault.* Amsterdam 1694 (= *Bibliothéque publique de Genève: Religion Defendue – Heft 8* – Sign.: Hf 476, S. 25–46).

Pétis de la Croix, François: *Tausendundein Tag.* Persische Märchen, Zürich 1993.

Piccolomini, Enea Silvio: *Euryalus und Lucretia.* Stuttgart 1993.

Pizan, Christine de: *Das Buch von der Stadt der Frauen.* München 1990.

–: *Der Sendbrief vom Liebesgott (L'Epistre au Dieu d'Amours).* Graz 1987.

Platen, August von: *Der gläserne Pantoffel,* in: ders., *Gesammelte Werke.* Bd. 3, Stuttgart und Tübingen 1843, S. 35–124.

Platon: *Phaidros oder Vom Schönen.* Stuttgart 1979.

–: *Der Staat.* Stuttgart 1980.

Plinius Secundus d. Ä., Caius: *Naturalis historia – Naturkunde.* Lat./Dt., München 1992.

Poe, Edgar Allan: *Erzählungen.* 15. erw. Aufl., München 1989.

Porta, Giov. Batt. [della]: *La Fisonomia dell' huomo et la celeste [De humana physiognomia,* 1586]. Venedig 1668.

Rabelais, François: *Gargantua.* Stuttgart 1992.

–: *Gargantua und Pantagruel.* 2 Bde., München 1968.

–: *Oeuvres complètes.* Paris [1942] (= *Bibliothèque de la Pléiade,* Bd. 15).

[Rachel, Joachim:] *Joachim Rachels Satyrische Gedichte.* Nach den Ausgaben von 1664 und 1677, Halle 1903 (= *Neudrucke deutscher Litteraturwerke des XVI. und XVII. Jahrhunderts,* Nr. 200–202).

Raleigh, Walter: *Selected Writings.* Exeter 1984.

Reinmar: *Lieder.* Nach der Weingartner Liederhandschrift (B), Mittelhochdt. / Neuhochdt., Stuttgart 1986.

Röhrich, Lutz (Hg.): *Erzählungen des späten Mittelalters und ihr Weiterleben in Literatur und Volksdichtung bis zur Gegenwart.* Sagen, Märchen, Exempel und Schwänke, 2 Bde., Bern / München 1967.

Rollenhagen, Gabriel: *Sinn-Bilder. Ein Tugendspiegel.* Dortmund 1983.

Rollenhagen, Georg: *Froschmeuseler,* in: *Bibliothek der frühen Neuzeit,* Bd. 12, Frankfurt a. M. 1989 (= *Bibliothek deutscher Klassiker,* Bd. 48).

Romanciers du XVIIe siècle. Sorel – Scarron – Furetière – Mme de La Fayette. Paris 1958 (= *Bibliothèque de la Pléiade*, Bd. 131).

Ronsard, Pierre de: *Les Amours.* Paris 1963.

Der Rosenroman, von Guillaume de Lorris und Jean de Meun. Altfrz./Dt., 3 Bde., München 1976.

Rousseau, Jean-Jacques: *Emile oder Über die Erziehung.* Stuttgart 1990.

Sagen der böhmischen Vorzeit aus einigen Gegenden alter Schlösser und Dörfer. Wien und Prag 1798.

Saint-Pierre, Bernardin de: *Paul et Virginie.* Paris 1966.

[Saint-Simon:] *Die Memoiren des Herzogs von Saint-Simon.* 4 Bde., Frankfurt a. M./Berlin/Wien 1985.

Saltykow-Schtschedrin, Michail: *Die Tugenden und die Laster.* Märchen für Kinder gehörigen Alters, Nördlingen 1988.

Sanct Oswalds Leben, in: *Zeitschrift für deutsches Alterthum,* Bd. 2, Leipzig 1842, S. 92 bis 130.

[Sannazaro, Jacopo:] *Iacobi Sannazarii opera omnia.* Lyon 1607.

Sarnelli, Pompeo: *Die fünf Märchen vom Gastmahl in Neapel.* Frankfurt a. M. 1988.

Schedel, Hartmann: *Buch der Chroniken & Geschichten.* Nürnberg 1493 (= Nachdruck, München-Allach 1965).

Schiller, Friedrich: *Dramen I,* Frankfurt a. M. 1988 (= *Werke und Briefe,* Bd. 2).

Schnabel, Johann Gottfried: *Die Insel Felsenburg.* Frankfurt a. M. 1988.

Schütze, Johann Friedrich: *Holsteinisches Idiotikon.* Ein Beitrag zur Volkssittengeschichte, Hamburg 1802.

[Schwab, Gustav:] *Die schönsten Sagen des klassischen Altertums nach seinen Dichtern und Erzählern von Gustav Schwab.* Gesamtausg. in 3 Teilen, Stuttgart 1986.

Shakespeare, William: *Sämtliche Werke.* Bd. 4: *Tragödien,* Berlin/Weimar 1989.

Somaize, Antoine Baudeande: *Dictionnaire des précieuses, historique, poétique, géographique.* Paris 1661.

[Sophie von Hannover:] *Briefwechsel der Herzogin Sophie von Hannover* mit ihrem Bruder dem Kurfürsten Karl Ludwig von der Pfalz und des Letzteren mit seiner Schwägerin, der Pfalzgräfin Anna. Leipzig 1885 (= *Publicationen aus den k. preußischen Staatsarchiven,* Bd. 26).

[Steinhöwel, Heinrich:] *Steinhöwels Äsop.* Tübingen 1873.

Stendhal: *Mémoires d'un touriste.* 2 Bde., Genf/Paris 1986 (= *Œuvres complètes,* Bde. 15–16).

-: *Rot und Schwarz.* Chronik aus dem Jahr 1830, München 1976.

Strabo: *Erdbeschreibung in siebzehn Bänden.* Berlin/Stettin 1831 (= Nachdruck, Hildesheim/Zürich/New York 1988).

Straparola, Giovan Francesco: *Die Novellen und Mären der Ergötzlichen Nächte.* 2 Bde., München 1920.

-: *Le piacevoli notti.* 2 Bde., Bari 1927 (= Nachdruck, Bari 1975).

[Sutermeister, Otto:] *Kinder- und Hausmärchen aus der Schweiz gesammelt von Otto Sutermeister,* Basel 1977.

Swift, Jonathan: *Satiren und Streitschriften.* Zürich 1993.

[-:] *The Works of Jonathan Swift.* Bd. 9, Dublin 1774.

Tasso, Torquato: *Werke und Briefe.* München 1978.

[Tausendundeine Nacht:] *Die Erzählungen aus den Tausendundein Nächten.* Vollst. dt. Ausg., nach dem arabischen Urtext der Calcuttaer Ausgabe aus dem Jahr 1839, 12 Bde., Frankfurt a. M. 1976.

Tertullians private und katechetische Schriften. München 1912 (= *Bibliothek der Kirchenväter,* Bd. 36).

Tieck, Ludwig: *Erinnerungen aus dem Leben des Dichters* nach dessen mündlichen und schriftlichen Mittheilungen von Rudolf Köpke, 2 Bde., Leipzig 1855.

-: *Phantasus.* Frankfurt a. M. 1985 (= *Schriften,* Bd. 6).

- [pseud. Peter Leberecht]: *Volksmährchen.* 2 Bde. Berlin 1797.

Ludwig Tieck. 3 Teilbde., München 1971 (= *Dichter über ihre Dichtungen,* Bd. 9).

Ludwig Tiecks nachgelassene Schriften. 2 Bde., Leipzig 1855 (= Nachdruck, Berlin/
New York 1974).
Ludwig Tieck's Schriften in 28 Bänden. Bd. 1, Berlin 1828.
Timm, Uwe: *Erzählen und kein Ende.* Versuche zu einer Ästhetik des Alltags, Köln 1993.
Tschechow, Anton: *Onkel Wanja.* Szenen aus dem Landleben in vier Akten, Stuttgart
1990.

Uhland, Ludwig: *Sämtliche Gedichte.* München 1980 (= Werke. Bd. 1).
Uhlands Schriften zur Geschichte der Dichtung und Sage. Stuttgart 1973.

Das Väterbuch aus der Leipziger, Hildesheimer und Straßburger Handschrift. Berlin
1914 (= *Deutsche Texte des Mittelalters*, Bd. 22).
Villon, François: *Das Kleine und das Große Testament.* Hg. v. Frank-Ruthger Haus-
mann, Stuttgart 1988.
Voltaire: *Sämtliche Romane und Erzählungen*, München 1969 (= Werke. Bd. 1).
-: *Siècle de Louis XIV*, 2 Bde., Paris 1878 (= Œuvres complètes, Bde. 14/15, Nach-
druck Nendeln/Liechtenstein 1967).
Von der Hagen, Friedrich Heinrich (Hg.): *Gesammtabenteuer.* Hundert altdeutsche
Erzählungen: Ritter- und Pfaffen-Mären, Stadt- und Dorfgeschichten, Schwänke,
Wundersagen und Legenden, Bd. 1, Stuttgart/Tübingen 1850.
[Vridank:] *Vridankes Bescheidenheit.* Göttingen 1834.

Wackenroder, Wilhelm Heinrich: *Sämtliche Werke und Briefe.* Hist.-krit. Ausg., 2. Bde.,
Heidelberg 1991.
Walser, Robert: *Komödie, Geschichten und Der Spaziergang.* Genf/Frankfurt a. M. 1961
(= *Dichtungen in Prosa*, Bd. 5).
Wawerzinek, Peter: *Es war einmal ...* Parodien zur DDR-Literatur. Berlin 1990.
Weise, Christian: *Ein wunderliches Schau-Spiel vom Niederländischen Bauer.* Stuttgart
1984.
Wickram, Georg: *Das Rollwagenbüchlin.* Stuttgart 1992.
Widmer, Walter (Hg.): *Ein französisches Hexameron.* Sechzig alte französische Novel-
len und Schwänke, Zürich 1986.
Wieland, Christoph Martin: *Dschinnistan oder auserlesene Feen- und Geistermärchen.*
Berlin 1938 (= *Wielands Gesammelte Schriften*, 1. Abt.: *Wielands Werke*, Bd. 18).
-: *Werke.* 5 Bde., München 1968.
Wittenwiler, Heinrich: *Der Ring.* Frühneuhochdt./Neuhochdt., Stuttgart 1991.
Wolfram von Eschenbach: *Parzival.* Mittelhochdt.-Neuhochdt., 2 Bde., Stuttgart 1992.

FORSCHUNGSLITERATUR

Aarne, Antti: *Leitfaden der vergleichenden Märchenforschung.* Hamina 1913.
-/Thompson, Stith: *The Types of the Folktale.* A classification and bibliography, Hel-
sinki 1961.
Aillaud, Gilles/Blankert, Albert/Montias, John Michael: *Vermeer.* Genf 1987.
Anderson, Bonnie S./Zinsser, Judith P.: *Eine eigene Geschichte.* Frauen in Europa,
2 Bde., Zürich 1992–1993.
Andritzky, Michael/Kämpf, Günter/Link, Vilma (Hg.): *Z. B. Schuhe.* Vom bloßen Fuß
zum Stöckelschuh. Eine Kulturgeschichte der Fußbekleidung, Gießen 1988.
Ariès, Philippe: *Geschichte der Kindheit.* München 1980.
-/Duby, Georges (Hg.): *Geschichte des privaten Lebens.* 5 Bde., Frankfurt a. M. 1989
bis 1993.
Assmann, Jan: *Das kulturelle Gedächtnis.* Schrift, Erinnerung und politische Identität
in frühen Hochkulturen. München 1992.
Aveling, J. C. H./Loades, D.M. / McAdoo, H. R. (Hg.): *Rome and the Anglicans.* Hi-
storical and Doctrinal Aspects of Anglican – Roman Catholic Relations. Berlin/
New York 1982.

Bachtin, Michail: *Probleme der Poetik Dostojevskijs*. Frankfurt a. M./Berlin/Wien 1985.

-: *Rabelais und seine Welt*. Volkskultur als Gegenkultur. Frankfurt a. M. 1987.

Badinter, Elisabeth: *Die Mutterliebe*. Geschichte eines Gefühls vom 17. Jahrhundert bis heute, München/Zürich 1981.

Bataille, Georges: *Gilles de Rais*. Leben und Prozeß eines Kindermörders, Hamburg 1989.

Bausinger, Hermann: *Volkskultur in der technischen Welt*. Frankfurt a. M./New York 1986.

Benjamin, Walter: *Gesammelte Schriften*. 7 Bde., Frankfurt a. M. 1972–1989.

Berenson, Bernard: *Lorenzo Lotto*. Gemälde – Zeichnungen, Gesamtausgabe, Köln 1957.

Betzwieser, Thomas: *Exotismus und »Türkenoper« in der französischen Musik des Ancien Régime*. Studien zu einem ästhetischen Phänomen, Heidelberg 1993 (= *Neue Heidelberger Studien zur Musikwissenschaft*, Bd. 21).

Bloch, Ernst: *Das Prinzip Hoffnung*, in: ders.: *Gesamtausgabe*, Bd. 5, Frankfurt a. M. 1977.

Bologne, Jean Claude: *Histoire de la pudeur*. Paris 1986.

Bolte, Johannes/Polívka, Georg: *Anmerkungen zu den Kinder- und Hausmärchen der Brüder Grimm*. 5 Bde., Leipzig 1930 [Neuausgabe Hildesheim 1963].

Bossard, Eugène: *Gilles de Rais, maréchal de France, dit Barbe-Bleue*. [Paris] 1885.

Boswell, John: *The Kindness of Strangers*. The Abandonment of Children in Western Europe from Late Antiquity to the Renaissance, New York 1988.

Bourdieu, Pierre: *Die feinen Unterschiede*. Kritik der gesellschaftlichen Urteilskraft, Frankfurt a. M. 1988.

-: *Die verborgenen Mechanismen der Macht*. Schriften zu Politik und Kultur 1, Hamburg 1992.

Bovenschen, Silvia: *Die imaginierte Weiblichkeit*. Exemplarische Untersuchungen zu kulturgeschichtlichen und literarischen Präsentationsformen des Weiblichen, Frankfurt a. M. 1979.

Braudel, Fernand: *Der Handel*, München 1986 (= *Sozialgeschichte des 15.–18. Jahrhunderts*, Bd. 2).

- / Duby, Georges/Aymard, Maurice: *Die Welt des Mittelmeeres*. Zur Geschichte und Geographie kultureller Lebensformen, Frankfurt a. M. 1987.

Braun, Rudolf/Gugerli, David: *Macht des Tanzes – Tanz der Mächtigen*. Hoffeste und Herrschaftszeremoniell 1550–1914, München 1993.

Brender, Irmela: *Christoph Martin Wieland*. Reinbek 1990.

Brennig, Heribert R.: *Der Kaufmann im Mittelalter*. Literatur – Wirtschaft – Gesellschaft, Pfaffenweiler 1993.

Brietzmann, Franz: *Die böse Frau in der deutschen Litteratur des Mittelalters*. Berlin 1912 (= Palaestra 42).

Brinker-Gabler, Gisela (Hg.): *Deutsche Literatur von Frauen*. 2 Bde., München 1988.

Bronzini, Giovanni Battista: *Schrift + Bild = Mündlichkeit*. Ein textgeneratives Theorem für die Produktion populärer Literatur, in: Lipp, Carola (Hg.): *Medien populärer Kultur*. Erzählung, Bild und Objekt in der volkskundlichen Forschung, Frankfurt a. M./New York 1995, S. 317–331.

Brownmiller, Susan: *Gegen unseren Willen*. Vergewaltigung und Männerherrschaft, Frankfurt a. M. 1978.

Brundage, James A.: *Law, Sex, and Christian Society in Medieval Europe*. Chicago/London 1987.

Bullough, Vern L.: *Medieval Medical Views of Women*, in: *Viator* 4 (1973), Medieval and Renaissance Studies, Berkeley / Los Angeles / London, S. 385-501.

Bülow, Werner von: *Märchendeutungen durch Runen*. Die Geheimsprache der deutschen Märchen. Ein Beitrag zur Entwicklungsgeschichte der deutschen Religion, Hellerau 1925.

Burckhardt, Jacob: *Die Kultur der Renaissance*. Ein Versuch, Stuttgart 1987.

Burgelin, Oliver/Perrot, Philippe (Hg.): *Vom ewigen Zwang zu gefallen*. Etikette und äussere Erscheinung, Leipzig 1994.

Burke, Peter: *Helden, Schurken und Narren*. Europäische Volkskultur in der frühen Neuzeit, Stuttgart 1981.

Camporesi, Piero: *Das Brot der Träume*. Hunger und Halluzinationen im vorindustriellen Europa, Frankfurt a. M./New York 1990.

-: *Geheimnisse der Venus*. Aphrodisiaka vergangener Zeiten, Frankfurt a. M./New York 1991.

-: *Bauern, Priester, Possenreißer*. Volkskultur und Kultur der Eliten im Mittelalter und in der frühen Neuzeit, Frankfurt a. M./New York 1994.

Canetti, Elias: *Masse und Macht*. Frankfurt a. M. 1993.

Catalogue de la Bibliothèque célèbre de M. Ludwig Tieck qui sera rendue à Berlin le 10 Décembre 1849 et jours suivants par MM. A. Asher & Comp. (= Nachdruck, Wiesbaden 1970).

Chartier, Roger: *Lesewelten*. Buch und Lektüre in der frühen Neuzeit, Frankfurt a. M./New York / Paris 1990.

Chledowski, Casimir von: *Neapolitanische Kulturbilder XIV–XVIII. Jahrhundert*, 2. Aufl., Berlin 1920.

Constable, Giles: *Introduction*. Beards in History – Sacramentum Misterii: *The Meaning of Beards* – Informatio Morum: *The Practice of Beards*, in: Huygens, R.B.C. (Hg.): *Apologiae Duae* – Gozechini: *Epistola ad Walcherum* – Burchardi: *Apologia de barbis*, Turnhout 1985, S. 47–130 (= *Corpus Christianorum*, Bd. 62).

Cornette, Joël: *Le roi de guerre*. Essai sur la souveraineté dans la France du Grand Siècle, Paris 1993.

Cosquin, Emmanuel: *L'épingle enchantée*, in: *Revue des traditions populaires*, 28. Jg., Paris 1913, Nr. 12, S. 529–555; 29. Jg., Paris 1914, Nr. 3, S. 97–118, Nr. 6–7, S. 241 bis 260; 30. Jg., Paris 1915, Nr. 1–6, S. 1–36 u. Nr. 7–8, S. 65–88.

Cowan, Alexander Francis: *The Urban Patriciate*. Lübeck and Venice 1580–1700, Köln/Wien 1986 (= *Quellen und Darstellungen zur Hansischen Geschichte*, Neue Folge, Bd. 30).

Cox, Marian Roalfe: *Cinderella*. Three hundred and forty-five variants of Cinderella, Catskin, and Cap O'Rushes, abstracted and tabulated, with a discussion of mediaeval analogues, and notes, London 1893 (= *Publications of the Folk-Lore Society*, Bd. 31).

Darnton, Robert: *Das große Katzenmassaker*. Streifzüge durch die französische Kultur vor der Revolution, München/Wien 1989.

Davis, James Cushman: *The Decline of the Venetian Nobility as a Ruling Class*. Baltimore 1962 (= *The John Hopkins University Studies in Historical and Political Science*, Serie 80, Nr. 2).

Daxelmüller, Christoph: *Zauberpraktiken*. Eine Ideengeschichte der Magie, Zürich 1993.

Delarue, Paul: *Le Conte populaire français*. Bd. 1, Paris 1957.

- / Tenèze, Marie-Louise: *Le Conte populaire français*. Bd. 2, Paris 1964.

Delort, Robert: *Der Elefant, die Biene und der heilige Wolf*. Die wahre Geschichte der Tiere, München/Wien 1987.

Denecke, Ludwig/Teitge, Irmgard/Krause, Friedhilde (Hg.): *Die Bibliothek der Brüder Grimm*. Annotiertes Verzeichnis des festgestellten Bestandes, Weimar 1989.

Denkler, Horst: *Restauration und Revolution*. Politische Tendenzen im deutschen Drama zwischen Wiener Kongress und Märzrevolution, München 1973.

-: »*Lauter Juden*«. Zum Rollenspektrum der Juden-Figuren im populären Bühnendrama der Metternichschen Restaurationsperiode (1815-1848), in: ders./Horch, Hans Otto (Hg.): *Conditio Judaica*. Judentum, Antisemitismus und deutschsprachige Literatur vom 18. Jahrhundert bis zum Ersten Weltkrieg. Interdisziplinäres Symposion der Werner-Reimers-Stiftung Bad Homburg, Tübingen 1988, S. 149 bis 163.

Deulin, Charles: *Les Contes de Ma Mère L'Oye avant Perrault*. Paris 1879 (= Nachdruck, Genf 1969).

Dolle, Bernd: *Märchen und Erziehung*. Versuch einer historischen Skizze zur didaktischen Verwendung Grimmscher Märchen (am Beispiel *Aschenputtel*), in: Brackert, Helmut (Hg.): *Und wenn sie nicht gestorben sind...* Perspektiven auf das Märchen, Frankfurt a. M. 1980, S. 165–192.

Douglass, E. Jane Dempsey: *Justification in Late Medieval Preaching*. A study of John Geiler of Keisersberg, Leiden/New York/Kopenhagen/Köln 1989.

Dowling, Colette: *The Cinderella Complex*. Women's Hidden Fear of Independence, London 1982.

Duby, Georges/Perrot, Michelle (Hg.): *Geschichte der Frauen*. 5 Bde., Frankfurt a. M./New York 1993–1995.

Duerr, Hans Peter: *Intimität*. Frankfurt a. M. 1990 (= *Der Mythos vom Zivilisationsprozeß*, Bd. 2).

Dülmen, Richard van: *Kultur und Alltag in der Frühen Neuzeit*. 3 Bde., München 1990 bis 1994.

Ehrenreich, Barbara/English, Deirdre: *Hexen, Hebammen und Krankenschwestern*. München 1975.

Elias, Norbert: *Über den Prozeß der Zivilisation*. Soziogenetische und psychogenetische Untersuchungen, 2 Bde., Frankfurt a. M. 1976.

Enzyklopädie des Märchens – Handwörterbuch zur historischen und vergleichenden Erzählforschung. Hg. v. Rolf Wilhelm Brednich, Berlin 1977 ff.

Erdmann, Johann Eduard: *Ueber Dummheit*, in: ders.: *Ernste Spiele*. Vorträge, theils neu theils längst vergessen, Berlin 1890, S. 265–282.

Ernst, Fritz: *Dornröschen in drei Sprachen*, in: ders.: *Aus Goethes Freundeskreis und andere Essays*. Berlin/Frankfurt a. M. 1955, S. 135–160.

[Falk, Johannes:] *Goethe aus näherem persönlichem Umgange dargestellt*. Ein nachgelassenes Werk von Johannes Falk, Berlin 1911.

Farge, Arlette (Hg.): *Le miroir des femmes*. Mayenne 1982.

Favier, Jena: *Gold und Gewürze*. Der Aufstieg des Kaufmanns im Mittelalter, Hamburg 1992.

Febvre, Lucien: *Das Gewissen des Historikers*. Berlin 1988.

Fest, Joachim C.: *Hitler*. Eine Biographie, Frankfurt a. M./Berlin/Wien 1973.

Fiorato, Adelin: *Bandello entre l'histoire et l'écriture*, Florenz 1979.

-: *Bandello et le Règne du Père*, in: *Les écrivains et le pouvoir en Italie à l'époque de la Renaissance*, Bd. 2, Paris 1973, S. 77–154.

Flandrin, Jean-Louis: *Familien*. Soziologie, Ökonomie, Sexualität, Frankfurt a. M./Berlin/Wien 1978.

Flusser, Vilém: *Die Schrift*. Hat Schreiben Zukunft?, Frankfurt a. M. 1992.

Foucault, Michel: *Wahnsinn und Gesellschaft*. Eine Geschichte des Wahns im Zeitalter der Vernunft, Frankfurt am Main 1973.

Franci, Giovanna/Zago, Ester: *La bella addormentata*. Genesi e metamorfosi di una fiaba, Bari 1984.

Frauen Literatur Geschichte. Schreibende Frauen vom Mittelalter bis zur Gegenwart, hg. v. Hiltrud Gnüg u. Renate Möhrmann, Frankfurt a. M. 1989.

Freud, Sigmund: *Gesammelte Werke chronologisch geordnet*. London:
- Bd. 10: *Werke aus den Jahren 1913–1917*, 1949;
- Bd. 12: *Werke aus den Jahren 1917–1920*, 1955.

Friedell, Egon: *Kulturgeschichte der Neuzeit*. 2 Bde., München 1976.

Fromm, Erich: *Märchen, Mythen, Träume*. Eine Einführung in das Verständnis einer vergessenen Sprache, in: ders.: *Gesamtausgabe*, Bd. 9: *Sozialistischer Humanismus und Humanistische Ethik*, Stuttgart 1981, S. 169–309.

Fuchs, Eduard: *Illustrierte Sittengeschichte*. 6 Bde., Frankfurt a. M. 1984.

Fühmann, Franz: *Essays, Gespräche, Aufsätze 1964–1981*. Rostock 1993 (= *Gesammelte Werke*, Bd. 6).

Fuhrmann, Manfred (Hg.): *Terror und Spiel*. Probleme der Mythenrezeption, München 1971.

Gamm, Hans-Jochen: *Der Flüsterwitz im Dritten Reich*. Mündliche Dokumente zur Lage der Deutschen während des Nationalsozialismus, München/Leipzig 1990.

Gélis, Jacques: *Die Geburt*. Volksglaube, Rituale und Praktiken. Von 1500–1900, München 1989.

Gerstner, Hermann: *Die Brüder Grimm*. Biographie, Gerabronn/Crailsheim 1970.

Geyer, Horst: *Über die Dummheit*. Ursachen und Wirkungen der intellektuellen Minderleistung des Menschen. Ein Essay, 9. Aufl., Göttingen/Berlin/Frankfurt 1960.

Giafferri, Paul Louis de: *L'Histoire du Costume Féminin Français de l'an 1037 à l'an 1870*. Paris [1922].

Ginschel, Gunhild: *Der junge Jacob Grimm 1805–1819*. 2. Aufl., Stuttgart 1989.

Goody, Jack: *The interface between the written and the oral*. Cambridge/London/New York/New Rochelle/Melbourne/Sydney 1987.

Grenz, Dagmar: *Mädchenliteratur*. Von den moralisch-belehrenden Schriften im 18. Jahrhundert bis zur Herausbildung der Backfischliteratur im 19. Jahrhundert, Stuttgart 1981 (= *Germanistische Abhandlungen* 52).

Günzel, Klaus: *König der Romantik*. Das Leben des Dichters Ludwig Tieck in Briefen, Selbstzeugnissen und Berichten, Tübingen 1981.

Gut, Taja: *Iwan der Dumme?* Ein russisches Leitmotiv und seine Folgen für die Gegenwart, in: *Neue Rundschau*, 105. Jg. (1994), H. 3, Frankfurt a. M., S. 9–21.

Hagen, Rolf: *Perraults Märchen und die Brüder Grimm*, in: *Zeitschrift für deutsche Philologie* 74 (1955), S. 392–410.

Hale, J. R. (Hg.): *Renaissance Venice*. London 1973.

Hammes, Manfred: *Hexenwahn und Hexenprozesse*. Frankfurt a. M. 1977.

Handwörterbuch des deutschen Aberglaubens. Hg. v. Hans Bächtold-Schäubli, 10 Bde., Berlin/Leipzig 1927–1942 (= Nachdruck, Berlin/New York 1987).

Hardach-Pinke, Irene: *Die Gouvernante*. Geschichte eines Frauenberufs, Frankfurt/New York 1993.

Harder, Hans-Bernd: *Die amtliche und publizistische Tätigkeit der Brüder Grimm*. Kassel 1985 (= D. Hennig / B. Lauer (Hg.): *200 Jahre Brüder Grimm*, Bd. 3.1).

Harms, Wolfgang (Hg.): *Deutsche Illustrierte Flugblätter des 16. und 17. Jahrhunderts*. Bd. 1, Tübingen 1985.

Harprecht, Klaus: *Die Lust der Freiheit*. Deutsche Revolutionäre in Paris, [Reinbek] 1989.

Harrison, Robert P.: *Wälder*. Ursprung und Spiegel der Kultur, München/Wien 1992.

Hays, Hoffmann R.: *Mythos Frau*. Das gefährliche Geschlecht, Frankfurt a. M. 1978.

Heckmann, Emil: *Blaubart*. Ein Beitrag zur vergleichenden Märchenforschung, Diss. Heidelberg 1930.

Heers, Jacques: *Vom Mummenschanz zum Machttheater*. Europäische Festkultur im Mittelalter, Frankfurt a. M. 1986.

Heimann, Paula: *Bemerkungen zur analen Phase*, in: *Psyche*, Bd. 16, H. 7 (1962/63), Stuttgart, S. 420–439.

Hein, Mathilde: *Aschenputtel und die »Geistliche Hausmagd«*, in: *Rheinische Jahrbücher für Volkskunde* 12, 1961, S. 9–15.

Heinz-Mohr, Gerd/Sommer, Volker: *Die Rose*. Entfaltung eines Symbols, München 1988.

Hennig, Dieter/Lauer, Bernhard (Hg.): *200 Jahre Brüder Grimm*. [Katalog] 3 Bde., Kassel 1985.

Herakles/Herkules I. Metamorphosen des Heros in ihrer medialen Vielfalt, Basel 1994.

Herakles/Herkules II. Medienhistorischer Aufriss. Repertorium zur intermedialen Stoff- und Motivgeschichte, Basel 1994.

Herzog, Urs: *Der deutsche Roman des 17. Jh.*, Stuttgart 1976.

Heyden-Rynsch, Verena von der: *Europäische Salons*. Höhepunkte einer versunkenen weiblichen Kultur. Zürich/München 1992.

Holstein, Hugo: *Die Reformation im Spiegelbilde der dramatischen Litteratur des sechzehnten Jahrhunderts*. Halle 1886 (=Reprint 1967).

Horkheimer, Max/Adorno, Theodor W.: *Dialektik der Aufklärung*. Philosophische Fragmente. Frankfurt a. M. 1988.

Irsigler, Franz: *Kaufmannsmentalität im Mittelalter*, in: Meckseper, Cord/Schraut, Elisabeth (Hg.): *Mentalität und Alltag im Spätmittelalter*. Göttingen 1985, S. 53–75.

- / Lassotta, Arnold: *Bettler und Gaukler, Dirnen und Henker*. Außenseiter in einer mittelalterlichen Stadt – Köln 1300–1600, München 1989.

Jacoby, Mario/Kast, Verena/Riedel, Ingrid: *Das Böse im Märchen*. Fellbach 1978.

Jäger, Hans-Wolf: *Trägt Rotkäppchen eine Jakobiner-Mütze?* in: Bark, Joachim (Hg.): *Literatursoziologie II*, Beiträge zur Praxis, Stuttgart/Berlin/Köln/Mainz 1974, S. 159–180.

Jolles, André: *Einfache Formen – Legende, Sage, Mythe, Rätsel, Spruch, Kasus, Memorabile, Märchen, Witz*. 4. Aufl., Tübingen 1968.

Jütte, Robert (Hg.): *Geschichte der Abtreibung*. Von der Antike bis zur Gegenwart, München 1993.

Kahlo, Gerhard: *Die Wahrheit im Märchen*. Halle 1954.

Karlinger, Felix: *Geschichte des Märchens im deutschen Sprachraum*. 2. Aufl., Darmstadt 1988.

Keil, Regina: *Von Blaustrümpfen & Blaumäulern*. Linguistische Betrachtungen zu einem plümeranten Thema, in: Gercke, Hans (Hg.): *Blau – Farbe der Ferne*. [Katalog] Heidelberg 1990, S. 209–233.

Kemmerich, Max: *Aus der Geschichte der menschlichen Dummheit*. München 1912.

Kerényi, Karl: *Die Mythologie der Griechen*. Die Götter- und Menschheitsgeschichten, Zürich 1951.

Ketsch, Peter: *Frauen im Mittelalter*.
- Bd. 1: *Frauenarbeit im Mittelalter*, Quellen und Materialien, Düsseldorf 1983 (= *Geschichtsdidaktik*, Bd. 14);
- Bd. 2: *Frauenbild und Frauenrechte in Kirche und Gesellschaft*, Quellen und Materialien, Düsseldorf 1984 (= *Geschichtsdidaktik*, Bd. 19).

Kiesel, Helmuth: *»Bei Hof, bei Höll«*. Untersuchungen zur literarischen Hofkritik von Sebastian Brant bis Friedrich Schiller, Tübingen 1979.

King, Margaret L.: *Frauen in der Renaissance*. München 1993.

Kohler, Georg (Hg.): *Die schöne Kunst der Verschwendung*. Fest und Feuerwerk in der europäischen Geschichte, Zürich/München 1988.

Kolb, Herbert: *Karl Marx und Jacob Grimm*, in: *Archiv für das Studium der neueren Sprachen und Literaturen* 206, 121. Jg. (1970), Braunschweig, S. 96–114.

König, René: *Kleider und Leute*. Zur Soziologie der Mode, Frankfurt a. M./Hamburg 1967.

Könneker, Barbara: *Wesen und Wandlung der Narrenidee im Zeitalter des Humanismus*. Brant – Murner – Erasmus, Wiesbaden 1966.

Korte, Hermann (Hg.): *Gesellschaftliche Prozesse und individuelle Praxis*. Bochumer Vorlesungen zu Norbert Elias' Zivilisationstheorie, Frankfurt a. M. 1990.

Krüger, Helga: *Die Märchen von Charles Perrault und ihre Leser*. Kiel 1969.

Kuhn, Reinhard: *The Demon of Noontide*. Ennui in Western Literature, Princeton 1976.

Laqueur, Thomas: *Auf den Leib geschrieben*. Die Inszenierung der Geschlechter von der Antike bis Freud, Frankfurt/New York 1992.

Le Goff, Jacques: *Kaufleute und Bankiers im Mittelalter*. Frankfurt a. M. 1989.

Leibfried, Erwin: *Fabel*. Stuttgart 1967.

Leites, Edmund: *Puritanisches Gewissen und moderne Sexualität*. Frankfurt a. M. 1988.

Le Roy Ladurie, Emmanuel: *Karneval in Romans*. Von Lichtmeß bis Aschermittwoch 1579–1580, Stuttgart 1982.

Lévi-Strauss, Claude: *Finale*, in: ders., *Mythologica IV*, 2, Frankfurt a. M. 1975, S. 732–817.

-: *Mythos und Bedeutung*. Fünf Radiovorträge, Gespräche mit Claude Lévi-Strauss, Frankfurt a. M. 1980.

Lin Yutang: *Famous Chinese Short Stories*. New York 1948.

Lods, Jeanne: *Le Roman de Perceforest – Origines, composition, caractères, valeur et influence*, Genf/Lille 1951.

Logan, Oliver: *Culture and Society in Venice 1470-1790*. The Renaissance and its Heritage, London 1972.

Loschek, Ingrid: *Reclams Mode- & Kostümlexikon*. 3. Aufl., Stuttgart 1994.

Lüthi, Max: *Der Aschenputtel-Zyklus*, in: *Vom Menschenbild im Märchen*. Veröffentlichungen der Europäischen Märchengesellschaft, Bd. 1, Kassel 1980, S. 39–58 u. S. 146 f.

-: *Das europäische Volksmärchen*. Form und Wesen, 3. Aufl., Bern/München 1968.

Lykke, Nina: *Rotkäppchen und Ödipus*. Zu einer feministischen Psychoanalyse, Wien 1993.

Maché, Ulrich/Meid, Volker (Hg.): *Gedichte des Barock*. Stuttgart 1980.

Mackensen, Lutz (Hg.): *Handwörterbuch des deutschen Märchens*. 2 Bde., Berlin/Leipzig 1930–1940.

MacLean, Ian: *Woman Triumphant*. French Literature 1610-1652, Oxford 1977.

Massó Torrents, J.: *Repertori de l'antiga literatura catalana*. Barcelona 1932.

Mauvillon, Jakob v.: *Mann und Weib nach ihren gegenseitigen Verhältnissen geschildert*. Ein Gegenstück zu der Schrift: *Ueber die Weiber*, Leipzig 1791.

Mennell, Stephen: *Die Kultivierung des Appetits*. Die Geschichte des Essens vom Mittelalter bis heute, Frankfurt a. M. 1988.

Morin, Alfred: *Catalogue descriptif de la Bibliothèque Bleue de Troyes* (Almanachs exclus). Genf 1974 (= *Centre de Recherches d'histoire et de philologie de la VIe Section de l'Ecole pratique des Hautes-Etudes*, VI.7).

Moser, Dietz-Rüdiger: *Fastnacht – Fasching – Karneval*. Graz/Wien/Köln 1986.

Mourey, Lilyane: *Grimm et Perrault*. Histoire, structure, mise en texte des contes, Paris 1978.

Muchembled, Robert: *Die Erfindung des modernen Menschen*. Gefühlsdifferenzierung und kollektive Verhaltensweisen im Zeitalter des Absolutismus, Hamburg 1990.

-: *Kultur des Volks, Kultur der Eliten*. Die Geschichte einer erfolgreichen Verdrängung, Stuttgart 1982.

Münch, Paul: *Lebensformen in der frühen Neuzeit 1500–1800*. Frankfurt a. M./Berlin 1992.

Muncker, Franz: *Dramatische Bearbeitungen des »Pervonte« von Wieland*, in: *Sitzungsberichte der philosophisch-philologischen und der historischen Klasse der K. B. Akademie der Wissenschaften zu München*, Jg. 1904, München 1905, S. 81–92.

-: *Wielands »Pervonte«*, in: *Sitzungsberichte der philosophisch-philologischen und der historischen Klasse der K. B. Akademie der Wissenschaften zu München*, Jg. 1903, München 1904, S. 121–211.

Nai-tung Ting: *The Cinderella Cycle in China and Indochina*. Helsinki 1974 (= *FF Communications*, Nr. 213).

Nelli, René: *L'Erotique des Troubadours*. Toulouse 1963.

Nigg, Walter: *Der christliche Narr*. Zürich/Stuttgart 1956.

Nipperdey, Thomas: *Deutsche Geschichte 1800-1866*. Bürgerwelt und starker Staat, München 1983.

Nitschke, August: *Aschenputtel aus der Sicht der historischen Verhaltensforschung*, in: Brackert, Helmut (Hg.): *Und wenn sie nicht gestorben sind...* Perspektiven auf das Märchen, Frankfurt a. M. 1980, S. 71–88.

-: *Soziale Ordnungen im Spiegel der Märchen*. 2 Bde., Stuttgart/Bad-Cannstatt 1976/1977.

Oikos – Von der Feuerstelle zur Mikrowelle. Haushalt und Wohnen im Wandel, Gießen 1992.

Ong, Walter J.: *Oralität und Literalität*. Die Technologie des Wortes, Opladen 1987.

Origo, Iris: *»Im Namen Gottes und des Geschäfts«*. Lebensbild eines toskanischen Kaufmanns der Frührenaissance. Francesco di Marco Datini 1335–1410, München 1985.

Ortega y Gasset, José: *Der Aufstand der Massen*. Stuttgart/Berlin 1936.

Orwell, George: *The Collected Essays, Journalism and Letters*. Bd. 4, London 1968.

Paden, William D.: *Rape in the Pastourelle*, in: *Romanic Review*, Bd. 80 (1989), Nr. 3, New York, S. 331–349.

Patzek, Barbara: *Homer und Mykene*. Mündliche Dichtung und Geschichtsschreibung, München 1992.

Paulin, Roger: *Ludwig Tieck*. Eine literarische Biographie, München 1988.

Paulsen, Wolfgang: *Das Märchen vom Faulpelz in der Spiegelung durch Wieland und Eichendorff*, in: *Aurora*. Jahrbuch der Eichendorff-Gesellschaft, Nr. 36 (1976), S. 39–46.

Pernoud, Régine: *Christine de Pizan*. Das Leben einer außergewöhnlichen Frau und Schriftstellerin im Mittelalter, München 1990.

Petzoldt, Leander: *Die Geburt des Mythos aus dem Geist des Irrationalismus*. Überlegungen zur Funktion des Mythischen in der Gegenwart, in: Siegmund, Wolfdietrich (Hg.): *Antiker Mythos in unseren Märchen*. Kassel 1984, S. 138–148.

Poser, Therese (Hg.): *Fabeln*. Arbeitstexte für den Unterricht, Stuttgart 1975.

Praz, Mario: *Das Märchen aller Märchen von Giovanni Battista Basile*, in: ders.: *Der Garten der Sinne*. Ansichten des Manierismus und des Barock, Frankfurt a. M. 1988, S. 177–203.

Prouteau, Gilbert: *Gilles de Rais ou la gueule du loup*. Paris 1992.

Pullan, Brian: *Rich and Poor in Renaissance Venice*. The Social Institutions of a Catholic State to 1620, Cambridge/Massachusetts 1971.

Ranke, Kurt: *Die Welt der einfachen Formen*. Studien zur Motiv-, Wort- und Quellenkunde, Berlin/New York 1978.

Richter, Dieter: *Das fremde Kind*. Zur Entstehung der Kindheitsbilder des bürgerlichen Zeitalters, Frankfurt a. M. 1987.

Rigault, M. Hippolyte: *Histoire de la Querelle des Anciens et des Modernes*. Paris 1856.

Rigolot, François: *Les songes du savoir de la Belle endormie à la Belle au bois dormant*, in: Littérature, 5. Jg. (1985), Paris, S. 91–106.

Riquer, Martí de: *Història de la literatura Catalana*. Barcelona 1964.

Ritz, Hans: *Die Geschichte vom Rotkäppchen*. Ursprünge, Analysen, Parodien eines Märchens, 10. erw. Aufl., Göttingen 1992.

Rogers, Katharine M.: *The Troublesome Helpmate*. A History of Misogyny in Literature, Seattle/London 1965.

Röhrich, Lutz: *Gebärde, Metapher, Parodie*. Studien zur Sprache und Volksdichtung, Düsseldorf 1967.

-: *Das große Lexikon der sprichwörtlichen Redensarten*. 3 Bde., Freiburg/Basel/Wien 1991.

-: *Märchen – Mythos – Sage*, in: Siegmund, Wolfdietrich (Hg.): *Antiker Mythos in unseren Märchen*, Kassel 1984, S. 11–35.

-: *Märchen und Wirklichkeit*. Eine volkskundliche Untersuchung, Wiesbaden 1956.

Rölleke, Heinz: ›Nebeninschriften‹. Brüder Grimm – Arnim und Brentano – Droste-Hülshoff. Literarhistorische Studien, Bonn 1980 (= Gesamthochschule Wuppertal, Schriftenreihe Literaturwissenschaft, Bd. 16).

-: *Die Stellung des Dornröschen-Märchens zum Mythos und zur Heldensage*, in: Siegmund, Wolfdietrich (Hg.): *Antiker Mythos in unseren Märchen*, Kassel 1984, S. 125–137.

-: »*Wo das Wünschen noch geholfen hat*«. Gesammelte Aufsätze zu den *Kinder- und Hausmärchen* der Brüder Grimm, Bonn 1985 (= *Wuppertaler Schriftenreihe Literatur*, Bd. 23).

Romain, Alfred: *Zur Gestalt des Grimmschen Dornröschenmärchens*, in: *Zeitschrift für Volkskunde*, 42. Jg. (1933), Berlin/Leipzig, S. 84–116.

Rooth, Anna Birgitta: *The Cinderella Cycle*. Lund 1951.

Rösch, Eva Sibylle u. Gerhard: *Venedig im Spätmittelalter 1200–1500*. Würzburg 1991.

Rossiaud, Jacques: *Dame Venus*. Prostitution im Mittelalter, München 1989.

Rotermund, Erwin: *Die Parodie in der modernen Lyrik*. München 1963.

Rotunda, D. P.: *Motif-Index of the Italian Novella in Prose*. Bloomington 1942 (= Indiana University Publications – Folklore Series Nr. 2).

Rouger, Gilbert (Hg.): *Histoires ou Contes du Temps Passé*. Paris 1967.

Ruggiero, Guido: *The Boundaries of Eros*. Sex Crime and Sexuality in Renaissance Venice, New York/Oxford 1985.

Rullmann, Marit/Gründken, Gudrun/Mrotzek, Marlies: *Philosophinnen*. Von der Antike bis zur Aufklärung, Zürich/Dortmund 1993.

Rumpf, Marianne: *Rotkäppchen: eine vergleichende Märchenuntersuchung*. Frankfurt a. M./Bern/New York/Paris 1989.

Saintyves, Pierre: *Les Contes de Perrault et les récits parallèles, leurs origines*. Coutumes primitives et liturgies populaires, Paris 1923 (= Nachdruck, Genf/Paris 1990).

Sallmann, Jean-Michel: *Naples et ses saints à l'âge baroque (1540–1750)*. Paris 1994.

Santucci, Paola: *La pittura del Quattrocento*. Turin 1992.

Sartre, Jean-Paul: *Was ist Literatur?* in: ders., *Gesammelte Werke. Schriften zur Literatur*, Bd. 2, Reinbek 1986.

Saunders, Alison: *The Sixteenth Century Blason Poétique*. Bern / Frankfurt a. M./Las Vegas 1981.

Schenda, Rudolf: *Volk ohne Buch*. Studien zur Sozialgeschichte der populären Lesestoffe 1770–1910, 3. Aufl., Frankfurt a. M. 1988.

-: *Von Mund zu Ohr*. Bausteine einer Kulturgeschichte volkstümlichen Erzählens in Europa, Göttingen 1993.

Scherf, Walter (Hg.): *Räuber- und Landsknechtslieder*. Texte und Noten mit Begleit-Akkorden, Frankfurt a. M. 1981.

Schiff, Mario: *La fille d'alliance de Montaigne, Marie de Gournay*. Essai suivi de L' Egalité des hommes et des femmes et du Grief des Dames. Paris 1910.

Schirokauer, Arno (Hg.): *Texte zur Geschichte der Altdeutschen Tierfabel*. Bern 1952 (= Altdeutsche Übungstexte, Bd. 13).

Schlesier, Renate: *Kulte, Mythen und Gelehrte*. Anthropologie der Antike seit 1800, Frankfurt a. M. 1994.

Schneider, Helmut J. (Hg.): *Idyllen der Deutschen*. Frankfurt a. M. 1978.

Schoof, Wilhelm: *Jacob Grimm*. Aus seinem Leben, Bonn 1961.

-: *Wilhelm Grimm*. Aus seinem Leben, Bonn 1960.

-: *Zur Entstehungsgeschichte der Grimmschen Märchen*. Bearb. unter Benutzung des Nachlasses der Brüder Grimm, Hamburg 1959.

-: *Zur Geschichte des Grimmschen Märchenstils*, in: *Der Deutschunterricht*, 15. Jg. (1963), H. 2, Stuttgart, S. 90–99.

Schultz, Uwe (Hg.): *Die Geschichte Hessens*. Stuttgart 1983.

Schulz, Friedrich: *Geschichte der großen Revolution in Frankreich* [1790–1793]. Frankfurt a. M. 1989.

Schulze, Winfried (Hg.): *Ständische Gesellschaft und soziale Mobilität*. München 1988 (= *Schriften des Historischen Kollegs*: Kolloquien, 2).

Seibert, Peter: *Der literarische Salon*. Literatur und Geselligkeit zwischen Aufklärung und Vormärz, Stuttgart / Weimar 1993.

Seuffert, Bernhard: *Wielands Pervonte*, in: *Euphorion*, Jg. 1903, Bd. 10, H. 1 u. 2, Leipzig/Wien, S. 76–90.

Shahar, Shulamith: *Die Frau im Mittelalter*. Frankfurt a. M. 1983.

-: *Kindheit im Mittelalter*. München 1991.

Shorter, Edward: *Moderne Leiden*. Zur Geschichte der psychosomatischen Krankheiten, Reinbek 1994.

Sieburg, Heinz-Otto (Hg.): *Napoleon und Europa*. Köln/Berlin 1971.

Siegmund, Wolfdietrich (Hg.): *Antiker Mythos in unseren Märchen*. Kassel 1984.

Singer, Samuel: *Schweizer Märchen*. Bern 1906 (= Nachdruck, München-Pullach/Berlin 1971).

Smith, Joan: *Misogynies*. Frauenhaß in der Gesellschaft, München 1992.

Soriano, Marc: *Les Contes de Perrault*. Culture savante et traditions populaires, Paris 1977.

Spiel, Hilde (Hg.): *Der Wiener Kongreß in Augenzeugenberichten*. München 1978.

Starobinski, Jean: *Gute Gaben, schlimme Gaben*. Die Ambivalenz sozialer Gesten, Frankfurt a. M. 1994.

Steig, Reinhold: *Achim von Arnim und Jacob und Wilhelm Grimm*. Stuttgart/Berlin 1904.

-: *Clemens Brentano und die Brüder Grimm*. Stuttgart/Berlin 1914 (= Nachdruck, Bern 1969).

Stone, Lawrence: *The Familiy, Sex and Marriage in England 1500–1800*. New York 1977.

Strahm, Doris: *Aufbruch zu neuen Räumen*. Eine Einführung in feministische Theologie, Freiburg/Schweiz 1987.

Strocchia, Sharon T.: *Death and Ritual in Renaissance Florence*. Baltimore/London 1992.

Suhrbier, Hartwig (Hg.): *Blaubarts Geheimnis*. Märchen und Erzählungen, Gedichte und Stücke, Köln 1984.

Tanz, Sabine: *Christine de Pisan*. Schriftstellerin und Vorkämpferin für die Rechte der Frau, in: Beyreuther, Gerald/Pätzold, Barbara/Uitz, Erika (Hg.), *Fürstinnen und Städterinnen*. Frauen im Mittelalter, Freiburg i. Br./Basel/Wien 1993, S. 164–189.

Tellenbach, Hubertus (Hg.): *Das Vaterbild im Abendland*. Bd. 1, Stuttgart/Berlin/Köln/Mainz 1978.

Thalmann, Marianne: *Der Trivialroman des 18. Jahrhunderts und der romantische Roman*. Ein Beitrag zur Entwicklungsgeschichte der Geheimbundmystik, Berlin 1923 (= *Germanische Studien*, H. 24).

Thiel, Erika: *Geschichte des Kostüms*. Die europäische Mode von den Anfängen bis zur Gegenwart, 8. Aufl., Wilhelmshaven 1989.

Thomas, Keith: *Die Hexen und ihre soziale Umwelt*, in: Honegger, Claudia (Hg.): *Die Hexen der Neuzeit. Studien zur Sozialgeschichte eines kulturellen Deutungsmusters*, Frankfurt a. M. 1978, S. 256–308.

Uitz, Erika: *Die Frau in der mittelalterlichen Stadt*. Freiburg/Basel/Wien 1992.

Vansina, Jan: *Oral Tradition as History*. Wisconsin 1985.

Vasold, Manfred: *Pest, Not und schwere Plagen*. Seuchen und Epidemien vom Mittelalter bis heute, München 1991.

Vernant, Jean-Pierre: *Mythos und Gesellschaft im alten Griechenland*. Frankfurt a. M. 1987.

Veyne, Paul: *Glaubten die Griechen an ihre Mythen?* Ein Versuch über die konstitutive Einbildungskraft, Frankfurt a. M. 1987.

Vogel, Barbara/Weckel, Ulrike (Hg.): *Frauen in der Ständegesellschaft*. Leben und Arbeiten in der Stadt vom späten Mittelalter bis zur Neuzeit, Hamburg 1991 (= *Beiträge zur deutschen und europäischen Geschichte*, 4).

Völker, Klaus (Hg.): *Von Werwölfen und anderen Tiermenschen*. München 1972.

Walker, Barbara G.: *Das Geheime Wissen der Frauen*. Ein Lexikon, Frankfurt a. M. 1993.

Weber, Max: *Wirtschafts-Geschichte*. Abriß der universalen Sozial- und Wirtschafts-Geschichte, aus den nachgelassenen Vorlesungen, 2. Aufl., München/Leipzig 1924.

Wesselski, Albert: *Deutsche Märchen vor Grimm*. Einführung und Anmerkungen, Brünn/München/Wien 1942.

Wind, Edgar: *Heidnische Mysterien in der Renaissance*. Frankfurt a. M. 1981.

Wittgenstein, Ludwig: *Vermischte Bemerkungen*. Eine Auswahl aus dem Nachlaß, Frankfurt a. M. 1977.

Woeller, Waltraut: *Der soziale Gehalt und die soziale Funktion der deutschen Volksmärchen*. Berlin 1955.

Wolf-Graaf, Anke: *Frauenarbeit im Abseits*. Frauenbewegung und weibliches Arbeitsvermögen, München 1981.

Wulff, August: *Die frauenfeindlichen Dichtungen in den romanischen Literaturen des Mittelalters bis zum Ende des XIII. Jahrhunderts*. Halle 1914.

Wunder, Heide: »*Er ist die Sonn', sie ist der Mond*«. Frauen in der Frühen Neuzeit, München 1992.

Zago, Ester: *Frayre de Joy e Sor de Plaser Re-examined*, in: *Fabula* (1983), Bd. 24, Nr. 3/4, S. 269–274.

-: *Some Medieval Versions of Sleeping Beauty*. Variations on a Theme, in: *Studi Francesi* (1979), H. 69, S. 417–431.

Zapperi, Roberto: *Der schwangere Mann*. München 1984.

Zeeden, Ernst Walter: *Deutsche Kultur in der frühen Neuzeit*. Frankfurt a. M. 1968.

Zimen, Erik: *Der Wolf*. Verhalten, Ökologie und Mythos, München 1990.

Zipes, Jack: *Rotkäppchens Lust und Leid*. Köln 1982.

Beat Mazenauer, geb. 1958, und Severin Perrig, geb. 1961, sind Literaturwissenschaftler und leben in Luzern.

Beat Mazenauer gab 1991 einen Band mit Briefen von Peter Weiss an Robert Jungk und Hermann Levin Goldschmidt heraus, 1995 das Buch »Peter Weiss. Avantgarde Film«.

Severin Perrig ist Autor einer Hugo von Hofmannsthal-Biographie und Mitherausgeber der Zürcher Regest-Ausgabe der Hofmannsthal-Briefe.

INHALT